山東省圖書館

SHANDONG SHENG GONGGONG TUSHUGUAN
QUANMIN YUEDU FUWU DASHUJU

山东省公共图书馆
全民阅读服务大数据

（2021—2022）

刘显世　主编

山东人民出版社 · 济南
国家一级出版社　全国百佳图书出版单位

图书在版编目（CIP）数据

山东省公共图书馆全民阅读服务大数据. 2021—2022 / 刘显世主编. — 济南 ： 山东人民出版社, 2023.12
ISBN 978-7-209-14877-1

Ⅰ. ①山… Ⅱ. ①刘… Ⅲ. ①公共图书馆－图书馆服务－读书活动－山东－2021-2022－年报 Ⅳ. ①G259.275.2-54

中国国家版本馆CIP数据核字（2023）第232955号

山东省公共图书馆全民阅读服务大数据（2021—2022）
SHANDONG SHENG GONGGONG TUSHUGUAN QUANMIN YUEDU FUWU DASHUJU（2021—2022）

刘显世　主编

主管单位　山东出版传媒股份有限公司
出版发行　山东人民出版社
出 版 人　胡长青
社　　址　济南市市中区舜耕路517号
邮　　编　250003
电　　话　总编室（0531）82098914
　　　　　市场部（0531）82098027
网　　址　http：//www.sd-book.com.cn
印　　装　济南龙玺印刷有限公司
经　　销　新华书店

规　　格　16开（185mm×260mm）
印　　张　21.5
字　　数　384千字
版　　次　2023年12月第1版
印　　次　2023年12月第1次
ISBN 978-7-209-14877-1
定　　价　198.00元

编纂专家委员会

编纂工作委员会

主　　编　刘显世

执行主编　王玉梅

编　　委　（按姓氏笔画排序）

丁凯旋　于　青　马清源　王　玮　王　晓　王　彬　王文刚

王辰玮　包　玉　司玉琴　朱　莉　任　蒙　华天舒　刘　阳

刘　斐　孙亚埕　孙振东　孙慧云　苏　丽　杜云虹　李　超

李　磊　李佳颐　李继海　吴金敦　张　茜　张铁柱　张海梅

陈　霞　孟姗姗　黄小峰　常安军　董智慧　鲁巍伟　雷　辉

蔡　郁

前 言

《山东省公共图书馆全民阅读服务大数据（2021—2022）》（以下简称《大数据（2021—2022）》）是继《山东省公共图书馆全民阅读服务大数据（2019—2020）》后，山东省公共图书馆全民阅读服务的第二次大调研成果。

2021年，《中华人民共和国国民经济和社会发展第十四个五年规划和2035年远景目标纲要》提出，要深入推进全民阅读，建设“书香中国”，全民阅读生态建设已成为中国特色社会主义文化建设的重要组成部分。中宣部印发的《关于促进全民阅读工作的意见》明确指出，到2025年基本形成覆盖城乡的全民阅读推广服务体系。从2014年至今，“全民阅读”已连续十次被写入《政府工作报告》。

为持续推动全民阅读体系建设，推进全民阅读服务更高质量发展，2022年底，山东省图书馆、山东省图书馆学会联合16市图书馆共同开展《大数据（2021—2022）》的调研编纂工作。《大数据（2021—2022）》分为总报告和专项报告。总报告对全省公共图书馆在全民阅读的基本服务保障、服务内容、服务效能及读者调查问卷等方面的数据进行分析；专项报告除延续《山东省公共图书馆全民阅读服务大数据（2019—2020）》中的服务设施分报告、文献资源保障分报告、借阅排行分报告、阅读推广服务分报告、传统文化阅读服务分报告、数字资源阅读服务分报告、新媒体服务分报告和未成年人服务分报告外，还顺应公共图书馆服务模式的创新性变化，新增文创开发服务分报告及文化和旅游融合服务分报告。

在《大数据（2021—2022）》出版过程中，山东省图书馆成立了以刘显世为主任，李西宁、吕承睿、李勇慧、周玉山、王玉梅为副主任，办公室、业务辅导部、采编部、中文图书外借部、阅读推广部、尼山书院（国学分馆）、历史文献部、信息网络中心、参考咨询部、少儿部（山东省少年儿童图书馆）和教育培训中心（文创研发中心）等部门参加的大数据编纂出版委员会。办公室作为编纂工作办公室，协调推进相关工作。在《大数据（2021—2022）》的编纂过程中，刘显世策划并部署、全面领导，王玉梅牵头具体落实，负责制定编纂体例、设计问题以及总报告、专题报告的统稿工作，李西宁、吕承睿、李勇慧、周玉山承担了分管业务专项报告的指导审核工作。《大数据（2021—2022）》的总报告由张海梅、孟姗姗撰写，吴金敦审核；服务设施分报告由王玮撰写，王彬审核；文献资源保障分报告由黄小峰撰稿，王文刚审核；借阅排行分报告由鲁巍伟、李佳颐、张茜撰写，朱莉审核；阅读推广服务分报告由李继海、孙亚埕、华天舒、丁凯旋撰写，常安军审核；传统文化阅读服务分报告由马清源、司玉琴撰写，杜云虹、任蒙审核；数字资源阅读服务分报告由孙慧云、王晓撰写，孙振东审核；新媒体服务分报告由刘阳、雷辉撰写，于青审核；未成年人服务分报告由李磊、王辰玮、蔡郁、包玉、苏丽撰写，张铁柱审核；文创开发服务分报告及文化和旅游融合服务分报告由刘斐撰写，李超审核。

《大数据（2021—2022）》汇总了2021、2022年两年内山东区域县（区）级以上公共图书馆全民阅读的服务保障、阅读推广服务效能、读者阅读倾向等方面的数据信息，反映了山东区域公共图书馆的发展状况、资源特色、管理水平和服务效能，为科学研究、领导决策提供阅读数据支撑。

《大数据（2021—2022）》的出版，凝聚了编撰委员会全体成员的集体智慧和辛勤付出，是全省公共图书馆共同努力的成果。特别感谢市、县（区）级公共图书馆提供全面、详细的基础数据，为本书的出版奠定了坚实基础。

《大数据（2021—2022）》的编纂所涉内容丰富、范围广泛、数据繁多，虽经多次调整、校正，亦难免存在疏漏与不足，恳请专家学者、业界同仁和广大读者批评指正。

山东省图书馆

2023年10月18日

目 录

总 报 告

第1章　调研概况

1.1 调研方法

2021—2022年度山东省公共图书馆全民阅读服务大数据的调研采用问卷调查法，依据公共图书馆阅读推广服务关键指标，编制并向山东省155个公共图书馆发放《山东省公共图书馆全民阅读服务调查问卷（图书馆）》（详见附录1）。调研对象包含1个省级图书馆、16个市图书馆①及138个县（区）图书馆。

编制并面向山东省各公共图书馆到馆读者随机发放《山东省公共图书馆全民阅读服务读者调查问卷（成年读者）》（详见附录2）和《山东省公共图书馆全民阅读服务读者调查问卷（未成年读者）》（详见附录3）。通过"问卷星"生成调研二维码，读者扫描二维码填写问卷，由馆员或志愿者辅助填写。使用EXCEL、"问卷星"等对回收的问卷进行分析。

1.2 调研内容

调研内容为山东省公共图书馆全民阅读服务开展情况。公共图书馆调研部分除延续《山东省公共图书馆全民阅读服务大数据（2019—2020）》中的服务设施、文献资源保障、借阅排行榜（书刊借阅服务）、阅读推广服务、传统文化阅读服务、数字资源阅读服务、新媒体服务、未成年人服务外，新增文创开发服务、文化和旅游融合服务两个

① 济南市图书馆是副省级图书馆，青岛市图书馆是计划单列市图书馆，在总报告中作为地市馆统计分析。

部分；成年读者调查问卷对读者阅读行为、图书馆利用情况以及图书馆服务满意度进行调研，分析不同类型读者对公共图书馆的使用需求，并探讨公共图书馆为读者提供更高效、更优质服务的举措；未成年读者调查问卷对山东省公共图书馆未成年人阅读服务的总体满意度、存在的不足及建议等进行调研，分析山东省少年儿童阅读时间、阅读量、阅读载体、读物来源及图书馆利用等方面的基本情况。

1.3 调研反馈情况

本次调研，图书馆问卷部分共有山东省145个县（区）级以上公共图书馆反馈的有效数据[①]，其中包括1个省级图书馆、16个市图书馆和128个县（区）级图书馆（详见附录4）。

成年读者调查问卷共收回有效问卷9513份，未成年读者调查问卷共收回有效问卷11279份。

如未做单独说明，正文中所指山东省公共图书馆为反馈数据的145个县（区）级以上公共图书馆，市馆指山东省16市的公共图书馆，县（区）图书馆指128个反馈数据的县（区）级图书馆。部分山东省公共图书馆相关数据不能涵盖145个县（区）级以上公共图书馆，在文中另做标注。

① 有10个图书馆出于调研时段内没有馆舍、老馆拆除新馆未搬迁、未提交问卷或问卷无效等原因缺失数据。

第2章　基础服务保障

2.1 服务设施

2.1.1 建筑面积

截至2022年底，山东省155个县（区）级以上公共图书馆有馆舍建筑面积191.35万平方米（含直属分馆），较上一调研年度（即2019—2020年度）增加26.4%，每万人拥有建筑面积（含直属分馆）比2020年度增加25%，为188.3平方米①。

山东省积极推进公共图书馆总分馆制建设，利用基层服务点和城市书房延伸公共图书馆服务触角，促进公共服务体系完善，为提升公共图书馆服务效能提供坚实保障。其中，分馆、基层服务点和城市书房数量较2020年度均有所增长。分馆总量达到1706个，建筑总面积58.2万平方米，馆均面积341.3平方米；基层服务点达到6297个，建筑总面积36.4万平方米，馆均面积57.8平方米；城市书房数量由2020年度的199个增至719个，建筑总面积由2020年度的7.1万平方米增至17.8万平方米，馆均面积由358.3平方米减至246.9平方米，符合文旅部《“十四五”文化和旅游发展规划》中“创新打造一批‘小而美’的城市书房、文化驿站、文化礼堂、文化广场等城乡新型公共文化空间”的要求；参与调研的公共图书馆中有105个拥有露天广场等专有室外大型公共活动区域，总面积约44万平方米，其中，50个图书馆与其他文化单位合用室外公共活动区域，总面积约31万平方米。

山东省单体馆舍最大的市级公共图书馆是济南市图书馆，建筑面积5.7万平方米，

---

① 据《山东省人民政府统计公报》，山东省2022年末常住人口为10162.79万人。

最大的县（区）级公共图书馆[①]是济南市章丘区图书馆，建筑面积2.1万平方米。

表1-2-1　山东省分馆、基层服务点和城市书房相关数据

	分馆	基层服务点	城市书房	室外大型公共活动区域
数量（个）	1706	6297	719	105
面积（平方米）	582226	363814	177500	441340
馆均面积（平方米）	341.3	57.8	246.9	4203

2.1.2 阅览座席

截至2022年底，山东省县（区）级以上公共图书馆阅览座席总数为8.57万个，每万人均拥有8.4个座席。按服务人群来看，除普通成年读者外，特殊人群中服务未成年读者的阅览室面积和座席数量最多，其座席数占所有座席数量的22.9%，较2020年度增长6%；其次为老龄读者阅览室，占7.4%；最后为视障读者阅览室，占2.8%。（见图1-2-1）按阅览室功能分区来看，一般阅览室面积和座席数量最多，特藏阅览室的面积和座席数量最少。（见图1-2-2）

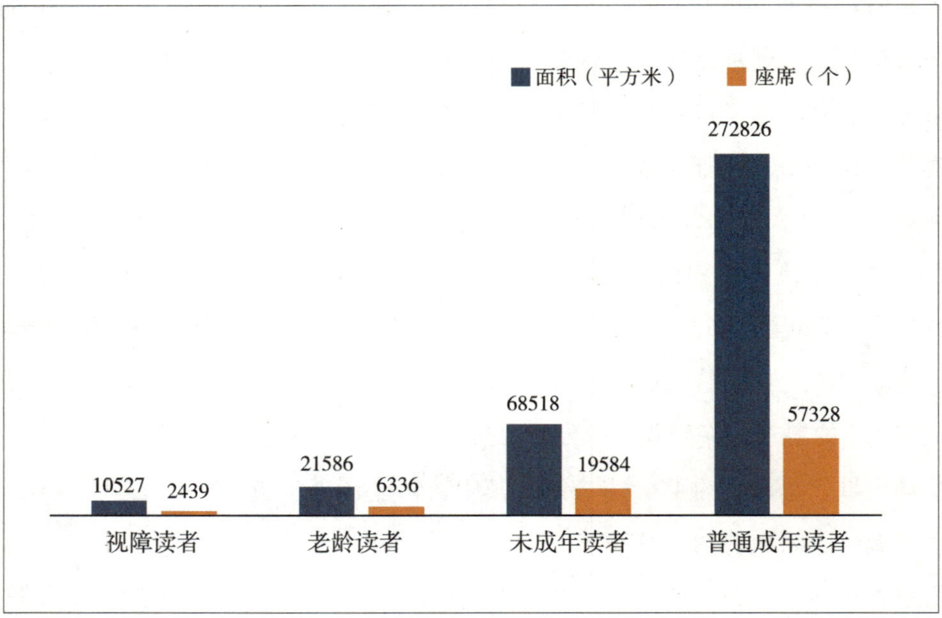

图1-2-1　山东省公共图书馆服务不同人群阅览室面积与座席数量

① 此处的县（区）级图书馆不含薛城区图书馆，其馆舍正在建设中。

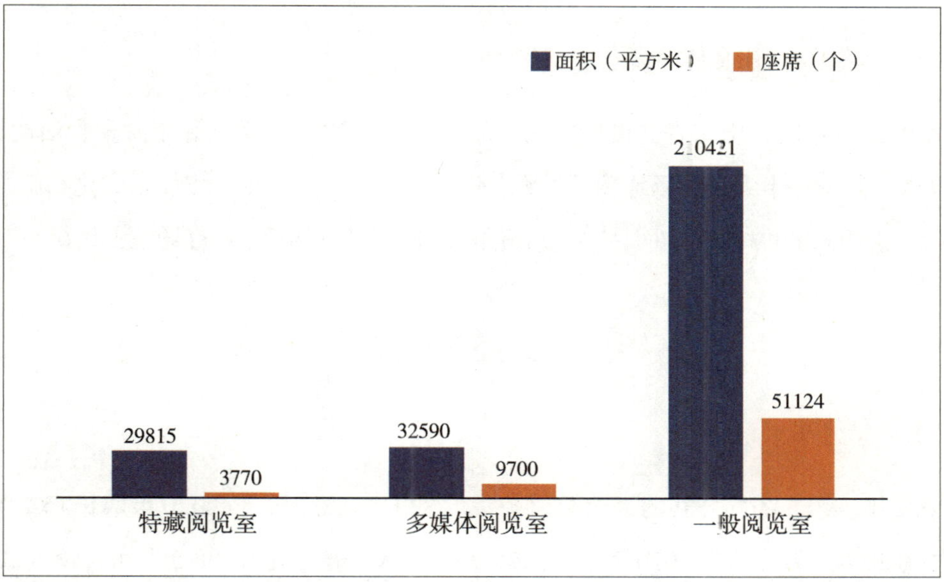

图1-2-2　山东省公共图书馆不同类型阅览室面积与座席数量

2.1.3 尼山书院和古籍库房

截至2022年底，山东省各级公共图书馆基本都独立建设或依托馆内其他部门建设了尼山书院，以此作为传统文化阅读服务的重要阵地，并提质升级。27个图书馆实现在原有空间基础上扩建或新建传统文化阅读服务空间，山东省尼山书院面积达7.7万平方米，较2020年度增加6575平方米。

2021—2022年，山东省共计有26个公共图书馆进行了恒温恒湿、空气过滤净化、防盗报警系统等古籍库房改造提升工作，为古籍永续留存提供重要保障。

2.1.4 新型阅读空间

目前，山东省63.4%（92个）的公共图书馆通过社会化合作方式建立了具有公共性、创意性、融合性等特点的新型阅读空间，市级以上图书馆中这一比例为82.4%。山东省的新型阅读空间主要有奎虚书房、琅琊书房、创空间、望山书社、御龙山城市书屋、紫园城市书房等。68.3%（99个）的公共图书馆建有智慧应用场景，市级以上图书馆中这一比例为94.1%。智慧应用场景的出现，提高了图书馆服务效率和服务品质，优化了图书馆空间布局，有利于推动图书馆数字化转型，并助力阅读文化推广。山东地区智慧应用场景主要有智慧书架、智能盘点机器人、人脸识别借书系统、智能咨询机器人、VR智慧空间等。

2.1.5 文创及文化和旅游融合活动场地

截至2022年底，山东省共设置文创产品宣传场地27个；文化和旅游融合活动场地4万平方米，其中一半为自有场地，一半为合作场地。市馆倾向于合作使用文化和旅游融合场地（合作场地占比72%），而县（区）馆倾向于使用自有场地（自有场地占比65.3%）。

2.2 经费保障

2.2.1 总经费

2022年，山东省[①]公共图书馆总财政拨款83256.4万元，较2020年增长15.8%；市馆均值为2031.1万元，较2020年增加7.7%；县（区）馆均值为298.5万元，较2020年增加20.5%，基层财政拨款增幅较大，其中即墨区图书馆和东港区图书馆财政拨款超1000万元，即墨区图书馆财政拨款总额（2285.1万元）超过87.5%的市馆。

表1-2-2　各级别图书馆财政拨款量

图书馆	财政拨款（万元）	图书馆数量（个）	均值（万元）
省馆	11655.7	1	11655.7
市馆	32498.3	16	2031.1
县（区）馆	39102.4	131	298.5
合计	83256.4	148	—

市馆财政拨款中，有75%的市馆集中在1000万元—2000万元，其中，财政拨款居前三位的依次为济南市图书馆（8326.4万元）、青岛市图书馆（4252.3万元）和潍坊市图书馆（2104.9万元）；财政拨款居前五位的市馆占市馆总金额的56%，居后五位的占16.3%。74%的县（区）馆财政拨款为100万元—500万元，14.5%的县（区）馆低于100万元，11.5%的县（区）馆高于500万元。财政拨款居前三位的县（区）馆依次是即墨区图书馆（2285.1万元）、东港区图书馆（1200.7万元）和钢城区图书馆（926.9万元）。财政拨款居前五位的县（区）馆是后五位的52倍。

① 包含1个省馆、16个市馆和131个县（区）图书馆，不含胶州市图书馆、临淄区图书馆、桓台县图书馆、薛城区图书馆、潍城区图书馆、曲阜市图书馆、宁阳县图书馆7馆。

2.2.2 文献购置费

2022年度山东省公共图书馆文献购置费共9461.5万元[①]，其中，省馆1396.6万元，市馆4804.5万元，县（区）馆3260.4万元。除省馆外，较2021年均有所下降，其中市馆文献购置费降幅最明显，为22%。2022年市馆馆均文献购置费为300.3万元，其中投入较多的为济南、青岛、淄博、潍坊、烟台等馆，县（区）馆馆均文献购置费为25.5万元。横向对比发现，无论市馆还是县（区）馆，馆际文献购置经费投入存在较大的不均衡性。

表1-2-3　2021—2022年各级别图书馆文献购置费　　单位：万元

图书馆	2021年总额	2021年均值	2022年总额	2022年均值
省馆	1420.9	1420.9	1396.6	1396.6
市馆	6250.9	390.7	4804.5	300.3
县（区）图书馆	3893.4	30.4	3260.4	25.5
合计	11565.2		9461.5	

2022年各市馆的各类文献购置费较2021年均有所下降，降幅最大的是非纸质文献购置费，为33%。市馆文献购置费，一半以上用于购买图书（2021年占比61%，2022年占比57.6%）；2022年度普通报刊购置费，济南市图书馆和青岛市图书馆超过90万元，最少的市馆为8万元，有6个馆集中在20万—30万元，8个馆在20万元以下；2022年度，济南市图书馆投入超过千万元（1450万元）用于非纸质文献购买，最少的为17.23万元，超半数市馆在非纸质文献的经费投入集中在100万—400万元。（见图1-2-3）

2022年，18.8%的县（区）馆图书购置费超过100万元，半数以上的县（区）馆不足50万元；县（区）馆报刊购置费总体不高，仅历下区图书馆超50万元，83.6%的县（区）馆报刊购置费不足10万元，8个图书馆没有此项经费。2021—2022年县（区）图书馆普遍加大了对非纸质文献的经费投入。其中，视听文献较2020年度增幅最大，电子文献经费投入由2020年的197.7万元增至273.4万元。同时，县（区）馆加大了对自身特色馆藏资源的开发建设，2021年和2022年分别投入62.2万元和77.1万元用于自建数据库开发。青岛地区数字资源建设经费2021—2022年年均362.5万元，居山东各

① 包括1个省馆、16个市馆和128个县（区）馆。

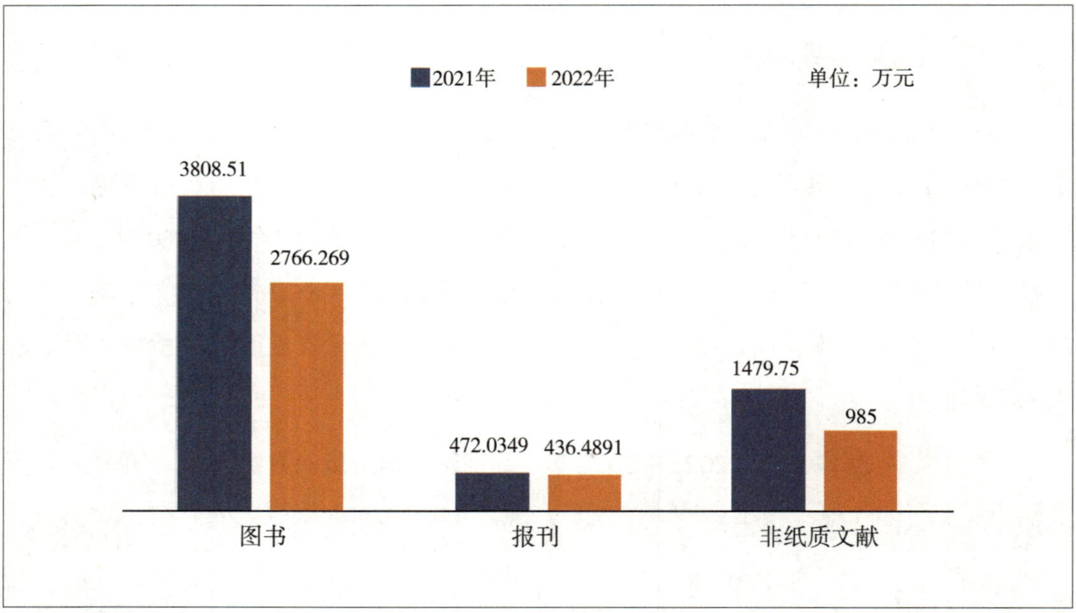

图1-2-3　2021年和2022年度市馆文献购置费分类使用情况

地区图书馆首位。

2022年山东省少儿图书购书经费金额总计1379.4万元，其中市馆馆均18.9万元，县（区）馆馆均10.8万元，市馆中投入最多的为淄博市图书馆和潍坊市图书馆，分别为47.9万元和41.2万元，分别占其当年文献购置总经费的14.9%和12.6%；县（区）馆中虽购书总经费下降，但少儿图书购书经费较2020年的959.2万元上涨了63.7万元。

2.2.3 部分专项经费

2022年，山东省阅读推广经费为783.1万元，较2021年增长9.6%，但较2020年有大幅下降，降幅为44.3%，占当年山东省公共图书馆财政拨款的近9%。37.5%的市馆和25.8%的县（区）馆获得阅读推广经费支持，总金额分别是94.6万元和546万元。（见图1-2-4）2022年县（区）馆在阅读推广经费上加大投入，较2021年增长21.6%，市馆减少26.2%，省馆增加3.6%。

2022年，山东省已开展文创开发工作的91个馆中仅有17.6%（16个）设置了文创专项经费，经费共计46.2万元。但也能看到，自2018年最早设置专项经费拨款以来，总体呈上涨趋势，其中市馆经费除2020年大幅下降外，总体呈增长趋势，县（区）馆呈稳步增长趋势，2021年增幅最大，增长了61.5%。

2022年，山东省共有38个图书馆设置了文化和旅游融合专项经费，共计887.4

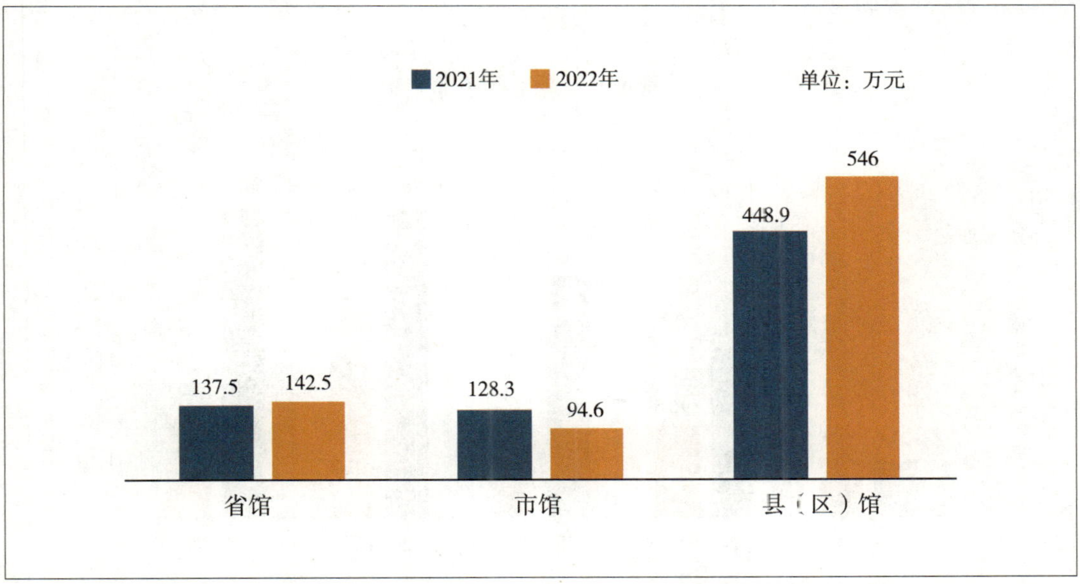

图1-2-4　各级别图书馆阅读推广经费投入情况

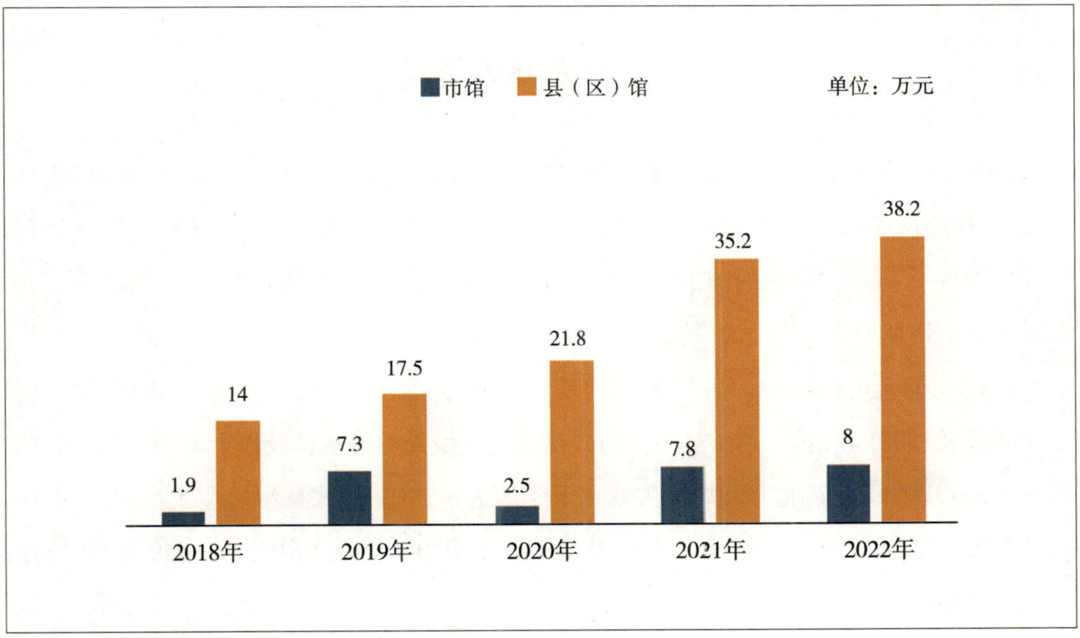

图1-2-5　2018—2022年度文创开发专项经费情况比较

万元，馆均23.4万元，市馆占经费总额的74.6%。2018—2021年，市馆文旅融合经费稳步增长，仅2022年较2021年略有下降；县（区）馆2021年最多，为453.1万元，2022年降幅明显（50.3%）。

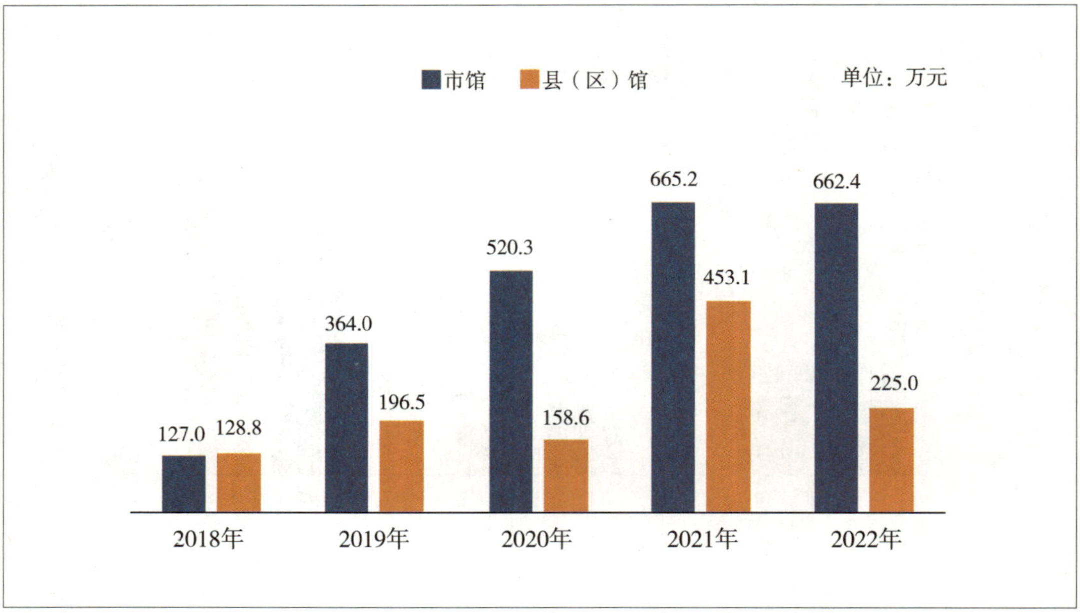

图1-2-6　2018—2022年文旅融合专项经费情况比较

2.3 从业人员

截至2022年底，山东省公共图书馆共有正式在编从业人员2592人，较2020年增长6%；非在编从业人员1197人，较2020年增幅较大，为11.9%。有25%的图书馆在编人员数量为20人以上，26%的图书馆没有非正式在编人员，26%的图书馆非在编人员为10人以上。馆均从业人员24人，每2.68万人配备1名图书馆从业人员。

正式在编人员的职称，占比最高的是中级职称，为52.9%；其次为初级职称，占26.7%；高级职称459人，占17.7%。81.7%正式在编人员为本科及以上学历，较2020年增长2%，其中硕士以上为13%，大专以下学历为5.2%。正式在编从业人员中，49.1%的人为36—49岁；35岁以下人员占比28.8%，较2020年增加2.8%；50—59岁人员比例由2020年的27%降至22.1%。

表1-2-4　山东省县（区）级以上公共图书馆从业人员情况

指标		最小值	最大值	合计	均值
人员编制情况	正式在编人数	1	220	2592	17.8
	非在编人数	0	107	1197	8.3

续表

指标			最小值	最大值	合计	均值
正式在编人员	职称	高级职称	0	32	459	3.2
		中级职称	1	65	1188	8.2
		初级职称	0	112	599	4.1
		管理人员	0	16	293	2.0
	学历	硕士及以上	0	75	337	2.3
		大学本科	1	136	1781	12.3
		大专学历	0	23	412	2.8
		大专以下	0	15	134	0.9
	年龄	35岁以下	0	56	585	4.0
		36—49岁	0	117	1301	9.0
		50—59岁	0	47	764	5.3
有效个案数			145			

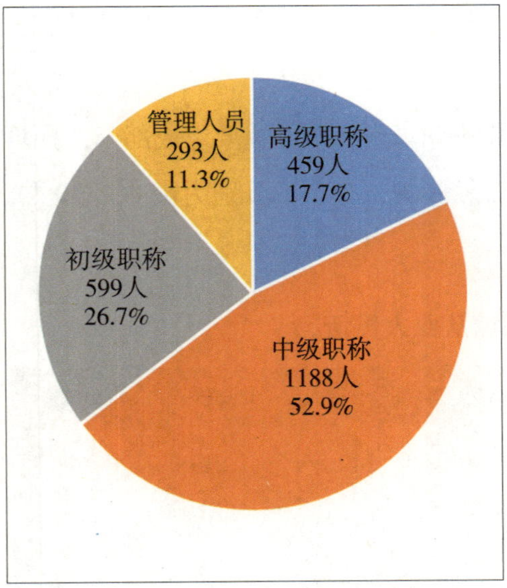

图1-2-7　山东省公共图书馆从业人员职称情况

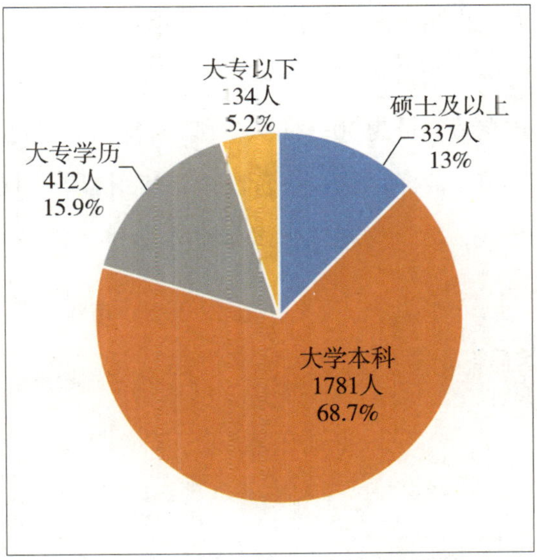

图1-2-8　山东省公共图书馆从业人员学历情况

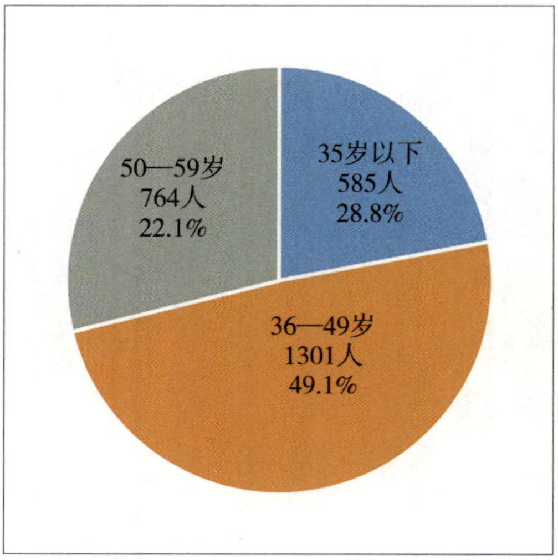

图1-2-9　山东省公共图书馆从业人员年龄分布情况

2.3.1 不同级别图书馆从业人员特点

山东省公共图书馆从业人员在区域分布上呈现明显特征。从图书馆级别来看，市馆在编从业人员813人，馆均59人，县（区）馆在编从业人员1559人，馆均12人；各级馆总体增加了非在编从业人员数量，市馆由2020年的65人增至291人，县（区）馆非在编人员由761人增至874人。市馆正式在编人员最少为16人，最多为140人，数量居前三的依次为济南市馆（140人）、青岛市馆（99人）、烟台市馆（72人），62.5%的市馆正式在编人员为30—60人。编外合同制人员是公共图书馆人员队伍的重要组成部分，日照市馆、菏泽市馆和东营市馆是使用编外合同制员工较多的三个馆，分别为63人、40人、35人，数量均超过正式在编员工。

表1-2-5　市馆、县（区）馆从业人员情况

指标		图书馆数量	最小值	最大值	合计	均值
市馆	正式在编人数	16	16	140	813	59
	非在编人数	16	0	65	276	17.3
县（区）馆	正式在编人数	128	1	40	1559	12.2
	非在编人数	128	0	107	874	6.8

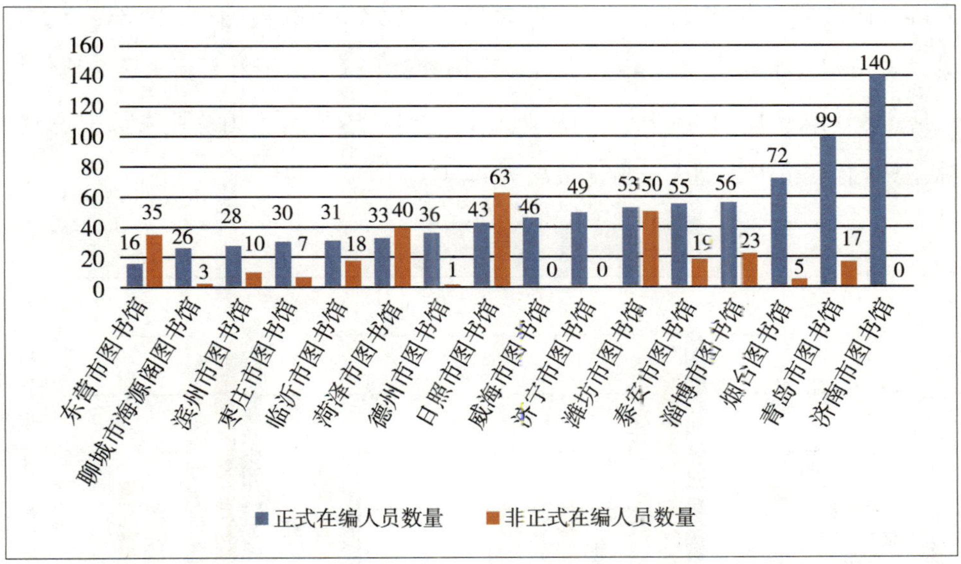

图1-2-10　市馆从业人员数量

关于从业人员学历构成分布，山东省范围内公共图书馆的从业人员中，有47.5%的硕士及以上人员分布在市馆，30%分布在县（区）馆；大学本科从业人员中，59.7%分布在县（区）馆，较2020年增加3.1%。各级图书馆占比最多的为本科学历，省、市、县（区）馆从业人员中大学本科学历人员均超过60%，其中，省馆超1/3从业人员为硕士以上学历。（见图1-2-11）

省、市、县（区）公共图书馆从业人员数量最多群体均为36—49岁人群。市馆35岁

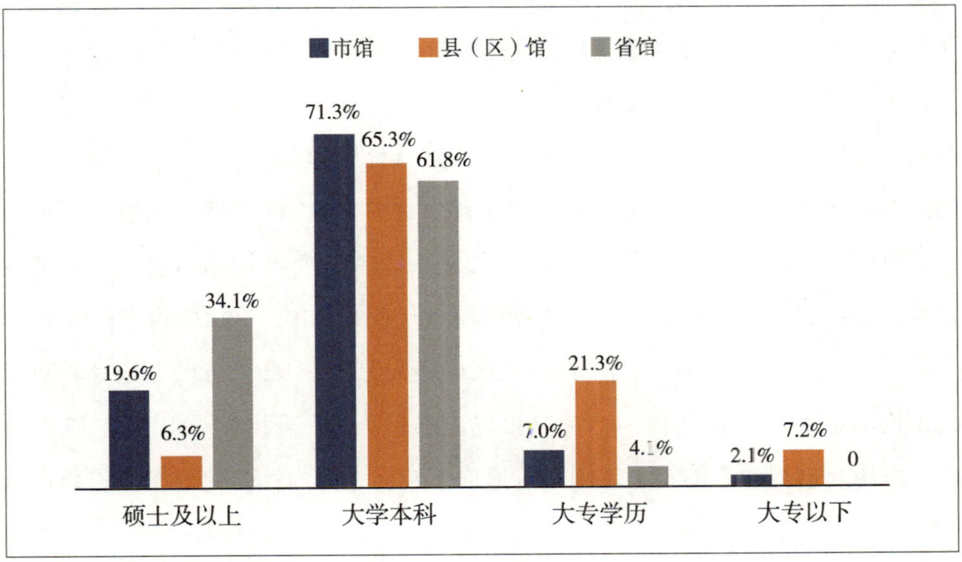

图1-2-11　省、市、县（区）图书馆从业人员学历占比情况

以下人群占比最高，为28%，县（区）馆为18.6%，24.3%的县（区）馆没有35岁以下从业人员；省馆超过半数为36—49岁人群，市馆和县（区）馆相差不多，这一比例均超过45%；县（区）馆近1/3（31.7%）的从业人员为50—59岁。市馆从业人员中超1/4为高级职称，县（区）馆中管理人员占比最高为14.4%。

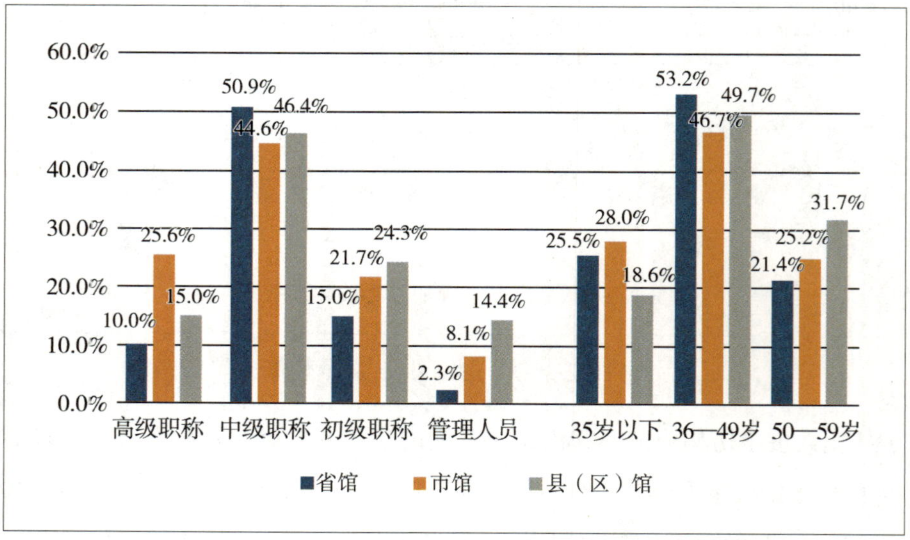

图1-2-12　省、市、县（区）图书馆从业人员职称、年龄占比图

2.3.2 专业领域从业人员特点

截至2022年底，山东省89.7%的公共图书馆开设了独立的少儿部门（借阅室），省馆和所有市馆均有设立，23.4%设置了单独的少儿部门；山东省58.6%的公共图书馆设立了专门的阅读推广部门，含81%的市馆和半数以上的县（区）馆；72.4%的公共图书馆有专人负责微信公众平台运营，另有5.5%为业务外包形式。

相应专业服务领域人员情况如下：山东省公共图书馆中共775人从事未成年人阅读服务，较2020年增长33.2%。其中，66.5%为在编人员，低于山东省公共图书馆从业人员中在编人员占比（68.4%），未成年人阅读服务从业人员中，69.4%为本科以上学历①，县（区）馆中近25%为大专以下学历，较2020年降低15%。267名员工是专职阅读推广人员，馆均不足2人（1.8人）；495人从事尼山书院工作，新增14人，其中13人为大学本科以上学历。值得注意的是，尼山书院形成了较为稳定的社会化合作模式和志愿服务

① 有效样本数775。

模式，合作的专业人士数量2021年增至898人，2022年为876人，文化志愿者2021年为4388人，2022年为5252人。2490名公共图书馆从业人员从事借阅服务，占所有从业人员（含非在编）的65.7%。山东省13个公共图书馆成立了专门的文创研发部门，专职工作人员为69人，专业设计人员占比为30.4%，66.7%为本科以上学历；山东省15个公共图书馆设置了文化和旅游融合部门，专职人员77人，占所有从业人员的2%。

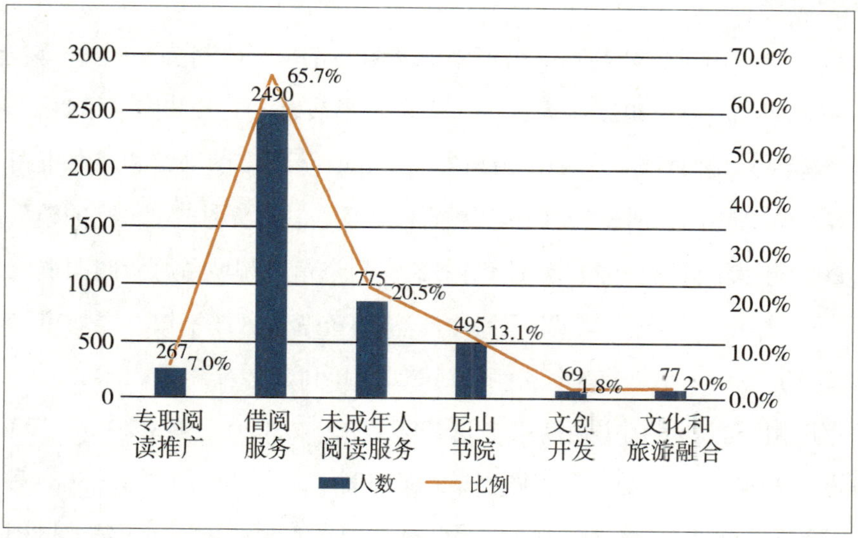

图1-2-13　从事专业领域工作人员数量

2.4 文献资源保障

山东省各级公共图书馆馆藏文献资源建设机制日益完善。截至2022年底，山东省公共图书馆纸质文献总藏量7655.4万册件，人均0.75册件。93.7%的公共图书馆制定了馆藏资源发展政策和规划，较2020年增长4.7%；91.7%的公共图书馆有完整的文献采选条例制度，较2020年增长20.7%；86.9%的公共图书馆制定了文献资源剔旧制度、规则或标准，59.3%的公共图书馆开展了读者主导式采购，68.2%的公共图书馆开展了跨系统或系统内文献资源协作共建，较2020年均有不同程度增长。

2.4.1 纸质文献资源

截至2022年底，山东省公共图书馆共有纸质文献7655.4万册件，较2020年增长8.9%。其中，可供读者外借图书为4198万册；古籍藏量146.9万册，2021—2022年，山东省公共图书馆新入藏古籍627部（种）2192册，影印古籍312部（种）2871册，其中威海荣成市图书馆新增入藏量最多，为425部（种）；馆藏未成年读者文献由2020年的810.83万册增至1466.8万册，增幅明显（81%），其中威海市图书馆少儿类图书馆藏量最高，为64.61万册。馆藏纸质文献总量超过100万册的共13个，其中市馆6个、县（区）馆6个。50%的市馆馆藏总量为60万—90万册，80.5%的县（区）馆馆藏总量集中在10万—50万册。

自2019年起，山东省公共图书馆每年新增图书量呈下降趋势，同比下降率2020年为6.7%，2021年为9%，2022年为20%。山东省半数以上的公共图书馆2021年和2022年采购图书均在3万册以下。其中，山东省图书馆、济南市图书馆和威海市图书馆新增图书量最多，均超过16万册，2021年市级以上图书馆中新增图书量最高的馆为最低的馆的49倍，2022年为24倍，2022年新增图书最多的市馆为聊城市海源阁图书馆，为19.5万册；县（区）馆中，滨州市滨城区图书馆、济南市章丘区图书馆、潍坊市诸城市图书馆年图书采购量超10万册，有5个县（区）馆2021年和2022年未采购图书。

2022年度山东省公共图书馆新增报刊40893种，较2020年减少20%。有3个图书馆新增报刊超2000种，分别是山东省图书馆（6653种）、青岛市图书馆（3084种）和济南市图书馆（2876种）；县（区）馆中新增报刊种数较多的分别是滨州市沾化区图书馆、青岛市西海岸新区图书馆、潍坊市诸城市图书馆，2021年和2022年均超过500种，9个县（区）级图书馆两年均未采购报刊。

2.4.2 电子文献资源

截至2022年底，山东省数字资源总量14916.65TB，济南（2779.9TB）、滨州（1990TB）、青岛（1679.4TB）三个地区位居前列，三地总量占山东省总量的43%。市馆中，青岛市图书馆、淄博市图书馆和济南市图书馆的电子资源总量居前列；2022年各馆数字资源总量较2021年均有所增加，潍坊市图书馆增幅最大，为48.6%。

山东省公共图书馆2022年为读者提供的数字资源与2020年基本一致，主要是超星汇雅书世界、方正阿帕比电子书、中国学术期刊网络出版总库、万方数据学术期刊库、龙源电子期刊阅览室、博看网络畅销期刊库、贝贝国学、妙趣手工坊等数据库资源。结合读者需求，市馆侧重于提供电子图书、人文期刊和少儿类资源库。在古籍方面，有16个公共图书馆新建或外购了古籍数据库，如山东省图书馆“中华古籍书目数据库”，济南市图书馆“古籍再造资源库1—5期”，青岛市图书馆“青岛市图书馆古籍数字化服务平台”，淄博市图书馆“民国前淄博方志细颗粒度标引库”等。2021—2022年，山东省公共图书馆累计馆藏数字化古籍926部（种）9277册。山东省公共图书馆中，85%为读者提供馆外访问服务，77.2%提供统一检索服务，较2020年增加8.2%；77.9%为读者搭建了多样化的数字化服务平台，包括微信公众号、图书馆网站、云图书馆、超星移动图书馆、微服务大厅等。63.4%建有新型阅读空间，68.3%设立VR、AR、智能咨询机器人等智慧阅读场景。

2.4.3 特色资源

特色文献建设主要指构建完善的特色文献资源体系，是公共图书馆馆藏资源建设的重要组成部分，能够集中呈现图书馆的资源特点。山东省各级公共图书馆都非常重视馆藏地方文献、地方历史文化名胜古迹、红色文化等资源的挖掘利用，不断加强地方数字资源数据库的自建工作。山东省68.3%的公共图书馆有特色馆藏建设，其中包含省馆和所有市馆。

山东省图书馆历来重视特色馆藏建设。近年来，省馆加强了家谱文献尤其是山东省内家谱、地方志的采访、征集工作，相关馆藏渐成规模。红色革命文献方面，内容涵盖三大板块（解放区的党史经典、解放区的生活画卷、外国记者眼中的解放区）、七个专题（毛泽东选集、毛泽东文选、经济生活、文化教育、传记故事、大众文艺、国外视角），在中医文献、易经文献、国学文献、传统文化、港台图书、少儿绘本等方面均形成了馆藏特色。市馆形成了一批特色馆藏，如“二安”文化特色馆藏、“泉水”文献、胶东红色文献、齐文化、日照地方名人作品、台儿庄战役资源库、聊斋文化、陶瓷文化等。县（区）馆特色馆藏也体现出浓郁的地方特色，如红色沂蒙、蓬莱历史文化荟萃、戚继光研究、运河文化、冀鲁边区红色文化、文登旅游、乳山人物、毛岸英专题文献、王渔洋研究、书法之乡典藏、任继愈特藏、胶州籍作家作品收藏、即墨谱牒、李白杜甫资料等。

2.4.4 读者参与文献采购

山东省有59.3%的公共图书馆开展了读者主导式采购（Patron-Driven Acquisition，缩写为PDA），由读者决定图书馆文献资源采购的内容，真正实现购买决策由读者决定，从根本上改变了馆藏文献利用率低的状况，如“鲁图风采”活动、“你选书我买单”活动等。其中，青岛市馆和东营市馆此项经费超过百万元，年流通超过2万册次。济南市馆、烟台市馆、淄博市馆和泰安市馆此项经费超过30万元，年流通超过上万册次。

2.5 新媒体服务阵地

山东省公共图书馆在新媒体数量、管理机制、运营方式等方面取得了长足发展，新媒体服务水平更加成熟。

截至2022年底，山东省公共图书馆形成了涵盖微信公众平台、微博、微信视频号、抖音、快手、头条号、小红书、QQ公众号和音频平台等在内的各类新媒体平台，总数由2020年度的253个增加到330个以上，72%的公共图书馆拥有2个及以上新媒体平台，仅有2个馆未开展任何形式的新媒体服务。

其中，开通并认证的微信公众号158个，包括市馆24个，县（区）馆133个；开通并认证的微博平台80个，其中市馆16个，县（区）馆63个；开通并认证的抖音平台由2020年度的8个增至22个，其中市馆9个，县（区）馆12个；开通并认证的微信视频号32个，其中9个市馆，22个县（区）馆。开通数量由多到少依次为微信公众平台、微博、微信视频号和抖音号，微信视频号和抖音号数量增幅明显，微信视频号数量是2020年度的4.6倍，抖音号数量是2020年度的2.8倍，微信视频号数量首度超过抖音号，位居第三。

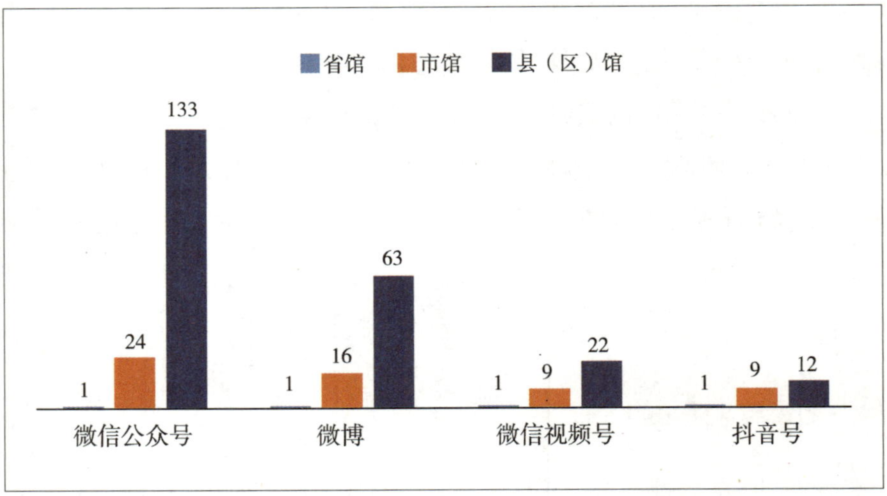

图1-2-14　山东省各级公共图书馆主流新媒体平台数量

为保障公共图书馆新媒体平台的规范化运营，65.5%的图书馆出台了《新媒体平台运营规范》，含82.4%的市馆和63.3%的县（区）馆。

第3章 服务效能

3.1 书刊外借服务

3.1.1 山东省公共图书馆书刊外借服务效能概述

成年读者调查问卷显示："读者到图书馆的目的"中"借阅/归还图书、文献资料"一项，读者选择比较符合（20.41%）和非常符合（65.67%）的为86.08%。从读者的选择来看，虽然阅读方式和图书馆使用行为更为多元化，但是传统图书借阅服务依然占据重要地位。2022年底，山东省公共图书馆可供读者外借图书共计4198万册。2021年书刊外借总量为3320万册，较2019年略有增长（增幅0.5%）。受疫情反复影响，2022年书刊总外借量较上一年度减少13%，为2883万册。山东省6.2%的人口持有图书馆读者证（持证读者629万人），较上一年度增加9.48%，山东各地公共图书馆平均每天有7.9万册书刊被借出，人均借阅0.3册（以山东省人口为基数）；有借阅行为的读者，占山东省总人口的12.7%，平均每人借阅了2.2册书刊。

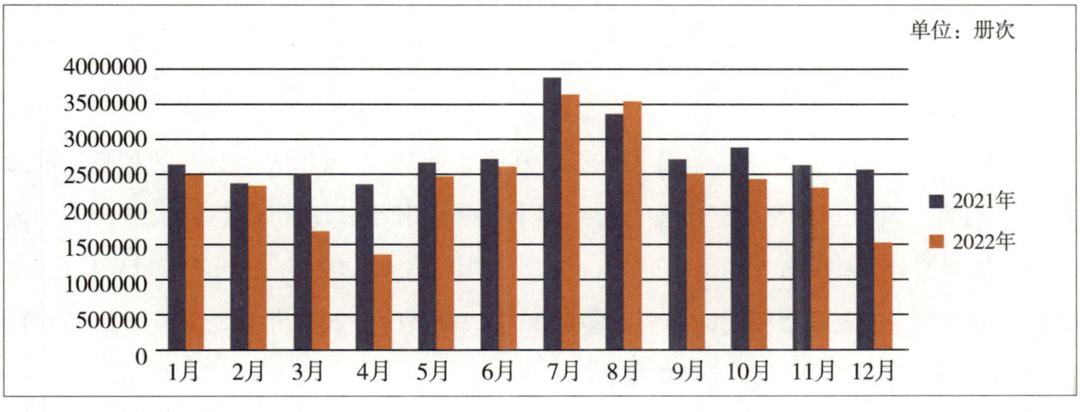

图1-3-1 山东省公共图书馆2021年、2022年每月图书外借量

受疫情反复影响，2022年书刊外借量各月较2021年均有不同程度的下降。2022年1—4月书刊外借量持续下降，至4月（因疫情防控图书馆4月部分时间闭馆）到达全年最低点，同比下降42.6%；暑期依然为书刊外借的高峰，7月和8月书刊外借量占全年1/5左右，7、8月后基本呈下降趋势。

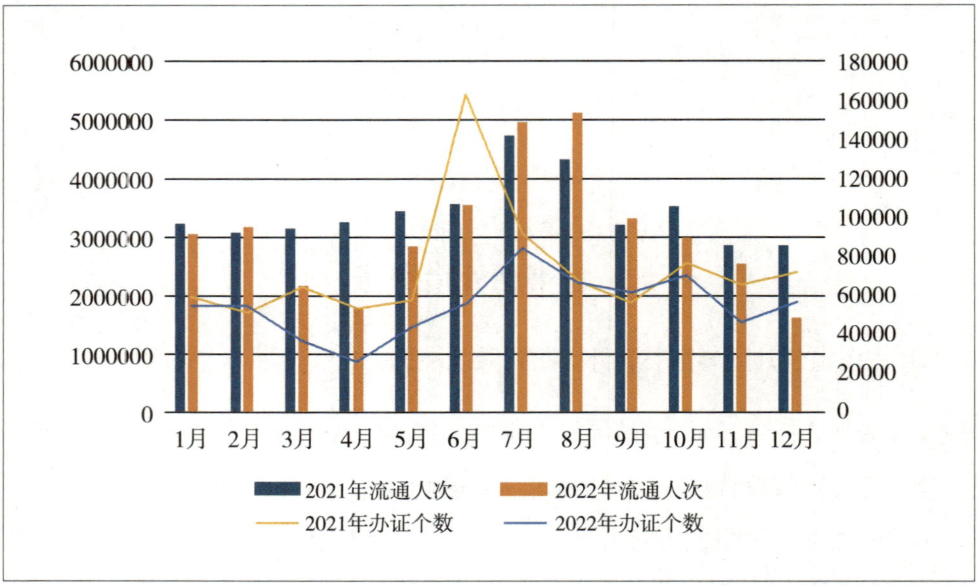

图1-3-2　2021年和2022年山东省公共图书馆每月流通人次和办证数量

2022年有1286万人次到馆借阅图书，占到馆读者（3719万人）的34.6%，其中，山东省馆借阅图书人次为10.5万，市馆为225.8万。大概每100名到馆读者中有近35人有图书借阅行为，即山东省平均每天10.2万读者到图书馆接受服务，其中的3.5万人有书刊借阅行为。书刊借阅量每月变化趋势，与到馆读者及办证读者量变化趋势基本一致。

3.1.2 书刊外借量地域差异

2022年度市馆书刊外借总量为915.7万册，馆均57.2万册，县（区）馆总量为1891.5万册，馆均14.8万册；山东省公共图书馆外借书刊中有66%在县（区）图书馆被借出，32%在市图书馆被借出。（见图1-3-3）对比2019—2022年书刊外借量变化可知，市馆和县（区）馆表现出相同的趋势，即2020年大幅下降，2021年有所回升，2022年再度下降，但总体高于2020年外借总量。

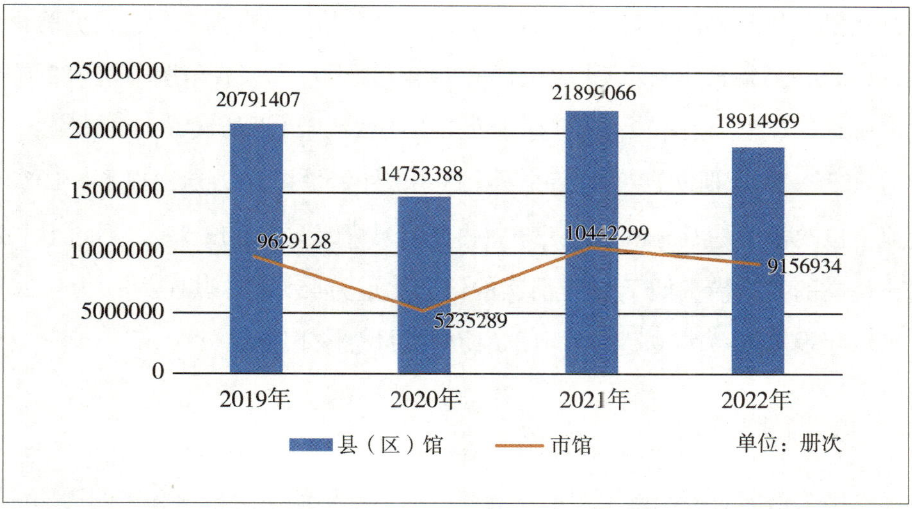

图1-3-3 2019—2022年不同级别图书馆书刊外借总量变化趋势

2022年度市馆中馆均借阅量57.2万册次，较2021年度下降10.7%。2022年借阅量居前三位的是济南市馆（244万册次）、威海市馆（130万册次）和烟台市馆（91.4万册次）。2021年为济南市馆（228万册次）、威海市馆（178万册次）和潍坊市馆（93.9万册次）。自2019年，济南市馆和威海市馆连续四年居外借量前三位。2021和2022年度外借量居前三位的图书馆占全部市馆外借量的一半左右（2021年47.9%，2022年50.8%）。外借量居后三位的图书馆占所有市馆外借量的5%左右（2021年5.6%，2022年4.1%）。2022年度虽然外借总量减少，但排名前三位和后三位的所占比重没有太大变化，市馆之间外借量差异较大。

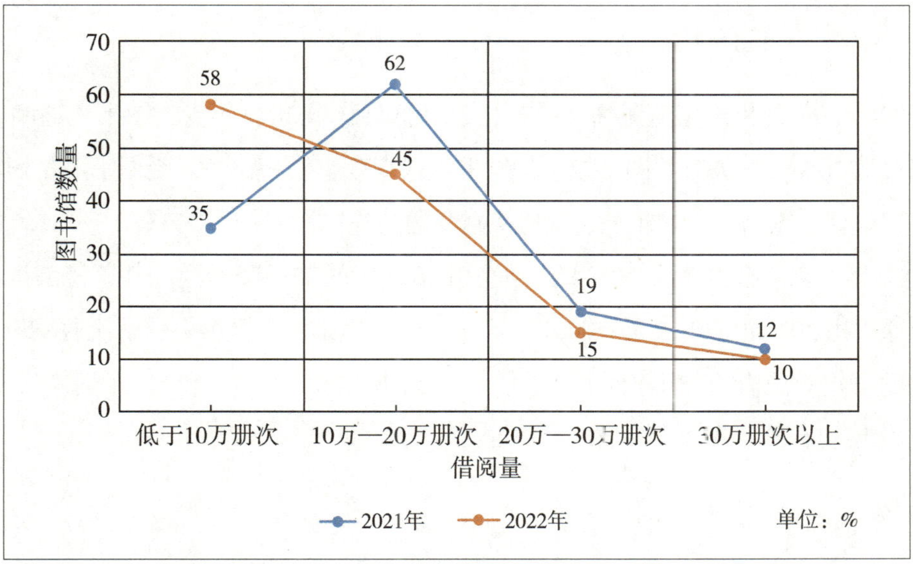

图1-3-4 2021年和2022年县（区）馆外借量区间分布

2021年县（区）馆馆均借阅量17.1万册次，书刊外借量居前三位的是威海市的文登区图书馆（100.7万册次）、环翠区图书馆（89.4万册次）和荣成市图书馆（82万册次），借阅量占所有县（区）馆的12.4%，有三个馆借阅量低于1万册次，48.4%的县（区）馆外借量为10万—20万册次，另有35个县（区）馆外借量在10万册次以下。2022年书刊外借量前三位的依然是威海市以上三馆，占所有县（区）馆的13.7%。不同于2021年的是，占比最高的为外借量低于10万册次的馆，比重为45.3%，其次为10万—20万册次区间。2022年很多图书馆限流和临时闭馆使外借量总体下降。

3.1.3 借阅服务制度

本报告中，借阅服务制度指图书馆周开放时间、借阅文献数量和借阅周期、逾期费等方面的规章制度。合理的借阅服务制度是公共图书馆最大化发挥阅读服务效能的重要保障。在基本服务方面，山东省90%的公共图书馆周开放时间集中在48—72小时，夏季日均开放9.25小时，冬季日均开放9.23小时。75%以上的公共图书馆读者单次可借2—6册书刊，较上一报告周期增加5%；山东省一半的公共图书馆为读者提供单次借阅超过2本书刊的服务。馆均借期42.1天，其中58%的公共图书馆借期为30天，25%为60天，还有5%的图书馆借期在30天以下。三个图书馆（临沂市兰山区图书馆、临沂市临沭县图书馆、潍坊市寿光市图书馆）借期为60天。若图书逾期，近1/5的公共图书馆会收取逾期费。县（区）馆在借阅册次、借阅周期等方面仍有提升空间。

3.1.4 借阅图书流通率

2022年，可外借图书藏量增加，外借量降低，导致2022年借阅图书流通率较2021年下降接近10%。各级公共图书馆平均图书流通率为30%—60%。受图书藏量影响，公共图书馆呈现出图书馆级别越低、流通率越高的趋势。

2022年山东省公共图书馆图书流通率由2021年的45%降低到31%，济南市图书馆图书流通率由2021年的105%降到2022年的56%。2022年市级馆中图书流通率最高的三个公共图书馆为威海市图书馆（172%）、枣庄市图书馆（84%）和烟台图书馆（83%），相比2021年均有所下降。

3.1.5 借阅排行

2022年，威海市、东营市和烟台市人均借阅图书量居前三位。2021年借阅达人中排名前三的读者分别属于沂南县图书馆、滨城区图书馆和淄博市图书馆，人均借阅946册，平均年龄47岁；2022年位于城阳区图书馆、烟台经济技术开发区图书馆和阳信县图书馆，人均借阅906册，平均年龄41岁。性别与最爱借书的读者没有必然相关性，两年中借阅达人前十位男女比例相当。

威海市是山东省最热爱读书的城市，无论在图书外借册次总量还是服务人口人均外借册次指标上，均位列山东省第一。威海市在阅读推广服务上有诸多创新之处：一是2017年在山东省率先将“城市书房”建设列入威海市委、市政府为民办实事工程，方便了市民图书借阅，提高了广大市民阅读积极性；二是重视数字资源建设，数字资源采购经费仅次于青岛市。

对借阅排行榜进行比较分析发现，读者普遍偏爱文学类图书，外借册次中接近一半为文学类图书，在排行榜中文学作品高居榜首，从图书馆配置图书种类和数量来看，所有可外借图书中有1/3的图书为文学类图书，与读者需求相适应。此外，历史、地理、艺术、文化、科学、教育、体育等类图书亦受读者喜爱；自然科学类图书外借量占比较低。自然科学类图书中，生物科学类、天文学类、自然科学总论类图书借阅率较高，而工业技术和农业技术类图书借阅率较低。

文学类图书借阅排行榜中，经典与流行作品并存。四大名著、《平凡的世界》、《活着》、金庸的武侠小说等经典作品热度不减，依然深受读者喜爱；玄幻、穿越、侦探、科幻等网络小说借阅率飙升。社会科学类图书借阅排行榜中，喜爱中国历史类图书的读者越来越多。经典历史著作如《史记》《资治通鉴》，通俗历史读物如《明朝那些事儿》《半小时漫画中国史》《中国历代帝王》等，均列居榜单。《苏东坡传》《五百年来王阳明》等中国古代先贤传记也受到越来越多读者的喜爱。自然科学类图书借阅排行榜中，《大自然的日历》《走进大自然百科图鉴》《自私的基因》《万物简史》等科普类图书深受欢迎，《昆虫记》《海错图笔记》等生物类图书借阅量也较高。

《毛泽东传》《毛泽东文集》《毛泽东青少年时代的故事》《红星照耀中国》等红色主题作品受到热捧。全媒体环境对读者阅读取向的影响越来越明显，对相关图书借阅量起到明显带动作用。《人世间》《长津湖》等影视剧带动了纸质图书借阅高峰的出现；《朗读者》《诗词大会》《典籍里的中国》等电视文化节目激发了观众对古典文学的阅读兴趣；电视剧《天道》在抖音等短视频平台再度走红后，作家豆豆的三部曲《遥远的救世主》《天幕红尘》《背叛》一度达到了一书难求的地步。

3.2 未成年人借阅服务效能

3.2.1 借阅册次

2022年，山东省公共图书馆共向740万未成年人次借出1302.8万册次图书，外借册次较2021年降低14.4%，较2020年有大幅增长（增幅60.5%），虽然2022年依然受疫情影响，但较疫情前的2019年增加了15.8%。2022年未成年人图书借阅册次占山东省公共图书馆同期总外借册次的45.3%，较2020年增长5.7%，未成年人阅读服务日益受到各公共图书馆重视。44%的市馆未成年图书年借阅册次集中在5万—10万册次，54%的县（区）馆为5万册次以下。

3.2.2 阅读推广活动

山东省图书馆、16个市馆和83%的县（区）馆均开展了未成年读者阅读推广活动。2021年共开展10235场活动，参与人次151万人次，场均参与人次68；2022年共开展19172场活动，参与人次231万，场均参与人次83。（见图1-3-5）2022年虽然受疫情影响，但场次较上年度增加87.3%，这得益于线上活动的增加，2022年线上活动占比72.7%，2021年为45%。其中，2021—2022年年均为自闭症患者等特殊未成年群体举办活动1167场，线上活动占比稳定，2021年为57%，2022年为56%。2021年共有11万

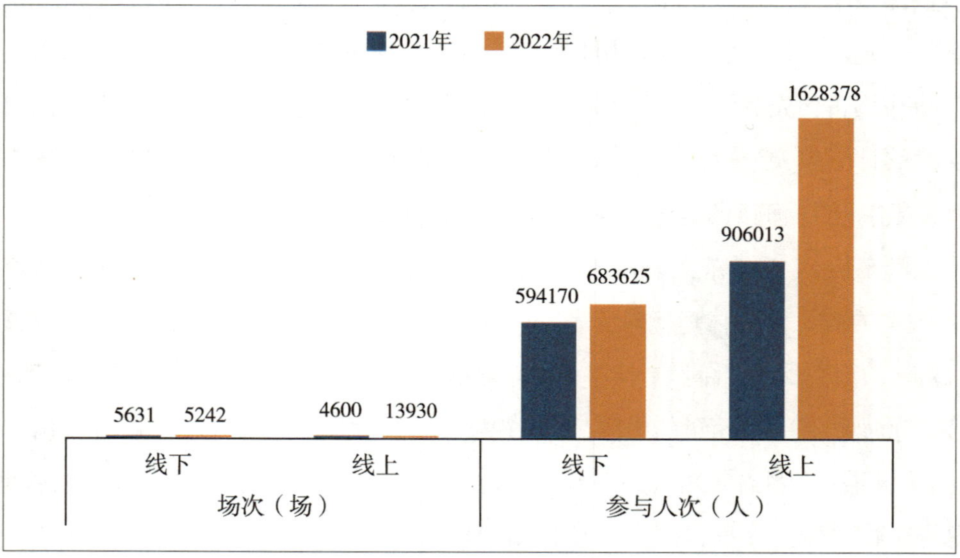

图1-3-5　2021年、2022年未成年读者阅读推广活动场次和人次

人次特殊未成年人群体参与山东省公共图书馆举办的读者活动，2022年为19.4万人次；线下活动增加47%，线上活动参与人次为2021年的2倍。

未成年读者阅读推广活动的品牌化建设进一步加强。截至2022年，山东省各级公共图书馆已开设247种未成年人特色品牌活动，馆均1.7种，品牌活动涵盖省馆、所有市馆和70%的县（区）馆。在活动形式方面，符合未成年人年龄特点的故事会、读书会、讲座等占比最多，分别为25%、18.6%和15.3%。近1/3的活动为参与体验型，1/5的活动为依托“图书馆+书院”模式的传统文化主题活动。公共图书馆重视未成年人传统文化阅读推广，依托尼山书院，为未成年人开设了含传统文化夏令营（冬令营）、经典诵读、国学课堂、琴棋书画体验课等在内的系列活动，尼山书院在未成年人传统文化阅读推广中的作用日益凸显。

2022年，山东省53%的公共图书馆为未成年读者提供了包含“贝贝国学”、“超星”少儿数字资源库、“妙趣手工坊”、“博看”数字资源库和“歌德数字借阅机”等在内的数字资源，这些资源服务未成年人808.3万人次，较2021年增长13.1%。自新冠疫情暴发后，虽然经费有限成为影响各馆采购未成年人数字资源的首要因素，但数字资源的使用量增幅明显，2021年较2020年增长122%，这与公共图书馆加强线上阅读推广服务与宣传、提高数字资源的利用率有密切关系。

3.3 阅读推广活动服务效能

3.3.1 概况

线下阅读推广活动依然是吸引读者到馆的重要因素。据读者调查问卷，71.3%的到馆读者到图书馆的目的是“听讲座、参观展览、参加阅读推广活动”。此外，山东智慧图书馆云、微信、微博、视频号等线上平台的出现，打破了传统阅读推广形式的边界，为公共图书馆提供线上阅读推广活动提供了更多可能，助推公共图书馆构建了较为完备的线上线下阅读推广体系，山东省公共图书馆阅读推广的内容和形式呈现前所未有的创新性特点。

山东省各级公共图书馆2021和2022年年均为读者举办活动1.4万场，平均每日38场，2022年线下读者活动场次较2021年增加45%，线上活动下降3%。2019—2022年，50人以下规模的阅读推广活动占比均在50%左右，其次为50—100人规模的活动。

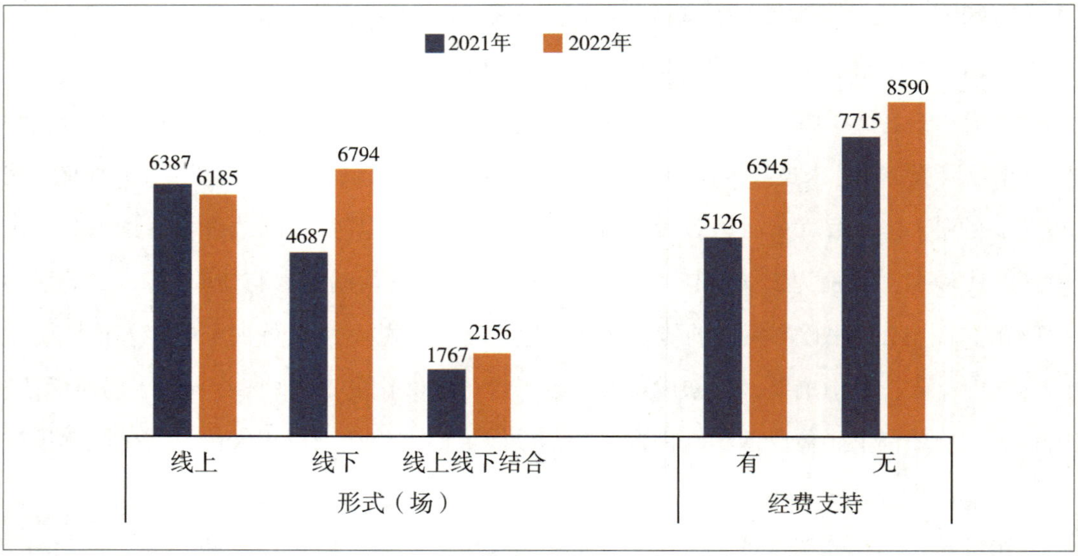

图1-3-6　2021年和2022年读者活动场次和经费情况

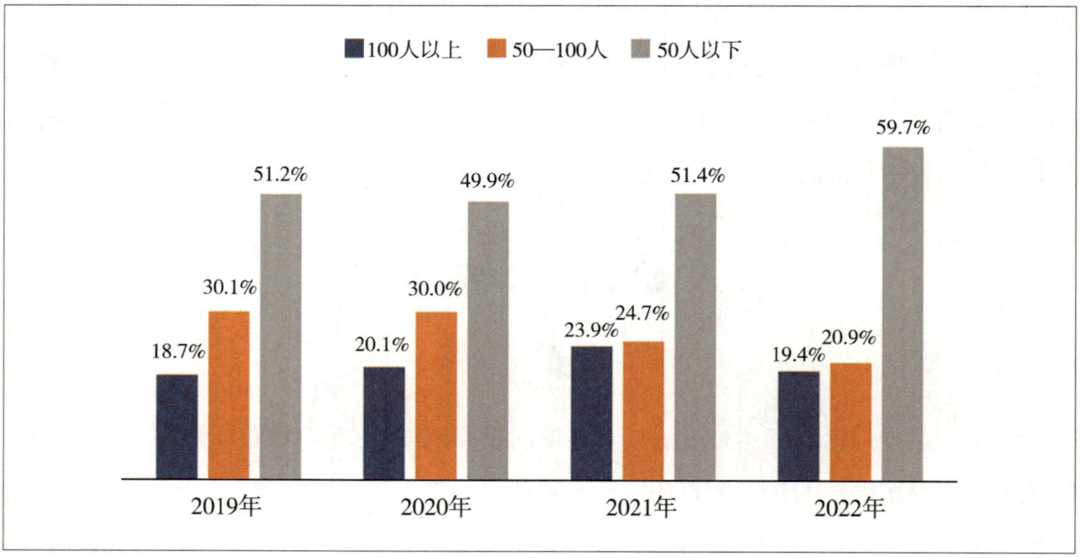

图1-3-7　2019—2022年读者活动规模占比图

3.3.2 活动形式

对到馆读者的调查显示，读者参加最多的活动是讲座，占38.15%；其次为山东省读书朗诵大赛，占25.89%；社会实践活动排在第三位，占25.32%；展览和山东省少儿诗词诵读大赛分列第四和第五位。而公共图书馆开展的阅读推广活动形式主要为讲座、展览、比赛类活动和图书推介等，与读者喜爱的活动形式基本一致。

在山东省各级公共图书馆阅读推广活动中，联合社会力量举办的活动，2021年为4437场，占阅读推广活动总数的34.6%，联合社会机构数量为263个；2022年为5313场，占阅读推广活动总数的35.1%，联合社会机构数量为306个。山东省公共图书馆倾向于在教育教学类、诵读类活动中与社会机构合作，其中教育教学类活动两年均占与社会合作活动的约25%。

由图1-3-8可知，山东省公共图书馆阅读推广活动在线上线下形式的选择上表现出一定的规律性，以2021和2022两个年度各类型活动的总和为例，讲座类培训活动线下举办场次居多，而展览类活动线上举办居多，线上线下相结合的活动中，最多的为讲座，其次为展览。2022年山东省各级公共图书馆举办的阅读推广活动中较上一年度增幅最大的为讲座类活动，讲座总计6084场次，较上一年度增长32.6%；展览类活动4979场次，较上一年度增长20.6%；其他阅读推广活动4462场次，较上一年度增长8.2%。

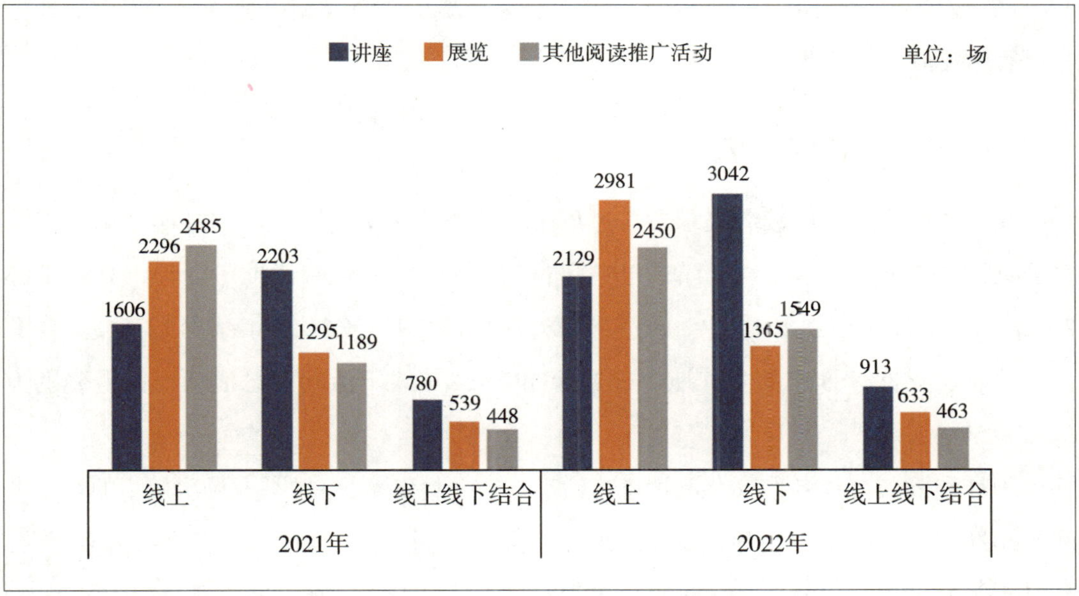

图1-3-8　2021—2022年不同形式阅读推广活动场次

3.3.3 活动内容

从活动内容来看，山东省公共图书馆讲座以“人文历史”“社会科学”和“养生保健及科普”为主，这三类占所有讲座主题的83.2%。其中，人文历史类最多，占比35%；展览则注重馆藏资源的开发，馆藏资源类展览占比33%，其次为艺术类展览，占比26%。值得注意的是，文化创意类展览在图书馆展览中的比重日益增加，2022年较2021

年增加了26.4%，科技类展览则下降了5.4%；在其他阅读推广活动中，2022年，读者沙龙占比最高，为34.3%；其次为比赛类，占比12.9%；征文类也比较受读者喜爱，占比5.7%。2022年读者沙龙、比赛和征文等活动场次较2021年均有所增长。

3.4 传统文化阅读服务效能

3.4.1 古籍阅览等文献服务

在基本服务方面，2022年，山东省各级图书馆古籍部门共接待古籍阅览读者2.5万人次，较2021年增长14.4%，较2020年增长124%，较2019年下降34.6%。目前，山东省26.2%的图书馆为读者提供卡片式目录检索服务，35.2%提供馆内电脑检索服务，8.2%提供网站书目数据库检索服务。37.9%的图书馆提供古籍原件阅览服务，较2020年新增4个；79%的图书馆不提供古籍复制服务。读者阅览的古籍类型以地方志、家谱、地方先贤著作及孤本珍稀类古籍为主。

3.4.2 传统文化体验活动

在调查中，19%的读者表示参与过尼山书院的传统文化活动。2021年度山东省各级公共图书馆尼山书院和古籍部门共举办8329场传统文化阅读推广活动，日均举办23场，比2019年增加5.2%；2022年受疫情因素影响，较2021年减少13.5%。线下仍是传统文化阅读推广的主阵地，2021年和2022年线下活动占总活动的比重分别为66%和59%。

2021和2022年，传统文化阅读推广活动（含线上和线下）中举办场次最多的均为讲座，2021年为2255场，占比27.1%，2022年为2570场，占比35.6%；其次为公益培训，2021年为1907场，占比22.9%，2022年为1189场，占比16.5%；体验类活动位居第三，2021和2022年分别为1440场和1172场，分别占比17.3%和16.2%。（见图1-3-9）受疫情反复影响，2022年除讲座和经典图书推荐外，活动场次均有所下降。2022年传统文化线上讲座举办了1853场，同比增加36.6%。

2021年参与传统文化阅读推广活动的总人次为128万，2022年为116.6万，其中线下活动参与人次2022年为29.4万，较上一年度减少37.3%，但线上活动参与人员较2021年增加7.5%。所有线上活动中，参与人次居前三位的分别为讲座、展览和培训，2021年分别为33.7万人次、19.1万人次和16.1万人次，2022年分别为48.6万人次、19.9万人

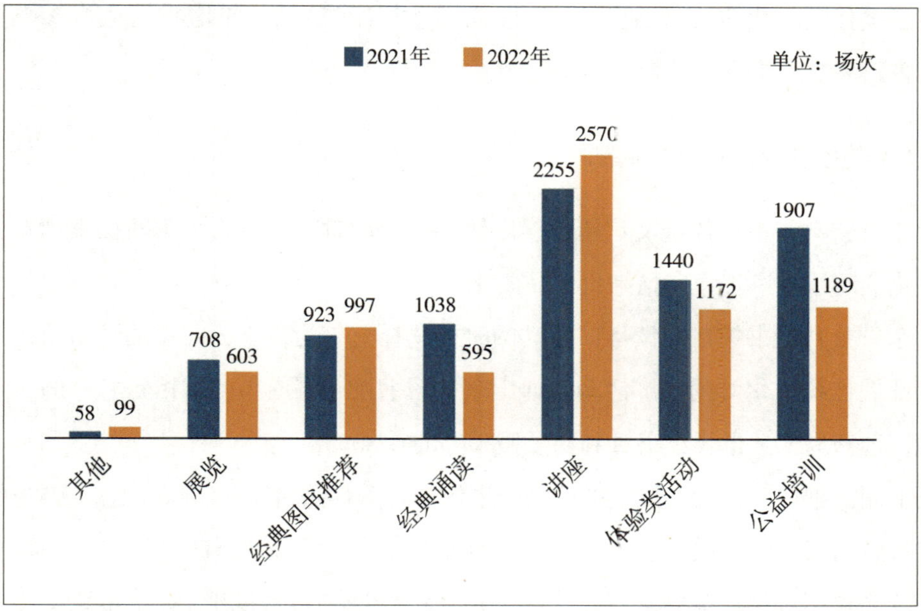

图1-3-9　2021—2022年山东省传统文化阅读推广活动场次

次和8.6万人次。而线下活动中参与人次最多的为展览，2021和2022年分别为21.2万人次和8.6万人次，2022年公益培训参与人次降幅明显（50.9%）。

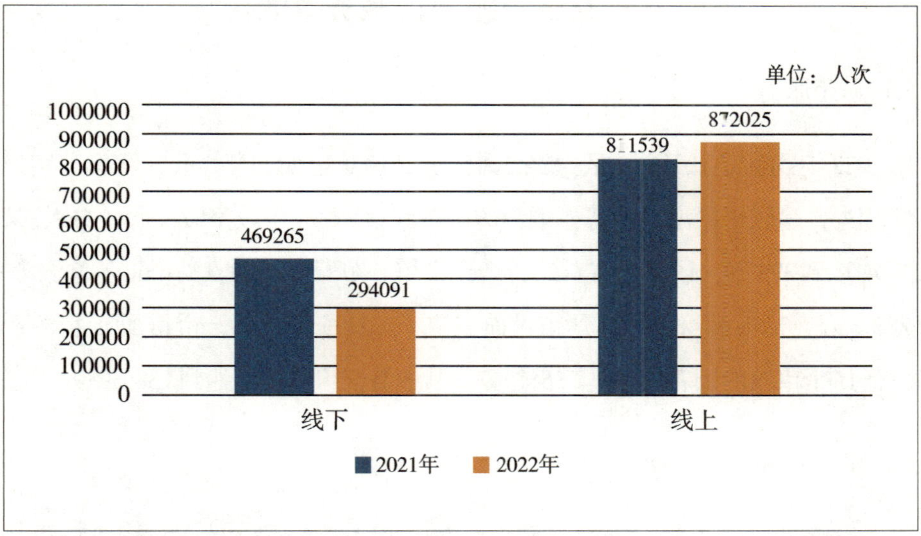

图1-3-10　2021—2022年山东省传统文化阅读推广活动参与人次

传统文化阅读推广活动中，尼山书院2021和2022年年均举办线上线下活动共计6815场，年均103.5万人次参与，主要活动类型除讲座、展览、培训外，还有传统文化体验类活动、经典图书推荐活动、经典诵读活动等；山东省各级公共图书馆古籍部门举办的古籍类传统文化体验活动线上线下年均举办共计977场，年均18万人次参与，活动类型有古籍展览、讲座、古籍版本鉴定等。

3.4.3 传统文化阅读推广活动特点

山东省公共图书馆传统文化阅读推广活动在活动时间、形式上不断探索创新，使得传统文化的阅读推广工作向精细化、品质化方向发展。

山东省公共图书馆在阅读推广活动的时机选择上更为科学，90%的图书馆选择在传统节日开展传统文化阅读推广活动，如山东省图书馆、济南市图书馆等举办的二十四节气活动，选择周末、世界读书日和寒暑假举办的在80%以上。

线上阅读推广中，62%以上的公共图书馆通过微信平台宣传传统文化，5.5%的图书馆通过智慧图书馆云、微博、微信、抖音和视频号等多平台联合宣传。

传统文化阅读推广品牌化建设更为突出，82个图书馆共推出151个传统文化阅读推广品牌，如“美学美育课堂”“尼山书院经典诵读”“枣图IN阅读”等，在弘扬优秀传统文化的同时，也兼具地方特色。

3.5 数字资源阅读服务效能

3.5.1 基本服务

省馆2022年数字资源用户总量为36.3万人，2019年至2022年，每年涨幅分别为4.1%、10.8%和7.1%，呈较平稳增长趋势。烟台的市馆和县（区）馆数字阅读服务总人次2021年和2022年均达到378万，居山东省首位；烟台市馆、东营市馆和青岛市馆年均服务总人次分别为288.5万、75万和48.5万，居市馆前三位。2021—2022年，市馆加强了数字资源阅读推广，有15个市馆的读者总量呈增长趋势，其中济宁市馆增幅达到138.6%。

3.5.2 数字阅读推广活动

2021—2022年，山东省公共图书馆为读者提供了丰富的数字阅读推广活动，有“线上直播课”“灯塔故事会”“青图云课堂系列”“宅家课堂”“科普加油站”“数字济图”系列阅读推广活动及“青图云阅读”“我最喜爱的童书”图书推荐征集活动等。两年间，山东省市级以上公共图书馆共举办数字阅读推广活动2259场，参与人次281.9万。其中线上手工课、知识答题等活动类场次占比最多，为50%，参与人次74.5万；线上直播课、云课堂等线上讲座培训类活动共计590场，参与人次60.5万。（见图1-3-11）此外，山东省公共图书馆通过微信公众号推文及菜单栏中的微服务、数字资源链接、智慧应用场景等为读者提供多样化、个性化数字阅读服务，推动了数字化借阅、数字化管理。

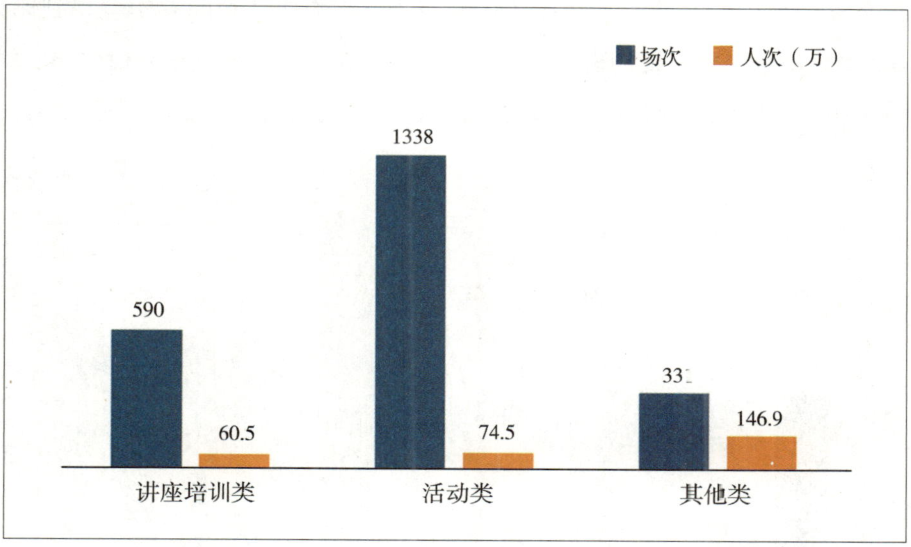

图1-3-11　不同类型数字阅读推广活动场次和人次

3.6 新媒体服务效能

2021—2022年，山东省公共图书馆在线上服务平台构建和服务模式上日益完善，除微信、微博、微信视频号、抖音号外，头条号、小红书等平台的增加使公共图书馆新媒体平台更加多元化，新媒体平台的粉丝量、推送量、浏览量及影响力指数等服务效能较2020年有了长足发展。

3.6.1 粉丝量

山东省公共图书馆微信公众号、微博、微信视频号、抖音号粉丝量持续高速增长，截至2022年底，新媒体平台①粉丝量共计353.9万，较2020年增长90.6%。增幅最大的微信视频号②，粉丝由不足1000人增至5.6万人；其次为微信视频号（增幅为92.7%）；

① 本次统计粉丝量包含微信公众号、微博、微信视频号和抖音号粉丝数。

② 2020年，视频号因发展较晚，粉丝量少，估值约为1000人。

第三是微博（增幅为91.6%）；抖音增量很少，仅为3%。山东省每28人（2020年为54人）中有1人关注了山东省公共图书馆新媒体，公共图书馆新媒体平台辐射人群进一步扩大。

微信公众号粉丝量最多，为301.7万人。这一结论在读者问卷中也得到印证，在“您了解图书馆提供了哪些移动数字阅读资源”的回答中，微信公众号以77.58%的占比位列首位。微博、抖音和微信视频号粉丝量分别为36.4万人、10.3万人和5.6万人。（见图1-3-12）

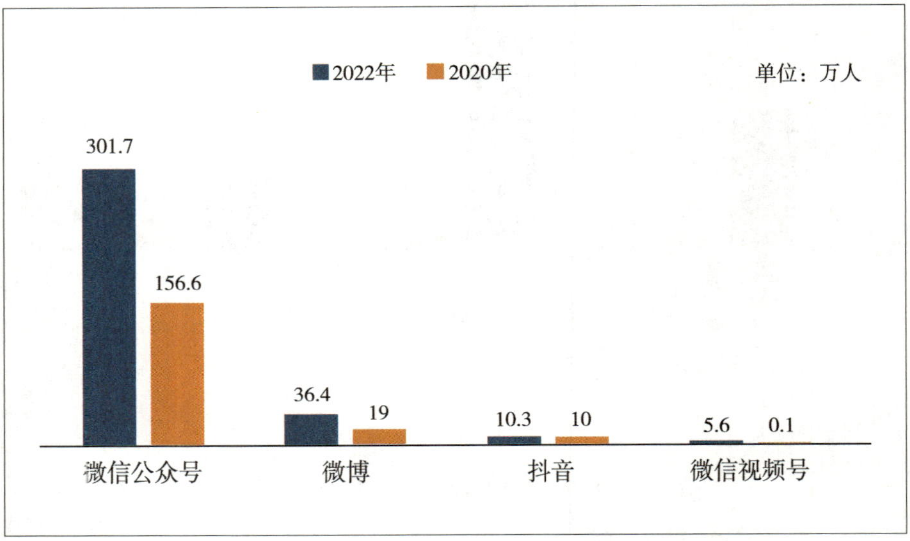

图1-3-12　山东省不同类型新媒体粉丝数量

不同新媒体平台间粉丝人群的地域差异较大。县（区）馆微信公众号粉丝总量增幅较大，超过市馆，占山东省微信公众号粉丝总量的48.9%，与市级以上馆基本持平。而微博和抖音粉丝群体集中在市级以上馆，市馆微博和抖音粉丝量分别占山东省公共图书馆微博、抖音粉丝量的81.5%和92.4%，与之相反，微信视频号的粉丝则90%集中在县（区）馆。

市级以上图书馆中，济南市图书馆（28.1万人）、山东省图书馆（22.8万人）、青岛市图书馆（11.6万人）、淄博市图书馆（13.3万人）和威海市图书馆（10.1万人）微信公众号粉丝量超10万人，五馆占微信粉丝总量28.5%；济南市图书馆（8万人）、菏泽市图书馆（5.8万人）和山东省图书馆（4.7万人）是微博粉丝最多的三个馆，占微博粉丝总量50.8%；临沂市图书馆（86000人）、潍坊市图书馆（4866人）和山东省图书馆（3434人）是抖音粉丝较多的三个馆，占抖音粉丝总量的92%。周村区图书馆（18.8万

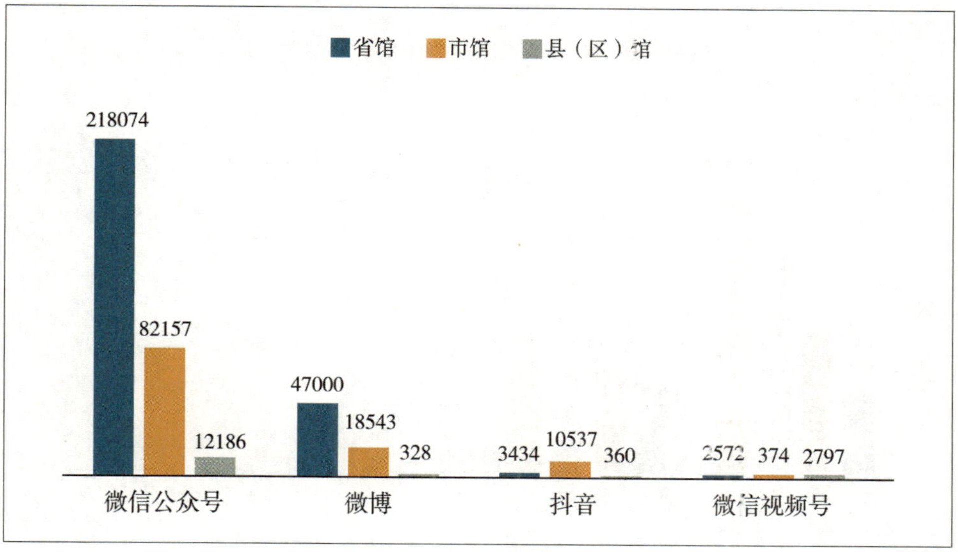

图1-3-13　山东省各级图书馆新媒体平台粉丝均数①

人）、高唐县图书馆（13.8万人）和五莲县图书馆（10.8万人），成为微信视频号粉丝量较多的三个馆。抖音号均粉丝量最高的是市馆，为10537人；微信视频号粉丝量最高的是县（区）馆，为2797人。

3.6.2 发文量

2022年山东省公共图书馆各级图书馆的微信公众号平台共为读者推出8.5万余条推文，微博平台4万余条，抖音号发布视频1960条，微信视频号发布视频3253条。各新媒体平台发文量2019—2022年均呈持续增长态势。其中，淄博市图书馆以2651篇推文位居首位，其次为菏泽市图书馆（2490篇）和滨州市图书馆（2004篇）。25个图书馆年微信公众号推文量超过1000条，其中有9个为县（区）馆；菏泽市图书馆（14265篇）和淄博市图书馆（10050篇）微博发文量超1万条，临沂市图书馆（3535篇）、山东省图书馆（2746篇）和青岛市图书馆（2238篇）三馆的微博发文量超过2000条；菏泽市图书馆在短视频平台的发文量遥遥领先，在抖音平台发布视频1314条，占山东省公共图书馆抖音视频量的76.4%，在微信视频号发布视频1290条，占山东省公共图书馆微信视频号视频量的39.7%。抖音平台发文量第二的为博山区图书馆（109篇），淄博市图书馆（102篇）位列第三。山东省图书馆（553篇）和淄博市图书馆（483篇）分别位于微信视频号发文

① 粉丝均数是以实际拥有该平台的图书馆数量为基数计算的。

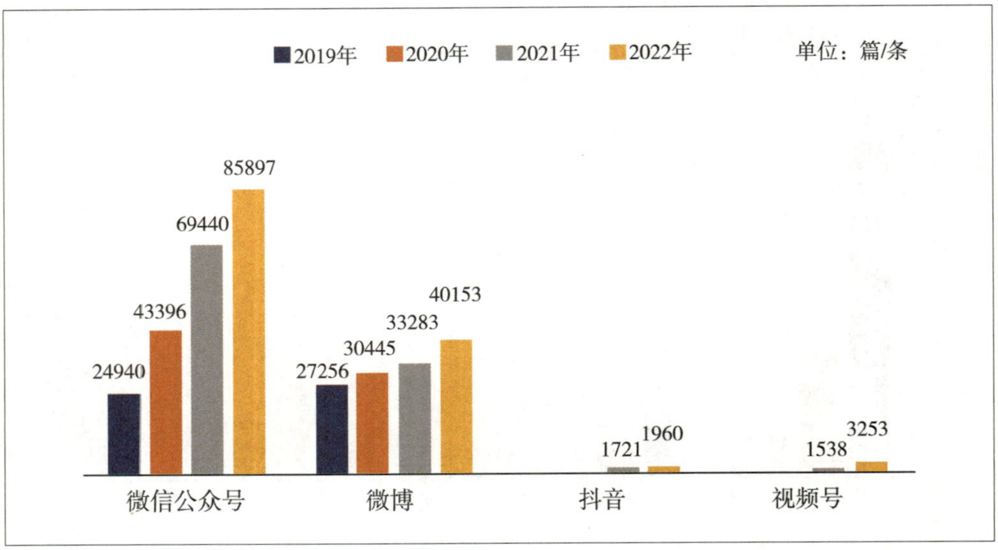

图1-3-14　2019—2022年新媒体平台推文量

量的第二和第三位。

2022年，山东省公共图书馆微信公众号推文阅读量达1174万次，其中阅读量最高的为山东省图书馆（163.6万次），其次为青岛市图书馆（145.3万次）和济南市图书馆（68.4万次）。市馆馆均阅读量31万次，县（区）馆馆均阅读量3.5万次。县（区）馆中青岛市李沧区图书馆、临沂市临沭县图书馆、济宁市邹城市图书馆等10馆阅读量超10万次。微博转发、点赞和评论总量为29万次，抖音点赞、评论和分享数量为1.2万余次，微信视频号点赞、转发和评论数为1.8万余次。

3.6.3 推文内容

在微信公众号的推文内容方面，比较受欢迎的推文集中在社会热点内容、大型读者活动公告和开闭馆时间等方面。市级以上图书馆中，最受读者关注的推文为山东省图书馆发布的《闭馆时间通知》，阅读量为1.9万次；其次为《山东省图书馆恢复对外开放公告》，阅读量为1.5万次。威海市图书馆《威海市图书馆恢复开放！入馆注意事项请务必收藏》获得8177次的阅读量。这些都凸显了微信公众号平台作为公共图书馆信息宣传渠道的重要性。微博方面，品牌话题的构建有利于增强微博用户黏性，提升与微博粉丝的互动性。山东省图书馆定期更新固定话题，如“读万卷书 行万里路”“鲁图心语”等，以及结合时事热点的临时性话题，年均互动总量达4万余条。市馆获得较高口碑的话题如淄博市图书馆的“淄图君赠书”、菏泽市图书馆和淄博市图书馆的“转发赠书”、济南市图书馆的“济图交享阅”等，与粉丝保持了高频的互动。读者偏爱的微博话题有线上赠书、图书推荐、线下活动和美文分享，线上赠书以其互动性强、用户黏性高等特点获得最高的互动总量。

在微信微博的功能倾向上（多项选择）,66.5%的读者选择“使用图书续借等功能”，56.2%的读者选择“了解与阅读相关的推文，增长知识”，47.9%的读者选择“参加线上活动”。排在后两位的是“免费的电子书刊等数字资源”“线下活动预告”，占比分别为37.8%和25.5%。公共图书馆在依托新媒体平台为读者搭建续借等传统服务延伸的同时，应着力提供优质阅读类推文、线上活动、数字资源等服务。

3.7 馆藏开发及文旅融合服务效能

截至2022年底，山东省公共图书馆开发了891种文创产品，有图书类、服饰类、日常用品类、装饰类、文具类以及纪念品和数字文创等。文创产品多以馆标、馆建模型、馆藏资源和本馆活动为文化元素，对公共图书馆馆藏资源开发利用和阅读推广起到了积极作用。据统计，57.9%[①]的文创产品生产周期在半年以上，18.7%的生产周期为3—6个月。山东省公共图书馆进行数字文创开发的产品有9个，IP形象开发的产品有8个。

2022年，山东省公共图书馆共计举办文创设计大赛、文创展览等文创推广活动10场，虽然场次少，但活动时间长、影响范围较广，比如文创产品设计大赛、读书节等活动，一般会持续几个月。73个图书馆通过海报、图书馆新媒体平台、媒体、电视和广播等多种渠道对外宣传文创产品。

目前，全省图书馆文创产品多用于文化交流，社会知名度较低，市场占有率和市场竞争力均较弱。

2022年，山东省公共图书馆举办了619场文旅融合服务活动，共计35.34万人参与，活动场次较2021年增加5%。公共图书馆文旅融合服务更倾向于与旅游景区、博物馆和文旅企业合作，也有部分图书馆与名人故居、红色景区和纪念馆等机构合作。文旅融合主题中，传统节日风俗、青少年教育和红色文化是占比最高的服务活动类型，举办时间一般为传统节日、节假日和寒暑假等。

---

① 以此问题反馈的107个文创产品数量为基数。

第4章　成年读者调查问卷分析

4.1 样本背景分析

本次收集的样本数据中，有效样本9513个，男性样本数量占比不到四成，女性样本数量占比六成以上，造成这样的原因是公共图书馆的女性读者占比一向较高，与现实情况相符。

样本中，年龄为25—45岁的读者占比47.63%，说明该年龄阶段的读者是到馆主力人群；排在第二位的是46—64岁，占比26.53%；15—24岁的读者数量位列第三，占比21.57%。

文化程度方面，本科及以上学历占比近50%，位列第一；大专学历占比20.25%，居于第二；紧随其后的是中专或高中学历，占比20.12%。

在从家到常去公共图书馆的距离方面，3公里以内占比最高，为48.53%；3—5公里排名第二，占比26.84%；5—10公里位列第三，占比15.72%。（见表1-4-1）

综上所述，本次调查问卷所收集的样本人口统计学特征真实反映了当下的现实，具有较强的代表性。

表1-4-1　样本人口统计学特征分布

选项		频数	比例
性别	男	3744	39.36%
	女	5769	60.64%
年龄	14岁及以下	236	2.48%
	15—24岁	2052	21.57%

续表

选项		频数	比例
年龄	25—45岁	4531	47.63%
	46—64岁	2524	26.53%
	65岁及以上	170	1.79%
学历	初中及以下	934	9.82%
	中专或者高中	1914	20.12%
	大专	1925	20.25%
	本科	4132	43.44%
	研究生及以上	607	6.38%
家到图书馆的距离	3公里以内	4617	48.53%
	3—5公里	2553	26.84%
	5—10公里	1495	15.72%
	10公里以上	848	8.91%

4.2 读者阅读行为

对读者阅读行为的调查项目包括阅读时长、阅读时间、阅读内容和阅读目的等。

阅读时长是阅读行为的重要指标之一，读者每周阅读时长调查结果如图1-4-1所示。每周阅读时长多于14小时的读者占比17.04%，7—14小时的读者占比19.63%，2—6小时的读者占比36.61%，少于2小时的读者占比23.3%，没有阅读的读者仅占3.42%。

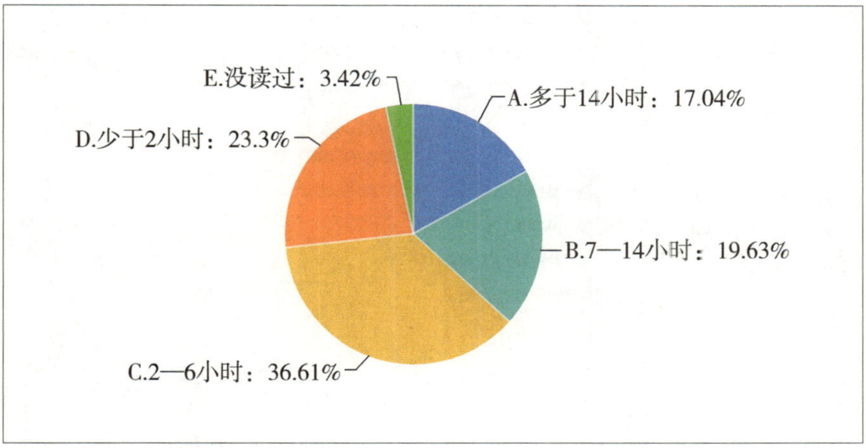

图1-4-1　读者每周阅读时长统计

每周阅读时间超过2小时的读者占比为73.28%，可见大多数读者每周能保证2小时及以上的阅读时间。

如图1-4-2所示，专门抽时间阅读的读者仅占21.43%，54.57%的读者表示随时可能进行阅读，42.83%的读者会在业余休息、乘坐交通工具等闲散时间进行阅读，27.79%的读者在需要查询资料时进行阅读。

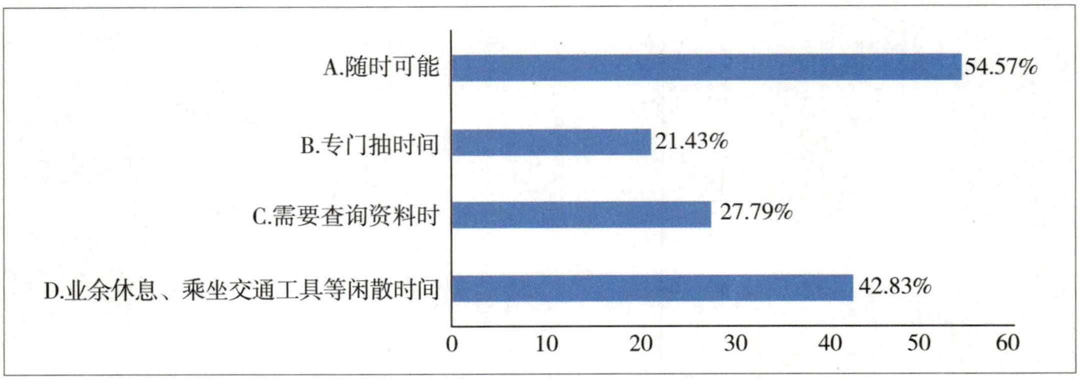

图1-4-2　读者阅读时间统计

如图1-4-3所示，读者阅读内容的选择范围比较广泛，新闻资讯、名著传记、休闲小说是读者阅读较多的三类内容，紧随其后的是生活健康和历史军事。值得一提的是，

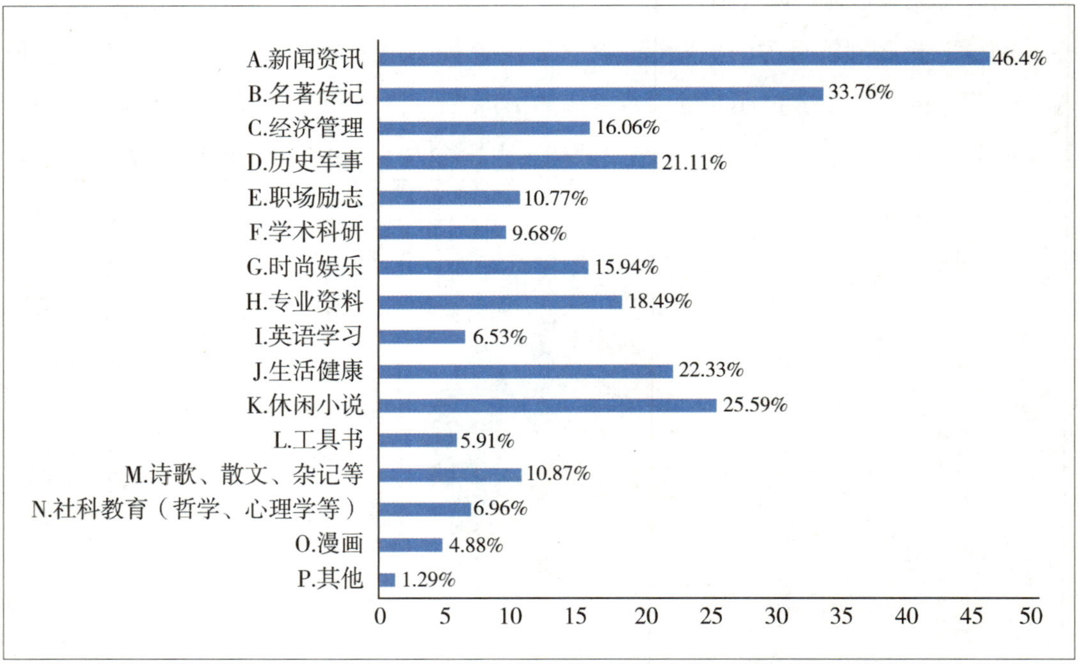

图1-4-3　读者阅读内容统计

名著传记与历史军事类读物的占比分别为33.76%与21.11%，均进入前五名，说明读者对于相关内容的阅读量较高，可以看出图书馆在文化传承方面发挥着重要作用。除此之外，专业资料、经济管理和时尚娱乐类读物的占比虽然略低，但差距比较小，说明读者对相关读物的需求量较为平衡。

如图1-4-4所示，读者主要阅读目的占比较高的五项分别是“增加知识，开阔眼界”（53.35%）、“提升个人能力、修养”（43.94%）、“完成研究项目或论文，或因工作需要而阅读”（26.69%）、“放松、娱乐、休闲”（26.34%）、“掌握实用技能”（25.5%）。可以看出，大部分读者的阅读目的是提升个人知识与能力水平，以放松、娱乐、休闲为目的的阅读占比仅为26.34%。公共图书馆需要根据读者的不同阅读目的来调整优化资源配置与服务内容，提供相应的阅读资源，以更好地满足读者的阅读需求。据此统计数据，省内公共图书馆最为重要的功能是帮助读者提升个人素质与知识水平。由此，公共图书馆可以引进更为丰富多元的学习资源，增加切合读者实际需求的内容，从而吸引更多读者。

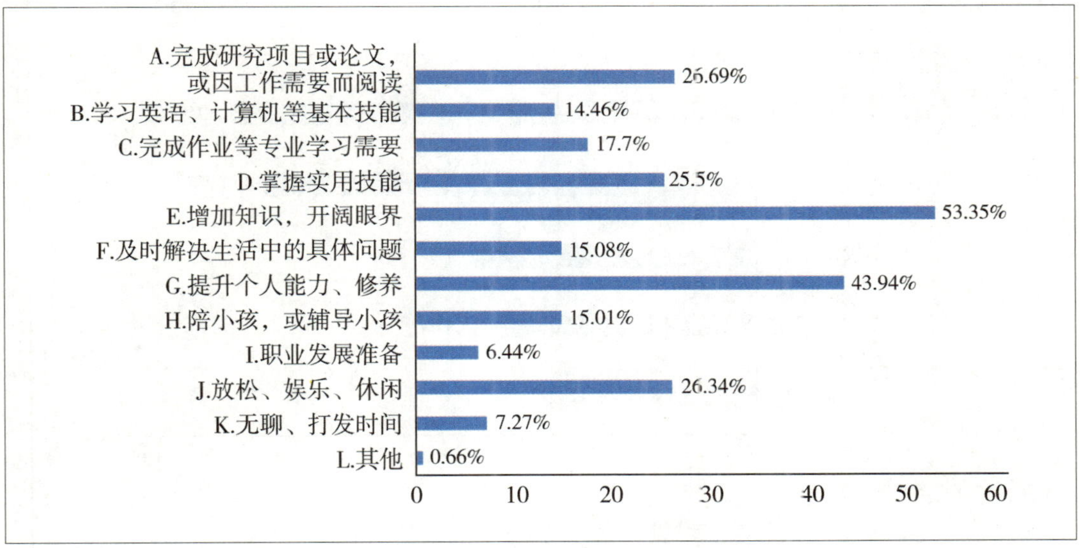

图1-4-4　读者阅读目的统计

4.3 对图书馆的认识与利用

4.3.1 读者到馆频率及经常使用的图书馆

如图1-4-5所示，前往图书馆的频率在每周4次以上的读者占比17.7%，每周1—3次占比22.16%，每月1—3次占比30.31%，每季度1—2次占比13.85%，每年1—2次占比15.98%。

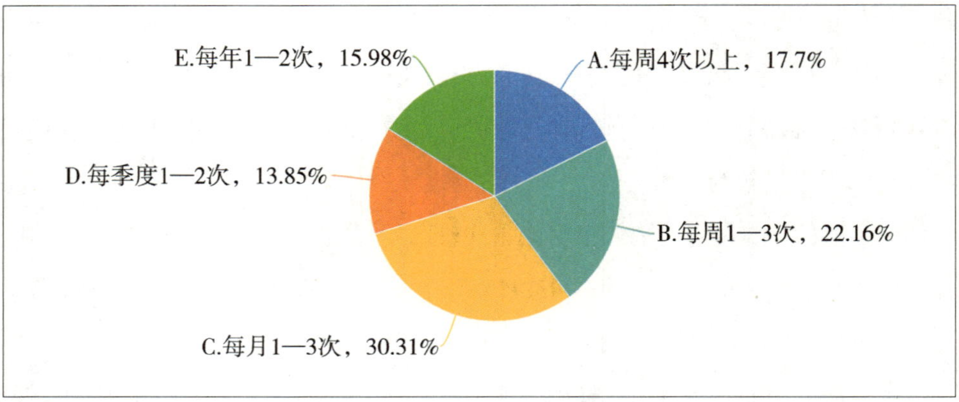

图1-4-5　读者到馆频率统计

如图1-4-6所示，50.07%的读者经常使用市图书馆，46.89%的读者经常使用各县（区）图书馆，22.85%的读者经常使用学校图书馆，25.47%的读者经常使用城市书房。由此可见，使用市图书馆和各县（区）图书馆的读者占比最高，城市书房也成为较多读者的选择。

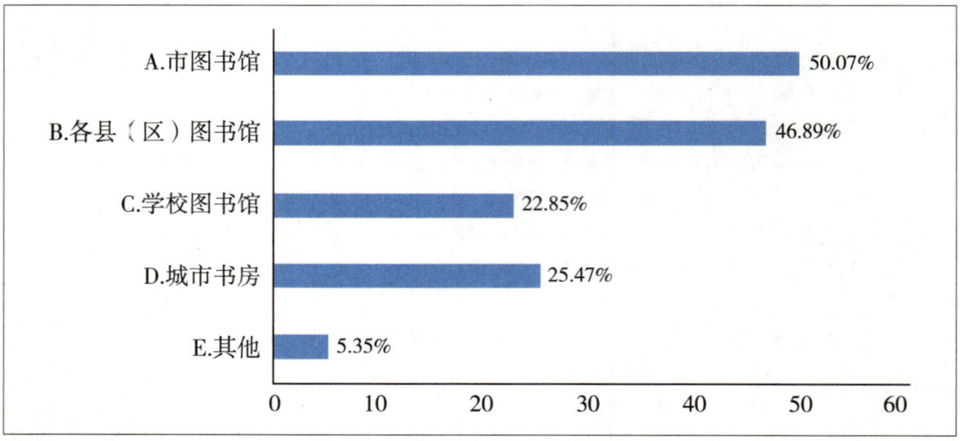

图1-4-6　读者常使用的图书馆统计

4.3.2 读者到图书馆的目的

本调查用14个测量题项调查读者到图书馆的目的。量表题项为正向，在进行计分时，采用正向选择计分，得分越高，测量内容的正倾向性越强。答案选项中，1=“很不符合”，2=“比较不符合”，3=“不确定”，4=“比较符合”，5=“完全符合”。

如表1-4-2所示，读者到图书馆的目的主要有三种，分别是“借阅/归还图书、文献资料”“休闲性阅读”和“利用安静的自习空间”。由此可见，从读者的角度出发，公共图书馆最关键的功能分别是文献资源建设、休闲阅读功能以及为读者提供学习空间。在公共图书馆的定位和发展策略上，需要重点考虑这三个方面。除了以上三项，“完成作业或任务”和“有疑问寻求馆员帮助”，均值在4以上，说明图书馆的相关服务项目也为读者所看重。其他如“听讲座、参观展览、参加阅读推广活动”，以及“使用图书馆的数据库”“参加图书馆针对少年儿童举办的活动”“借/还音像资料和参加会议、培训、社交活动”等，均值都在4以下，说明读者对图书馆这些功能的认识和使用是比较少的。

表1-4-2　读者到图书馆的目的

题目/选项	完全符合	比较符合	不确定	较不符合	很不符合	平均分
借阅/归还图书、文献资料	6247（65.67%）	1942（20.41%）	768（8.07%）	246（2.59%）	310（3.26%）	4.43
休闲性阅读	5565（58.5%）	2578（27.1%）	875（9.2%）	203（2.13%）	292（3.07%）	4.36
利用安静的自习空间	5874（61.75%）	2129（22.38%）	840（8.83%）	239（2.51%）	431（4.53%）	4.34
完成作业或任务	5188（54.54%）	2041（21.45%）	1141（11.99%）	396（4.16%）	747（7.85%）	4.11
有疑问寻求馆员帮助	4947（52%）	2018（21.21%）	1233（12.96%）	490（5.15%）	825（8.67%）	4.03
听讲座、参观展览、参加阅读推广活动	4665（49.04%）	2101（22.09%）	1319（13.87%）	529（5.56%）	899（9.45%）	3.96
使用图书馆的数据库	4813（50.59%）	1873（19.69%）	1291（13.57%）	555（5.83%）	981（10.31%）	3.94
参加图书馆针对少年儿童举办的活动	4632（48.69%）	1925（20.24%）	1365（14.35%）	609（6.4%）	982（10.32%）	3.91
借/还音像资料	4758（50.02%）	1643（17.27%）	1230（12.93%）	697（7.33%）	1185（12.46%）	3.85
参加会议、培训、社交活动	4276（44.95%）	1845（19.39%）	1444（15.18%）	712（7.48%）	1236（12.99%）	3.76
使用免费上网	4519（47.5%）	1579（16.6%）	1146（12.05%）	735（7.73%）	1534（16.13%）	3.72
欣赏音像、视听作品	4148（43.6%）	1735（18.24%）	1398（14.7%）	794（8.35%）	1438（15.12%）	3.67
使用电脑	4250（44.68%）	1573（16.54%）	1350（14.19%）	791（8.31%）	1549（16.28%）	3.65
无聊、打发时间	3780（39.74%）	1855（19.5%）	1593（16.75%）	829（8.71%）	1456（15.31%）	3.6
小计	67662（50.8%）	26837（20.15%）	16993（12.76%）	7825（5.88%）	13865（10.41%）	3.95

4.3.3 读者使用图书馆的偏好分析

未来两年，读者认为图书馆应该增加的资源排在前三位的分别是“各种考试用书、教辅资料”（56.38%）、“畅销书刊”（53.05%）、“专业书籍”（43.88%），其次是“电子资源”（30.55%）、“动漫资源”（21.68%）、“外文资源”（20.08%），最后是“实物资源（如玩具、沙盘、奖杯等）”（19.11%）和“音像资料”（17.74%）。据此反馈意见，图书馆应结合自身情况，具体分析当地读者的需求，以制定科学合理的文献资源建设策略。

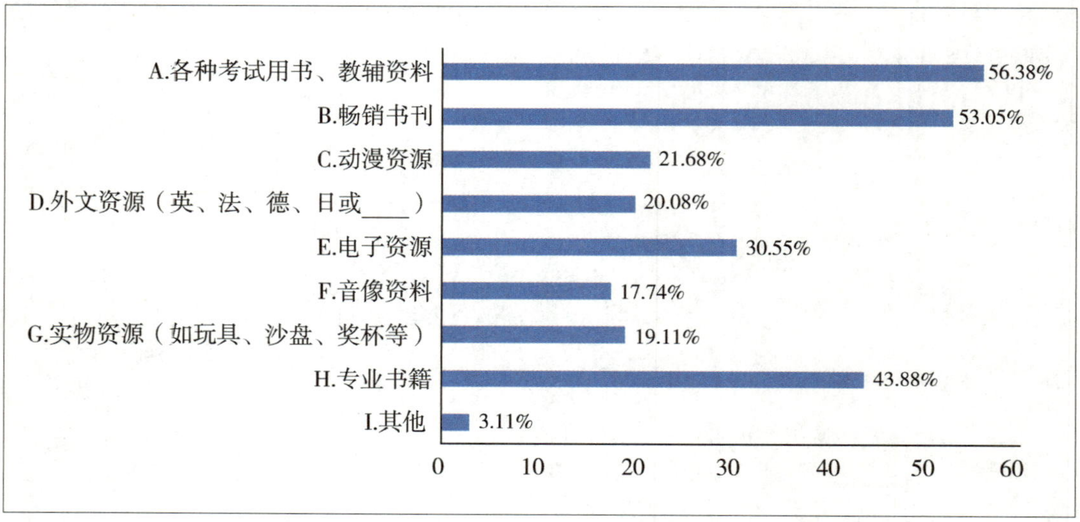

图1-4-7　未来两年，读者认为图书馆应该增加的资源

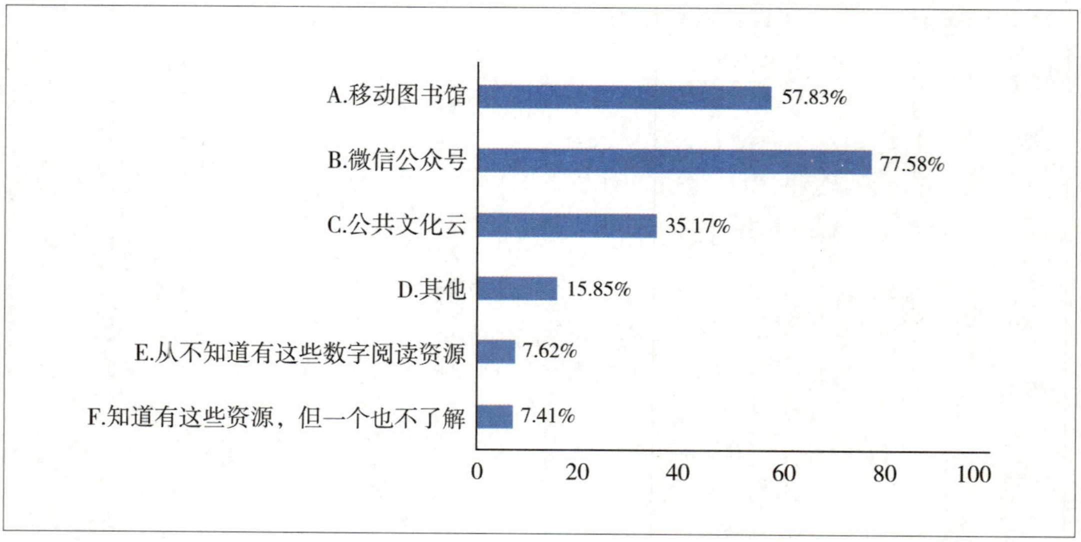

图1-4-8　读者对图书馆移动数字阅读资源的了解

在对“您了解图书馆提供了哪些移动数字阅读资源”的回答中，微信公众号以77.58%的占比位列首位；移动图书馆、公共文化云分别以57.83%和35.17%的占比列第二和第三位。有7.62%的读者表示“从不知道有这些数字资源”，7.41%的读者表示“知道有这些资源，但一个也不了解”。可见，读者群体对微信公众号、移动图书馆的了解较多，均超过半数。

在对“使用图书馆微博、微信主要对哪些内容感兴趣”的回答中，排在第一位的是“使用图书查询续借等功能”，占比66.51%；“了解与阅读相关的推文，增长知识”位居第二，占比56.24%；“参加线上活动”位列第三，占比47.85%。排在后两位的是“获取免费的电子书刊等数字资源”（37.8%）和“线下活动预告”（25.53%）。分析可知，在微博、微信所提供的各项服务中，读者较为看重其线上服务功能和所发布的知识性、趣味性文章；相较于线下活动，读者更加关注线上活动。公共图书馆可据此更新微博、微信的相关运营策略，从而提升新媒体平台的影响力。

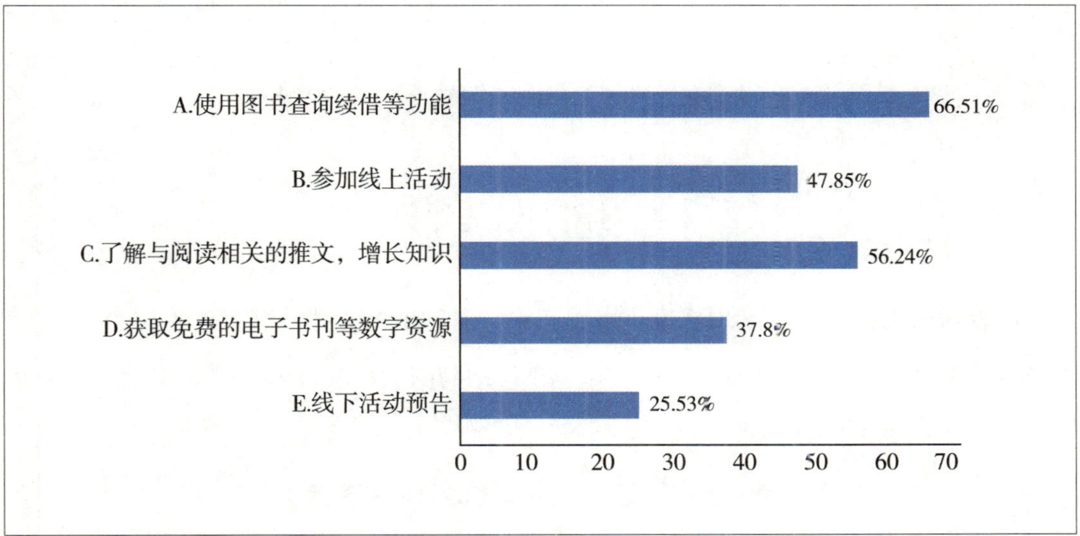

图1-4-9　读者对图书馆微博、微信感兴趣的内容

4.3.4 读者对图书馆活动的认知及参与情况

如图1-4-10所示，在对“您参加过图书馆举办的哪些活动”的回答中，读者参加最多的是讲座，占比38.15%；排在第二位的是全省读书朗诵大赛，占比25.89%；社会实践活动紧随其后，占比25.32%。展览和全省少儿诗词诵读大赛分列第四和第五位。其他各项占比均低于两成，依次是微信微博等线上活动、全省青少年读书故事会、尼山书

院国学活动（含讲座、新六艺体验等）阅读推广、少儿活动、换书大集和古籍修复体验等相关活动。除此之外，有23.19%的读者表示没有参加过任何活动。

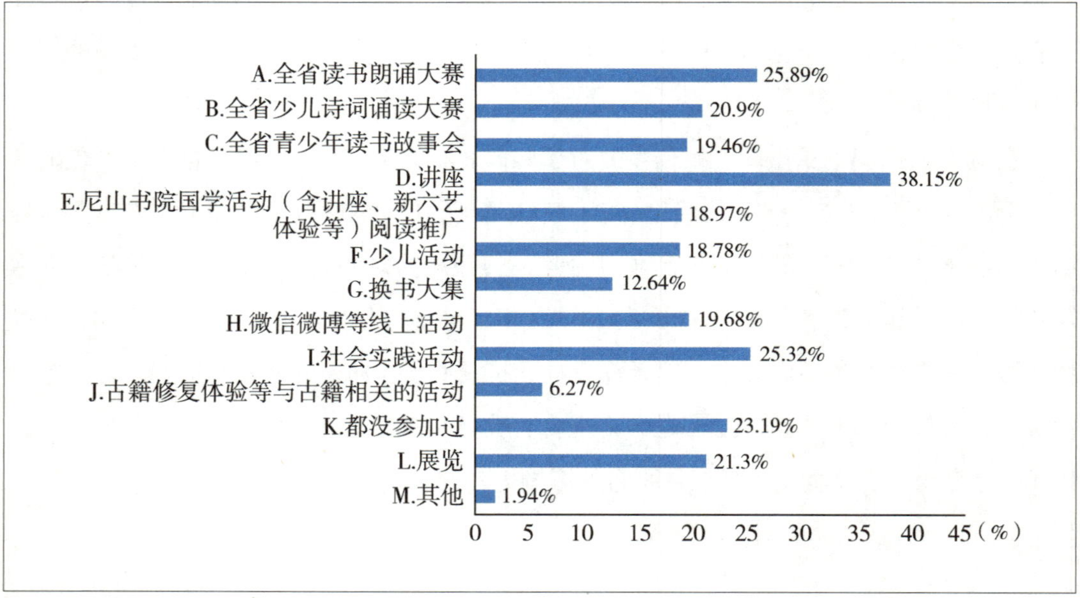

图1-4-10 读者参与图书馆举办活动的情况

4.4 对图书馆的评价

读者对图书馆的满意度均超过90%，其中，对图书馆总体的满意度为93.32%，对图书馆“非常满意”的读者超70%。对阅读推广活动的满意度为92.54%，对图书馆新媒体服务的满意度为92.26%。

表1-4-3 读者对图书馆的总体满意度

选项	小计	比例
非常满意	6941	72.96%
比较满意	1937	20.36%
一般	536	5.63%
比较不满意	58	0.61%
非常不满意	41	0.43%
本题有效填写人次	9513	

表1-4-4　读者对阅读推广活动的满意度

选项	小计	比例
非常满意	6846	71.96%
比较满意	1958	20.58%
一般	603	6.34%
比较不满意	65	0.68%
非常不满意	41	0.43%
本题有效填写人次	9513	

表1-4-5　读者对新媒体服务的满意度

选项	小计	比例
非常满意	6829	71.79%
比较满意	1947	20.47%
一般	629	6.61%
比较不满意	68	0.71%
非常不满意	40	0.42%
本题有效填写人次	9513	

4.5 读者对当地图书馆的评价

本题确定了18个测量题项，调查读者对当地图书馆的评价。量表题项为正向，在进行计分时，最低等级为1，最高等级为5，得分越高则表示该题项内容评价越高。

如表1-4-6所示，各个题项按照得分均值降序排列，排在第一位的是“现代化的设备（如自助借还书机）让读者容易操作（借书、还书等）”。有五个题项得分并列第二，分别是“提供安静空间，桌椅布置、温度等舒适，是适合学习的地方”“馆内方位指引和各种标识的设置清晰”“用户自助服务（如借还书、查询书目等）”“馆员对读者保持礼貌、亲切的态度”“馆员了解读者的需求，可快速回答问题”。说明读者对这六个方面满意度较高。排在最后的分别是“文献资料复制服务（包括复印、打印）”“用户个性化服务（主动推荐、自主定制等）”“便民服务（如提供雨伞、餐饮、停车等）”，说明这三项服务有待进一步提升。总的来说，18个测量题项的均值为3.58，可以说明读者对当地图书馆整体评价较高。

表1-4-6 读者对当地图书馆的评价

题目/选项	1	2	3	4	5	平均分
1. 提供安静空间，桌椅布置、温度等舒适，是适合学习的地方	2356（24.77%）	552（5.8%）	630（6.62%）	774（8.14%）	5201（54.67%）	3.62
2. 馆内各个书库和阅览室的分布合理	2244（23.59%）	668（7.02%）	697（7.33%）	938（9.86%）	4966（52.2%）	3.6
3. 馆内方位指引和各种标识的设置清晰	2237（23.52%）	638（6.71%）	675（7.1%）	924（9.71%）	5039（52.97%）	3.62
4. 馆内有为交流学习而设的社交空间	2246（23.61%）	709（7.45%）	808（8.49%）	878（9.23%）	4872（51.21%）	3.57
5. 馆内免费使用计算机、WIFI等	2246（23.61%）	677（7.12%）	777（8.17%）	849（8.92%）	4964（52.18%）	3.59
6. 文献资料复制服务（包括复印、打印）	2295（24.12%）	814（8.56%）	1005（10.56%）	883（9.28%）	4516（47.47%）	3.47
7. 用户自助服务（如借还书、查询书目等）	2236（23.5%）	668（7.02%）	703（7.39%）	820（8.62%）	5086（53.46%）	3.62
8. 便民服务（如提供雨伞、餐饮、停车等）	2245（23.6%）	759（7.98%）	947（9.95%）	869（9.13%）	4693（49.33%）	3.53
9. 用户个性化服务（主动推荐、自主定制等）	2201（23.14%）	798（8.39%）	962（10.11%）	935（9.83%）	4617（48.53%）	3.52
10. 对用户意见与建议的回复或改进	2162（22.73%）	756（7.95%）	945（9.93%）	932（9.8%）	4718（49.6%）	3.56
11. 对用户个人隐私信息的保护	2176（22.87%）	673（7.07%）	816（8.58%）	904（9.5%）	4944（51.97%）	3.61
12. 馆员对读者保持礼貌、亲切的态度	2209（23.22%）	685（7.2%）	696（7.32%）	815（8.57%）	5108（53.69%）	3.62
13. 馆员了解读者的需求，可快速回答问题	2188（23%）	687（7.22%）	710（7.46%）	871（9.16%）	5057（53.16%）	3.62
14. 能获得所需的纸质资源（如图书、期刊、工具书等）	2184（22.96%）	714（7.51%）	777（8.17%）	903（9.49%）	4935（51.88%）	3.6
15. 能获得所需的数字资源（如数据库、电子图书等）	2162（22.73%）	752（7.9%）	889（9.35%）	918（9.65%）	4792（50.37%）	3.57
16. 图书馆网站能让读者获取所需信息	2171（22.82%）	715（7.52%）	858（9.02%）	916（9.63%）	4853（51.01%）	3.58
17. 图书馆微信、微博能让读者获取所需信息	2174（22.85%）	739（7.77%）	825（8.67%）	903（9.49%）	4872（51.21%）	3.58

续表

题目/选项	1	2	3	4	5	平均分
18. 现代化的设备（如自助借还书机）让读者容易操作（借书、还书等）	2181 （22.93%）	676 （7.11%）	732 （7.69%）	844 （8.87%）	5080 （53.4%）	3.63
小计	39913 （23.31%）	12680 （7.41%）	14452 （8.44%）	15876 （9.27%）	88313 （51.57%）	3.58

第5章　未成年读者调查问卷分析

5.1 未成年读者基本情况

此次调查面向0—18岁的未成年人，共收回11279份有效问卷。本次未成年读者调查对象中，男性占52.19%，女性占47.81%，如图1-5-1所示。

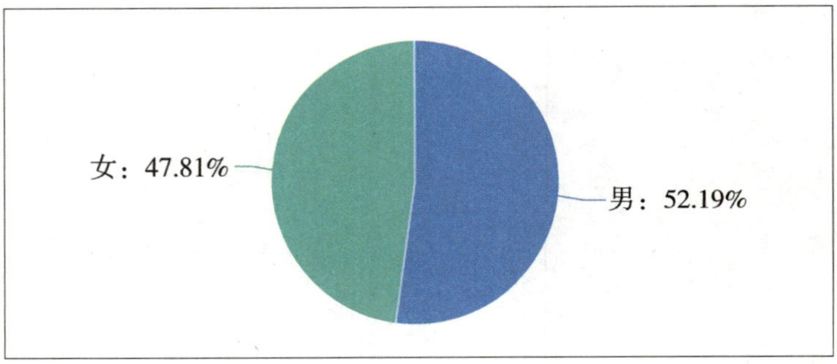

图1-5-1　未成年读者性别比例

如图1-5-2所示，本次未成年读者调查对象的年龄分布为：0—3岁，占7.07%；4—6岁，占12.71%；7—12岁，占49.27%；13—15岁，占11.6%；16—18岁，占19.36%。可以看出在图书馆的未成年读者中，处于小学阶段的7—12岁少年儿童数量居多。

本次未成年读者调查对象家长的受教育程度及占比情况如图1-5-3所示，分别为：高中（中专）及以下，占34.09%；大学专科（高职），占22.94%；大学本科，占36.88%；研究生及以上，占6.09%。

在对“您最初是从哪种渠道了解本馆及相关活动的”的回答中，“微信公众号等”以75.62%的占比位居首位；“朋友介绍”排名第二，占比58.27%；“广播、电视”位列第三，占比36.68%。（见图1-5-4）

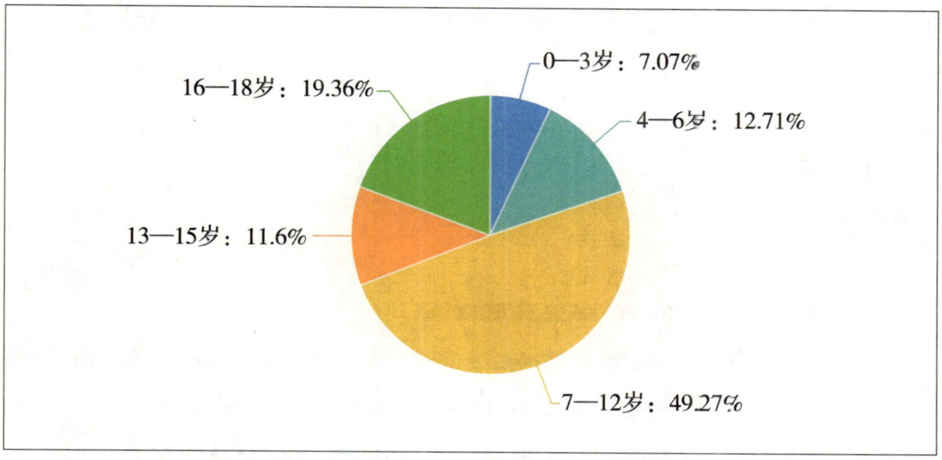

图1-5-2　未成年读者年龄分布

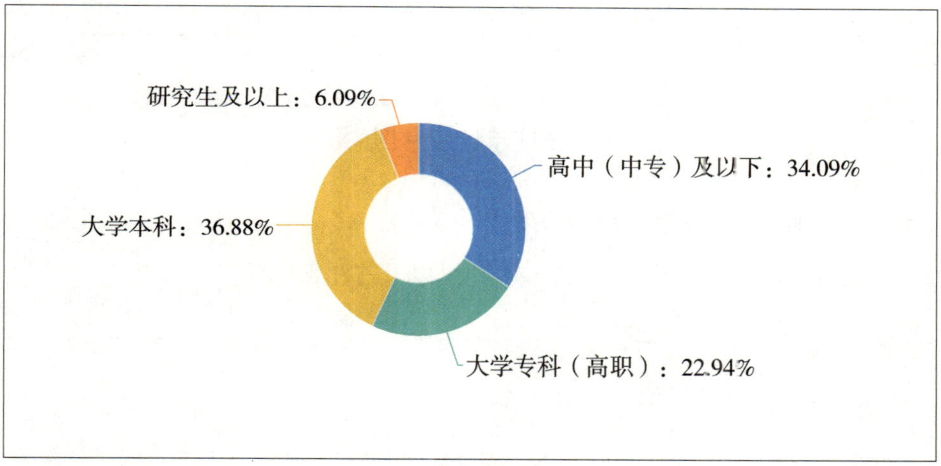

图1-5-3　未成年读者家长受教育程度

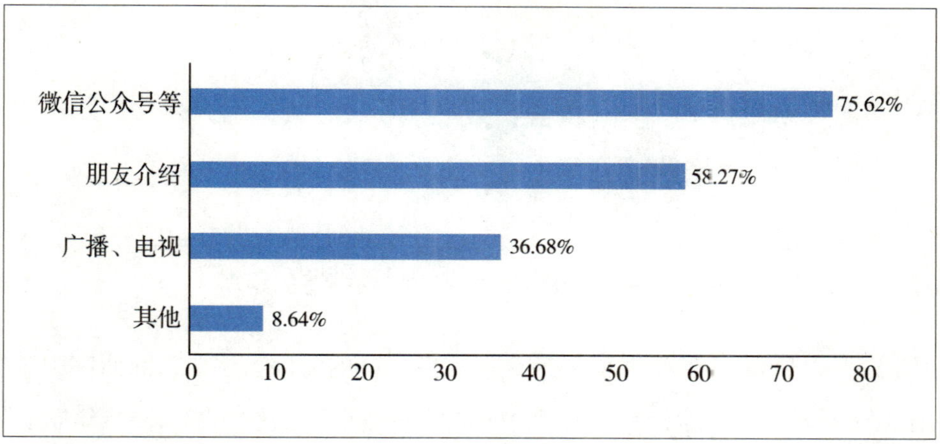

图1-5-4　了解图书馆渠道

如图1-5-5所示，未成年读者最常到访的图书馆排名前三的分别是市图书馆、学校图书馆和县（区）图书馆，分别占比50.85%、39.79%和38.66%。除此之外，24.81%的读者经常去城市书房，21.7%的读者经常去省图书馆（含省少儿馆），以及16.84%的读者常去其他图书馆。

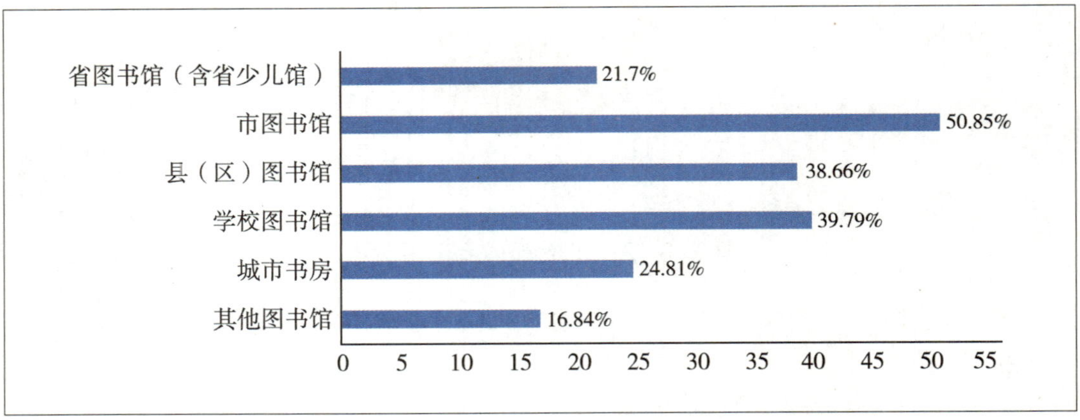

图1-5-5　未成年读者常到的图书馆

如图1-5-6所示，从家到图书馆的距离分布为：3公里以内占比44.14%，3—5公里占比28.99%，5—10公里占比18.11%，10公里以上占比8.75%。

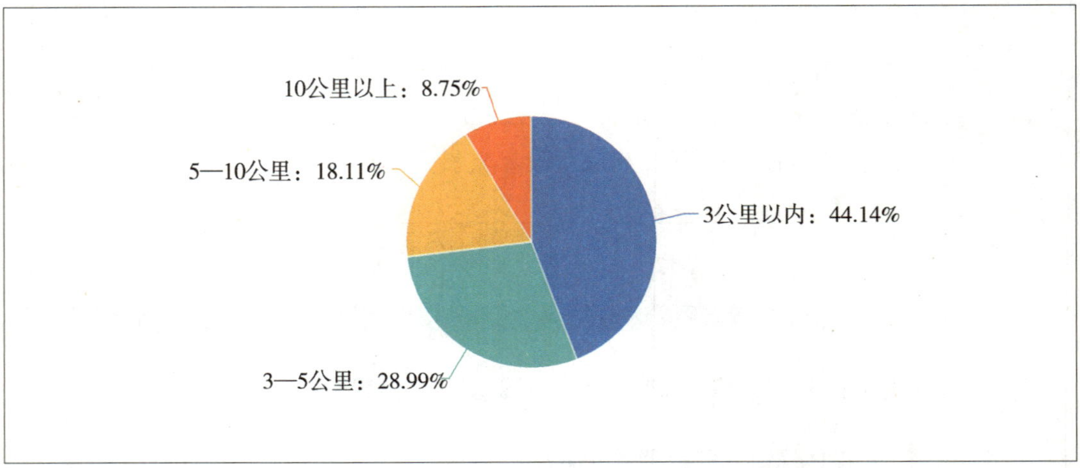

图1-5-6　未成年读者家与图书馆的距离

如图1-5-7所示，在对“孩子持有本馆借书证的时间有多长”的回答中，“1—3年”占比26.67%，“1年及以下”占比21.96%，“3—5年”占比13.23%，“5年以上”占比12.64%，另有25.5%的家长表示孩子暂无借书证。

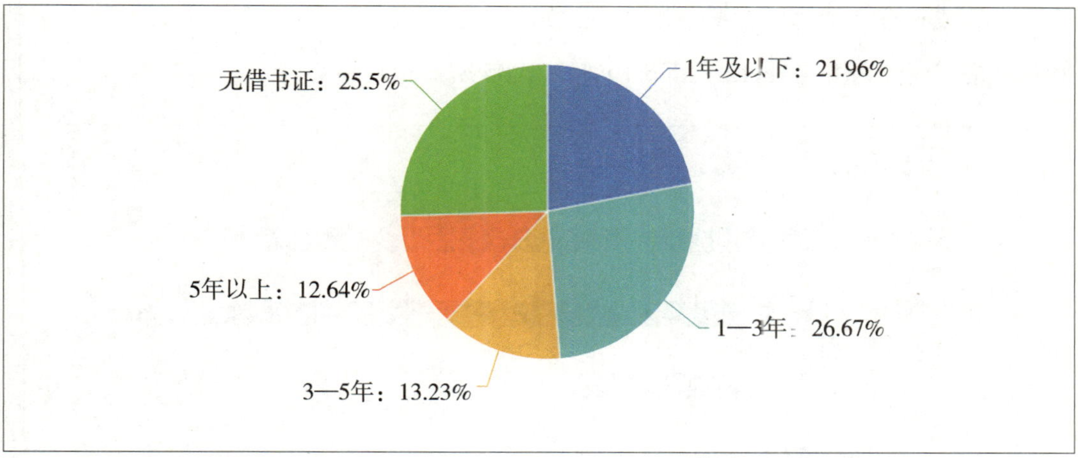

图1-5-7 未成年读者持有借书证的时间

5.2 未成年读者阅读情况

对未成年读者阅读情况的调查项目包括阅读媒介、阅读渠道、阅读时长和阅读量等。

在对“未成年读者现阶段使用的主要阅读媒介”的回答中，结果如图1-5-8所示，纸质书仍是大多数未成年读者的主要阅读媒介，占据了89.28%的份额。其次，手机也是较为常用的阅读媒介，占比40.84%。此外，PAD（平板电脑）、电脑和Kindle（电纸书）分别占据了25.41%、24.32%和7.78%的比例。另有5.2%的读者选择了其他电子设备。

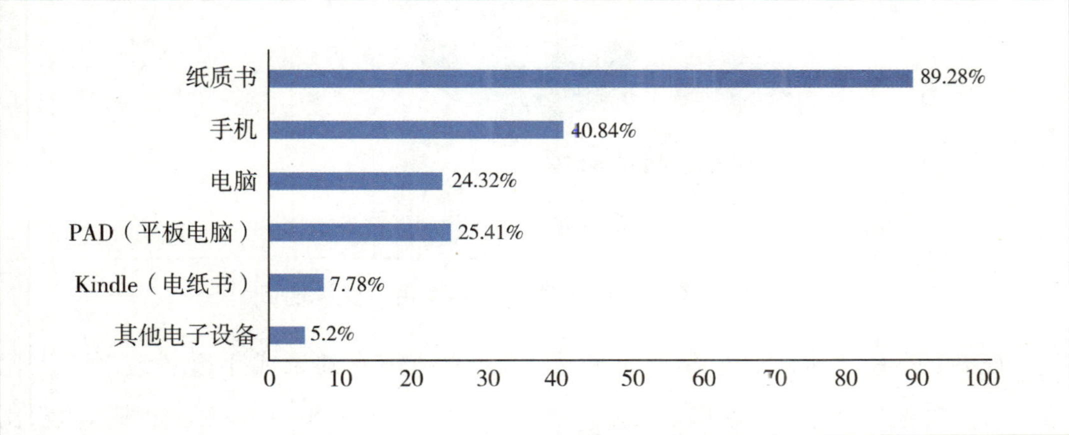

图1-5-8 未成年读者现阶段使用的主要阅读媒介

在未成年读者读物的主要来源方面，如图1-5-9所示，书店/网站购买、图书馆借阅和网络阅读分别占比76.12%、66.19%和30.05%。

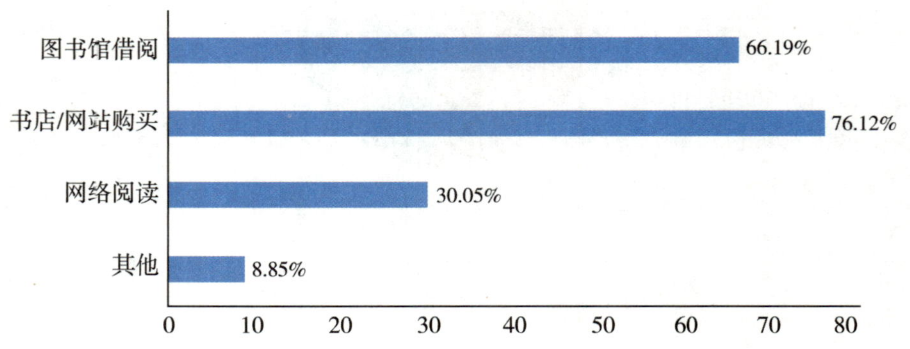

图1-5-9　未成年读者读物的主要来源

如图1-5-10所示，30.95%的未成年读者平均每日阅读30分钟以内，38.27%的未成年读者平均每日阅读30分钟—1小时，12.64%的未成年读者平均每日阅读时间超过一小时，另有18.13%读者表示每日阅读时间不固定。

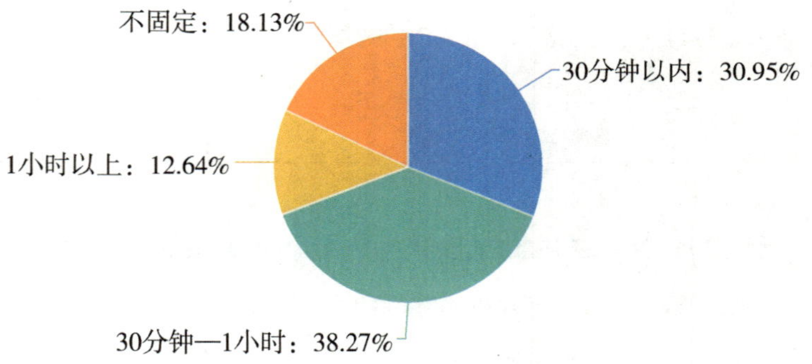

图1-5-10　未成年读者的平均每日阅读时间

如图1-5-11所示，一年图书阅读量为10—30本的未成年读者最多，占比43.62%，其他依次为：10本以下占比36.38%，30—50本占比11.98%，50本以上占比8.02%。

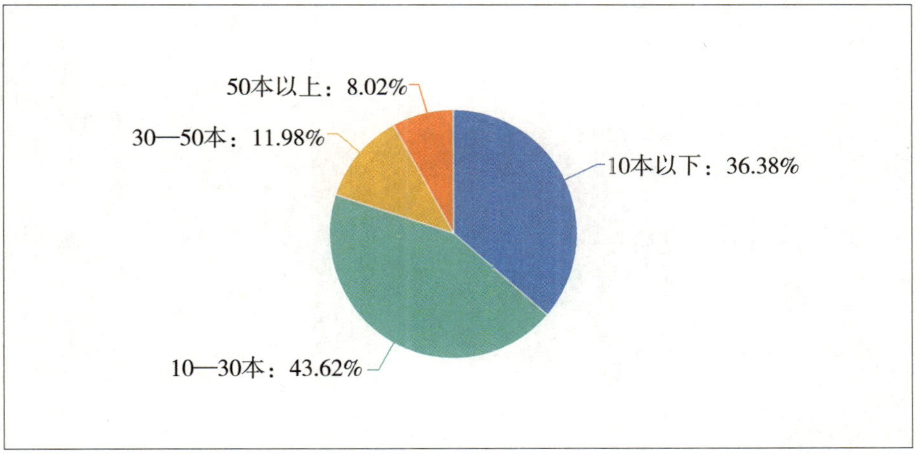

图1-5-11　未成年读者一年的图书阅读量

在未成年读者阅读量的影响因素方面，“电子产品影响”以32.14%的比例排名第一；“学习紧张，课业重”位列第二，占比29.88%；“缺乏兴趣”排名第三，占比20.36%；还有17.63%的影响因素为“其他”（见图1-5-12）。

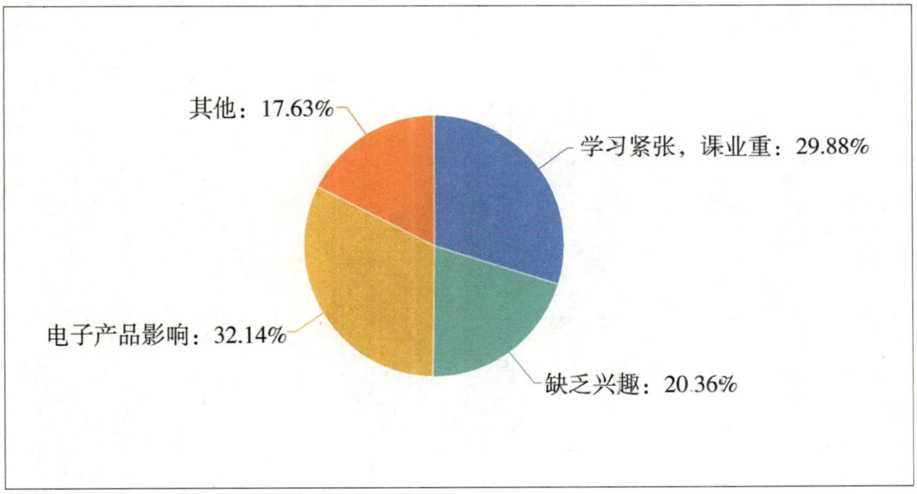

图1-5-12　未成年读者阅读量的影响因素

很多低幼年龄段儿童的阅读能力与理解水平有限，需要在家长的陪伴下进行阅读。调查数据显示，每日亲子阅读时长“0—30分钟”占比39.61%，“30分钟—1小时”占比29.65%，“1小时以上”占比7.54%，“偶尔”占比20.72%，“从不”占比2.47%（见图1-5-13）。近七成家长可以保证每日与孩子进行0—1小时的亲子阅读，可以看出，亲子阅读受到越来越多家庭的重视。

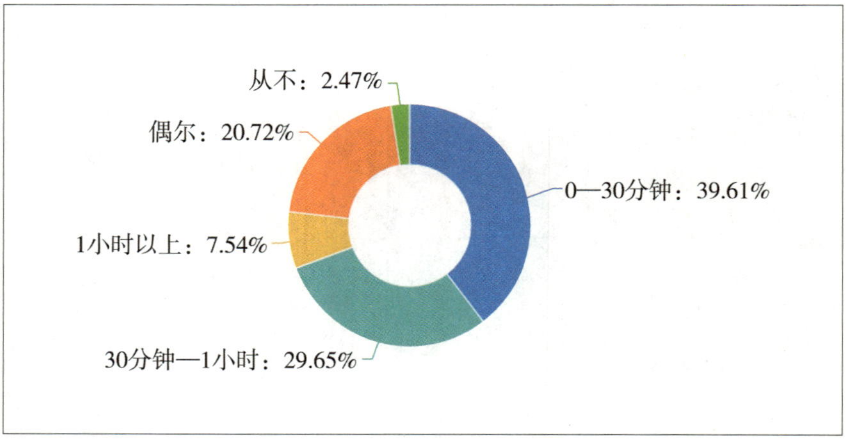

图1-5-13　家长与孩子每日进行亲子阅读的时间

在对未成年读者每日利用音频、视频等数字形式阅读的时间进行调查的结果显示，超过六成的未成年读者每日数字阅读时间为0—1小时，占比65.71%；时长为1—3小时的占比21.29%；超过3小时的占比3.85%；另有9.16%的未成年读者从不进行数字阅读（见图1-5-14）。

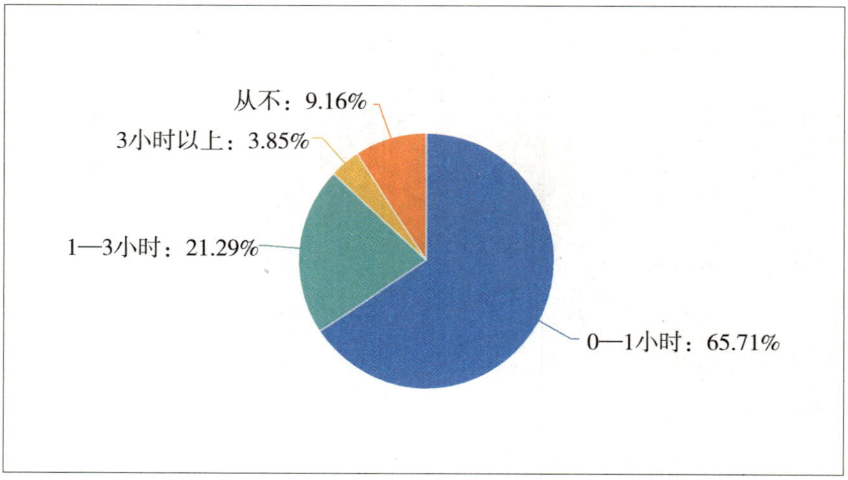

图1-5-14　未成年读者每日利用音频、视频等数字形式的阅读时长

在回答“您对于孩子利用音频、视频等数字形式阅读的态度”时，52.89%的家长表示可适当使用，40.06%的家长表示支持，另有5.65%的家长反对孩子进行数字形式的阅读，其余1.41%的家长则表示无所谓（见图1-5-15）。整体来看，超过九成家长对未成年读者利用音频、视频等数字形式阅读的态度为“可适当使用”和“支持”。

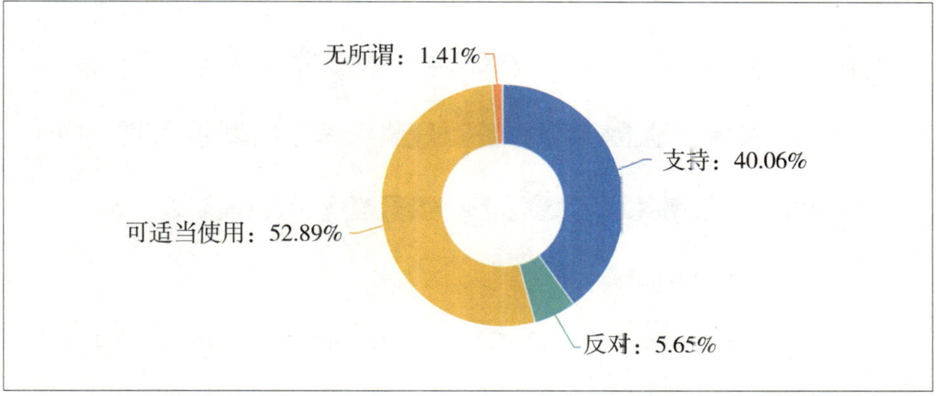

图1-5-15　家长对于未成年读者利用音频、视频等数字形式阅读的态度

在家长的主要阅读媒介方面，纸质书和手机均超过七成，分别为74.53%和71.16%。接下来依次是：电脑占比28.81%，PAD（平板电脑）占比18.36%，Kindle（电纸书）占比9.89%，其他电子设备占比4.83%（见图1-5-16）。

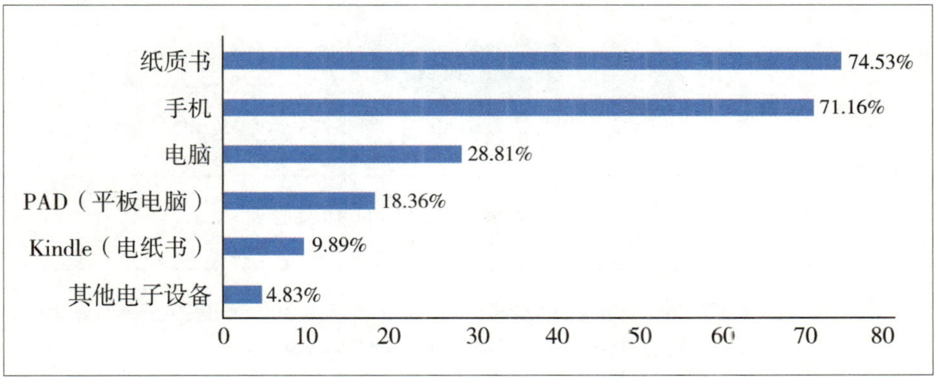

图1-5-16　家长的主要阅读媒介

如图1-5-17所示，在家长读物的主要来源方面，书店/网站购买所占比例排在第一位，为61.07%，网络阅读和图书馆借阅分别以55.23%和51.72%的比例列第二、第三位，另有8.26%的比例为其他来源。

如图1-5-18所示，在家长平均每日的阅读时长方面，34.28%的家长选择了30分钟以内，32.02%的家长选择了30分钟—1小时，另外有12.08%的家长每天阅读时长在1小时以上，其他21.62%的家长则表示每日阅读时长不固定。

如图1-5-19所示，家长的阅读选择面较广，内容较为丰富。在家长最常阅读的内容方面，新闻资讯以64.76%的占比位列第一；名著传记位列第二，占比37.49%；生活健康排名第三，占比32.95%。

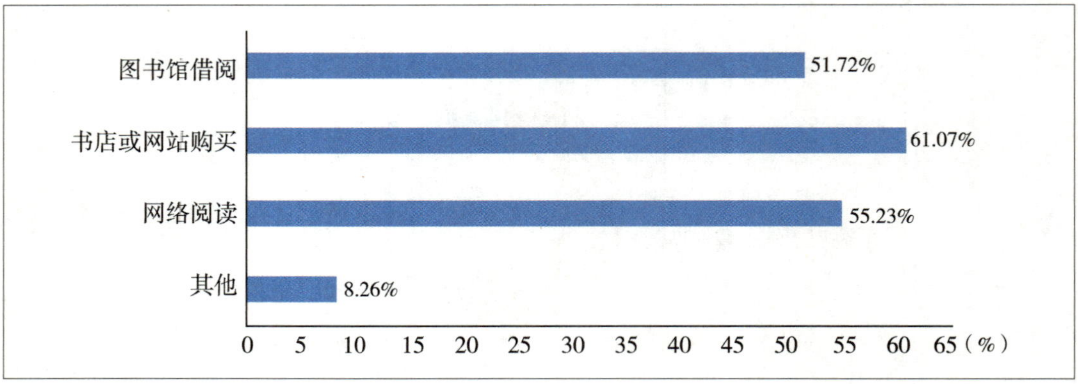

图1-5-17　家长读物的主要来源

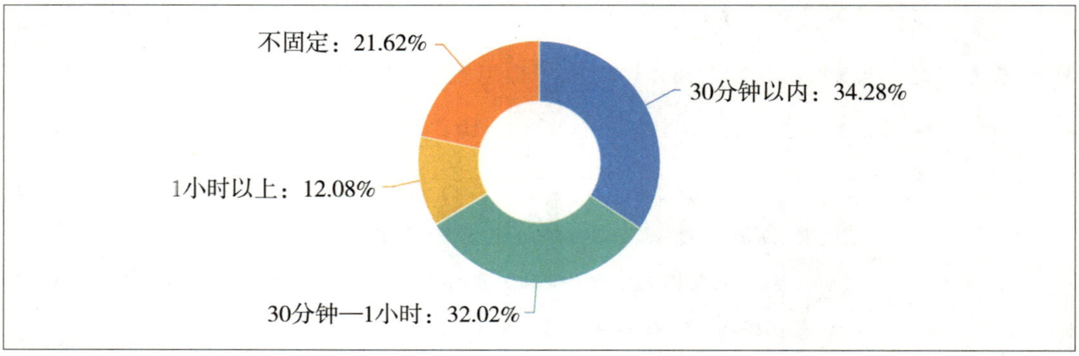

图1-5-18　家长平均每日的阅读时长

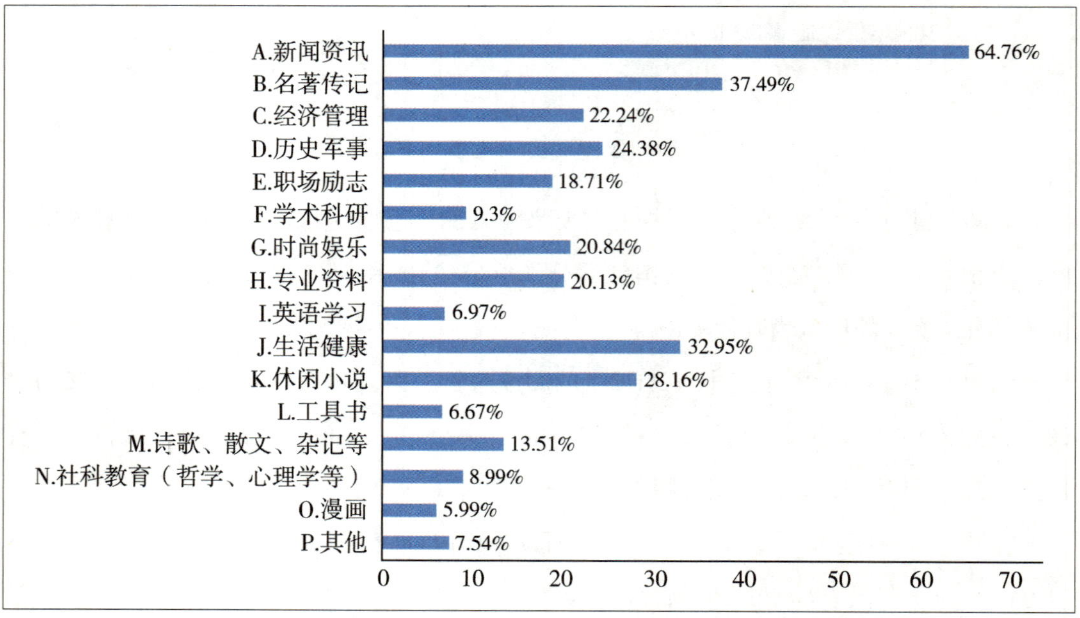

图1-5-19　家长最常阅读的内容

5.3 图书馆服务情况

本调查确定了4个测量题项，调查未成年读者到图书馆的主要目的。量表题项为正向，在进行计分时，最低等级为1，最高等级为5，得分越高则表示该题项内容越符合读者的到馆目的。

表1-5-1 未成年读者到图书馆的主要目的

选项	完全符合	比较符合	不确定	较不符合	很不符合	平均分
1. 环境舒适	7744（68.66%）	2668（23.65%）	602（5.34%）	120（1.06%）	145（1.29%）	4.57
2. 服务周到	6970（61.8%）	2821（25.01%）	1054（9.34%）	226（2%）	208（1.84%）	4.43
3. 图书种类多	8070（71.55%）	2467（21.87%）	528（4.68%）	97（0.86%）	117（1.04%）	4.62
4. 活动丰富	6834（60.59%）	2572（22.8%）	1265（11.22%）	301（2.67%）	307（2.72%）	4.36
小计	29618（65.65%）	10528（23.34%）	3449（7.64%）	744（1.65%）	777（1.72%）	4.5

如表1-5-1所示，68.66%的读者认为“环境舒适”完全符合，61.8%的读者认为“服务周到”完全符合，71.55%的读者认为“图书种类多”完全符合，60.59%的读者认为“活动丰富”完全符合。四个测量题项的平均分为4.5，总体来说，这四项因素都能够在较高程度上吸引未成年读者。

本调查确定了12个测量题项，调查影响未成年读者到图书馆借阅图书的因素。量表题项为正向，在进行计分时，最低等级为1，最高等级为5，得分越高则表示该题项内容评价越高。

如表1-5-2所示，各个题项按照得分均值降序排列，排在第一位的是“距离远借书不便”，其次是“太忙，没时间”和“不知借什么书”。还有部分读者表示受到了“图书馆新书少”“家中藏书多”或“图书复本量少”的影响。除此之外，“图书更新慢”“查找图书困难”“图书陈旧”等因素也限制了未成年读者到图书馆借阅图书。

表1-5-2 影响未成年读者到图书馆借阅图书的因素

题目/选项	完全符合	比较符合	不确定	较不符合	很不符合	平均分
距离远借书不便	3572（31.67%）	2621（23.24%）	1676（14.86%）	1343（11.91%）	2067（18.33%）	3.38
太忙，没时间	2713（24.05%）	2942（26.08%）	2303（20.42%）	1433（12.71%）	1888（16.74%）	3.28
不知借什么书	2560（22.7%）	2048（18.16%）	2501（22.17%）	1608（14.26%）	2562（22.71%）	3.04
图书馆新书少	2552（22.63%）	2001（17.74%）	2470（21.9%）	1741（15.44%）	2515（22.3%）	3.03
家中藏书多	2312（20.5%）	2312（20.5%）	2138（18.96%）	2165（19.19%）	2352（20.85%）	3.01
图书复本量少	2474（21.93%）	1953（17.32%）	2620（23.23%）	1688（14.97%）	2544（22.56%）	3.01
其他	2314（20.52%）	1479（13.11%）	3216（28.51%）	1267（11.23%）	3003（26.62%）	2.9
图书更新慢	2031（18.01%）	1901（16.85%）	2753（24.41%）	1901（16.85%）	2693（23.88%）	2.88
查找图书困难	2246（19.91%）	1835（16.27%）	2235（19.82%）	1910（16.93%）	3053（27.07%）	2.85
图书陈旧	1932（17.13%）	1670（14.81%）	2707（24%）	2028（17.98%）	2942（26.08%）	2.79
可读图书少	1963（17.4%）	1446（12.82%）	2257（20.01%）	2181（19.34%）	3432（30.43%）	2.67
服务态度差	1839（16.3%）	981（8.7%）	1848（16.38%）	2006（17.79%）	4605（40.83%）	2.42

家长及孩子来图书馆的频率分布如图1-5-20所示，38.99%的读者表示偶尔来图书馆，28.01%的读者一周1—2次，27.39%的读者一月2—3次，5.61%的读者每天都来图书馆。

未成年读者喜欢的文献类型调查结果如图1-5-21所示，可以看出未成年读者的阅读选择比较丰富，其中绘本/图画书、童话、漫画/动漫深受未成年读者的欢迎，占比分别为60.23%、43.67%、35.82%。除此之外，小说、侦探、自然科普和历史类文献也受到超过两成读者的喜爱。

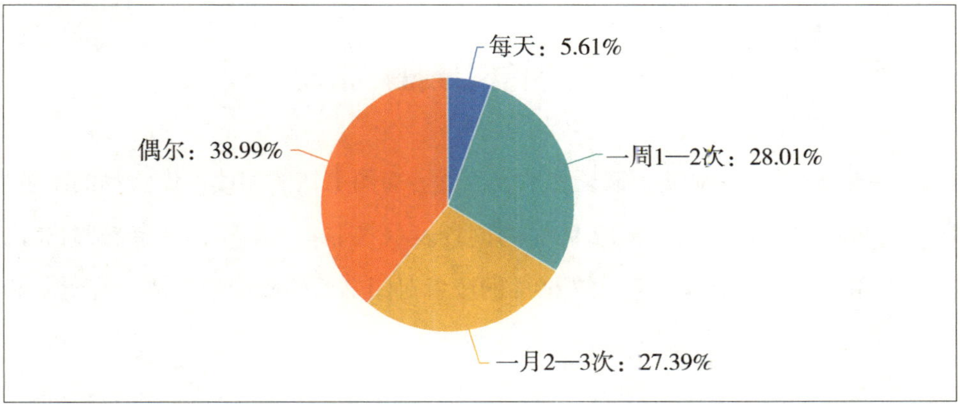

图1-5-20　家长及孩子来图书馆的频率

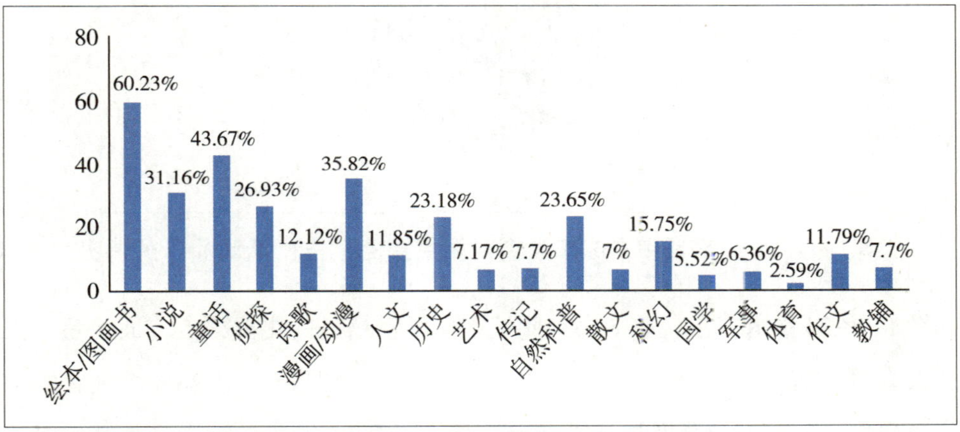

图1-5-21　未成年读者喜爱的文献类型

在回答“图书馆各类书刊文献能否满足孩子的阅读需求”时，如图1-5-22所示，55.88%的读者表示“完全可以满足”，41.29%的读者表示“基本能满足”，2.83%的读者表示“不能满足”。总体看来，图书馆的各类书刊是能满足绝大部分未成年读者需求的。

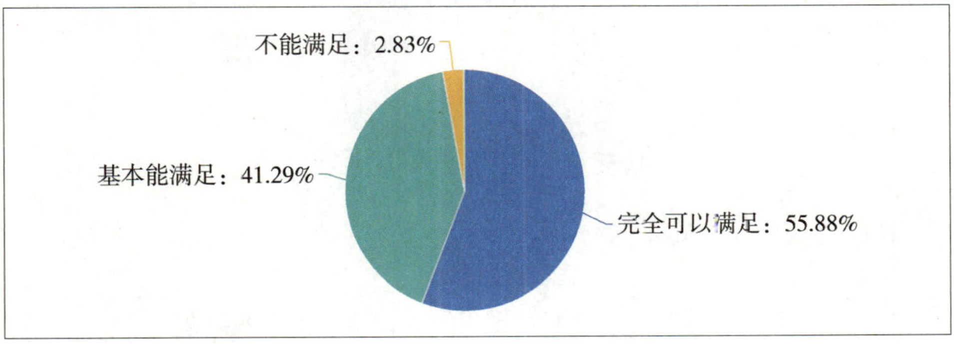

图1-5-22　图书馆书刊文献满足未成年读者的阅读需求情况

5.4 图书馆阅读推广活动

如图1-5-23所示，在关于家长和未成年读者对图书馆的阅读推广活动的了解情况，近半数读者表示“基本了解”，17.92%的读者表示“非常了解”，其余32.31%的读者则选择了“不了解”。总体来说，67.69%的读者对图书馆的阅读推广活动有所了解。

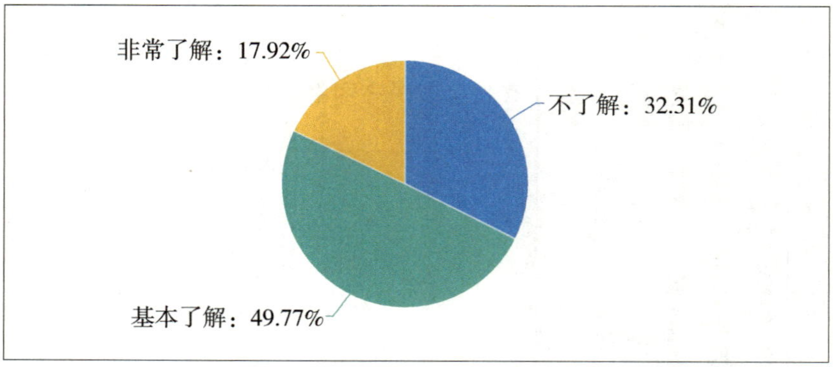

图1-5-23　家长和未成年读者对图书馆阅读推广活动的了解情况

如图1-5-24所示，在获取图书馆阅读推广活动信息的主要渠道方面，超半数读者从微信公众号了解相关信息，26.95%的读者由朋友介绍得知，3.28%的读者的了解渠道是广播电视，2.54%的读者从报纸获取信息，另有11.92%的读者是从其他渠道有所了解的。

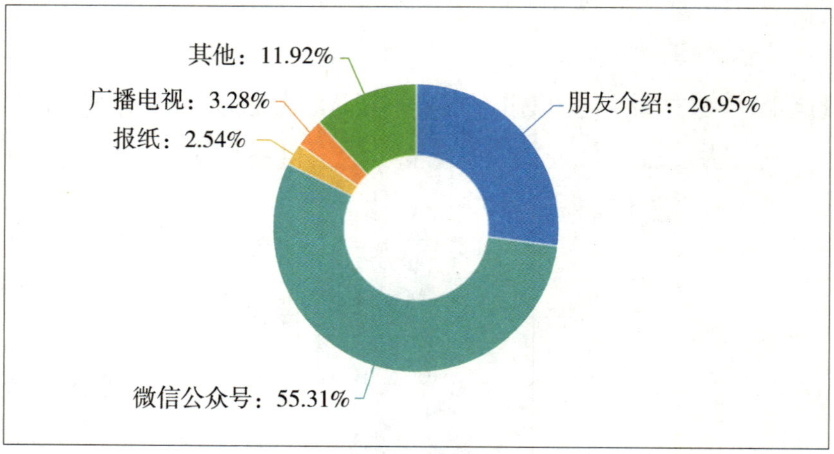

图1-5-24　读者获取图书馆阅读推广活动的渠道

对未成年读者参加图书馆阅读推广活动的频率统计如图1-5-25所示。48.61%的读者偶尔参加，14.02%的读者经常参加，37.37%的读者没参加过。

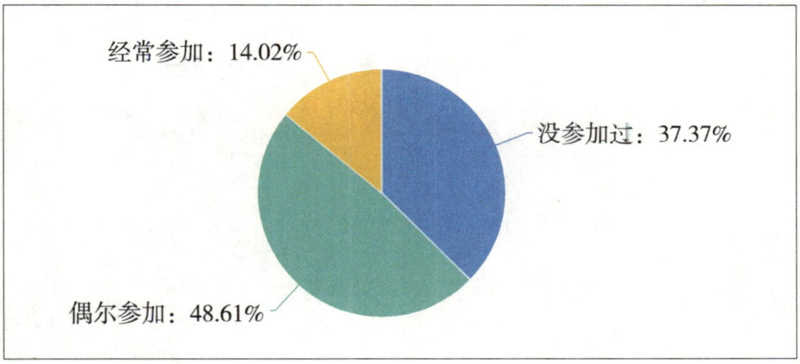

图1-5-25　未成年读者参加图书馆阅读推广活动的频率

在调查未成年读者喜欢的活动类型时，确定了6个测量题项。量表题项为正向，在进行计分时，最低赋值为1，最高赋值为5。如表1-5-3所示，按照得分均值降序排列，自然科普类和手工创作类以4.25的平均分并列第一，是最受未成年读者喜欢的活动类型。艺术、才艺类的活动得分4.13，排名第三。国学、传统文化类，文学阅读类，语言类分别以4.09、4.07、4.05的平均分排在第四、第五、第六位。

表1-5-3　未成年读者喜欢参加的活动类型

选项	完全符合	比较符合	不确定	较不符合	很不符合	平均分
自然科普类	5735（50.85%）	3424（30.36%）	1576（13.97%）	276（2.45%）	268（2.38%）	4.25
手工制作类	5908（52.38%）	3171（28.11%）	1564（13.87%）	357（3.17%）	279（2.47%）	4.25
艺术、才艺类	5402（47.89%）	3039（26.94%）	2049（18.17%）	447（3.96%）	342（3.03%）	4.13
国学、传统文化类	5155（45.7%）	3205（28.42%）	2100（18.62%）	471（4.18%）	348（3.09%）	4.09
文学阅读类	5171（45.85%）	3047（27.01%）	2145（19.02%）	527（4.67%）	389（3.45%）	4.07
语言类	4952（43.9%）	3168（28.09%）	2266（20.09%）	518（4.59%）	375（3.32%）	4.05
小计	32323（47.76%）	19054（28.16%）	11700（17.29%）	2596（3.84%）	2001（2.96%）	4.14

本调查确定了5个题项，调查山东省公共图书馆阅读推广活动的不足之处，量表题项为正向，在进行计分时，最低赋值为1，最高赋值为5，调查结果如表1-5-4所示。缺乏趣味性、缺乏连续性和缺乏实践性的分值较高，是不足之处的主要体现。

表1-5-4　图书馆阅读推广活动的不足

选项	完全符合	比较符合	不确定	较不符合	很不符合	平均分
缺乏趣味性	2067（18.33%）	1702（15.09%）	3355（29.75%）	1473（13.06%）	2682（23.78%）	2.91
缺乏系统连续性	1933（17.14%）	1676（14.86%）	3436（30.46%）	1492（13.23%）	2742（24.31%）	2.87
缺乏实践性	1955（17.33%）	1642（14.56%）	3353（29.73%）	1552（13.76%）	2777（24.62%）	2.86
缺乏知识性	1813（16.07%）	1418（12.57%）	3445（30.54%）	1695（15.03%）	2908（25.78%）	2.78
老师授课水平有限	1792（15.89%）	1224（10.85%）	3489（30.93%）	1672（14.82%）	3102（27.5%）	2.73
小计	9560（16.95%）	7662（13.59%）	17078（30.28%）	7884（13.98%）	14211（25.2%）	2.83

未成年读者和家长对图书馆的服务和阅读推广活动的总体满意程度如图1-5-26所示，超过半数的读者表示非常满意，30.53%的读者比较满意，12.09%的读者认为一般，0.83%的读者北较不满意，0.56%的读者非常不满意。总体来说，未成年读者和家长对图书馆的服务和阅读推广活动的满意度较高，满意比例达到98.61%。

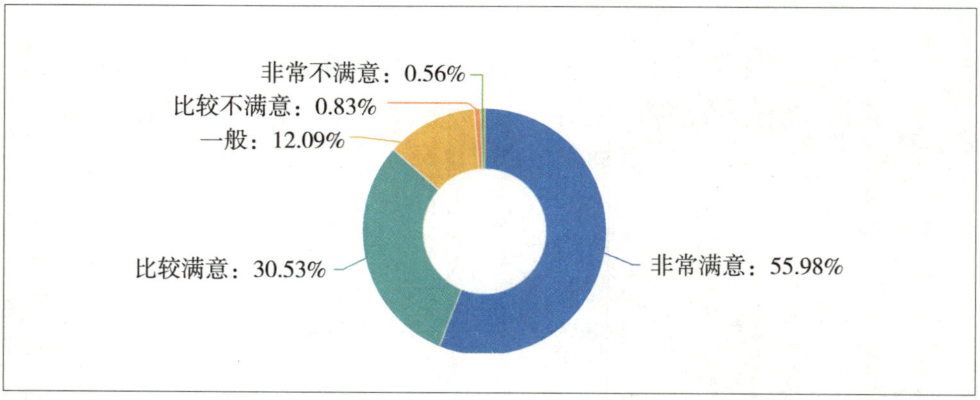

图1-5-26　未成年读者和家长对图书馆的服务和阅读推广活动的总体满意程度

在图书馆服务和阅读推广活动需要改进方向上，如图1-5-27所示，“延长图书借阅期限”和“增加借阅数量”是未成年读者和家长认为最需要改进的地方，占比分别为51.58%和50.49%。其次是“增加新书种类”“查找图书更便捷”“举办更多优质读者活动”，占比分别为45.99%、42.35%和34.32%。最后是“增加精准推荐导读服务”和“延长开放时间”，占比分别为33.40%和26.70%。

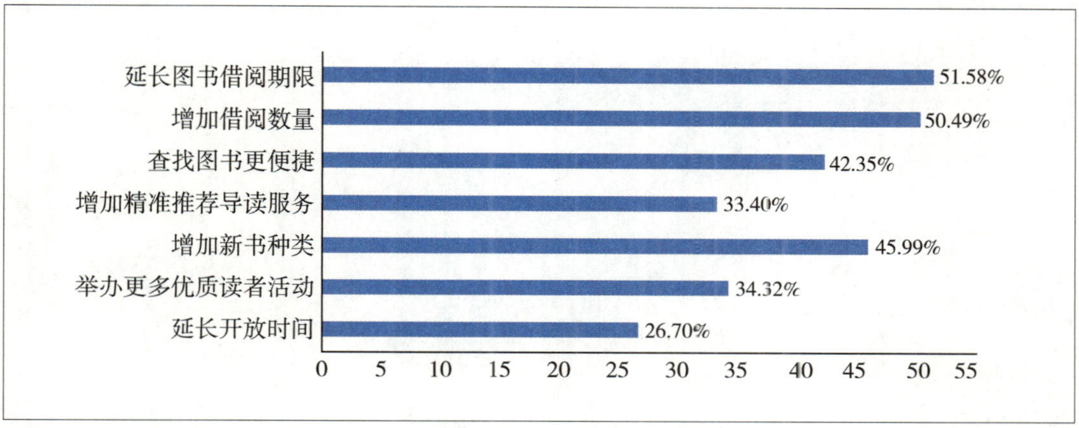

图1-5-27　未成年读者和家长认为图书馆服务和阅读推广活动需要改进方向

专项报告

第1章　服务设施分报告

1.1　引言

2021年是我国“十四五”规划的开局之年。“十四五”时期是开启全面建设社会主义现代化国家新征程、向第二个百年奋斗目标进军的第一个五年，是把握新发展阶段、贯彻新发展理念、构建新发展格局、推进社会主义文化强国建设的重要时期，也是完善公共文化服务体系、实现我国图书馆事业高质量发展的战略机遇期。

《中华人民共和国国民经济和社会发展第十四个五年规划和2035年远景目标纲要》进一步明确将公共文化服务体系高质量发展作为“十四五”时期重要发展目标。

党和国家政府、有关文化主管部门等相继发布了一系列有关文化发展的重大决策性文件，如中共中央办公厅、国务院办公厅印发了《“十四五”文化发展规划》，文化和旅游部印发了《“十四五”文化和旅游发展规划》《“十四五”公共文化服务体系建设规划》等。

2022年，中国共产党第二十次全国代表大会胜利召开。习近平总书记在党的二十大报告中明确指出，推进文化自信自强，铸就社会主义文化新辉煌，并再次强调要健全现代公共文化服务体系。公共图书馆作为公共文化服务体系的重要组成部分和全民阅读的主阵地，在提供广受群众欢迎的高质量公共文化服务、推动全民阅读向纵深发展等方面负有重要使命。在此背景下，本报告以《山东省公共图书馆全民阅读服务调查问卷》统计数据为基础，从场馆建设、基础设施、服务效能等方面呈现山东省公共图书馆全民阅读服务发展状况。本报告数据涉及山东省内155个县（区）级以上公共图书馆，其中包括1个省级图书馆，1个副省级图书馆，1个计划单列市图书馆，14个地市级图书馆和138个县（区）级图书馆。经统计核查，因个别图书馆提交的数据不完整、不准确，最终有效填报单位为145个县（区）级以上公共图书馆。此外，受统计口径差异、行政区划变更、新馆建设等若干因素影响，报告难免存在局限和不足。

1.2 建筑设施基本情况

2021—2022年，山东省文化和旅游厅在“加强现代公共文化服务体系建设”总目标指引下，在实现基层文化馆、图书馆、乡镇综合文化站、村级综合性文化服务中心全覆盖建设的基础上，积极推进城乡公共文化服务体系一体化建设，持续加强基层综合文化设施建设管理。在此背景下，全省各地公共图书馆积极响应政府决策，借助新技术、新手段，结合当地历史背景、特色文化、旅游热点等，创新打造以城乡书房形式为代表的便民惠民、贴近群众需求的新型多元阅读空间。

截至2022年12月31日，山东省共有市辖区58个、县级市26个、县52个，合计136个县级行政区。根据数据统计情况，截至2022年底，全省共建有138个县（区）级公共图书馆。其中，聊城市东昌府区未建图书馆；济宁国家高新技术产业开发区、烟台黄渤海新区虽不属行政区，但在管委会主导下建有公共属性图书馆。

总体来看，山东省公共图书馆事业趋向均等发展。特别是2021—2022年，为贯彻落实《文化和旅游部、发展改革委、财政部关于推动公共文化服务高质量发展的意见》精神，发挥以评促建、以评促管、以评促效能提升的作用，促进公共图书馆事业高质量发展，文化和旅游部开展了第七次全国县级以上公共图书馆评估定级工作。在此背景下，各级政府和文化主管部门对图书馆事业更加重视，投入逐渐增多，全省公共图书馆基础设施建设进入了新阶段，涌现出一批现代化、标志性、多功能的新馆。统计数据表明，全省155个公共图书馆中，聊城市、济南市历下区、潍坊市安丘市、日照市五莲县等18个县（区）级以上公共图书馆建成新馆并投入使用，新建馆舍总面积约15.389万平方米，其中聊城市图书馆新馆面积约3.5平方米。济南市市中区图书馆、青岛市即墨区图书馆11个县（区）图书馆完成馆舍改扩建，改扩建面积约6.74万平方米。德州市图书馆、潍坊市奎文区图书馆、曲阜市图书馆、莒南县图书馆等27个县（区）级以上公共图书馆新馆正在建设中，预计新建面积约27.55万平方米。截至2022年底，列入新建或改造计划的公共图书馆有青岛市图书馆、烟台市图书馆、枣庄市图书馆等3个市级图书馆，计划新建面积约14万平方米；县（区）级有烟台市蓬莱区图书馆、临沂市郯城县图书馆、聊城市临清市图书馆等11个，计划新建面积约10.83万平方米。

绝大部分市、县（区）级公共图书馆在服务设施建设方面凸现层级分明、体系完善、覆盖面广的特点，基本上建成总馆、分馆、图书流动车、服务站（点）、村（社区）基层服务点以及各有特色的城市阅读驿站、绘本馆等，实现了24小时自助借阅服务全覆盖。

1.2.1 场馆建设

根据本次报告数据统计，2021—2022年，全省145个县（区）级以上公共图书馆共建有主体馆舍172处，建筑总面积约133.13万平方米。按山东人口总量计算（根据2021年山东省人民政府公布数据，全省常住人口为10152.7万人），平均每万人拥有公共图书馆建筑面积达131.13平方米，比2019—2020年增加23.84平方米，接近全国平均水平（2021年数据显示，全国平均每万人拥有图书馆建筑面积为135.5平方米）。

从馆舍建筑面积角度而言，根据《公共图书馆建设标准》中公共图书馆建筑面积控制指标（4500平方米以下为小型馆，4500—20000平方米为中型馆，20000平方米以上为大型馆）划分，全省共有小型公共图书馆34个，中型公共图书馆96个，大型公共图书馆15个。另外，单体馆舍面积超过50000平方米的图书馆有山东省图书馆、济南市图书馆和日照市图书馆。

山东省县（区）级以上公共图书馆馆舍和面积情况如表2-1-1所示。

表2-1-1　2022年山东省各区域县（区）级以上公共图书馆数量、馆舍建筑面积统计

区域	省级			地市级			县级			总计		
	数量	面积（万平方米）	分馆面积（万平方米）	数量	面积（万平方米）	分馆面积（万平方米）	数量	面积（万平方米）	分馆面积（万平方米）	数量	面积（万平方米）	分馆面积（万平方米）
省会经济圈	1	7.069	0	7	17.85	1.6265	52	32.1314	19.3709	60	57.0504	20.9974
胶东经济圈	0	0	0	5	15.9893	0.9202	40	24.9641	20.7555	45	40.9539	21.5757
鲁南经济圈	0	0	0	4	10.7538	0.218	36	23.7843	15.3315	40	34.5381	15.5495
全省	1	7.069	0	16	44.5931	2.7647	128	80.3798	55.4579	145	133.1319	58.2226

注：“省会经济圈”包括济南、淄博、泰安、聊城、德州、滨州、东营等鲁中、鲁西北七市，“胶东经济圈”包括青岛、烟台、威海、潍坊、日照等鲁东五市，“鲁南经济圈”包括临沂、枣庄、济宁、菏泽等鲁南四市。

从表2-1-1可以看出，省会经济圈由于所辖市、县（区）公共图书馆总量最高，同时经济圈核心城市济南是省图书馆所在地，因此以县（区）级以上公共图书馆建筑总面积（57.0504万平方米）、平均每万人公共图书馆建筑面积（153.6152平方米）在全省遥遥领先于其他两大经济圈。同时，省会济南以济南市图书馆（5.7万平方米）、章丘区图书馆（2.09万平方米）集全省公共图书馆单体建筑面积最大的市级图书馆、县（区）级图书馆于一身。胶东经济圈的鲁东五市虽然公共图书馆建筑总面积不如省会经济圈，但是在市级图书馆平均建筑面积上（市级馆平均3.198万平方米）居于三大经济圈之首，在市、县（区）两级直属分馆建设上也略强于其他两大经济圈，这也得益于鲁东五市地区生产总值（GDP）高达3.7万亿元、在全省占比42.84%的经济基础。鲁南经济圈的四大城市，地域面积广大，人口众多，经济基础相对薄弱，因此在公共图书馆馆舍建设等方面发展相对缓慢，但是从统计数据上看，虽然在馆舍建筑总面积和分馆面积上有一定差距，但是在县（区）级公共图书馆建筑总面积上与胶东经济圈仅相差1.1798万平方米，加上鲁南经济圈所辖县（区）数量比胶东经济圈少4个，在县（区）级公共图书馆平均建筑面积（6606.75平方米）上还略强于胶东经济圈（6241.025平方米），因此在实际人口服务面积上两大经济圈相差无几，这也与省委省政府对鲁南经济圈“乡村振兴先行区”的定位相符。特别是随着省委省政府《关于加快鲁南经济圈一体化发展的指导意见》的出台，2022年鲁南经济圈地区GDP同比增长4.2%，增速居三大经济圈首位，未来鲁南经济圈以公共图书馆为代表的公共文化服务设施建设有较大的提升空间和增长力度。

截至2022年底，全省县（区）级以上公共图书馆全部建有分馆，分馆总数量达到1706个，建筑总面积达58.2226万平方米。此外基层服务点达6297个，建筑总面积36.3814万平方米。城市书房719个，建筑总面积约17.75万平方米。

1.2.2 基础服务设施

在公共图书馆建设发展中，作为开展阵地服务的主要场所，公共图书馆主馆舍建筑发挥着不可替代的作用，同时许多市、县（区）公共图书馆成为当地市政建设的标志性建筑。公共图书馆建筑的内部空间分区、阅览座席设置等基础服务设施是开展全民阅读相关工作、服务各类型读者以及开展精准阅读指导服务的基础保障。2021—2022年，山东省内各公共图书馆不断完善图书馆基础设施，同时重视特殊群体服务，提高服务效能，努力为公众提供更舒适的阅读环境。

据本次调查统计，2022年全省县（区）级以上公共图书馆建筑总面积（含直属分馆）

191.3545万平方米，比2020年增长26.35%。全省县（区）级以上公共图书馆阅览座席总数85687个，较2020年增长了24.6%。按照山东总人口计算，每万人人均拥有座席数量8.44个，增幅平稳，为提升公共服务效能奠定了基础。

2022年，全省县（区）级以上公共图书馆“书库”总面积18.0222万平方米，占主体馆舍建筑总面积的13.54%。其中山东省图书馆“书库”面积为1.3569万平方米，16市公共图书馆“书库”总面积为5.5853万平方米，128个县（区）级公共图书馆“书库”总面积为11.23万平方米。

根据群体服务设施不同，公共图书馆一般设置有少年儿童（未成年人）阅览室、老龄阅览室、视障阅览室等分别针对未成年读者、老年读者以及残障人士等特殊群体的阅读空间。全省县（区）以上公共图书馆少年儿童阅览室总面积6.8518万平方米，阅览座席总计19584个，分别较上次调查统计（2019—2020年）增加了2.5492万平方米、8347个，增幅均超过60%。山东每万名少年儿童拥有公共图书馆阅览面积35.94平方米、阅览座席10.27个（第七次全国人口普查数据显示，山东0—14岁人口1906.2638万人）；老龄阅览室总面积2.1586万平方米，阅览座席总计6336个，分别较上次调查统计（2019—2020年）增加了0.6189万平方米，2303个，增幅均未超过60%，其中面积增幅仅为40%。山东每万名老年人拥有公共图书馆阅览面积10.17平方米，阅览座席2.99个；视障阅览室总面积约1.0527万平方米，阅览座席总计2439个，较上次调查统计（2019—2020年）有一定增长，增幅在53%左右。这在一定程度上反映出，未成年人成为目前全省公共图书馆特殊群体服务的主体，对老年读者、残障人士等其他弱势群体服务力度不足、关爱不够，其相关基础服务设施还不尽完善。

按照读者阅读类型不同，公共图书馆划分出一般阅览室、特藏阅览室、多媒体阅览室等开展普通书刊、古籍文献、地方文献、数字视听文献服务的专有借阅空间。其中，全省县（区）以上公共图书馆一般阅览室总面积为21.0421万平方米，阅览座席总计51124个；特藏阅览室总面积为2.9815万平方米，阅览座席总计3770个；多媒体阅览室总面积为3.2590万平方米，阅览座席总计9700个。全省公共图书馆面向普通成年读者开设的阅览空间总面积为27.2826万平方米，较2020年增长约8.35万平方米，增幅达44.1%。

除以上针对性强、服务受众单一的阅读服务空间外，根据《公共图书馆建设标准（建标108—2008）》要求，公共图书馆一般应建有综合性的公共活动空间，如展览陈列室、多功能报告厅、培训室、综合活动室等。2022年，全省县（区）以上公共图书馆设有展厅、报告厅、读者活动室等室内公共活动空间总面积为165724.18平方米，较2020年增加69253.89平方米，增幅达71.8%。本次调查显示，全省145个县（区）级以上公共图书馆中有55个图书馆拥有露天广场等专有室外大型公共活动区域，总面积为127342.5平方米。另有50个图书馆与其他文化单位合用室外公共活动区域，总面积为313998平方米。

1.3 新型阅读服务空间

1.3.1 扎实推进公共图书馆总分馆制建设，延伸优质公共文化服务到基层

2021—2022年，山东省各级公共图书馆积极贯彻山东省文化和旅游厅工作部署，深入推进图书馆总分馆制建设，延伸县（区）级公共图书馆总分馆服务末梢，优化布局基层公共文化服务站点，不断提升以县（区）图书馆为主体的基层文化设施的公共文化服务能力，努力完成“健全现代公共文化服务体系、提升公共文化服务效能、推进城乡公共文化服务一体化建设”的工作目标。

根据本次调查数据统计，截至2022年底，全省县（区）级公共图书馆分馆总数量达到1605个，建筑总面积达55.24万平方米，较2020年增长了约27.6%。此外基层服务点达5690个，建筑总面积32.63万平方米，较2020年增长了约37.2%。所有分馆、基层服务点等均配有专职管理人员以及完善的图书借阅设备，能够为读者提供良好的阅读环境。

1.3.2 建构高品质公共文化空间，打造高质量文化服务“新地标”

2021年，山东省文化和旅游厅出台了《关于进一步加强城市书房和乡村书房建设的意见》，要求“城市书房和乡村书房建设坚持政府主导、社会参与、全民共享的原则，大力倡导和推动社会力量参与城市书房建设”，并明确了建设目标。各地图书馆紧紧围绕满足广大人民群众美好文化生活的需求，把建设新型公共阅读空间作为推动公共文化服务高质量发展的新切口。

截至2022年12月，全省各地市累计建成城乡书房719个，其中城市书房建成675个，空间总面积17.75万平方米，分别较2020年增长了239.2%和148.95%。全省城市书房总藏书量379.7万余册/件，逐步成为公共文化服务新阵地。乡村书房在建设过程中依托原有农家书屋、文化大院、综合文化站等开创“乡村书房+”模式，成为推动乡村文

化振兴的有力抓手。例如，济南市、日照市、淄博市、威海市等图书馆积极推进城市书房建设，将优质的阅读服务送到群众家门口。聊城市海源阁图书馆专门设立了“农民工阅览室”，调配适合农民工阅读的文献资源，还选派计算机方面的专业技术人员，对有上网需求的农民工读者进行培训。

在2022年度山东省“最美城市书房”“最美乡村书房”评选活动中，评选出“最美城市书房”20个，“最美乡村书房”10个，起到了很好的示范引领和典型带动作用。

从以上数据可以看出，相比上一个报告年度（2019—2020年），全省县（区）级以上公共图书馆城市书房建设总量有了跨越式提升，这说明在政府强力推动下山东省公共图书馆在以城市书房为模板的新型公共文化服务空间的建设工作中取得了明显的成效和进步。

1.3.3 探索数字阅读与智慧服务场景建设，以科技赋能图书馆全民阅读工作

随着社会文化生活品质和需求的不断提升，人们对提高公共文化服务数字化水平的要求也不断增强。2022年5月，中共中央办公厅、国务院办公厅印发的《关于推进实施国家文化数字化战略的意见》中明确，“提升公共文化服务数字化水平”是国家文化数字化战略的重要任务。而早在2021年6月文化和旅游部印发的《“十四五”公共文化服务体系建设规划》就将“推动公共文化服务数字化、网络化、智能化建设”作为公共文化服务体系建设的主要任务。

为有效提升智慧化服务能力，山东省各市、县（区）图书馆以新馆建设、第七次评估定级为契机，以满足读者需求为导向，充分利用现代信息技术，推出了一批数字化、智能化、智慧化的公共文化数字化创新服务，主要包括图书馆大数据平台、智能书架服务、智能分拣服务、“无感借还”智慧流通服务、图书馆智能推荐服务、智慧阅读空间服务、基于5G的图书馆空间网络服务等。

例如，德州市平原县图书馆、临沂市兰山区图书馆等利用人脸识别技术实现读者通过人脸识别来办理图书借阅手续，滨州市图书馆、青岛市图书馆等利用智能咨询引导机器人提供咨询与问答、检索、导航等功能。威海市图书馆、济宁市图书馆、济宁市金乡县图书馆等利用VR、AR、智能书架技术等成功实现为读者提供虚拟漫游、VR导航、VR带看、沉浸阅读、VR活动等线上虚拟服务沉浸式体验服务。东营市图书馆、滨州市无棣县图书馆等建成大数据服务平台，集成了图书馆现有数据资源及读者服务功能，通过大数据分析及挖掘技术，以模块化的形式将馆藏资源、信息系统数据等服务及管理信息展示给读者。

1.3.4 持续推进“尼山书院”文化服务创新发展，促进优秀传统文化在图书馆落地开花

尼山书院是山东省文化和旅游厅2014年在全省创新推进的新的公共文化服务模式，通过“图书馆+书院”建设，旨在充分发挥全省公共图书馆在传承文明、教育群众、引领风尚中的重要作用，继承和弘扬中华优秀传统文化，培育践行社会主义核心价值观，让古老书院在现代图书馆中焕发青春，提高公共图书馆的文化服务能力，实现中华优秀传统文化的创造性转化、创新性发展。时至今日，山东省各级公共图书馆已建成尼山书院153个，乡村（社区）儒学讲堂2.2万余个，年开展活动12万余场次，为弘扬中华优秀传统文化发挥了重要作用。

如淄博市图书馆的稷下书院（尼山书院）扎根本土，创新开设了齐风讲堂、齐风传统文化体验等一系列公益文化活动；潍坊市图书馆的尼山书院举办“斯文在兹·辛丑潍图雅集——百年风华”国学展演等系列活动，有效地推动了传统文化的传播与弘扬。泺源书院在济南市图书馆正式复建开放，焕发出新的生机。

1.4 附录

本部分收集了2021—2022年山东省图书馆馆舍分布、功能分区统计，以及2021—2022年山东省市级公共图书馆馆舍分布及建筑面积统计（见表2-1-2和表2-1-3）。

表2-1-2　2021—2022年山东省图书馆馆舍与内部功能分区统计

主体馆舍			
数量（个）		2021年	3
		2022年	3
建筑面积（平方米）		2021年	70690
		2022年	70690
功能分区			
书库面积（平方米）		2021年	13569
		2022年	13569
一般阅览室	面积（平方米）	2021年	3847.77
		2022年	3847.77
	阅览座席（个）	2021年	422
		2022年	422

续表

功能分区			
老龄阅览室	面积（平方米）	2021年	132
		2022年	132
	阅览座席（个）	2021年	40
		2022年	40
少年儿童阅览室	面积（平方米）	2021年	1309.82
		2022年	1309.82
	阅览座席（个）	2021年	338
		2022年	338
特藏阅览室	面积（平方米）	2021年	3270.02
		2022年	3270.02
	阅览座席（个）	2021年	182
		2022年	182
视障阅览室	面积（平方米）	2021年	60.13
		2022年	60.13
	阅览座席（个）	2021年	20
		2022年	20
多媒体阅览室	面积（平方米）	2021年	1064.24
		2022年	1064.24
	阅览座席（个）	2021年	254
		2022年	254
展览陈列室	面积（平方米）	2021年	2180.99
		2022年	2180.99
报告厅	面积（平方米）	2021年	604.3
		2022年	604.3
	阅览座席（个）	2021年	360
		2022年	360
培训室	面积（平方米）	2021年	929
		2022年	929
综合活动室	面积（平方米）	2021年	0
		2022年	0
尼山书院	面积（平方米）	2021年	3000
		2022年	3000
露天大型活动区域			知识广场
面积（平方米）			7000

表2-1-3　2021—2022年山东省市级公共图书馆馆舍分布及建筑面积统计

公共图书馆	主体馆舍				分馆				服务点				城市书房				尼山书院	
	数量（个）		建筑面积（平方米）		数量（个）		建筑面积（平方米）		数量（个）		建筑面积（平方米）		数量（个）		建筑面积（平方米）		面积（平方米）	
	2021	2022	2021	2022	2021	2022	2021	2022	2021	2022	2021	2022	2021	2022	2021	2022	2021	2022
济南市图书馆	2	2	57700	57700	0	0	0	0	47	57	1930	2520	38	44	14014	16582	422.39	422.39
青岛市图书馆	2	2	26893.94	26893.94	0	0	0	0	82	90	7500	8700	0	0	0	0	246	246
淄博市图书馆	1	1	23800	23800	0	0	0	0	10	14	1910	2760	8	11	3132	3032	421.41	421.41
枣庄市图书馆	2	2	16200	16200	0	0	0	0	41	50	0	0	0	1	0	220	90	90
东营市图书馆	1	1	21000	21000	20	24	2100	3000	48	49	2160	2200	1	3	500	1300	200	200
烟台图书馆	2	2	23000	23000	15	17	882	1042	40	41	1810	1870	1	3	50	540	600	600
潍坊市图书馆	1	1	36000	36000	15	19	3860	4660	11	13	2060	2530	2	6	1323.3	3833.3	407	407
济宁市图书馆	1	1	40900	40900	0	0	0	0	28	30	7500	800	0	0	0	0	300	300
泰安市图书馆	1	1	23000	23000	1	2	1500	560	25	27	1350	1500	0	0	0	0	461.7	461.7
威海市图书馆	1	1	42000	42000	14	14	2500	2500	46	46	6900	6900	14	14	2500	2500	2650	2650
日照市图书馆	1	1	32000	32000	1	1	1000	1000	8	8	1200	1200	15	18	4500	5400	654	654

续表

公共图书馆	主体馆舍				分馆				服务点				城市书房				尼山书院面积（平方米）	
	数量（个）		建筑面积（平方米）		数量（个）		建筑面积（平方米）		数量（个）		建筑面积（平方米）		数量（个）		建筑面积（平方米）			
	2021	2022	2021	2022	2021	2022	2021	2022	2021	2022	2021	2022	2021	2022	2021	2022	2021	2022
临沂市图书馆	1	1	21000	21000	1	1	830	830	14	19	1500	2000	0	2	0	600	2300	2300
德州市图书馆	2	2	8000	8000	7	7	760	760	5	5	无	无	1	1	无	无	100	100
聊城市海源阁图书馆	1	2	3067	34872	7	6	27047	5045	3	3	165	210	0	3	0	2500	500	900
滨州市图书馆	1	1	10139	10139	1	1	6900	6900	24	15	0	0	1	3	360	780	388.8	388.8
菏泽市图书馆	1	1	29438	29438	6	9	900	1350	68	72	4080	4320	14	22	2000	3600	800	800

第2章　文献资源保障分报告

2.1 引言

为了解掌握全省公共图书馆全民阅读服务现状，山东省图书馆通过问卷形式对省域内2021年、2022年公共图书馆在推动全民阅读方面所做的工作、创立的规章制度、采取的措施、实施的创新、应用的技术以及所取得的成效与数据体现等进行全面调查分析，形成专项调查报告，为进一步推动全民阅读工作提供理论和实践支撑，为全省公共图书馆事业科学可持续发展提供决策依据。

本部分问卷调查自2023年1月18日起由山东省图书馆牵头以网络问卷形式发放至各地市、县（区）公共图书馆，向山东省155个公共图书馆发放《山东省公共图书馆全民阅读服务调查问卷（图书馆）》。调研对象包含1个省级图书馆、16个市级图书馆及138个县（区）级图书馆。本次调研，图书馆问卷部分共有山东省145个县（区）级以上公共图书馆反馈有效数据，其中包括1个省级图书馆，16个市级图书馆和128个县（区）级图书馆，有效率占比约为93.5%，除个别县（区）馆因特殊原因没有参加和少数几个无效、重复、错填问卷外，问卷基本覆盖了全省各个地区，有较强的代表性。本报告只针对有效数据进行统计分析，以保证数据的客观性、准确性。

2.2 研究目的

针对当前全省公共图书馆文献资源建设现状，为使数据分析有效、客观地反映全省文献资源保障情况，本报告分别从时间、区域、量化分析三个维度予以立体揭示。时间是指2021年、2022年两个独立完整年；行政区划分为省级、市级（包含济南市图书馆、青岛市图书馆）、县（区）级三个层次进行对比说明；调查问卷包括六个方面的内容，即各类文献购置经费、各类文献资源入藏数量、政策依据、制度依据、文献资源管理、区域文献资源建设协作协调，从整体上把握全省公共图书馆文献资源保障情况。

2.3 汇总分析

2.3.1 全省图书馆文献购置费情况

2.3.1.1 山东省图书馆文献购置费情况

山东省图书馆（以下称“省馆”）创建于1909年，是省政府举办的公益文化教育机构，是国家省级一级图书馆、山东省文献收藏与协调服务中心。文献购置费是山东省图书馆充分履行全省总书库职能、建设全省文献收藏与协调中心的基础与保证，是补充馆藏、完善藏书体系，服务山东经济文化强省建设，满足大众阅读需求，承担公共文化服务体系建设的专项资金。

根据《山东省图书馆馆藏发展政策》《山东省图书馆文献购置费管理办法》以及各类文献采选条例，对文献购置费实行切块使用。整个采购项目做到有预算、有计划、按规定且符合程序及相关规定，并根据预算变化及时调整使用方案、调整预算绩效目标，做到支出完成及时、符合标准、实施顺畅且富有成效。

具体内容包括：一是中文普通图书采购，招标预算750万元。采编部和少儿馆制定了《中文图书采购招标资格项目需求说明书》，并对中文普通图书进行预采购招标。采购人员通过订单报送和现场采购两种形式完成年度图书补充任务。年度任务完成后，对中标馆配商服务和图书配送契合情况进行审核，形成评估报告。二是中文报刊采购。中文报刊延续之前的采购方式，使用经费200万元。三是数字资源采购。参考咨询部制定了《电子资源招标项目需求书》，采用单一来源方式更新已购数据库。四是地方文献和古旧文献采购。

各类文献资源购置费使用情况见表2-2-1。

表2-2-1 省馆文献购置费使用情况（数据以财务系统资本性支出为准）

文献资源购置经费情况				单位：元
文献资源类型		2021年	2022年	备注
图书	普通图书	6960524.34	7571485.9	
	少儿图书	50	50	
外文书刊		1700000	1000000	

续表

文献资源购置经费情况			单位：元
文献资源类型	2021年	2022年	备注
中文报刊	2016232	2006660	
视听资料	0	0	
缩微文献	0	0	
古籍文献	479800	287682	
电子资料	3052743.66	2993780	
其他	0	105972.08	
文献购置总经费	14209350	13965630	

通过分析省馆2021年、2022年各类文献资源购置费使用情况可知，两年总经费变化不大，尤其体现在普通图书、普通中文报刊、电子资料及数据库方面。视听资料停止采购，缩微文献未进行采购。其他资源类型有增有减，少儿图书实现稳定订购，在外文书刊和古籍文献上的投入减少。

2.3.1.2 市级馆文献资源购置费情况

2.3.1.2.1 市级馆普通图书购置费情况

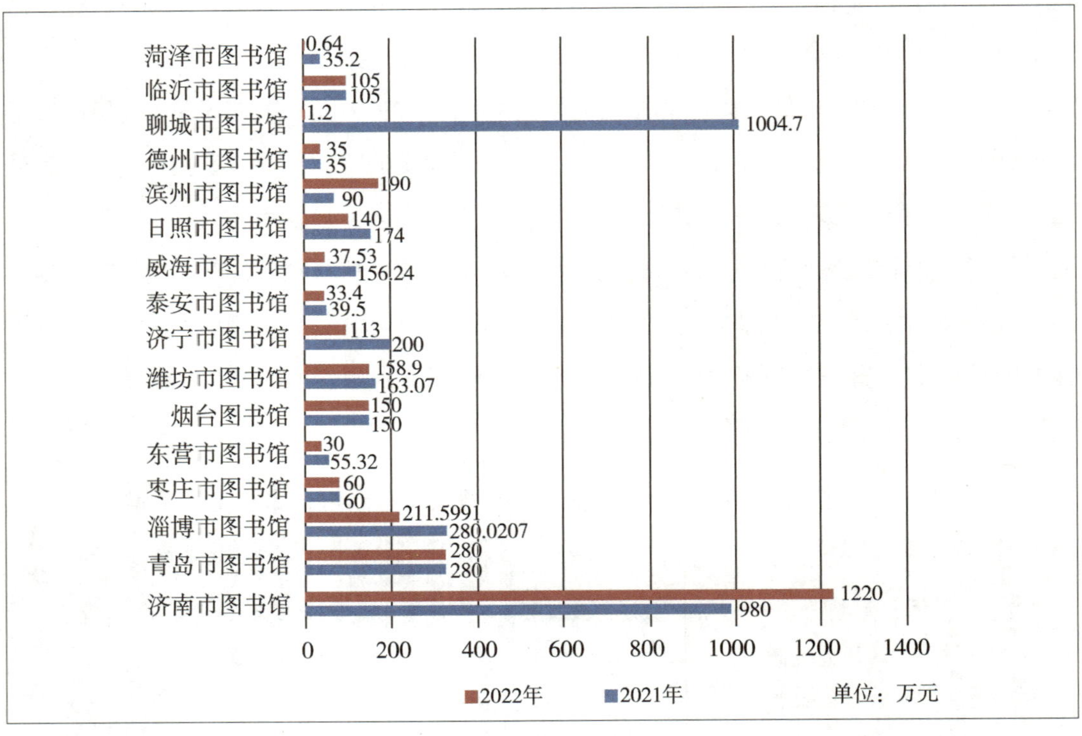

图2-2-1　市级馆普通图书购置费情况

根据数据统计，全省16地市2021年普通图书购置总经费3808.51万元，2022年普通图书购置总经费2766.269万元，2022年的差距主要来源于聊城市图书馆在普通图书经费中的差距，其他市级馆相对稳定。如图2-2-1所示，从横向看，济南、淄博、潍坊、青岛馆的普通图书购置费明显高于其他市级馆。这一方面反映了这些地市的经济发展水平比较高，同时从侧面反映出当地对文化事业的支持力度较大。从时间上看，只有济南馆、滨州馆2022年度的经费比2021年度明显要高，其余市级馆2022年度经费均与上年持平或减少。

2.3.1.2.2 市级馆少儿图书购置费情况

如图2-2-2所示，在市级馆中，淄博、威海、日照、烟台四馆两个年度在少儿图书方面都有很高的经费投入，淄博少儿图书馆曾经为独立建制少儿图书馆，有单独的经费。聊城市图书馆在2021年度投入较高。济南、枣庄、滨州、临沂的数据为0，并不是没有少儿图书投入，而是少儿图书与普通图书的经费没有做具体区分。值得一提的是，除济南市图书馆外，济宁、威海、日照、德州四馆的少儿图书经费在两年前也未与其他经费做区分，枣庄、滨州、临沂三馆的少儿图书经费从两年前的单独经费变为与其他经费不做区分，说明各市级馆在不断求新求变，以期找到最适合本馆具体情况的经费配置。

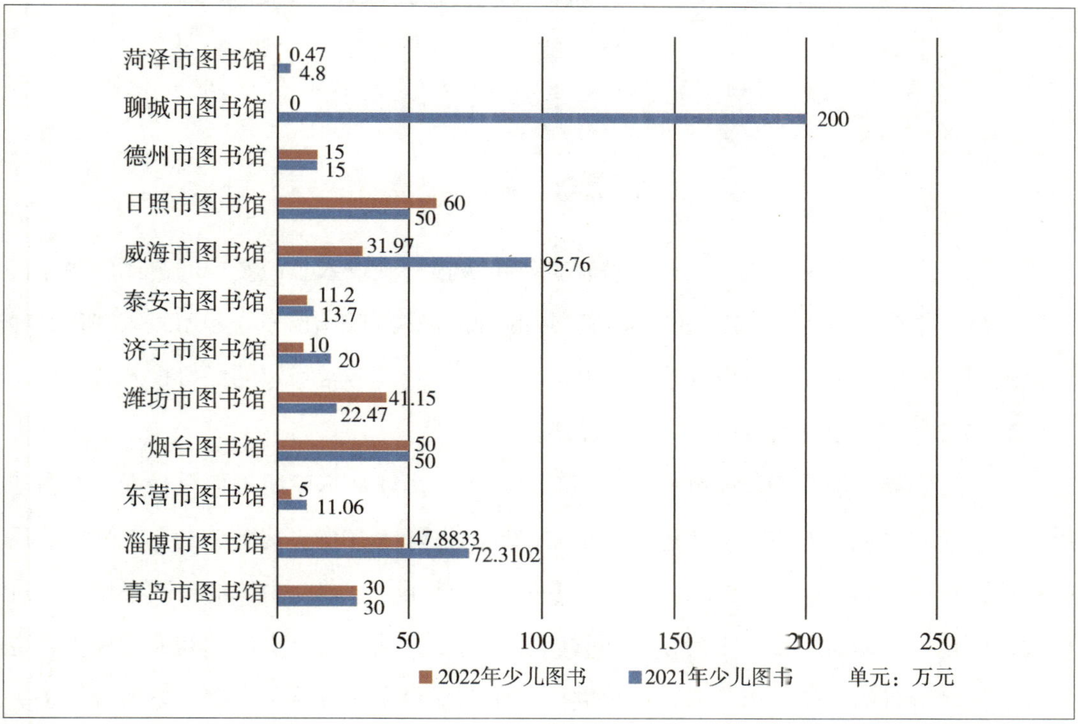

图2-2-2 市级馆少儿图书购置费情况

2.3.1.2.3 市级馆报刊购置费情况

全省16个市级图书馆2021年度报刊总经费472.0349万元，2022年度报刊总经费436.4891万元，报刊经费总投入在最近4年内呈下降趋势。

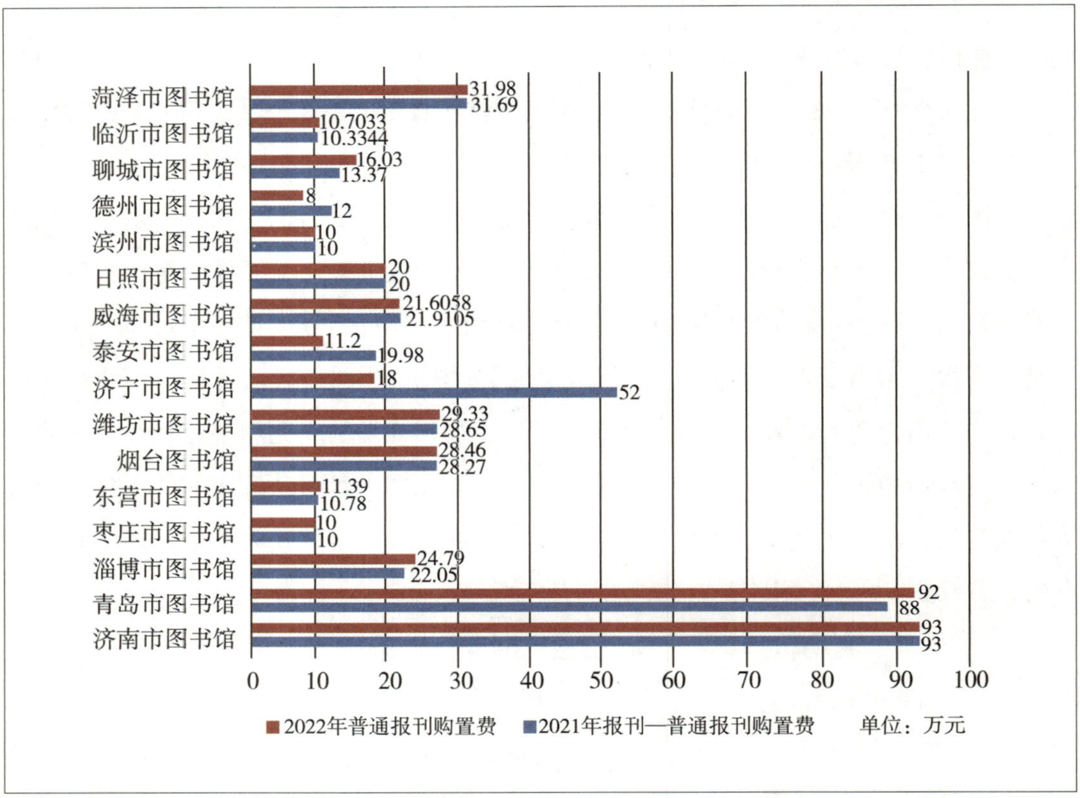

图2-2-3 市级馆报刊购置费情况

济南、青岛两馆两年报刊投入经费在全省市级馆报刊投入总经费中的占比由两年前的超过50%下降至2021年的38.3%和2022年的42.4%，反映出山东省各市级馆在报刊经费投入中更加均衡化。其他市级馆则在2021—2022年均有非常稳定的经费投入。

2.3.1.2.4 市级馆非纸质文献购置费情况

在统计问卷所涉及四类非纸质文献资源经费中，商业数据库所占比重最大，约占非纸质文献资源总经费的57.1%，比上一个调研周期下降约10%。其次是电子文献，然后是自建数据库，其投入有不断增加趋势。受限于经济条件，单一主体的市图书馆难以进行大规模化的数据库建设及发展，然而省内各地由于其独特的历史传承和人文地情，也形成了一些特有的文化，因此各市级公共图书馆都在自主建设特色数据库方面投入了更多经费。视听文献经费进一步缩减，缩微文献在统计的16家市级馆两个年度中经费投入

均为0，说明根据读者使用情况和各馆资源建设实际情况，这两类文献都不在基层图书馆资源建设的范围内。（见图2-2-4）

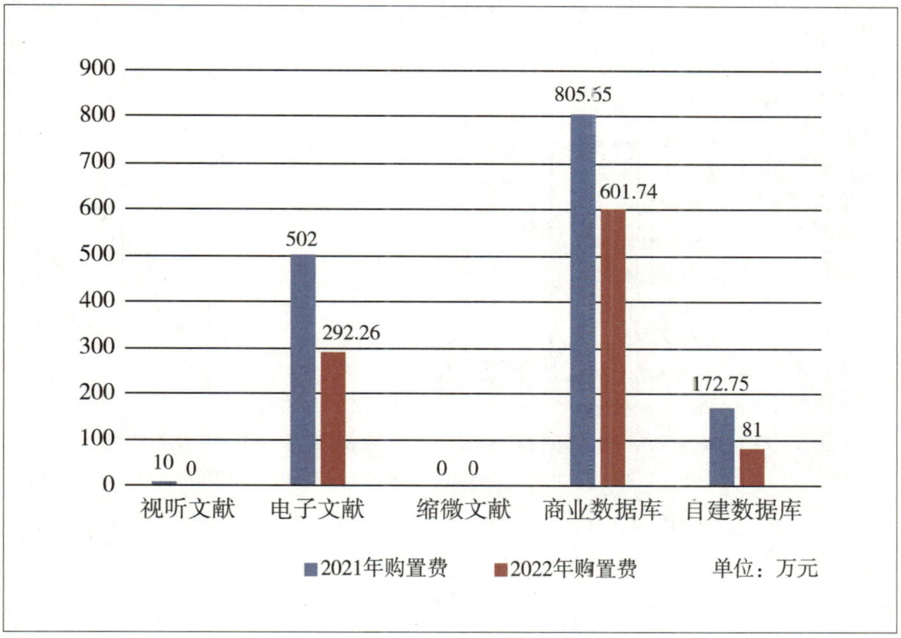

图2-2-4　市级馆各类非纸质文献总购置费情况

从问卷统计数据看，全省16个市级馆非纸质文献总经费2021年度为1490.4万元，2022年为975万元，与上一调研周期相比，非纸质文献经费大幅度提高，这既与青年读者的数字需求紧密相关，也是公共图书馆评估工作对山东省公共图书馆业务引导与促进的结果。其中，济南、青岛对商业数据库的投入连续两年均超过100万元，烟台、潍坊对电子文献的投入连续两年稳定在100万元左右，威海、淄博对自建数据库投入最多，2021年和2022年共投入124.5万元和54万元。

2.3.1.2.5 市级馆文献购置总经费情况

如图2-2-5所示，2022年度各市级馆文献购置总经费大幅度低于2021年，2022年为4804.54万元，2021年为6250.865万元，降幅达23.1%。其中，济南、青岛、淄博、潍坊、烟台五馆经费连续多年维持较高投入。两个年度中，潍坊市图书馆、菏泽市图书馆、滨州市图书馆和德州市图书馆经费不降反增，其中德州市图书馆文献购置总经费有大幅度增长，其他市级馆经费总体变化不大。文献购置总经费最高的济南市图书馆是最低的市级图书馆的几十倍，经费差距比上一周期更大，各地区对图书馆事业的经费投入极不均衡。

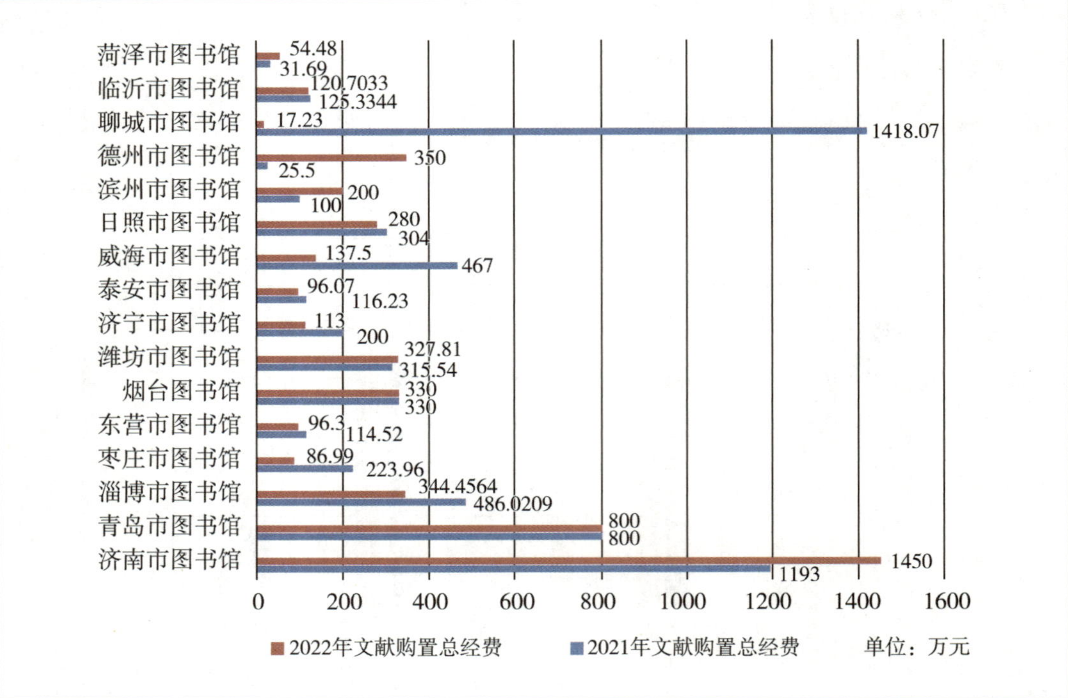

图2-2-5　各市级馆购置总经费情况

2.3.1.3 县（区）馆文献资源购置费情况

2.3.1.3.1 县（区）馆图书购置费情况

128个县（区）馆中，2021—2022年普通图书购置费超过100万元的有24个馆，50万—100万元的有30个馆，50万元以下的有74个馆，部分县（区）馆连续两年普通图书购置经费为零。

如表2-2-2所示，普通图书、少儿图书与外文图书的购置费比例从上一调研周期的90∶30∶1变为270∶90∶1，可见县（区）级馆中对外文图书的需求进一步降低。从两个年度总经费来看，2022年比2021年有所下降，但是为普通图书和少儿图书提供了基本

表2-2-2　县（区）馆2019—2022年度图书购置经费情况　　单位：万元

年度	普通图书	少儿图书	外文图书
2019	2922.9598	941.0952	34.1
2020	3269.6936	959.2313	36.3
2021	4192.983	1276.602	10.9
2022	3201.969	1022.903	16.4

的经费保障。

2.3.1.3.2 县（区）馆报刊购置费情况

在128个县（区）馆中，报刊购置费超过50万元的有一家，为临沂市平邑县图书馆，两年普通报刊购置费总和超过50万元的只有济南市历下区图书馆，超过10万元的有21个县（区）馆，另外有8个图书馆连续两年普通报刊经费为0元。大部分县（区）馆在少儿报刊方面的经费不足10万元，其中有48个馆连续两年少儿报刊经费为0元。外文报刊方面，只有9个县（区）馆有经费投入，其中临沂市平邑县图书馆和东营市东营区图书馆两年累计投入超过10万元，其他累计投入不高于1万元。受限于经费和疫情期间读者需求等客观因素，报刊投入低于上一个调研周期。

2.3.1.3.3 县（区）馆非纸质文献购置费情况

表2-2-3　2019—2022年县（区）馆非纸质文献购置费情况　　单位：万元

年度	视听资料	缩微文献	电子文献	商业数据库	自建数据库
2019	32.35	12.1	172.65	112.63	未统计
2020	34.18	3.6	197.66	102.72	未统计
2021	83.56	4.05	278.7	202.65	62.81
2022	101.27	4.7	273.36	115.8	77.1

如表2-2-3所示，在非纸质文献资源购置经费方面，电子文献（电子图书与电子报刊）与数据库经费逐年稳定增高，所占比重大约为68%。问卷结果显示，电子文献经费与数据库经费无正相关关系，所以图书馆是根据本馆读者需求和自身资源建设特点对电子文献和数据库进行选择的，而不是基于对非纸质文献资源的建设趋势。视听文献经费逐年增高，该趋势与省、市级公共图书馆读者对视听资料的需求相背离，与县（区）馆读者实际需求和县（区）馆补充馆藏的目的相关。缩微文献经费较少，除少数县（区）馆外，大部分县（区）馆的经费投入都为0元。本次大数据调研新增自建数据库一项，其中2021年总经费62.81万元，2022年总经费77.1万元，县（区）馆的自建数据库丰富了自身特色馆藏，通过文旅融合，促进了当地旅游、经济、文化事业发展。

2.3.1.3.4 县（区）馆文献购置总经费情况

表2-2-4　县（区）馆2019—2022年度文献购置总经费

年度	年度总经费（万元）
2019	4523.4633
2020	4651.1724
2021	3893.42
2022	3260.446

表2-2-4为128个县（区）馆最近四个年度文献购置总经费情况。从统计数据看，2021年文献购置总经费为3893.42万元，2022年为3260.446万元。从2021年起，文献购置经费出现明显下降，2022年比2020年下降30%，而与此相对应的是文献资源价格逐年增高。县（区）馆购书经费差距进一步拉大，县（区）馆中两年经费总计超过100万的有38个，50万元—100万元的有28个，1万元—50万元的有46个，另外还有16个县（区）馆连续两年文献购置费为0元，其中有4个县（区）馆位于济宁市。部分县（区）馆在经费投入上没有制度保证，由于各种原因每年经费数量不定，在此不做具体分析。

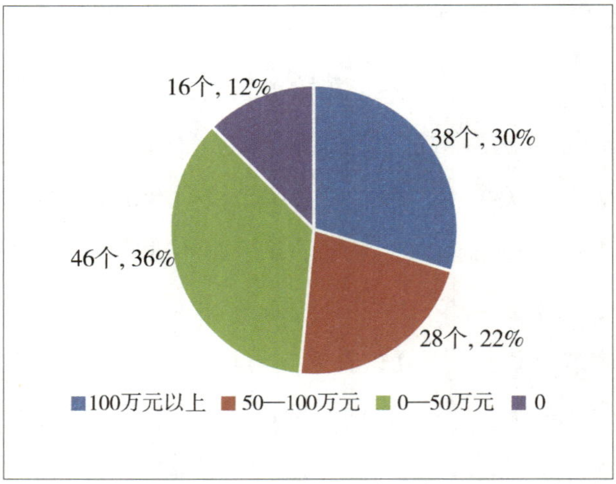

图2-2-6　县（区）馆平均总经费在各区间的数量及占比情况

2.3.2 各类文献资源入藏情况

2.3.2.1 山东省图书馆文献资源入藏情况

截至2022年底，山东省公共图书馆总藏量为7655.4万册/件，人均0.75册/件。其中，省馆文献入藏主要有以下两个特点：一是责任主体明确，承担文献采选任务的职能部门有采编部、中文报刊部、外文部、参考咨询部、少儿部、计算机网络中心、历史文献部和中文典阅部的地方文献资料中心等，各部门负责具体购置费使用；二是职能分工明确，采编部负责中文成人文献的采购，少儿部负责中文少儿文献的采购，中文报刊部负责中文期刊和报纸的采购，外文部负责外文原版图书、期刊的采购，参考咨询部负责电子书刊和数据库资源的采购，计算机网络中心负责电子书刊的补充，历史文献部和地方文献资料中心负责古旧家谱及山东地方文献采购。省馆2021—2022年各类文献资源入藏情况见表2-2-5。

表2-2-5　山东省图书馆2021—2022年各类文献资源入藏情况

文献资源年度入藏数量情况						
文献资源类型		2021年新增		2022年新增		备注
		品种	册/件	品种	册/件	
图书	普通图书	54578	138496	53547	137632	
	少儿图书	15510	27246	11352	26960	
	外文图书	0	0	39	41	
	新印古籍	246	246	1180	1180	
报刊	普通报刊	6223	91975	6216	84079	
	少儿报刊	334	6362	314	6220	
	外文报刊	96	1406	128	1938	
视听资料		0	0	0	0	
缩微文献		0	0	0	0	
电子文献	电子图书	17070		5734		
	电子报刊	9400		9355		
数据库	购买	15		15		
	自建	0	0	20		短视频20集，文献6万页
其他						
目前馆藏书刊总量（册/件）		9633256				

2.3.2.2 市级馆文献资源入藏情况

2.3.2.2.1 市级馆新增图书入藏情况

表2-2-6 2019—2022年市级馆新增图书入藏情况

年份	入藏数量（册件）
2019	1390120
2020	1162668
2021	733969
2022	861512

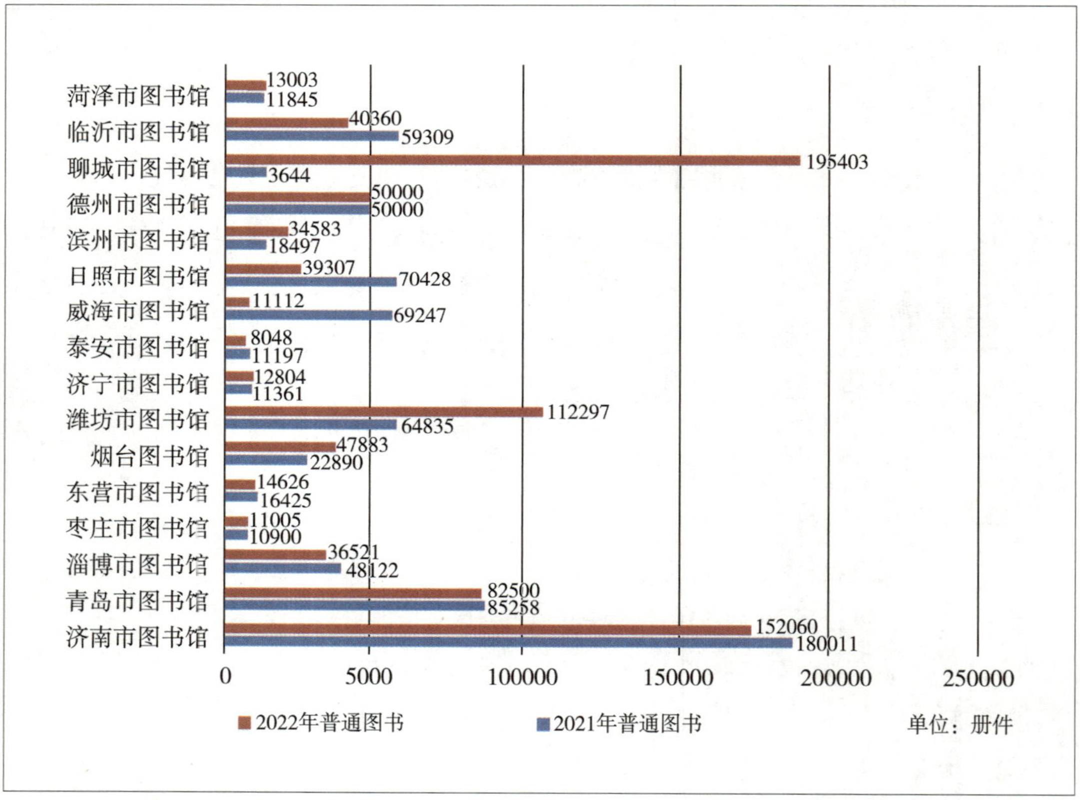

图2-2-7 市级馆新增图书入藏情况

全省16个市级馆新增馆藏图书总量，2021年度是733969册件，2022年度是861512册件。2022年入藏增加主要来源于聊城市图书馆新增入藏195403册件，比2021年的入藏数3644册多出191759册。本次调研周期内，年平均入藏图书册数减少40余万册，这与图书采购经费的减少和图书价格上涨是相关的。其中，济南、青岛、潍坊市图书馆入藏数量稳定且两年新增图书都超过16万册件。2021年和2022年市级馆入藏数量最高与最低的差距分别是50倍和17倍，反映出不同地域图书馆发展极不平衡。

2.3.2.2.2 市级馆新增报刊入藏情况

如图2-2-8所示，除威海市图书馆外，两个年度各市级馆报刊增量变化不大，2021年全省16个市级馆共入藏报刊15548种，2022年共入藏14720种，总体上略有减少。对应采购经费也是同比变化。济南和青岛两个副省级城市经费比较充裕，两个馆的报刊入藏种数占所有地市馆总数的1/3强。

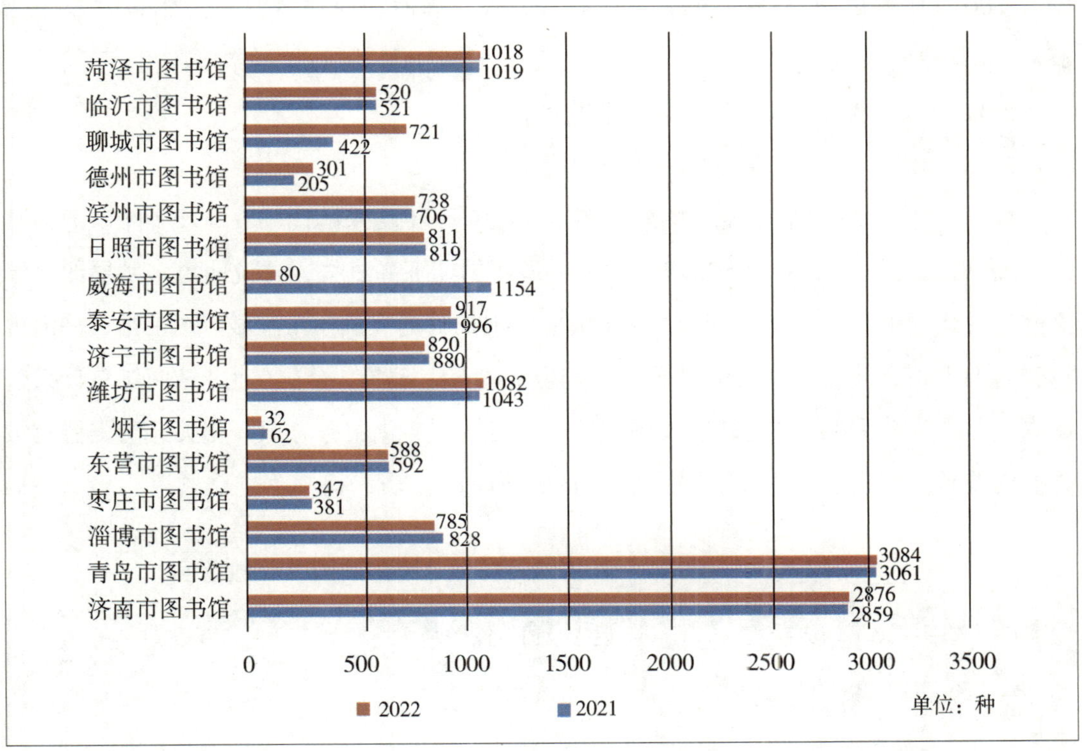

图2-2-8 市级馆新增报刊入藏种数

2.3.2.2.3 市级馆新增电子文献及总入藏情况

电子文献在馆藏中所占比例日益增多，已成为公共图书馆信息服务的一种重要方式，而实际情况则是一方面读者觉得电子文献的检索方便快捷，省时省力，受到普遍欢迎；另一方面公共图书馆电子文献，尤其是电子图书的利用率相当低。

电子文献跟纸质文献不同，纸质文献是图书馆最基本的服务资料，纸质文献的经费在大部分图书馆都有制度或文件规定，而对于电子文献，却有许多图书馆没有经费保证。在16个市级馆中仅有一个2021—2022年完全没有新增任何电子图书、电子报刊等电子文献。其中济南、青岛两馆在数字图书入藏量占全省总量的82.6%，数字报刊占全省总量的77%。由于数据库数据统计在数字阅读部分，故本部分电子文献数据不包含数据库情况。

2.3.2.2.4 市级馆纸质文献资料总藏量

纸质文献资源主要包含纸质图书、期刊和报纸。从调查问卷统计信息看，截至2022年底，16个市级馆纸质文献总藏量为22655244册件，128个县（区）馆纸质文献总藏量为44265491册件，市级馆馆藏总量约占全省（包含省图书馆）的29.6%。其中过100万册件的有济南、青岛、威海、烟台、淄博和潍坊六馆，六馆馆藏总量为8841036册件。

2.3.2.3 县（区）馆文献资源入藏情况

2.3.2.3.1 县（区）馆新增图书入藏情况

以2021、2022两个年度平均采购图书册数看，年均采购图书在3万册件以下的县（区）图书馆有74个，占比57.8%，比上一调研周期下降20%，这说明更多基层图书馆文献资源建设水平有待提高。两年总计超过20万册件的有滨州市滨城区图书馆、济南市章丘区图书馆、潍坊市诸城市图书馆3个县（区）馆，另有5个县（区）馆两年总计采购图书0册件。这反映出各地政府及图书馆主管机构在文化服务意识，相关经费支持政策方面的差异，部分县（区）图书馆资源建设亟须加强。

表2-2-7　2021—2022年县（区）馆采购图书册数比例

年采购图书馆平均数量	县（区）级图书馆数量	百分比
20万册件以上	3	2.34%
3万—20万册件	51	39.8%
3万册件以下	74	57.8%

2.3.2.3.2 县（区）馆图书新增报刊入藏情况

图2-2-9为2021—2022年新增报刊总数不同区间内的县（区）馆数量。其中，新增报刊种数较多的分别是滨州市沾化区图书馆、青岛市西海岸新区图书馆、潍坊市诸城市图书馆，两年总计新增报刊超过1000种。新增数量排名前十位的县（区）馆中有三个位于青岛市，而排名后9位的县（区）馆两年累计新增报刊种数为0。

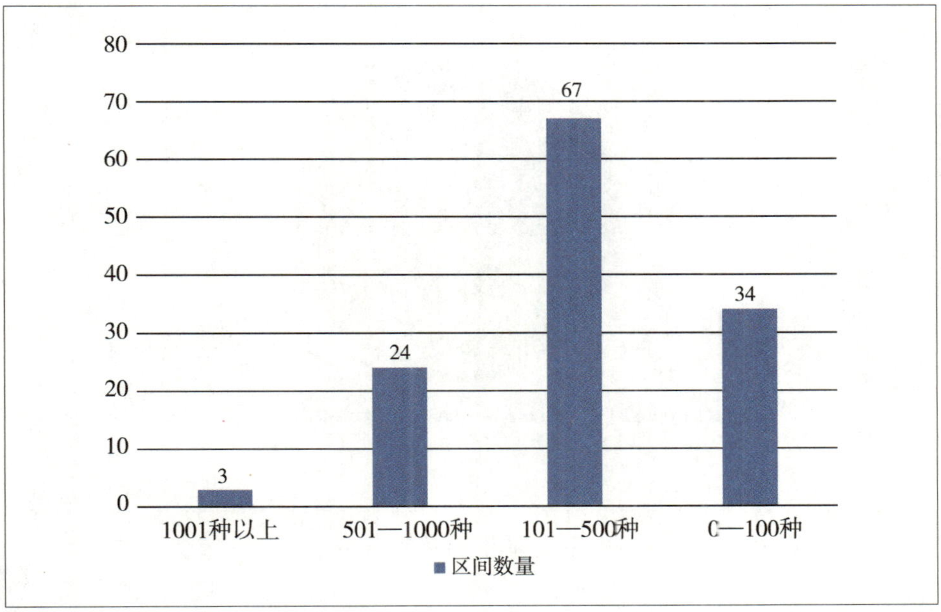

图2-2-9　2021—2022年不同新增报刊数量区间县（区）馆数量统计

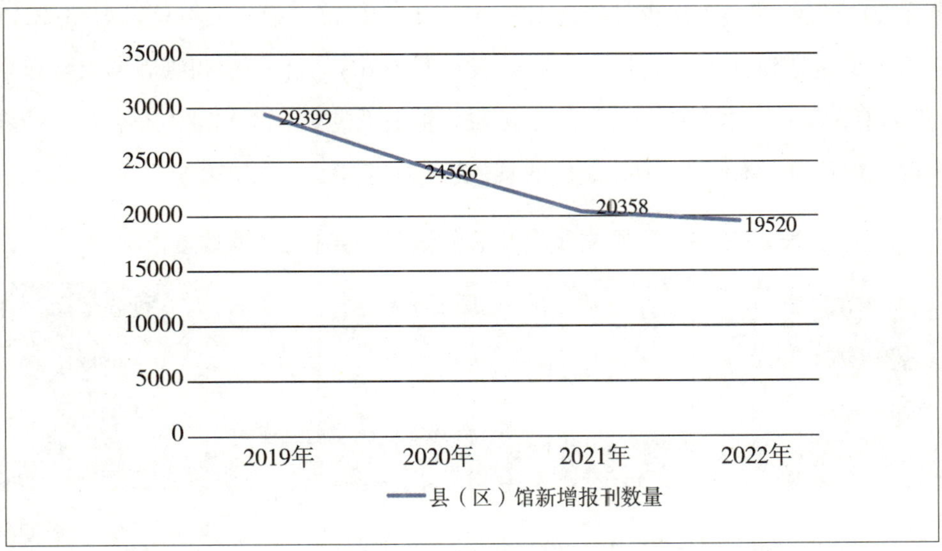

图2-2-10　2019—2022年县（区）馆新增报刊数量趋势

2.3.2.3.3 县（区）馆图书新增电子文献及总入藏情况

从统计数据看，128个县（区）馆2021年新增电子文献455.05万种，2022年新增200.16万种，两年的总计数据对比上一调研周期有大幅度提高，但仍有43个县（区）馆没有新增电子文献。加大公共图书馆电子文献建设，是根据各馆的实际情况做出的科学合理、切实可行的利民之举，而不是盲目跟风。不同藏量区间县（区）馆统计见图2-2-11。

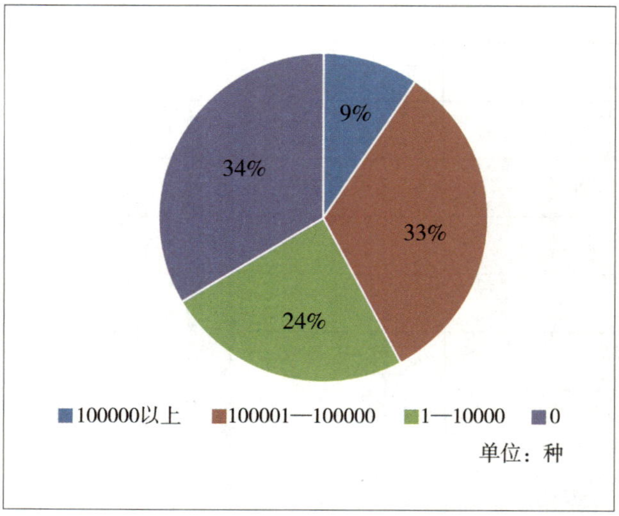

图2-2-11　电子文献不同藏量区间县（区）馆数量统计

2.3.2.3.4 县（区）馆文献资源总藏量情况

截至2022年年底，本次统计中的128个县（区）馆馆藏纸质文献总量为5163.2764万册件。馆藏总量达到100万册件以上的县（区）馆有6家。上一个调研周期馆藏总量不足5万册件的有3家，而本次调研结果显示馆藏总量最低的县（区）馆也已经超过5万册件。总体来看，馆藏总量10万—50万册件的县（区）馆有103个，占80.5%。

表2-2-8　不同文献资源总藏量区间县（区）馆数量情况

馆藏总量	县（区）馆图书馆数量	百分比
100万册件以上	6	4.69%
50万—100万册件	19	14.84%
50万册件以下	103	84.47%

2.3.2.4 全省公共图书馆2019—2022年新增文献资源分析

如表2-2-9统计数据所示，最近四年山东省公共图书馆新增文献资源逐年萎缩。分析其客观原因：一是国家对出版管理更加严格，加之最近三年受疫情影响，出版社出书品种减少；二是部分图书馆纸质文献经费减少，同时图书单价增长，新增图书、报刊数量由此减少。而主观原因主要是在疫情环境下，读者为避免群体聚集，对数字文献资源使用需求增加，图书馆因此调整采购策略。电子文献增量极大地满足了这些需求，纸质文献则相对萎缩。

表2-2-9　山东省公共图书馆2019—2022年新增文献资源数量统计

年度	新增图书（万册/件）	新增报刊（万种）	新增电子文献（万种）
2019	422.0	5.7	389.1
2020	393.7	5.1	629.1
2021	358.0	4.2	586.3
2022	286.2	4.0	366.2

2.3.3 当前影响文献资源建设的主要因素

2.3.3.1 新冠疫情对文献购置费的影响情况

2020年初，新冠疫情迅速席卷全国。全国上下共同抗击疫情，避免人口大规模流动和聚集，采取了居家隔离，延长假期、推迟开学、延后开工等防控措施。新冠疫情的暴发对国民经济、事业发展和人们生活等均产生较大影响，同样对图书馆事业也造成了一定的冲击。16个市级图书馆中，有9个馆的文献购置费减少，5个馆没有变化，只有2个馆有增长。128个县（区）馆中，有65个馆受影响减少，53个馆经费没有变化，10个馆经费出现了增加。总体来看，新冠疫情后期对市级图书馆文献购置费产生了明显的影响，且直接在资源建设方面有明显反应。县（区）馆购置费本来就不充裕，疫情发生后，很多县（区）馆的资源建设出现停滞，配置层次出现短板。图2-2-12为2021—2022年各地市范围内图书馆文献购置费变化情况。

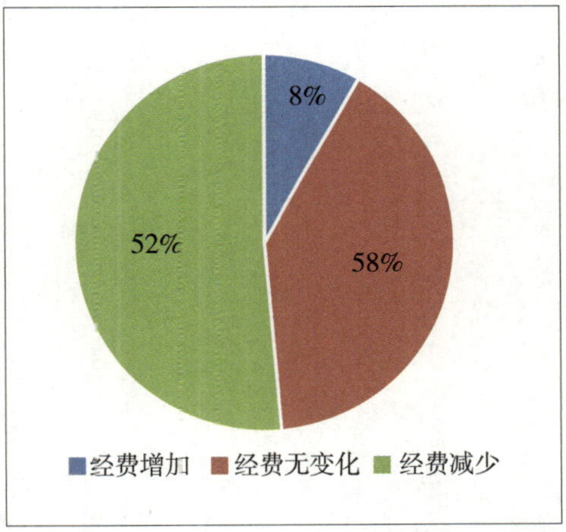

图2-2-12　2021—2022年山东省图书馆文献购置经费变化情况

2.3.3.2 政府采购招标制度实施情况

公共图书馆图书采购经费来源主要是国家财政投入，采购方式被列入政府采购目录。2003年，《中华人民共和国政府采购法》开始实施，公共图书馆图书采购被纳入政府采购范畴。从2015年开始，省馆实施政府采购招标制度，至今已有8年。采购的文献类型从最初的中文图书逐渐延伸到中文报刊、外文书刊、缩微文献、视听资料、数据库等各类文献。每年只留有少量的经费用作非正式出版的古籍、地方文献的采购及报刊装订费。2021—2022年市级图书馆中有12个全部实施政府采购招标制度，4个部分实施；县（区）馆中有86个全部实施，33个部分实施，9个没有实施。如表2-2-10所示，从各地市范围内图书馆实施政府采购招标制度的情况看，实施政府采购招标已成为图书馆文献资源采购的主流。

表2-2-10　2021—2022年各地市范围内图书馆是否实施政府采购招标制度情况

城市	全部实施	部分实施	没有实施
济南市	8	1	0
青岛市	5	4	1
淄博市	4	5	0
枣庄市	4	1	0
东营市	4	2	0
烟台市	11	1	2
潍坊市	7	2	3
济宁市	10	2	0
泰安市	6	1	0
威海市	3	1	1
日照市	3	1	0
滨州市	4	3	1
德州市	9	3	0
聊城市	6	2	0
临沂市	8	4	1
菏泽市	6	4	0
山东省图书馆	1		

2.3.3.3 同级政府对图书馆经费投入的相关政策法规情况

2018年1月正式实施的《中华人民共和国公共图书馆法》第四条规定：县级以上人民政府应当将公共图书馆事业纳入本级国民经济和社会发展规划，将公共图书馆建设纳入城乡规划和土地利用总体规划，加大对政府设立的公共图书馆的投入，将所需经费列入本级政府预算，并及时、足额拨付。本条明确了公共图书馆经费支持主体是本级政府，体现了经费的时效性，足额拨付则表明经费的数量需保证满足本地区群众对文献服务的需求。

2009年山东省颁布了《山东省公共图书馆管理办法》，其中第四条规定：县级以上人民政府应当将公共图书馆建设纳入当地国民经济和社会发展计划。公共图书馆的建设、保护、使用等经费，应当列入同级财政预算，并随着年度财政收入的增长逐年增加。山东省图书馆近年来经费投入比较稳定。由于各市经济发展不平衡，对图书馆经费投入存在差异，各地区在经费落实方面还需要相关的政策文件来支持。市级图书馆中有8个馆没有关于图书馆经费投入的政策法规等文件，比例占总数一半，这一比例对比上一周期没有变化。在本次调研中，县（区）图书馆中有74个所在县（区）有对图书馆经费投入的相关政策法规，比例约为57.8%，与上一周期相比，这一比例略有提高。由此表明，部分地区对图书馆投入的政策保障意识淡薄，长时间没有出台相关的政策保障。在经费的投入上，虽然有的地区做到了有法可依，但仍然存在经费投入不足的问题。如表2-2-11所示，从各地市范围内图书馆有无相关政策法规的情况看，保障经费投入的可持续性依然任重道远。

表2-2-11　2021—2022年各地市范围内图书馆有无相关政策法规情况

城市	同级政府有政策法规	同级政府无政策法规
济南市	4	4
青岛市	3	7
淄博市	4	5
枣庄市	2	3
东营市	4	2
烟台市	9	5
潍坊市	7	8
济宁市	8	4
泰安市	5	5
威海市	3	2
日照市	3	0
滨州市	2	6
德州市	10	2
聊城市	4	4
临沂市	9	4
菏泽市	7	3

2.3.4 文献资源建设制度依据

2.3.4.1 馆藏发展政策、规划

馆藏发展政策（Collection Development Policy）又称作采选政策（Selection Policy），其目的主要是应对出版物审查制度的检查，保护知识自由。后来逐渐形成一个有机体系，主要界定图书馆的使命与职责、分析服务对象和需求、明确馆藏采选细则以及馆内部门职责等。在数字化信息不断繁荣、网络迅速普及以及社会信息需求日益扩大的今天，馆藏发展政策在一定程度上能够保证馆藏发展的连续性和一致性。

2015年12月，省馆为指导其馆藏科学发展，结合“十三五”馆藏资源建设成就，兼顾历史，立足现实，统筹未来发展。在现有《山东省图书馆文献采选方针（2015）》的基础上，制定并发布《山东省图书馆馆藏文献发展政策》。“十三五”期间，山东省文旅厅对公共图书馆事业的发展做出了明确规划。2022年，《山东省图书馆“十四五”发展规划》正在编制过程中。

全省16个市级图书馆全部制定了馆藏资源发展政策、规划；128个县（区）图书馆中，有119个图书馆制定了馆藏资源发展政策、规划，占比93%，该数据对比上一周期有大幅度提高；没有制定馆藏资源发展政策、规划的县（区）馆主要集中在济南、潍坊、枣庄三市。可见，大多数图书馆重视馆藏资源发展政策、规划，并制定了相关的文件。

2.3.4.2 文献资源采选制度、条例

文献资源采选制度、条例是图书馆文献资源建设与发展的基础制度，是贯彻落实馆藏发展政策的具体细则。文献在采选过程中所遵循的原则和标准是图书馆进行文献资源建设的首要环节。编制文献资源采选原则与标准的目的是帮助文献采选人员、图书馆工作人员、读者和管理人员明确图书馆文献资源建设的基本思路，明确参与文献资源建设人员的责任，明确文献选择的标准与优先顺序，明确文献资源建设的基本操作程序，并使之规范化、制度化，以保证文献资源发展的一致性与稳定性。

省馆多年来注重文献资源的制度建设。多次修订《山东省图书馆文献采选方针》，对于各类型文献也分别制定了采选条例，为文献采选的可操作性提供了保障。16个市级图书馆全部有文献资源采选制度、条例。128个县（区）图书馆中有116个有完整的文献资源采选制度、条例，有9个县（区）馆只有部分文献资源类型有采选制度、条例，没有制度、条例的只有3个。图2-2-13反映了各地市范围内图书馆有无采选制度、条例情

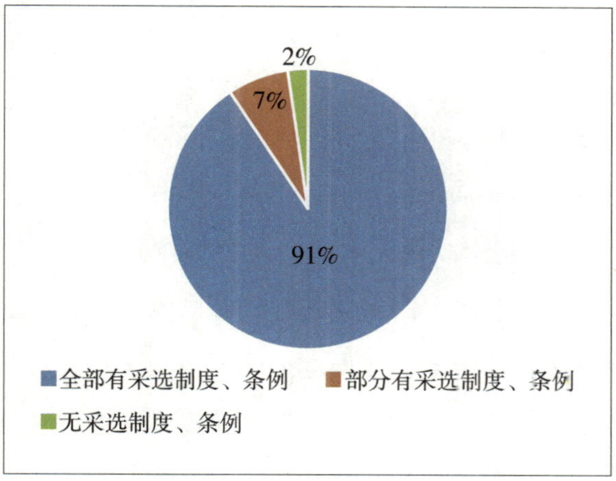

图2-2-13　2021—2022年各地市范围内图书馆有无采选制度、条例情况

况，可以看出，大多数图书馆重视文献采选制度建设。

2.3.4.3 文献资源剔旧制度、规则或标准

文献资源剔旧，目的是优化馆藏结构、提升书库利用率，为读者提供便捷、舒适的借阅环境。文献资源剔旧工作应综合考虑图书的收藏价值、现实使用价值及部门的藏书结构，科学慎重地进行，避免因剔旧不当造成文献资源的流失、断层和浪费，影响馆藏体系的连续性与系统性。

省馆每年文献购入数量较大，馆舍运行近20年，书库空间接近饱和，因此很早就出台了《山东省图书馆文献剔旧管理办法》并多次修订。中文图书剔旧由外借部负责，中文报刊剔旧由中文报刊部负责，剔旧程序根据馆内资产管理办法处理。16个市级图书馆全部制定了文献资源剔旧制度、规则或标准，128个县（区）图书馆中有109个有完整的文献资源剔旧制度、规则。如图2-2-14所示，大多数图书馆意识到了文献资源剔旧制度、规则或标准的重要性，非常重视文献的剔旧工作。本次调研的145个山东省、市、县（区）公共图书馆在2021年共剔旧158297册件，2022年共剔旧160365册件，保障了文献的上架更新。

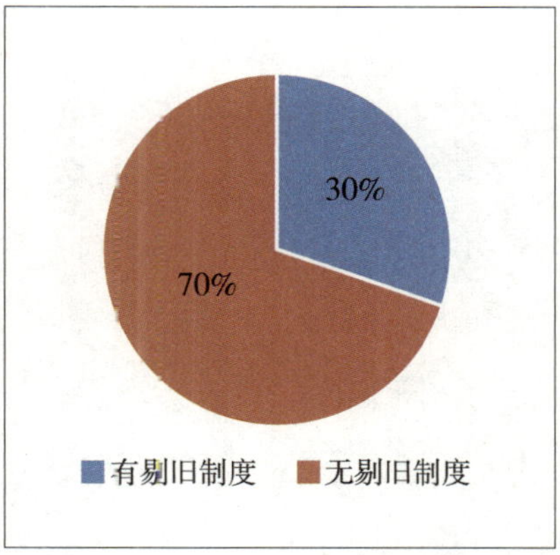

图2-2-14　山东省公共图书馆剔旧制度占比情况

2.3.5 文献资源管理情况

2.3.5.1 读者主导式采购活动的开展情况

读者主导式采购（Patron-Driven Acquisition，缩写为PDA），又称“按需购买”或“需求驱动采购”，是一种基于读者需求、由读者决策采购的文献采购模式，是在图书馆预设的某些条件下，由读者决定图书馆文献资源采购的内容。这种采购模式的特色是真正实现了购买决策由读者来做出，从根本上改变馆藏文献利用率低的状况。这项活动的开展，是图书馆文献资源建设向馆外的延伸，通过增强读者参与图书馆资源建设的意识，体现“图书馆为我，我为人人”的均等化服务内涵。

“鲁图风采”活动是山东省图书馆2017年以来开展全民阅读推广、为读者提供优质服务的惠民举措，受到广大读者的喜爱。这项活动吸引了更多读者参与选书荐书、参与图书馆馆藏文献的补充更新，在第一时间满足个体读者阅读意愿的同时，也使馆藏文献更加契合广大读者的阅读需求。

16个市级图书馆中有14个开展过读者主导式采购（PDA）活动，如“你选书我买单”活动等。其中，青岛市图书馆经费最多，连续两年超过140万元，年流通册次均超过2万册，其余市馆经费和借阅册次稳定增长。128个县（区）图书馆中有71个开展过读者主导式采购（PDA）活动，如“你选书我买单”活动等，经费均在100万元以内。

表2-2-12　2021—2022年市级馆PDA经费与阅读量

填表单位	2021年经费（万元）	2021年借阅量（册次）	2022年经费（万元）	2022年借阅量（册次）
济南市图书馆	28	5950	63	14550
青岛市图书馆	140	20496	142	21392
淄博市图书馆	39.6328	7926	28.0205	5240
枣庄市图书馆	0	0	12	4000
东营市图书馆	4.02	1209	2.03	663
烟台图书馆	60	14822	60	14875
潍坊市图书馆	30	9542	30	10889
济宁市图书馆	3	3000	5	4200
泰安市图书馆	20	5300	15	4100
威海市图书馆	37	7837	35	7356

续表

填表单位	2021年经费（万元）	2021年借阅量（册次）	2022年经费（万元）	2022年借阅量（册次）
日照市图书馆	24	811	40	13743
德州市图书馆	5	1000	18	4000
聊城市图书馆	4.7	168262	1.1	3256
临沂市图书馆	0	0	15	2033

2.3.5.2 文献资源特色馆藏建设情况

公共图书馆的特色文献资源相比于其他文献资源，具有鲜明的、独特的风格和个性，能够集中呈现图书馆的资源特点。特色馆藏建设主要指构建完善的特色文献资源体系，是公共图书馆馆藏资源建设的重要组成部分，能够对公共图书馆文献资源建设的成熟程度进行有效的衡量，对图书馆的特色化服务起着非常重要的支撑作用。

山东省图书馆一直都非常重视特色馆藏建设。近年来，山东省图书馆加强了家谱文献，尤其是山东省内家谱的采访、征集工作，相关馆藏渐成规模。作为记录家族世系源流的文献，家谱与地方志、国史一起构成了我国历史文献的三大系统。红色革命文献方面，入藏文献出版地涉及陕甘宁、晋察冀、晋绥、山东、华东、东北6个解放区，其中山东解放区包括渤海和胶东两地。文献内容包括三大板块，即解放区的党史经典、解放区的生活画卷、外国记者眼中的解放区；七个专题，即毛泽东选集、毛泽东文选、经济生活、文化教育、传记故事、大众文艺、国外视角。除此以外，在中医文献、易经文献、国学文献、传统文化、港台图书、少儿绘本等方面均形成了馆藏特色。16个市级图书馆全部开展文献资源特色馆藏建设，出现了一批特色鲜明的馆藏资源，如“二安”“泉水”文献、胶东红色文献、齐文化、日照地方名人作品、台儿庄战役资源库、聊斋文化、陶瓷文化等。128个县（区）级图书馆中82个开展了特色馆藏建设，占比64%。特色文献凸显出浓郁的地方特色，如红色沂蒙、蓬莱历史文化荟萃、戚继光研究、运河文化、冀鲁边区红色文化、文登旅游、乳山人物、毛岸英专题文献、王渔洋研究、书法之乡典藏、任继愈特藏、胶州籍作家作品收藏、即墨谱牒、李白杜甫资料等。表2-2-13展示了各地市范围内图书馆特色馆藏建设情况。由此可见，除了投入足够的人力物力财力建设具有本馆特色以及本地域特色的文献资源，还要对图书馆特色化资源配置进行优化，从而使馆藏资源的品质和优势得到增强，实现健康可持续的发展。

表2-2-13　2021—2022年山东省市级馆特色馆藏资源情况

填表单位	特色馆藏资源1	特色馆藏资源2	特色馆藏资源3	特色馆藏资源4	特色馆藏资源5
济南市图书馆	二安文化特色馆藏	红色主题馆	济南地方文献		
青岛市图书馆	地方文献图文数据库	馆藏民国文献书目	馆藏地方文献书目		
淄博市图书馆	齐文化	聊斋文化			
枣庄市图书馆	运河文献				
东营市图书馆	地方文献资源				
烟台图书馆	古籍资源	家谱资源			
潍坊市图书馆	潍坊市特色古籍数据库	家谱数据库	全国数字方志数据库	潍坊图书馆智慧图书馆	潍坊市连环画数据库
济宁市图书馆	党建平台				
泰安市图书馆	地方文献	泰山文化	黄河流域		
威海市图书馆	威海本土作家作品	新时代党建文献	黄河专题文献	甲午战争文献	
日照市图书馆	地方文献	日照籍作者所著文献	家谱		
滨州市图书馆	滨州市地方文献	古籍			
德州市图书馆	地方文献				
聊城市图书馆	鲁西文献特藏	海源阁古籍特藏库	地方文献全文数据库		
临沂市图书馆	沂蒙文学文献书目				
菏泽市图书馆	金石拓片、古籍书画	党建专题			

2.3.5.3 特色数据库开展建设情况

特色数据库是图书机构根据读者的需求，在本馆信息资源的基础上，将能体现学科、地域、民族等特色的资源进行收集、整理、分析、排序、存储，并将其数字化后建立起来的数字资源库。16个市级图书馆中有12个开展文献资源特色数据库建设，出现了一批优秀的特色数据库，如建党100周年主题数据库、青岛市图书馆馆藏民国文献书目数据库、台儿庄战役资源库等。128个县（区）图书馆中有69个有特色的数据库建设，占比53.9%。公共图书馆在特色数据库建设过程中，遇到许多需要克服的困难，如人力、物力、财力、技术支持等，这些困难在县(区)馆中表现尤为突出，需要同级政府给予专门的帮助和支持。

表2-2-14　市级馆特色数据库情况

填表单位	特色数据库主题1	特色数据库主题2	特色数据库主题3	特色数据库主题4	特色数据库主题5
济南市图书馆	建党100周年专题数据库				
青岛市图书馆	青岛地方文献图文数据库	馆藏民国文献书目数据库	馆藏地方文献书目数据库	琴岛文苑——青岛籍作家名人访谈录数据库	青岛地方特色古籍数据库等
淄博市图书馆	资源联建平台	齐文化特色资源库	智慧图书馆资源服务平台		
枣庄市图书馆	古籍文献数据库	特色古籍数据库	台儿庄战役资源库		
东营市图书馆	地方文献书库	公开课	政务信息公开数据库		
烟台图书馆	珍贵古籍数据库	胶东红色文献数据库			
潍坊市图书馆	潍坊市特色古籍数据库	家谱数据库	全国数字方志数据库	智慧图书馆体系建设细颗粒度标引	
济宁市图书馆	古籍文献资源平台				
泰安市图书馆	泰山文化数据库	黄河故事数据库			
威海市图书馆	“本土作家作品”书目数据库(含摘要)	威海市图书馆地方特色数据库	威海特色库——地方文献		
日照市图书馆	小禾苗故事会数据库	馆员讲红色文献数据库	日照古籍数据库		
滨州市图书馆	地方文献馆藏目录数据库	滨州市文化名人作品名录数据库	滨州市文化建设图文数据库	滨州市地方文献全文数据库	细颗粒度资源服务平台

2.3.5.4 适应文旅融合发展的专题文献资源建设情况

山东省深入贯彻“以文塑旅、以旅彰文，宜融则融、能融尽融”理念，落实习近平总书记对山东工作的重要指示要求、关于文化和旅游工作的重要论述，2020年省政府颁布《山东省文化旅游融合发展规划(2020—2025年)》，“十四五”期间，将以推动文化和旅游融合发展为主攻方向，拓展文旅融合的深度和广度。

本次调研中，16个市级图书馆中8个有适应文旅融合发展的专项文献资源建设，128个县（区）图书馆中只有52个有配合文旅融合发展的专项文献资源建设，占比40.6%。值得注意的是，市级馆的资源建设偏向于传统的旅游类图书文献以及城市书房、图书馆分馆等形式。县（区）馆的地域优势更加明显，更靠近旅游景区，形式更灵活，更加贴近文旅融合的主体服务对象，打造了如鄅国古城城市书房、德百旅游小镇24小时城市书房白鹭湾字里窗间书店、海韵·缘智慧音乐书坊、齐鲁研学基地等文旅融合成果。

2.3.6 区域文献资源建设协作协调情况

2.3.6.1 区域（跨系统/系统内，不包括与省馆协作）文献资源建设协作协调项目开展情况

在开展区域资源建设协作协调的项目方面，16个市级图书馆中有12个开展了跨系统或系统内的资源建设项目，主要为资源共享和体系建设。128个县（区）图书馆中有61个开展了跨系统或跨系统内的资源建设项目，占比47.7%，大多数为总分馆制和馆际互借，项目较为单一，区域间项目缺乏活力。

表2-2-15　市级馆开展文献资源建设协作协调项目情况

填表单位	区域文献资源建设协作协调项目
济南市图书馆	1. 泉城图书馆联盟 2. 省会经济圈城市公共图书馆阅读推广服务联盟
淄博市图书馆	淄博市内资源共享
枣庄市图书馆	1.《枣庄地区图书馆文献资源共享联盟馆际互借协议》 2.《枣庄地区图书馆文献资源共享联盟地方文献征集协议》
东营市图书馆	总分馆服务体系建设
烟台图书馆	1. 烟台全民阅读联盟 2. 烟台地区图书馆展览联盟 3. 烟台市地方文献工作联盟 4. 烟台市公共图书馆馆际互借、烟台市红色经典联盟
潍坊市图书馆	1. 胶东经济圈一体化发展市级公共图书馆合作 2. 潍坊·聊城“悦”读人才协作项目
济宁市图书馆	全市图书通借通还项目
泰安市图书馆	1. 山东省大运河五市公共图书馆联盟 2. 省会经济圈城市公共图书馆阅读推广服务联盟 3. 黄河流域主要城市阅读推广联盟+

续表

填表单位	区域文献资源建设协作协调项目
威海市图书馆	1. 与司法局合作建设法律研习专区 2. 全市图书通借通还项目 3. 全国城市书房合作共享机制项目
日照市图书馆	馆际互借与文献传递
德州市图书馆	共读一本书
临沂市图书馆	全市地方文献收集

2.3.6.2 区域（跨系统/系统内，不包括与省馆协作）文献资源建设协作协调机制与活动开展情况

在区域文献资源建设协作协调机制与开展活动方面，16个市级图书馆中有10个开展了跨系统或系统内资源建设协调协作机制或活动，如黄河流域城市阅读发展合作机制、“文明共携手书香润淄博”、数字资源“五进”活动等。123个县（区）图书馆中有48个有区域文献资源建设协作协调机制，定期开展活动，占比37.5%，比较有代表性的是威海尼山书院联盟、济宁市一卡通、馆际互借，但大部分活动形式较为简单，区域间缺乏有效的协作协调机制。

表2-2-16　2021—2022年市级馆区域文献资源建设协作协调机制

单位	区域文献资源建设协作协调机制
济南市图书馆	黄河流域城市阅读发展合作机制
淄博市图书馆	数字资源“五进”活动
东营市图书馆	中国知网数字资源推广活动
烟台图书馆	各种诵读比赛、故事会
济宁市图书馆	各项学会比赛活动、济南市一卡通
泰安市图书馆	文化讲座、故事会、征文活动
威海市图书馆	1. 全市图书通借通还 2. 摄影大赛 3. 胶东五市地图文化联展 4. 胶东五市图书馆5+n论坛 5. 尼山书院联盟
日照市图书馆	胶东五市公共图书馆联盟
临沂市图书馆	沂州讲坛
菏泽市图书馆	电子数字资源共享

2.4 结语

本次全省公共图书馆文献资源建设问卷调查于公共图书馆评估年之后，是对全省图书馆事业发展的回顾总结，通过调查2021年、2022年全省公共图书馆文献资源建设基本情况，对全省公共图书馆的文献资源现状、经费投入、馆藏研究和规划、文旅融合、馆际协作等文献资源建设方面进行了一次较为全面的摸底，有助于促进全省公共图书馆事业的当前精准施策和未来规划发展。同时，也发现一些普遍存在的问题，如各地区图书馆发展不均衡，部分图书馆没有制度上的有效经费保障，缺乏科学合理的馆藏资源规划，馆际交流合作项目少，等等。

第3章　借阅排行分报告

3.1 引言

公共图书馆借阅排行榜反映了广大读者的阅读兴趣和阅读趋势，也反映了一个城市的阅读状况和文化水平。为全面了解全省公共图书馆借阅服务的基本条件和服务状况，掌握山东省读者的阅读倾向，为公共图书馆文献资源建设和文献导读服务提供依据，进行了本次调查。截至2022年底，山东省共有公共图书馆155个，其中1个省级图书馆、16个市图书馆及138个县（区）图书馆，另外设有770个城市书房。本次调查共发放问卷155份，收回有效问卷145份，其中包括1个省级图书馆、16个市图书馆和128个县（区）图书馆，有效回收率达93.55%，问卷覆盖了全省各个地区，具有较强的代表性。针对全省公共图书馆的借阅服务情况，调查问卷包括六个部分：借阅服务点建设情况、借阅服务概况、持证读者数量、本馆（以总馆为准）借阅服务情况、城市书房借阅服务情况、图书借阅排行数据。

3.2 借阅服务概况

3.2.1 基本情况

如图2-3-1所示，2022年底全省公共图书馆可供借阅图书4198万册件，同比增长6.85%；持证读者629万人，同比增长9.48%；总计外借图书2254万册次，同比下降12.32%；外借读者1286万人次，同比下降10.08%。通过两年数据的对比，全省可供借阅图书数量和持证读者人数均出现增长态势，外借册次和人次则出现较大幅度的下降。主要原因在于，2022年疫情反复，公共图书馆普遍采取闭馆、限流、缩短开馆时间等措

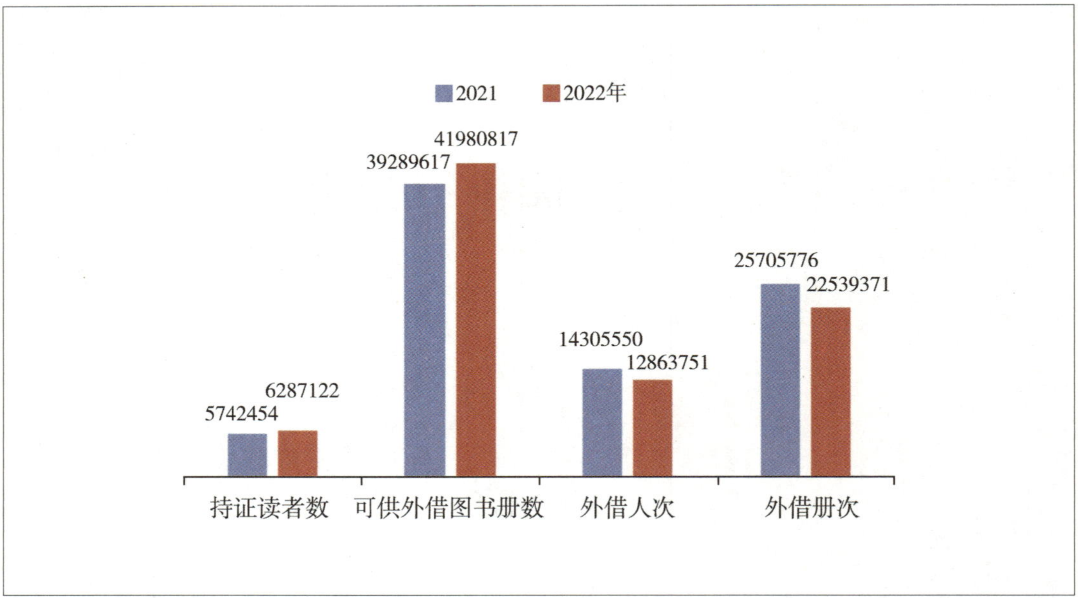

图2-3-1　2021、2022年山东省公共图书馆借阅服务概况

施，使得借阅人次和册次下降。但持证读者数量增长说明公共图书馆的吸引力在不断提升，全民阅读事业也在不断推进。

如表2-3-1所示，2022年省、市、县（区）各级公共图书馆持证读者数及可供外借图书册数均有上升，持证读者数增长率按省、市、县（区）馆顺序依次为6.4%、8.16%、10.52%，市馆可供外借图书册数同比增长21.94%，增长比例最高。2022年省、市、县（区）公共图书馆外借册次和外借人次与2021年相比均有不同程度的降低，其中省馆外借册次下降幅度最大，下降20.13%，省、市馆在外借人次方面有明显下降，分别下降31.40%和38.11%。

截至2022年底，全省公共图书馆从事借阅服务的馆员共有2490人，外借查询/检索机554台，自助借还机934台，自动盘点机器人26台。山东省各级公共图书馆借阅服务基本条件显示出较大差异。

表2-3-1　2021、2022年省、市、县（区）馆借阅服务概况

		持证读者数	可供外借图书册数	外借人次	外借册次
省馆	2021年	301092	1122949	105475	441922
	2022年	320376	1137308	72357	352949
	增长率	6.4%	1.28%	-31.40%	-20.13%

续表

		持证读者数	可供外借图书册数	外借人次	外借册次
市馆	2021年	1999766	8815210	2784704	5353237
	2022年	2163039	10749693	1723382	5026406
	增长率	8.16%	21.94%	−38.11%	−6.11%
县(区)馆	2021年	3441596	29351458	11415371	19910617
	2022年	3803707	30093816	11068012	17160016
	增长率	10.52%	2.53%	−3.04%	−13.81%

3.2.2 差异分析

3.2.2.1 层级差异

由图2-3-2所示，全省各级公共图书馆的借阅基本条件差异较大。其中省级馆与副省级馆可供外借图书数量基本相当，但省级馆外借服务人员数量少于副省级馆，这是因为副省级馆（济南市馆和青岛市馆）开展了城市书房建设，外借服务人员数量较多。副省级馆、市级馆和县（区）级馆的外借服务条件呈现出按照层级递减的趋势：市级馆平均外借服务馆员数和可供外借图书册次约为副省级馆的1/2，县（区）馆约为市级馆的1/3。

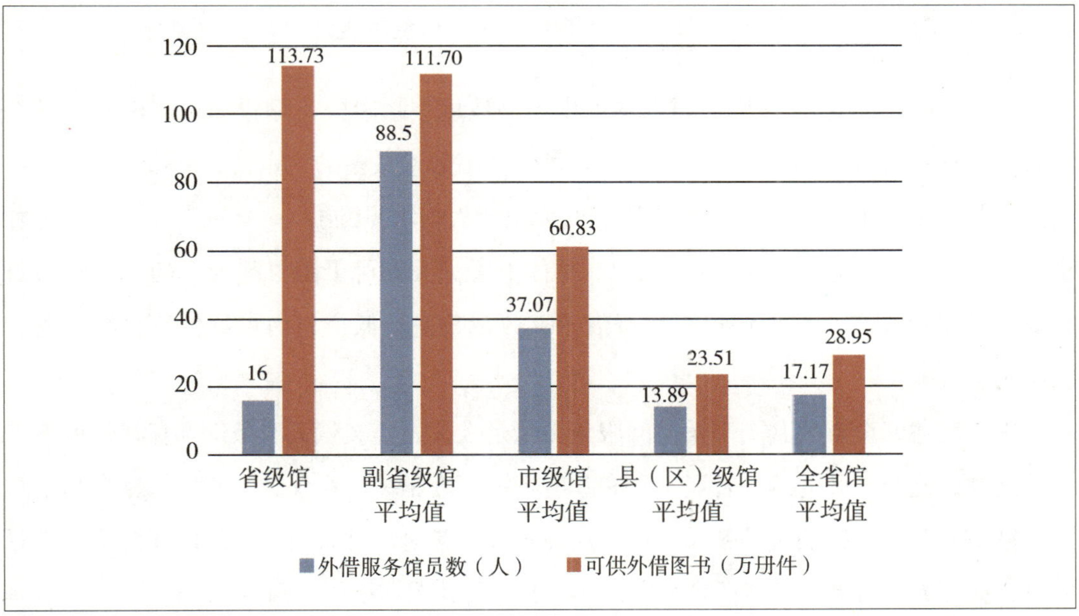

图2-3-2　2021—2022年全省各级公共图书馆外借服务馆员数和可供外借图书册次平均值

3.2.2.2 地域差异

如图2-3-3所示，全省各地市公共图书馆的可供外借文献资源数量差异较大，并与地区生产总值高度相关。地区生产总值高的地市，可供外借文献资源数量较多。从区域分布来看，省会城市及东部地区可供外借图书量较多，中部地区次之，西部地区较少，其中，可供外借图书最少的市约为最多的市的1/5，显示出山东省各地区之间公共图书馆事业发展存在不平衡的问题。

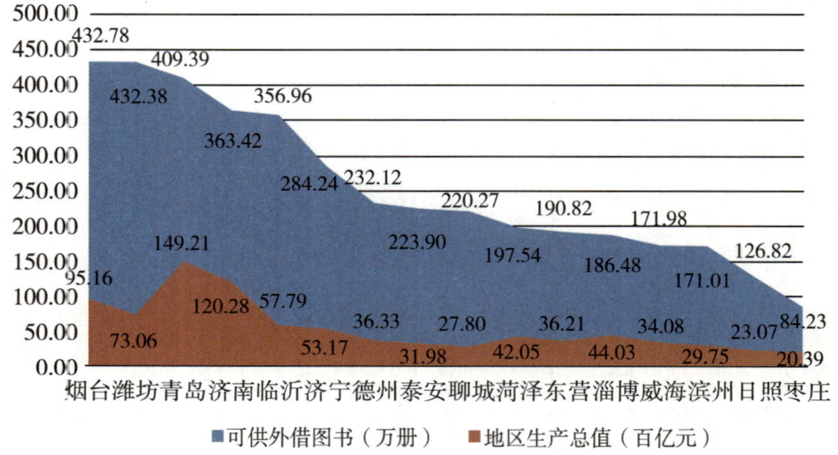

图2-3-3　2022年底各市可供外借图书总量及地区生产总值排行

如图2-3-4所示，各市之间人均可借图书数量差距较大，除青岛、济南外，基本与各市人均地区生产总值高度相关。人均可借图书数量最多的为东营，0.86册；人均可借图书数量最少的是枣庄，为0.22册，约为东营人均水平的1/4；全省常住人口人均可借图书数量为0.4册，不足东营的1/2。总体上看，人均可借图书数量多的地区多为山东省东部沿海城市，西部城市人均可借图书数量普遍较低，与山东省各地区经济发展情况吻合。

综上所述，全省公共图书馆借阅服务无论是人员还是文献资源条件都存在发展不平衡的问题，这与地区的经济发展水平和政府重视程度相关。建议进一步发挥省会和东部沿海城市公共图书馆的引领带动作用，加强各级、各地市公共图书馆的协作协调、资源共享，提高人员编制和经费保障力度，不断健全公共图书馆服务网络。

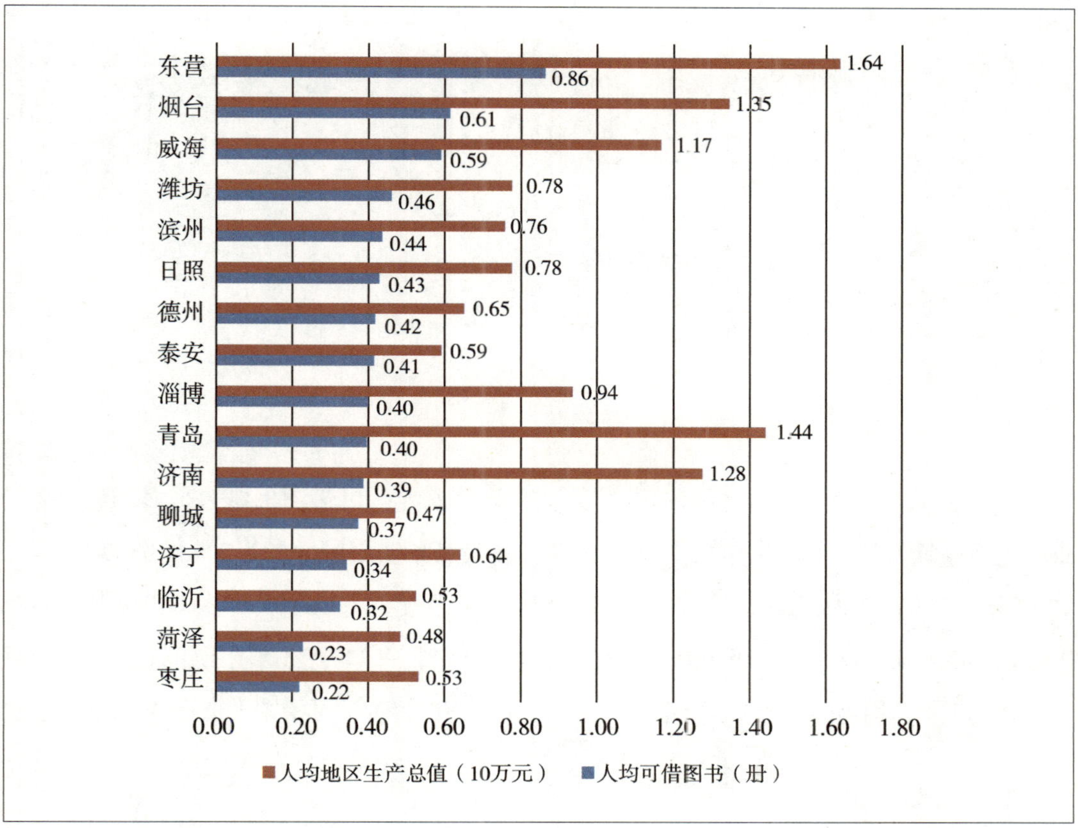

图2-3-4　2022年底各市常住人口人均地区生产总值与人均可借图书数量

3.3 借阅制度

3.3.1 周开放时间

全省90%的公共图书馆借阅服务的周开放时间为48—72小时。其中，周开放时间最多的为60小时，有29个图书馆。部分图书馆夏季与冬季开放时间不同，省、市、县（区）馆夏季及冬季平均周开放时间如表2-3-2所示。

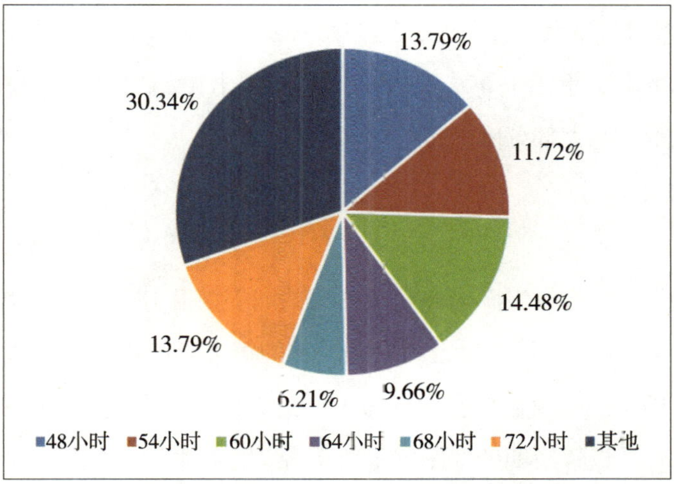

图2-3-5　2022年全省公共图书馆周开放时间比例构成

表2-3-2　2022年省、市、县（区）馆平均周开放时间

	夏季周开放时间（小时）	冬季周开放时间（小时）
省馆	63.00	60.00
市馆	76.47	76.03
县（区）馆	63.32	63.24
全省平均	64.79	64.67

3.3.2 借阅数量

全省公共图书馆读者证可借图书册数也有显著差异，可借图书册数最多的为16册，最少的为1册，75%的图书馆集中在2—6册。读者证单次借阅数量为2册的图书馆最多，共53个，除聊城市海源阁图书馆外，其余均为县（区）馆；有31个公共图书馆读者证可借图书册数为3册，除3个市级馆外，其余为县（区）馆；有11个公共图书馆读者证可借图书册数为1册，均为县（区）馆。整体上看，县（区）馆读者证可借图书册数普遍较少。

3.3.3 借阅期限

各馆的借阅期限从2周到6个月不等。大部分馆集中在30天到60天之间：借期30天的最多，约占58%；其次是借期60天，约占25%。借阅期限在30天以下的有8个，其中菏泽市牡丹区图书馆借期最短，为2周；临沂市兰山区图书馆、临沂市临沭县图书馆、潍坊市寿光市图书馆借期最长，为6个月。分级别看，省馆借期为60天，市馆借期平均为42.25天，县（区）馆借期平均为41.95天。在续借政策方面，除威海市图书馆、威海市乳山市图书馆、威海市环翠区图书馆、威海市文登区图书馆外，其他馆都有续借政策，绝大部分图书馆可续借1次。

3.3.4 逾期费

全省设置图书逾期费的公共图书馆有18个，除青岛市图书馆和潍坊市图书馆外，均为县（区）馆，设置图书逾期费的馆多集中在青岛（7个）、临沂（4个）等地区。其中有10个图书馆逾期费设置为0.1元/册/天，6个图书馆逾期费设置为0.05元/册/天。总体上看，设置逾期费的图书馆数量占全省图书馆数量的12.4%，且逾期费用比较低。

综上所述，全省公共图书馆借阅服务制度类似，但部分馆的服务制度还需进一步

优化，尤其应着重规范县（区）公共图书馆借阅制度，如增加借阅数量、完善图书催还制度等，丰富服务方式，缩小与省市级图书馆之间的差距，促进各级公共图书馆均衡发展。

3.4 借阅服务项目

目前，全省公共图书馆开展借阅服务项目比较丰富，主要有邮寄借阅、编制书目、推出借阅排行榜、推荐书架、图书展览、微信公众号/微博/官网荐书服务等。

3.4.1 邮寄借阅

全省共有23个公共图书馆提供邮寄借阅服务，约占总数的1/6。其中16个馆可提供图书借还邮寄服务，包括1个副省级图书馆、2个市级图书馆、13个县（区）图书馆；6个馆可提供还书邮寄服务，包括4个市级图书馆、2个县（区）图书馆；1个县（区）图书馆提供借书邮寄服务。就全省范围看，邮寄借阅服务开展的范围还不够广泛。

3.4.2 导读服务

全省大多数公共图书馆开展了新媒体荐书服务，省馆和7个市馆均开展了各种形式的导读服务，县（区）馆导读服务开展较少。2021年，省、市馆平均推出推荐书架13个，县（区）馆平均推出推荐书架11.90个；2022年，省、市馆平均推出推荐书架12.65个，县（区）馆平均推出推荐书架9.91个。所有省、市馆以及绝大部分县（区）图书馆都设有推荐书架，引导读者多读书、读好书。

3.5 借阅服务绩效

3.5.1 员工效能

员工效能指图书馆从事借阅服务的员工一年内人均服务读者外借的人次和册次。图2-3-6显示了2021年、2022年两年各级公共图书馆的平均员工效能。由该图可以看出，员工人均外借册次按照图书馆级别由高到低呈现递减的趋势。这主要是由于在借阅制度上，县（区）馆读者证单次可借图书数量普遍较少；同时因为省级馆、副省级馆和市级馆所处城市人口较多，借阅需求大。

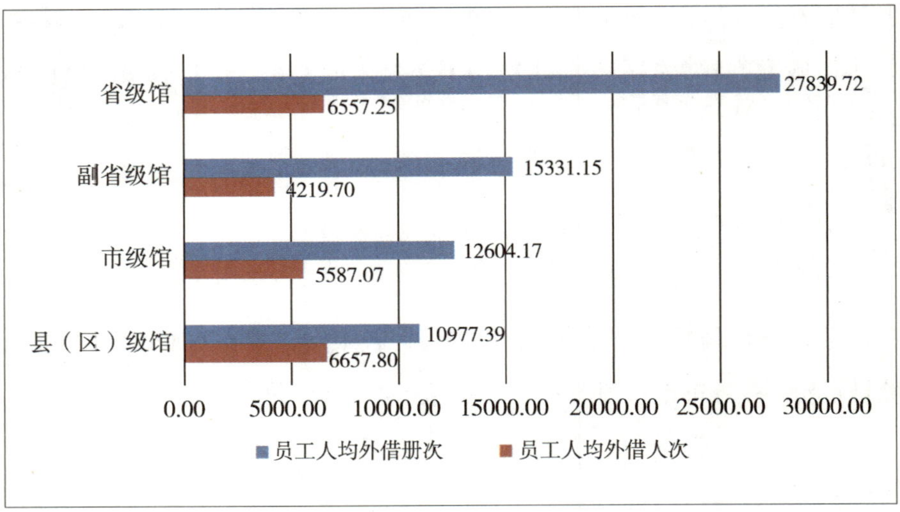

图2-3-6　2021年、2022年各级馆平均员工效能指标

3.5.2 图书流通率

图书流通率用于衡量可供借阅图书的流通利用程度，是年外借册次与可供外借图书数量的比值。如图2-3-7所示，相比2021年，各级公共图书馆的平均图书流通率在2022年均出现下降趋势，2021年各级公共图书馆平均图书流通率在40%至70%，2022年各级公共图书馆平均图书流通率在30%至60%。

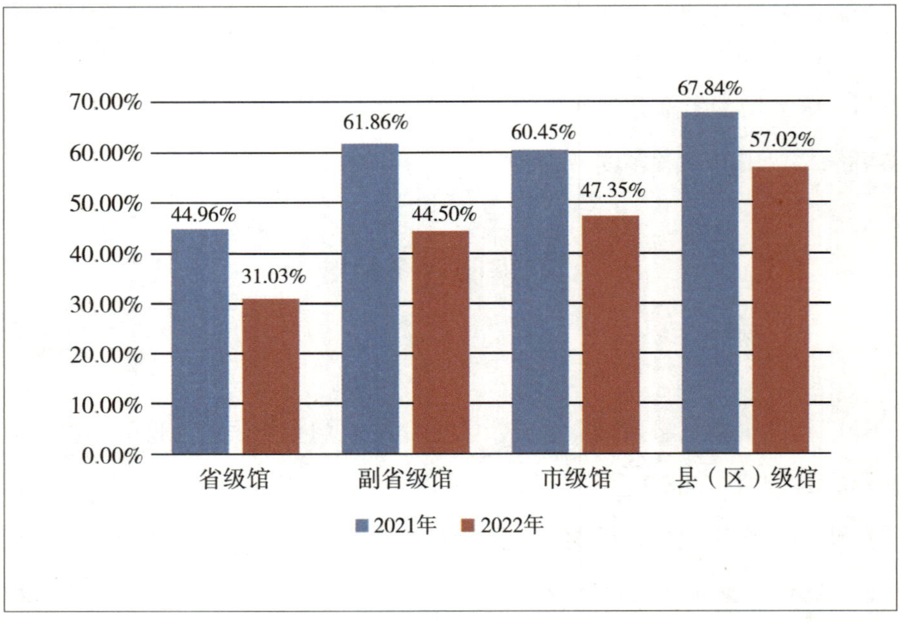

图2-3-7　2021年、2022年各级馆平均图书流通率

受可供外借图书数量较少的影响，县（区）公共图书馆平均图书流通率较高。从具体统计数据来看，2022年各级图书馆整体受疫情影响较大，山东省图书馆图书流通率由2021年的45%降低到31%，济南市图书馆图书流通率由2021年的105%降到2022年的56%。2022年，市级馆中图书流通率最高的3个公共图书馆为威海市图书馆（172%）、枣庄市图书馆（84%）和烟台图书馆（83%），但相比2021年均有所下降。

3.5.3 到馆读者借阅率

到馆读者借阅率指一段时间内图书外借人次占到馆读者总人次的比例。该指标对于衡量图书借阅服务在该馆所有服务活动中的吸引力及读者到馆目的具有重要参考价值。如果这一比值较低，可能反映该馆图书借阅之外的服务开展较好，能吸引更多读者；也可能反映图书馆藏较少，读者借不到自己想借的书，即文献拒借率较高。但对馆藏量比较大的图书馆而言，一般应排除第二个原因。

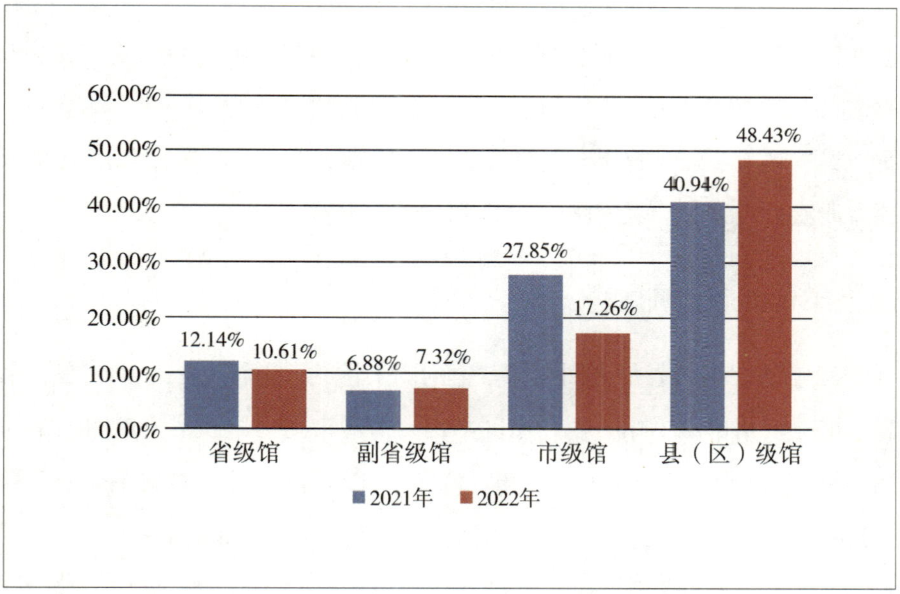

图2-3-8　2021年、2022年各级馆到馆读者借阅率

如图2-3-8所示，副省级馆的到馆读者借阅率最低，然后依次是省级馆、市级馆和县（区）馆。这说明济南市馆和青岛市馆非图书借阅类的服务活动开展得比较好，对读者吸引力较高。县（区）馆读者到馆借阅率最高，一般在40%至50%，这从侧面说明其他类型读者服务活动开展得不够丰富。

3.6 图书馆借阅服务网络建设

3.6.1 城市书房建设

近年来，全省各地市广泛开展城市书房建设，拓宽公共图书馆的服务半径和服务覆盖面，为老百姓打造“15分钟阅读圈”，推动公共文化服务提绩增效。截至2022年底，全省共建有城市书房770个，可供外借图书343.24万册，从事借阅服务人员964人，到馆588.87万人次，其中外借117.14万人次，外借图书207.56万册次，图书流通率60.47%，高于各级公共图书馆平均图书流通率近7%，到馆借阅率19.89%。城市书房的建设，在各地市逐步形成了以市图书馆为中心馆、各县（区）公共图书馆为总馆、“城市书房”为分馆的公共文化服务体系，实现了资源共建共享，城市书房成为城市文化精神地标。

3.6.2 通借通还服务

截至2022年底，全省实现通借通还的公共图书馆共123个，占比84.83%。未实现通借通还的馆除泰安市图书馆外，均为县（区）图书馆，其中聊城有5个，烟台有4个，济宁、潍坊、泰安各有3个，德州、菏泽、临沂、淄博各有1个。2022年度共通借通还图书617.23万册次，较2021年度的617.54万册次略有减少。

3.6.3 图书馆借阅服务联盟

截至2022年底，山东省加入图书馆联盟的图书馆共104个，占比71.72%，未加入图书馆联盟的馆除滨州市图书馆、德州市图书馆、菏泽市图书馆、济宁市图书馆外，均为县（区）图书馆，其中德州有6个，滨州、济宁、潍坊各有5个，菏泽有4个，聊城、临沂、烟台各有3个，泰安有2个，东营、青岛、日照、枣庄、淄博各有1个。

3.7 借阅排行榜

3.7.1 最爱阅读的城市

通过统计以城市为单位的公共图书馆外借册次总数与其常住人口的比值（即居民人均借阅率），可以了解该地居民热爱阅读的程度，同时能够检验一个图书馆馆藏与读者需求的契合度。如图2-3-9（省馆数据计入济南）所示，排名前三的是威海、东营和烟

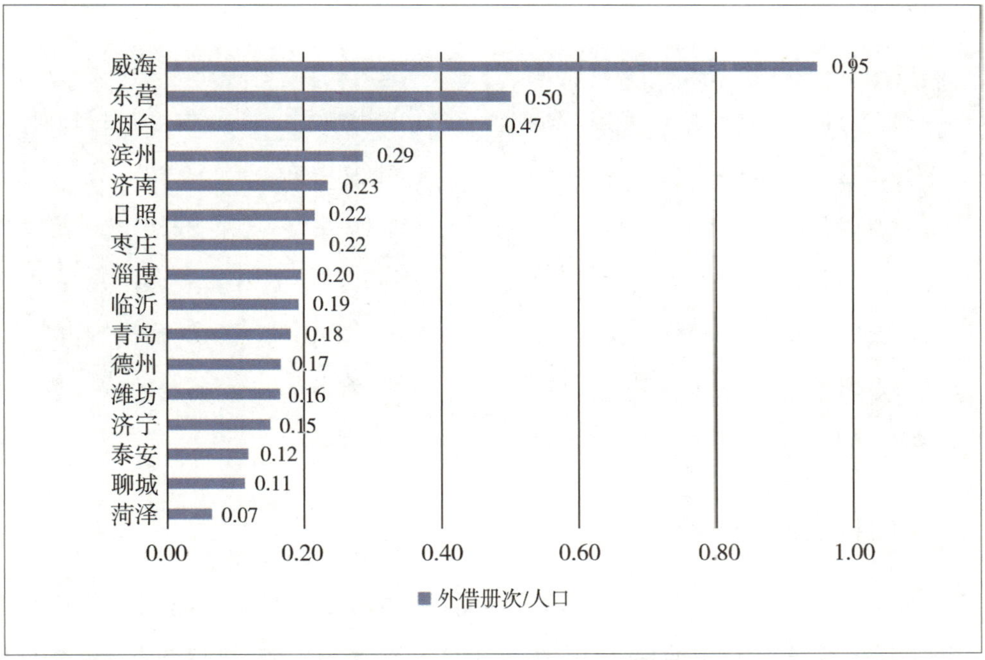

图2-3-9　2022年地市居民人均借阅率

台，其中威海市居民人均借阅率遥遥领先，主要原因在于政府高度重视，出台了《威海市全民阅读三年行动计划（2017—2019年）》等一系列推动全民阅读的政策，在全省最早启动城市书房建设，目前已经建成了布局合理的城市书房体系，在威海全市形成了浓厚的阅读氛围。

3.7.2 借阅达人

如表2-3-3所示，全省公共图书馆借阅数量前10名的读者以35—50岁的中年人为主，男女比例相当。

表2-3-3　山东省公共图书馆2021年、2022年借阅达人排行

序号	2021年				2022年			
	图书馆	借阅册次	性别	年龄	图书馆	借阅册次	性别	年龄
1	沂南县图书馆	972	男	60	城阳区图书馆	913	女	52
2	滨城区图书馆	953	男	41	烟台经济技术开发区图书馆	906	女	35
3	淄博市图书馆	913	男	41	阳信县图书馆	900	男	35
4	阳信县图书馆	900	男	50	肥城市图书馆	774	女	55

续表

序号	2021年				2022年			
	图书馆	借阅册次	性别	年龄	图书馆	借阅册次	性别	年龄
5	枣庄市图书馆	892	男	45	文登区图书馆	677	女	49
6	宁津县图书馆	890	男	25	文登区图书馆	661	男	46
7	淄博市图书馆	879	女	40	枣庄市图书馆	651	男	47
8	东阿县图书馆	783	女	35	文登区图书馆	642	女	47
9	文登区图书馆	699	女	48	垦利区图书馆	630	女	43
10	烟台图书馆	656	女	42	枣庄市图书馆	623	男	65

3.7.3 图书分类借阅排行

为了更好地了解掌握全省读者阅读内容偏好，本次调查收集了省馆和16个市馆按《中国图书馆分类法》（以下简称《中图法》）22大类分类的可供外借图书册次和外借册次，通过图书借阅分类分析可以为公共图书馆馆藏建设和阅读推广活动提供启示。

表2-3-4　2022年山东省市以上图书馆各大类图书借阅排行

序号	各大类可供外借图书占比排行		各大类图书外借册次占比排行		各大类图书流通率排行	
1	I	34.50%	I	47.46%	I	64.96%
2	K	10.03%	K	9.59%	J	64.27%
3	T	8.09%	J	7.59%	Q	64.03%
4	F	6.35%	G	5.05%	Z	46.84%
5	G	5.75%	B	4.98%	E	45.86%
6	B	5.68%	T	3.87%	A	45.19%
7	J	5.57%	F	3.77%	K	45.15%
8	D	5.12%	R	3.15%	H	42.54%
9	R	4.46%	H	2.84%	P	41.89%
10	H	3.16%	D	2.47%	G	41.52%
11	C	2.35%	C	1.54%	B	41.40%
12	Z	1.38%	Q	1.44%	N	39.59%
13	O	1.18%	Z	1.36%	O	36.11%

续表

序号	各大类可供外借图书占比排行		各大类图书外借册次占比排行		各大类图书流通率排行	
14	S	1.18%	O	0.90%	U	34.45%
15	Q	1.07%	E	0.79%	R	33.34%
16	P	0.88%	P	0.78%	C	30.89%
17	E	0.81%	S	0.57%	F	27.99%
18	U	0.64%	A	0.56%	V	26.76%
19	A	0.58%	N	0.47%	X	23.52%
20	N	0.56%	U	0.46%	D	22.81%
21	X	0.42%	X	0.21%	S	22.79%
22	V	0.25%	V	0.14%	T	22.61%

表2-3-5　2022年山东省市以上图书馆外借图书册次各大部类占比

《中图法》五大部类	比例
社会科学	81.10%
自然科学	12.00%
哲学	4.98%
综合性图书	1.36%
马列主义、毛泽东思想、邓小平理论	0.56%

由表2-3-5可以看出，公共图书馆读者借阅图书的种类比较集中。从大部类来看，社会科学类图书的读者借阅量占比较大。

从《中图法》22个大类来看，I大类（文学）图书占到可供外借图书册数的1/3，占读者借阅册次的47.46%，流通率接近65%。文学类图书最受读者欢迎，主要是因为文学类图书馆藏复本量多，覆盖面广，能够满足大多数读者娱乐消遣的需求。除此之外，K大类（历史、地理）、J大类（艺术）、G大类（文化、科学、教育、体育）和B大类（哲学、宗教）在读者借阅册次中的占比也比较靠前。

自然科学类图书整体占读者借阅册次比例较低，但也有部分大类的流通率比较高，比如Q大类（生物科学）、P大类（天文学、地球科学）和N大类（自然科学总论），而T大类（工业技术）和S大类（农业技术）图书流通率较低。

3.7.4 图书借阅排行榜

图书借阅排行榜能够清晰地反映读者的阅读倾向和阅读需求。本报告汇总省馆、市馆2021年及2022年的借阅数据，分别对文学、社会科学、自然科学三类图书借阅排行榜进行比较，如表2-3-6、2-3-7、2-3-8、2-3-9、2-3-10、2-3-11所示。

表2-3-6　2021年文学类图书借阅排行榜

序号	省馆		市馆	
	题名	责任者	题名	责任者
1	三体	刘慈欣	斗罗大陆	唐家三少
2	天龙八部	金庸	星辰变	我吃西红柿
3	射雕英雄传	金庸	琴帝	唐家三少
4	平凡的世界	路遥	斗破苍穹	天蚕土豆
5	红楼梦	曹雪芹	盗墓笔记	南派三叔
6	西游记	吴承恩	一念永恒	耳根
7	倚天屠龙记	金庸	神雕侠侣	金庸
8	神雕侠侣	金庸	福尔摩斯探案全集	（英）柯南·道尔
9	笑傲江湖	金庸	平凡的世界	路遥
10	首席医官	谢荣鹏	射雕英雄传	金庸
11	大秦帝国	孙皓晖	三体	刘慈欣
12	水浒传	施耐庵	十宗罪	蜘蛛
13	鹿鼎记	金庸	天龙八部	金庸
14	夜天子	月关	人性的因素	（英）格雷厄姆·格林
15	三国演义	施耐庵	红楼梦	曹雪芹
16	四世同堂	老舍	沧元图	我吃西红柿
17	古董局中局	马伯庸	希腊神话故事	（德）古斯塔夫·施瓦布
18	鬼吹灯	天下霸唱	沧浪之水	阎真
19	有匪	Priest	倚天屠龙记	金庸
20	庆余年	猫腻	风烟之歌：枣庄革命诗选	中共枣庄市委党史办公室编
21	知否知否应是绿肥红瘦	关心则乱	黑白尘	彭祖贻

续表

序号	省馆		市馆	
	题名	责任者	题名	责任者
22	边城	沈从文	车城春晓	本书写作组
23	魔法校车	张顺燕	长眠不醒	傅惟慈
24	首席高参	瑞根	忽必烈秘史	（瑞典）多桑
25	盗墓笔记	南派三叔	脏手指·瓶盖子	虹影
26	蛙	莫言	对号入座	木木
27	侯大利刑侦笔记	小桥老树	在有限的人生彼此相依：温情卷	青年文摘图书中心
28	典当	打眼	活着	余华
29	活着	余华	云间有颗启明星：侯绍裘烈士传	唐金波
30	人世间	梁晓声	三国演义	罗贯中

表2-3-7　2022年文学类图书借阅排行榜

序号	省馆		市馆	
	题名	责任者	题名	责任者
1	射雕英雄传	金庸	斗罗大陆	唐家三少
2	三体	刘慈欣	鬼吹灯	天下霸唱
3	红楼梦	曹雪芹	盗墓笔记	南派三叔
4	天龙八部	金庸	斗破苍穹之大主宰	天蚕土豆
5	武动乾坤	天蚕土豆	十宗罪	蜘蛛
6	平凡的世界	路遥	异域密码	羊行屮
7	神雕侠侣	金庸	韩警官	卓牧闲
8	笑傲江湖	金庸	西游记	吴承恩
9	倚天屠龙记	金庸	城南旧事	林海音
10	鹿鼎记	金庸	平凡的世界	路遥
11	鬼吹灯	天下霸唱	福尔摩斯探案全集	（英）柯南·道尔
12	斗罗大陆	唐家三少	犯罪心理档案	刚雪印
13	水浒传	施耐庵	法医档案	戴西

续表

序号	省馆		市馆	
	题名	责任者	题名	责任者
14	大秦帝国	孙皓晖	忧伤的时候，就吃点甜的	崔茂晶
15	首席医官	谢荣鹏	甜妻	咬春饼
16	知否知否应是绿肥红瘦	关心则乱	刑侦日记	徐风暴
17	夜天子	月关	骆驼祥子	老舍
18	活着	余华	元尊	天蚕土豆
19	古董局中局	马伯庸	四世同堂	老舍
20	四世同堂	老舍	六爻	Priest
21	典当	打眼	一分钟破案大全	邢卓
22	人世间	梁晓声	哈利·波特与密室	（英）J. K. 罗琳
23	侯大利刑侦笔记	小桥老树	有匪	Priest
24	银河帝国	（美）阿西莫夫	白夕传	睿雨
25	不一样的数学故事	少军	我的城池	君约
26	回到明朝当王爷	月关	年先生，慢慢喜欢你	夜雪
27	盗墓笔记	南派三叔	心瘾	弱水千流
28	庆余年	猫腻	天龙八部	金庸
29	有匪	Priest	长津湖	王筠
30	流浪地球	刘慈欣	星辰变	我吃西红柿

表 2-3-8　2021 年社会科学类图书借阅排行榜

序号	省馆		市馆	
	题名	责任者	题名	责任者
1	明朝那些事儿	当年明月	明朝那些事儿	当年明月
2	半小时漫画中国史	陈磊·半小时漫画团队	巴尔扎克传	（法）安德烈·莫洛亚
3	中华人民共和国民法典	全国人大	隋唐五代史	吕思勉
4	货币战争	宋鸿兵	平天下：中国古典治理智慧	人民日报海外版“学习小组”
5	毛泽东文集	毛泽东	富兰克林自传	（美）富兰克林

续表

序号	省馆		市馆	
	题名	责任者	题名	责任者
6	苏东坡传	林语堂	文明是副产品	郑也夫
7	资本论	（德）马克思	中华的智慧	张岱年
8	地图上的《史记》	陈绍棣	长长的阴影	（英）大卫·雷诺兹
9	中国通史	吕思勉	我还是向往波士顿	杉杉，芸茜
10	乡土中国	费孝通	优雅女神赫本传：岁月从不败美人	纪云裳
11	全球通史：从史前史到21世纪	（美）斯塔夫里阿诺斯	我还是想念台北	佩茵，俊华，艾琳
12	超有料漫画中国史	韩明辉	二战爆发前十天	（英）理查德·奥弗里
13	史记	司马迁	战士之路	（美）陈纳德
14	周易	余敦康	邓文迪：女人明白要趁早	张吕清，赵光耀
15	活法	（日）稻盛和夫	一看就懂的大汉史	朱真
16	拥有一个你说了算的人生	武志红	世界简史：精装插图版	（英）威尔斯
17	论语	马学永	图说史记	司马迁
18	未来简史	（以）尤瓦尔·赫拉利	中国通史	吕思勉
19	牛奶可乐经济学	（美）罗伯特·弗兰克	诸葛亮：一个能算的牛人	凉月满天
20	乌合之众	（法）勒庞	教育管理学：理论·研究·实践	（美）霍伊，（美）米斯克尔
21	毛泽东传	逄先知	地图上的史记	陈绍棣
22	习近平用典	中宣部	阮次山对话世界政要	阮次山
23	金字塔原理	（美）芭芭拉·明托	出类拔萃之辈	（美）戴维·哈尔伯斯坦
24	南渡北归	岳南	黑格尔论精神与绝对知识	（德）黑格尔
25	任正非传	孙力科	家书·笔记	（法）圣埃克苏佩里
26	人类群星闪耀时	（奥）茨威格	居里夫人传	（法）艾芙·居里
27	红星照耀中国	（美）斯诺	换一种方式打开美术史	王祎
28	中国文脉	余秋雨	中国文明的历史	（日）日比野丈夫

续表

序号	省馆		市馆	
	题名	责任者	题名	责任者
29	自控力	（美）麦格尼格尔	巴顿将军私人日记	（法）鲍里斯·劳伦
30	如何阅读一本书	（美）艾德勒	品三国	易中天

表2-3-9　2022年社会科学类图书借阅排行榜

序号	省馆		市馆	
	题名	责任者	题名	责任者
1	明朝那些事儿	当年明月	明朝那些事儿	当年明月
2	半小时漫画中国史	陈磊·半小时漫画团队	傅雷家书	傅雷，朱梅馥，傅聪
3	史记	司马迁	假如给我三天光明	（美）海伦·凯勒
4	苏东坡传	林语堂	资治通鉴	司马光
5	乡土中国	费孝通	这个汉朝太有意思了	朱耀辉
6	货币战争	宋鸿兵	世界枪械大全：图鉴版	《深度军事》编委会
7	中华人民共和国民法典	全国人大	史记故事	司马迁
8	地图上的《史记》	陈绍棣	朕说历史：汉代篇	朕说
9	中国通史	吕思勉	中国地理百科	王才魁
10	周易	余敦康	黑色太阳：第二次世界大战亚洲战事	胡元斌
11	传习录	吴震	重装集结：二战德军坦克及变型车辆全集	张翼
12	万历十五年	（美）黄仁宇	海洋未解之谜	周欢
13	未来简史	（以）尤瓦尔·赫拉利	中国通史	龚勋
14	看得见的中国史	童超	中国历代谜案	古山月
15	全球通史：从史前史到21世纪	（美）斯塔夫里阿诺斯	格局的力量	（英）詹姆斯·艾伦
16	樊登讲论语	樊登	中国历代帝王	郑永安
17	资治通鉴	司马光	毛泽东青少年时代的故事	周世钊
18	曾国藩的正面与侧面	张宏杰	粟裕与毛泽东陈毅	少华

续表

序号	省馆		市馆	
	题名	责任者	题名	责任者
19	中国国家地理百科全书	张妙弟	神奇的答案之书：女生版	张权
20	资本论	（德）马克思	人生需要自律：写给“普通人”的六大自律法则	庞金玲
21	给青少年的中国文化课	余秋雨	铁血东线	徐焰
22	人性的弱点	（美）卡内基	让沟通直抵人心的六条路径	志晶
23	柏杨曰：资治通鉴启示录	柏杨	生活中的心理学	（法）克里斯托夫·安德烈
24	如何阅读一本书	（美）艾德勒	超有料漫画中国史	韩明辉
25	拥有一个你说了算的人生	武志红	中国历代名医传	宋月航
26	活法	（日）稻盛和夫	中华上下五千年	张琪
27	五百年来王阳明	郦波	非暴力沟通：亲子篇	（美）哈特，（美）霍德森
28	老子他说	南怀瑾	一本书掌握说话艺术	姚迪雷
29	刘君祖完全破解易经密码	刘君祖	什么是最好的父母	（日）河合隼雄
30	毛泽东传	逄先知	毛笔书法入门教程	俞黎华

表2-3-10　2021年自然科学类图书借阅排行榜

序号	省馆		市馆	
	题名	责任者	题名	责任者
1	走进大自然百科图鉴	董枝明	大自然的日历	王彦平
2	自私的基因	（英）道金斯	白领这样吃皮肤白，睡眠好，疾病跑	王海玲
3	万物简史	（美）布赖森	给孩子讲量子力学	李淼
4	中生代霸主	杜圣贤	可怕的动物	（英）杰拉德·切希尔
5	海错图笔记	张辰亮	理论力学	本书编写组
6	相对论	（美）爱因斯坦	好妈妈用心学“婴语”：轻松养育0—2岁宝宝	安子

续表

序号	省馆		市馆	
	题名	责任者	题名	责任者
7	元素集合：矿物	李金镇	平安是福：都市生活安全手册	（美）约翰·梅尔
8	时间简史	（英）霍金	刘惠民医案选	刘惠民医案整理组
9	给孩子讲量子力学	李淼	家常汤煲	《天天饮食》栏目组丛书编委会
10	数学之美	吴军	图说茶道茶艺一本通	汉竹
11	我们生活的地球	（匈）玛丽安娜	食物是最好的药	张明
12	地球年轮	陈军	机器学习精讲	（加）安德烈·布可夫
13	六极物理	严伯钧	中国地理之最	李希圣
14	从一到无穷大	（美）伽莫夫	坛庙建筑	赵玉春
15	Python爬虫技术	李宁	太阳系	北京师范大学天文系魏宝忠等
16	昆虫记	（法）法布尔	狗的冒险书	（美）戈尔登
17	青少年Python编程入门	左利鑫	作家的衣柜	杨泽
18	人人都懂设计模式	罗伟富	中国名茶志	王镇恒，王广智
19	生命乐章	左晓敏	生物技术与基因战争	宋效军等
20	《三体》中的物理学	李淼	生物的进化	方宗熙

表2-3-11　2022年自然科学类图书借阅排行榜

序号	省馆		市馆	
	题名	责任者	题名	责任者
1	我们生活的地球	（匈）玛丽安娜	半小时漫画预防常见病	陈磊·半小时漫画团队
2	自私的基因	（英）道金斯	动物世界	文贤阁编写组
3	中生代霸主	杜圣贤	大棚西葫芦高效栽培	范立国，胡永军，张璇
4	和秋叶一起学	秋叶	恐龙全景图	（英）麦克·克拉克
5	寒武纪统治者	陈诚	游戏中的科学	魏红霞
6	海错图笔记	张辰亮	神奇动物大百科	炎岩

续表

序号	省馆		市馆	
	题名	责任者	题名	责任者
7	万物简史	（美）布赖森	海洋世界	文贤阁编写组
8	生命密码	尹烨	《三体》中的物理学	李淼
9	疯狂科学	（美）沃尔特兹	隐形世界	韦中燊，周金蕊，刘树勇
10	消防安全案例分析	孙长征	可怕的动物	（英）潘妮·克拉克
11	最好的告别	（美）葛文德	黄帝内经　金匮真言	徐文兵，梁冬
12	六极物理	严伯钧	女人要美丽　先除寒湿毒	施晓芬，邹忠
13	Python爬虫技术	李宁	躲不开的物理书：无处不在的疯狂	楚丽萍
14	黄帝内经	苏晶	动物大图鉴	龚勋
15	Python趣味编程入门与实战	王征	速效按摩全图解	张俊莉
16	中医是什么	王祚邦	糖尿病调养妙招	刘晓燕
17	昆虫记	（法）法布尔	大棚番茄高效栽培	胡永军，徐彩君，刘春香
18	元素集合	李金镇	大棚茄子高效栽培	胡云生，胡永军，孙丽英
19	人体简史	（美）布赖森	和天文学家来谈‘天”	赵复垣
20	贝壳不简单	解梦缘	恐龙不好玩	朱莹，娄悠猷

对借阅排行榜进行比较分析。

第一，从文学类图书借阅排行榜中可以看出，经典作品长盛不衰，如四大名著、《平凡的世界》、《活着》等作品在省馆和市馆的统计中均入榜单。从图书作者看，在省馆读者中金庸是最受欢迎的作者，两年分别有6种图书入榜。从文学类型看，网络文学受到越来越多的读者喜爱，科幻、玄幻、穿越、侦探等题材小说借阅率飙升，这一特点在市图书馆榜单中体现得尤为明显。

第二，从社会科学类图书借阅排行榜中可以看出，读者对历史类图书具有浓厚而持久的兴趣。受到读者追捧的既有通俗历史读物，如《明朝那些事儿》《半小时漫画中国史》，也有经典历史著作，如《史记》《资治通鉴》，既有通史，也有断代史，同时包括世界史。传记类作品深受读者喜爱，读者最感兴趣的人物有苏轼、王阳明、曾国藩等。哲学、心理学著作也比较受读者喜爱，既包括传统国学著作，也包括现代实用心理学著作。

第三，从自然科学类图书借阅排行榜中可以看出，最受欢迎的主要是科普作品、计算机科学、医学保健、工农业技术等图书。在这方面，省馆和市馆的区别比较明显，市馆最受欢迎的自然科学图书比较具有实用性，农业技术类图书占比较高。

第四，红色作品越来越受追捧。党的十八大以来，以习近平同志为核心的党中央推动党的建设取得重大成就，引领了阅读红色作品的热潮。习近平总书记的相关著作借阅率居高不下，《毛泽东传》《毛泽东文集》《毛泽东青少年时代的故事》《红星照耀中国》《长津湖》等作品也受到热捧，红色作品逐渐成为借阅排行榜上的新星。

第五，全媒体环境对读者阅读取向的影响越来越明显。影视剧、电视文化节目的播出及自媒体的传播，往往能催生相关作品的阅读热点。比如《人世间》《长津湖》等文学作品在以其改编的连续剧或电影播出后借阅率迅速上升；《朗读者》《诗词大会》《典籍里的中国》等电视文化节目激发了观众对古典文学的阅读兴趣；电视剧《天道》在抖音等短视频平台再度走红后，作家豆豆的三部曲《遥远的救世主》《天幕红尘》《背叛》成为借阅的热门图书。

第六，山东地域特色突出。文学类图书中的《风烟之歌：枣庄革命诗选》、党史类图书中的《中国共产党山东历史》等反映山东地方特色的作品深受读者欢迎。

3.8 结语

从供给侧来看，山东省公共图书馆借阅服务基本建设取得了长足的发展，在可借图书数量、人员配备、设备更新上均保持了稳步增长的良好态势，但仍存在结构性和地区性的不平衡特点，借阅服务绩效的差异较大。

从需求侧来看，随着全民阅读的深入开展，山东省公共图书馆读者阅读需求越来越旺盛，阅读内容越来越广泛，质量也有所提高。阅读种类书目的集中性比较明显，读者的个性化需求有待进一步满足。

建议山东省公共图书馆下一步继续健全制度体系，增强借阅服务的针对性、时效性，提高图书借阅率；做好需求调查，坚持馆藏文献配置数量与质量并重，满足阅读多元化需求；加强导读服务，广泛开展阅读推广活动，利用新媒体做好宣传工作；创新服务方式，不断完善图书借阅服务，使阅读更加便捷。

第4章　阅读推广服务分报告

4.1 引言

公共图书馆是全民阅读服务的主阵地，阅读推广是公共图书馆服务的重要内容。自2014年以来，“全民阅读”一词已连续十年被写入《政府工作报告》。随着《全民阅读促进条例(征求意见稿)》《全民阅读“十四五”时期发展规划》等文件的陆续出台，全民阅读已上升为国家战略。在此背景下，公共图书馆作为全民阅读的引领者，必将担负起增强民众阅读意识、在全社会掀起全民阅读热潮的重任。

为全面掌握了解山东省公共图书馆全民阅读推广服务活动现状，为“十四五”时期山东省阅读推广服务活动提供参考，进一步推进全民阅读，吸引更多的社会大众参与到全民阅读活动中来，山东省图书馆自2022年12月至2023年3月，通过自行设计的调查问卷对山东省1个省级图书馆、16个市级图书馆、138个县(区)级图书馆的阅读推广服务工作进行了调查。采用问卷星发布电子调查问卷，共有145个省、市、县(区)图书馆参与阅读数据调研工作，其中收到省级调查问卷1份，市级调查问卷16份，县(区)级调查问卷128份。所有数据采取Excel电子表格统计功能以及SPSSAU统计软件进行统计分析。

4.2 基本条件

4.2.1 图书馆专职阅读推广部门设置

省图书馆设有专门负责阅读推广服务工作的阅读推广部门，16个市级图书馆中13个设立了独立的阅读推广部门，占市馆总量的81.25%，128个县(区)级图书馆有71个设立了独立的阅读推广部门，占县（区）级图书馆总量的55.47%（见表2-4-1）。仍有3个市级、57个县（区）级图书馆没有设立独立的阅读推广部门。

表2-4-1　2021—2022年各级图书馆阅读推广部门设置一览表

单位	已设置	未设置	设置占比（%）
省馆	1	0	100
市级馆	13	3	81.25
县（区）级馆	71	57	55.47

与2019—2020年相比，2021—2022年有3个市新设立了阅读推广部门，有7个县（区）级馆新设立了阅读推广部门（见表2-4-2）。

表2-4-2　2019—2020、2021—2022年各级图书馆阅读推广部门设置对比一览表

年度	单位	已设置	未设置	设置占比（%）
2019—2020	省馆	1	0	100
	市级馆	10	6	62.5
	县（区）级馆	64	58	52.03
2021—2022	省馆	1	0	100
	市级馆	13	3	81.25
	县（区）级馆	71	57	55.47

阅读推广工作关系到社会大众素养的提升，《政府工作报告》自2014年以来已连续十年对阅读推广工作进行部署。调查发现，县（区）仍有近半数公共图书馆未设立独立的阅读推广部门。这主要从两个方面进行分析：一个是对阅读推广工作的重视程度不够；另一个是财政资金缺乏。因此，建议县（区）公共图书馆应高度重视阅读推广工作，设立专门的阅读推广部门，在山东省图书馆的业务指导下，根据自身工作实际，针对辖区人口开展吸引力大、可操作性强、群众喜欢参与的比赛、征文、书目推荐、展览等阅读服务活动。

2021—2022年每10万人口平均配有0.26名专职阅读推广人员。相较于2019—2020年度每10万人口平均配有0.19名专职阅读推广人员，配置比上升了0.07（见表2-4-3）。但是阅读推广人员配置率仍偏低，人员严重缺乏，各级公共图书馆应加强人员配备，确保各项阅读推广工作有序且高质量开展，真正推动辖区人口素养的提升，助力社会主义文化强国建设。

表2-4-3 专职阅读推广工作人员配置

年度	常住人口数(万)	配置人数(人)	配置比(人/10万)
2019—2020年	9896	193	0.20
2021—2022年	10162.79	267	0.26

4.2.2 阅读推广经费

4.2.2.1 全省阅读推广经费

2021年全省阅读推广经费714.64万元，均为财政预算；2022年全省阅读推广经费783.14万元，也均为财政预算。经费投入以财政支出为主，社会力量对阅读推广的经费支持力度为零。

2019—2020年度全省阅读推广经费总和为2762.08万元，2021—2022年度全省阅读推广经费总和为1497.78万元，比上个统计年度减少了1264.30万元(见表2-4-4)。

表2-4-4 2019—2022年度全省阅读推广经费比较

年度	阅读推广经费(万元)
2019—2020	2762.08
2021—2022	1497.78

4.2.2.2 市、县(区)级图书馆阅读推广经费

2021年市级馆阅读推广经费128.26万元，占全省阅读推广经费的17.90%，其中7个有阅读推广经费,9个无阅读推广经费，各市平均投入阅读推广经费18.32万元；县(区)级馆阅读推广经费448.88万元，占全省阅读推广经费的62.81%，其中28个有阅读推广经费，100个无阅读推广经费，各县(区)级馆平均投入阅读推广经费16.03万元。2022年度省馆阅读推广经费财政预算142.50万元，占全省阅读推广经费的18.20%；市级阅读推广经费94.64万元，占全省阅读推广经费的12.10%，其中6个有阅读推广经费，10个无阅读推广经费，各市级馆平均投入阅读推广经费15.77万元；县(区)级馆阅读推广经费546万元，占全省阅读推广经费的69.72%，其中33个有阅读推广经费，95个无阅读推广经费，各县(区)级馆平均投入阅读推广经费16.55万元(见表2-4-5)。2022年，省、县(区)两级阅读推广经费略有增加，市级阅读推广经费略有减少，市、县(区)级阅读推广经费额度总体变化较为显著。

表2-4-5　2021—2022年度省、市、县（区）级图书馆阅读推广经费

单位	年度	有阅读推广经费（个）	无阅读推广经费（个）	经费金额（万元）
省馆	2021	1	0	137.5
	2022	1	0	142.5
市级馆	2021	7	9	128.26
	2022	6	10	94.64
县（区）级馆	2021	28	100	448.88
	2022	33	95	546

与2019—2020年相比，2021—2022年省馆阅读推广经费增加了15万元；有阅读推广经费的市级馆减少了4个，金额减少了286.41万元；有阅读推广经费的县（区）级馆减少了38个，金额减少了944.28万元（见表2-4-6）。市、县（区）级经费减少可能与疫情影响有关。疫情期间，政府主要工作任务为防疫抗疫、保障人民身体健康和生命安全，政府财政预算和人力调配倾向于防疫抗疫。

表2-4-6　2019—2022年度全省各级图书馆阅读推广经费比较

单位	年度	有阅读推广经费（个）	无阅读推广经费（个）	经费金额（万元）
省馆	2019—2020	1	0	265
	2021—2022	1	0	280
市级馆	2019—2020	10	6	509.31
	2021—2022	6	10	222.90
县（区）级馆	2019—2020	71	51	1939.16
	2021—2022	33	95	994.88

4.3 阅读推广活动

4.3.1 基本情况

2021—2022年全省公共图书馆共开展阅读服务活动27976场，其中线上12572场，线下11481场。有经费支持的11671场，没有经费支持的16305场。2021年度共举办阅读服务活动12061场，其中线上6387场，线下4687场；2022年度举办阅读服务活动15135场，其中线上6185场，线下6794场（见表2-4-7）。

表2-4-7　全省公共图书馆阅读推广活动开展情况

年度	场次	形式			经费支持		规模		
		线上（场）	线下（场）	线上线下相结合（场）	有（场）	无（场）	大	中	小
							100人以上	50—100人	50人以下
2021	12841	6387	4687	1767	5126	7715	3071	3171	6599
2022	15135	6185	6794	2156	6545	8590	2937	3166	9032
合计	27976	12572	11481	3923	11671	16305	6008	6337	15631

2021—2022年线上活动次数明显多于线下活动次数。受新冠疫情影响，各级公共图书馆将线下活动逐步转移到线上举办，特别是以省图为龙头，开展了全省读书朗诵大赛、全省少儿诗词诵读大赛、全省青少年读书故事会等大型阅读服务活动。根据疫情防控形势，大赛依托“山东智慧图书馆云”平台，联合省、市、县（区）三级按照初赛、复赛、决赛的流程有序进行。“山东智慧图书馆云”线上平台设置省、市、县（区）三级大赛报名信息端口，为省及各市、县（区）馆开通参赛视频作品上传专用通道，方便读者参与。同时微信、微博等平台为线上活动开展提供了便利。

与2019—2020年相比，2021—2022年度活动总场次减少了7042场；从活动形式上看，受疫情影响，2021—2022年度线上活动相较于上个统计年度减少了56场，线下活动减少了7496场；2019—2020年度调查问卷中活动形式未设置线上线下相结合选项，故未对该调查选项进行比较（见图2-4-1）。

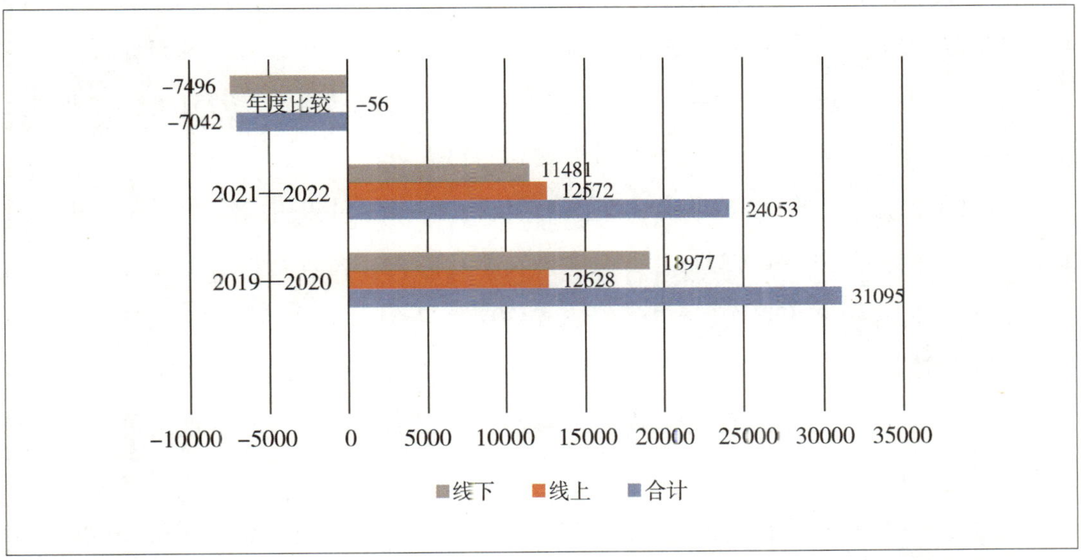

图2-4-1　2019—2020年与2021—2022年公共图书馆阅读推广活动开展情况比较

4.3.2 阅读推广服务活动形式

在公共图书馆开展的阅读推广活动服务形式的调查中发现，活动形式主要有培训讲座、展览、图书推介、比赛、征文、读者沙龙等，占所有活动的95.08%（见表2-4-8）。

表2-4-8　2021—2022年度阅读推广服务活动形式

活动形式	选择次数	占比(%)
培训讲座	53	17.43
展览	52	17.11
比赛	51	16.78
图书推介	51	16.78
征文	42	13.82
读者沙龙	40	13.16
其他	15	4.93

4.3.3 辖区培训机构参与阅读推广活动情况

4.3.3.1 2021年度培训机构参与阅读推广活动情况

2021年各市、县（区）共有263个培训机构参与公共图书馆举办的阅读推广活动，参与图书馆举办的活动次数为4437次。其中诵读类1023次、表演类109次、器乐类103次、书画类529次、科普类574次、教育教学类1031次；573527人次参与到阅读推广活动中来，其中，诵读类243046人次、表演类24799人次、器乐类9251人次、书画类65009人次、科普类47258人次、教育教学类105573人次。

2022年，各市、县（区）共有306个培训机构参与到公共图书馆举办的阅读推广活动，参与图书馆举办的活动5313次，其中诵读类1260次、表演类77次、器乐类120次、书画类556次、科普类998次、教育教学类1470次；733141人次参与到阅读推广活动中来，其中诵读类297402人次、表演类123327人次、器乐类11132人次、书画类61729人次、科普类75867人次、教育教学类128284人次（见图2-4-2）。这说明有更多的读者有参与活动的愿望。

与2019—2020年相比，2021—2022年参与机构总数减少1164个。2021—2022年受新冠疫情持续影响，学校采取网上授课，社会大众闭门抗疫，培训机构生存环境受

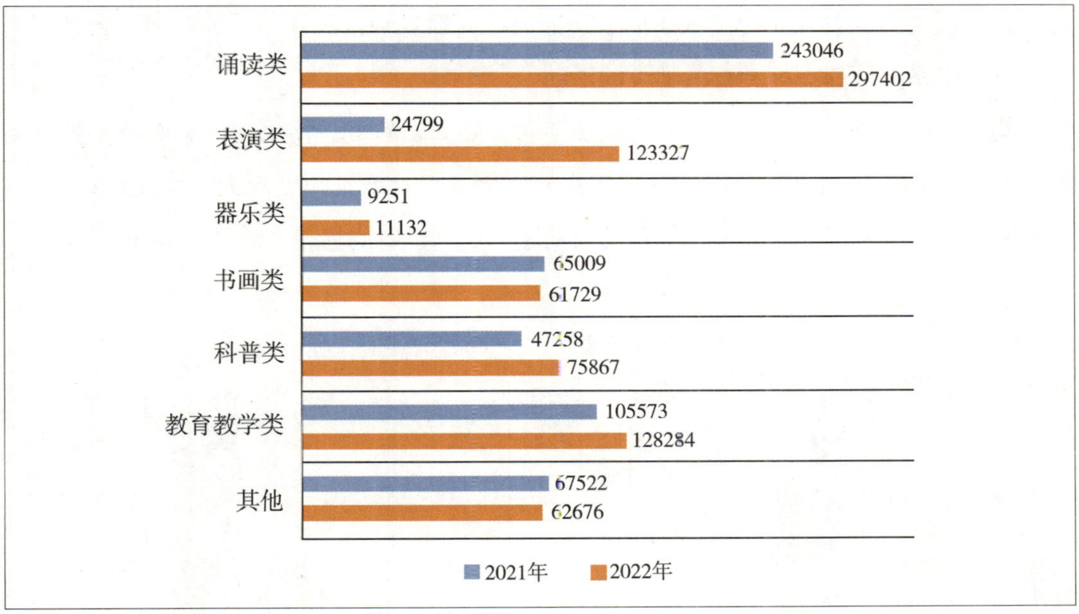

图2-4-2　2021—2022年培训机构参与到公共图书馆举办的阅读推广活动人次

到很大的影响，数量减少明显，参与的培训机构个数从2019—2020年度的1733个锐减至569个。

4.3.3.2 培训机构参与阅读服务活动比较

2022年培训机构参与活动次数有显著性差异，明显高于2021年。教育教学类和诵读类参与次数明显高于表演类、器乐类和书画类。科普类、书画类、表演类和器乐类参与人数有显著性差异（见图2-4-3）。读者参与诵读类、教育教学类的活动明显高于书画类、表演类和器乐类活动。这说明教育类活动一直是家长和孩子最关心的形式，热度

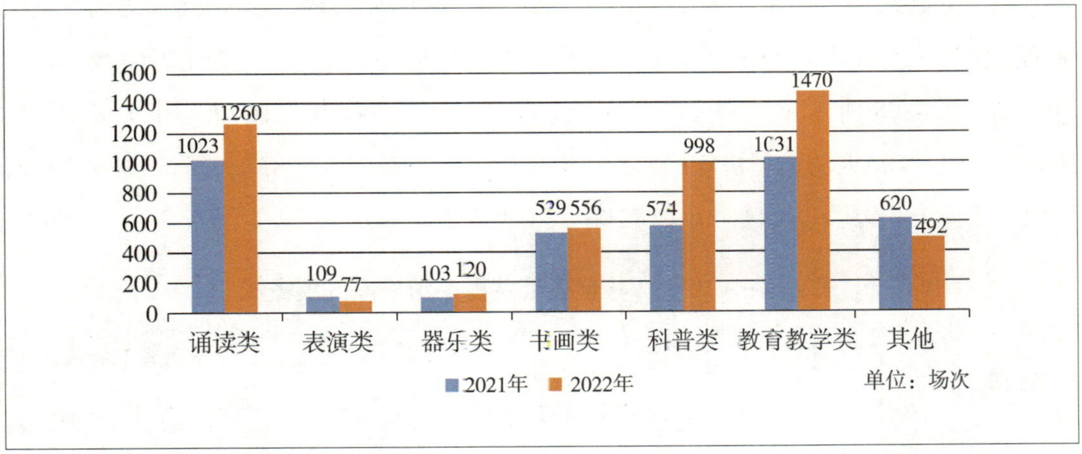

图2-4-3　2021—2022年培训机构参与到公共图书馆举办的阅读推广活动场次

最高；语言类活动有利于提高孩子的表达能力，同样受到家长和孩子的欢迎。公共图书馆可以经常举办诵读类、教育教学类的活动。

与2019—2020年相比，2021—2022年诵读类、表演类、器乐类、书画类、教育类活动总场次均有所减少，科普类活动场次有所增加，且增长幅度较大。由此可以看出，随着专项阅读服务活动的开展，科普类活动逐步受到读者的喜爱（见图2-4-4）。

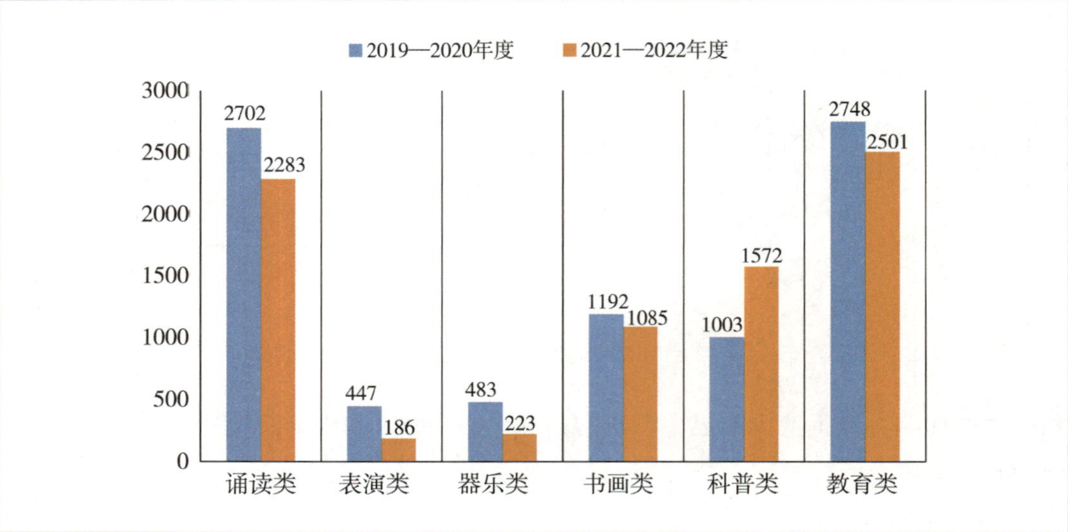

图2-4-4　2019—2022年度培训机构参与到公共图书馆举办的阅读推广活动场次比较

4.3.4 讲座培训阅读服务活动

4.3.4.1 2021—2022年讲座培训开展情况

从全省各级公共图书馆关于“2021—2022年讲座开展概况”这一问题的调查数据来看，2021年全省共举办讲座4589场，其中线上讲座1606场，线下讲座2203场，线上线下结合讲座780场；有经费支持2524场，无经费支持2065场；100人以上的大型讲座688场，50—100人的中型讲座918场，50人以下的小型讲座2983场；省馆讲座29场，市级馆讲座1597场，县（区）馆讲座2963场（见表2-4-9）。

表2-4-9　2021年全省公共图书馆讲座开展概况

级别	开展形式（场次）			经费支持（场次）		开展规模（场次）		
	线上	线下	线上线下结合	有	无	大型	中型	小型
省	11	5	13	29	0	22	7	0

续表

级别	开展形式（场次）			经费支持（场次）		开展规模（场次）		
	线上	线下	线上线下结合	有	无	大型	中型	小型
市	447	1118	32	878	719	246	337	1014
县（区）	1148	1080	735	1617	1346	420	574	1969
合计	1606	2203	780	2524	2065	688	918	2983

从全省各级公共图书馆关于“2021—2022年讲座开展概况”这一问题所报送的数据来看，2022年全省共举办讲座6084场，其中线上讲座2129场，线下讲座3042场，线上线下结合讲座913场；有经费支持2677场，无经费支持3407场；100人以上的大型讲座举办973场，50—100人的中型讲座1156场，50人以下的小型讲座3955场；省馆讲座29场，市馆讲座2311场，县（区）馆讲座3744场（见表2-4-10）。

表2-4-10　2022年全省公共图书馆讲座开展概况

级别	开展形式（场次）			经费支持（场次）		开展规模（场次）		
	线上	线下	线上线下结合	有	无	大型	中型	小型
省	25	2	2	29	0	25	4	0
市	601	1664	46	626	1685	502	622	1187
县	1503	1376	865	2022	1722	446	530	2768
合计	2129	3042	913	2677	3407	973	1156	3955

数据显示，2021—2022年，市馆受经费支持的讲座占比38.49%，县（区）馆受经费支持的讲座占比54.01%；2019—2020年，市馆受经费支持的讲座占比55.28%，县（区）馆受经费支持的讲座占比42.40%。可见，2021—2022年县（区）馆开办讲座的受财政支持情况与2019—2020年相比有显著改善；但是市馆近两年来开办讲座的受财政支持情况与2019—2020年度相比呈现明显下滑趋势，需重视市馆开办讲座经费减少的问题。

2021—2022年县（区）馆讲座累计举办场次为6707场，较之2019—2020年县（区）馆讲座累计举办场次的2960场明显增多，这表明近年来山东省推动城市书房、农家书屋、公共图书馆总分馆等公共阅读设施建设取得显著成效，县（区）馆广泛开展了面向庞大读者群体的讲座活动，此类讲座既覆盖城区又覆盖乡村，在推动城乡区域全民阅读事业均衡发展、完善城乡公共文化服务体系建设方面发挥了重要作用。

讲座是推进全民阅读最直接、最有效的阅读推广活动形式之一，能够直接将文化知识传递给读者。近年来，随着社会经济发展情况逐步回归正常，社会公众文化活动增多，全省各级公共图书馆的线上服务模式日趋完善，城市书房、农家书屋等基础公共阅读设施的建设规模显著增加，全省各级公共图书馆组织开展讲座活动的场次频率有所增长，推广内容日益丰富，对于深化全民阅读做出了重要贡献。

4.3.4.2 讲座主题内容概况

从全省各级公共图书馆就“讲座主题内容”这一问题的调查数据来看，2021—2022年全省公共图书馆讲座主题内容中，人文历史类讲座有3722场，占34.87%；社会科学类讲座有2786场，占26.11%；养生保健及科普类讲座有2372场，占22.22%；以上三类讲座占全部主题内容的83.19%（见图2-4-5）。

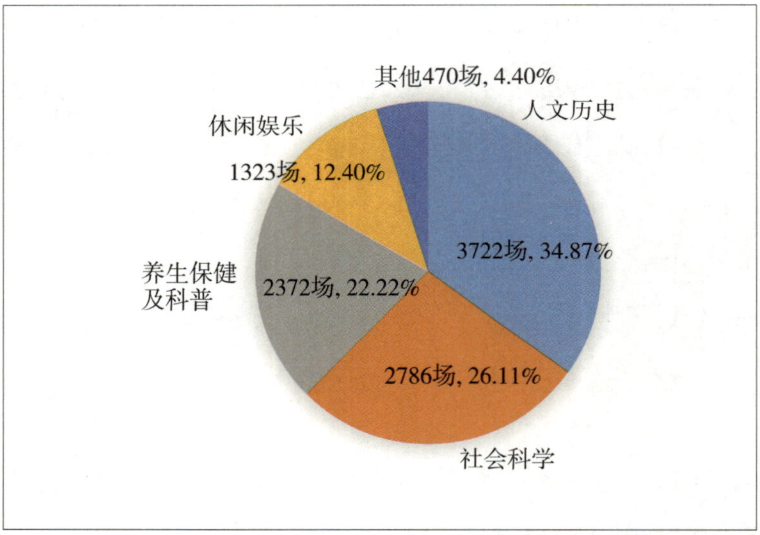

图2-4-5　2021—2022年全省公共图书馆讲座主题内容概况

2021—2022年全省各级公共图书馆讲座主题内容以人文历史、养生保健及科普、社会科学为主，可见，公众对人文历史、养生保健及科教普及、社会科学类讲座更有兴趣，因此各级公共图书馆应多策划开展与此类内容相关的讲座培训活动（见图2-4-6）。

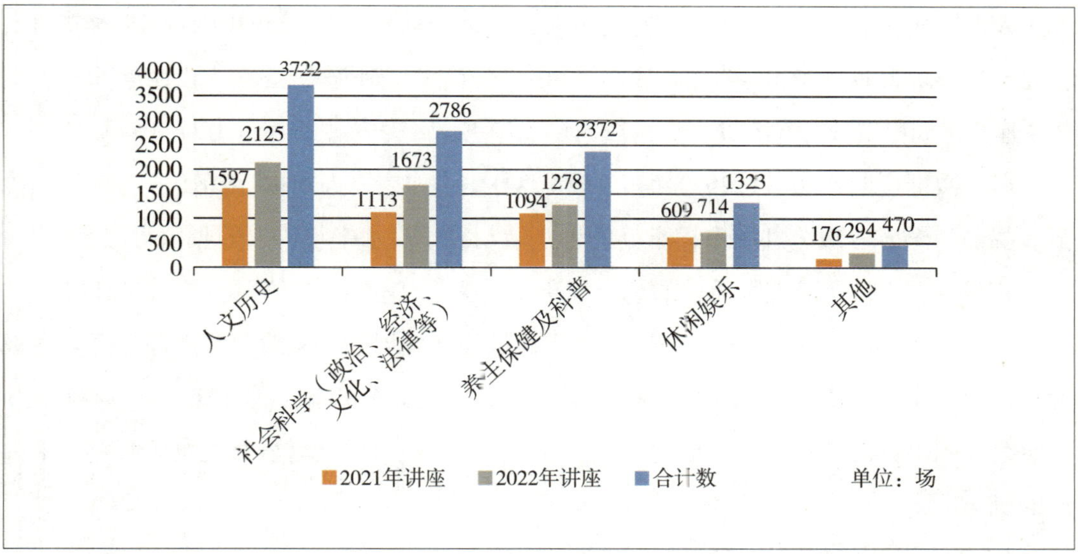

图2-4-6 2021—2022年全省公共图书馆讲座主题内容概况

4.3.4.3 讲座师资概况

从全省各级公共图书馆就“讲座师资概况”这一问题的调查数据来看，2021—2022年全省各级公共图书馆举办正高级职称主讲人讲座2006场、副高级职称主讲人讲座3221场、中级职称主讲人讲座2743场、初级职称主讲人讲座2703场。省馆举办讲座所邀请专家皆为高级职称（正高级、副高级）；市级馆、县（区）馆举办讲座所邀请的专家中，副高级（含副高级）职称以下居多（见表2-4-11）。

表2-4-11 2021—2022年全省公共图书馆讲座师资概况

年度	级别	正高（场次）	副高（场次）	中级（场次）	初级（场次）	合计
2021	省	19	10	0	0	29
	市	189	475	464	469	1597
	县	652	921	730	660	2963
2022	省	21	8	0	0	29
	市	277	801	546	687	2311
	县	848	1005	1003	887	3744
合计		2006	3221	2743	2703	10673

数据显示，省、市、县（区）三级公共图书馆讲座师资职称差异较大，省馆所邀请的主讲人职称明显高于市、县（区）馆。2021—2022年省馆讲座高级职称（正高级、副高级）

主讲人占比100%，市馆讲座高级职称主讲人占比44.58%，县（区）馆讲座高级职称主讲人占比51.10%；2019—2020年省馆讲座高级职称（正高级、副高级）主讲人占比96.55%，市馆讲座高级职称主讲人占比27.26%，县（区）馆讲座高级职称主讲人占比24.90%。

以上数据说明，2021—2022年市、县（区）馆讲座主讲人职称与2019—2020年相比显著提高，全省各级公共图书馆举办的讲座活动对于高水平主讲人的吸引力明显提升。但是市馆、县（区）馆讲座活动的高级职称主讲人数量仍未占显著比重，这反映出市、县（区）馆开展讲座活动虽有改善，但仍受地域经济发展条件制约，难以保证高频率地开展讲座。全省各级公共图书馆需探索建立师资分配协作机制，通过省、市、县（区）各级公共图书馆的共同作用，推动讲座下沉，向更为庞大的读者群体提供聆听高水平讲座的机会。

4.3.4.4 讲座实施主体概况

从全省各级公共图书馆就“讲座实施主体概况”这一问题的调查数据来看，2021年省馆举办讲座培训29场，均由省馆主办。市馆共计举办1597场，其中市级文化和旅游局主办32场，市馆主办1317场，联合社会机构共同举办235场，社会机构依托市馆场地举办10场，其他形式讲座3场。市馆讲座的实施主体是市级文化和旅游局与市馆，二者合计1349场，占全年总量的84.47%。县（区）馆共计举办讲座2963场，其中县（区）文化和旅游局主办415场，县（区）馆主办1244场，联合社会机构共同举办267场，社会机构依托县（区）馆场地举办43场，其他形式如城市书房、机关企事业单位分馆、农家书屋等举办的讲座合计为994场。县（区）馆讲座的实施主体是县（区）级文化和旅游局与县（区）馆，二者合计1659场，占全年总量的55.99%（见表2-4-12）。

表2-4-12　2021年全省公共图书馆讲座实施主体概况

级别	本级文旅机关主办（场次）	本级图书馆主办（场次）	联合社会机构共同举办（场次）	社会机构依托场地举办（场次）	其他（场次）
省	0	29	0	0	0
市	32	1317	235	10	3
县（区）	415	1244	267	43	994
合计	447	2590	502	53	997

从全省各级公共图书馆就“讲座实施主体概况”这一问题的调查数据来看，2022年省馆举办讲座培训29场，其中山东省文化和旅游厅主办7场，省馆主办19场，联合社会

机构共同举办3场。市馆共计举办2311场，其中市级文化和旅游局主办48场，市馆主办1941场，联合社会机构共同举办301场，社会机构依托市馆场地举办14场，其他形式讲座7场；市级讲座的实施主体是市级文化和旅游局与市馆，二者合计1989场，占全年总量的86.07%。县（区）馆共计举办讲座3744场，其中县（区）级文化和旅游局主办634场，县（区）馆主办1525场，联合社会机构共同举办300场，社会机构依托县（区）馆场地举办45场，其他形式如城市书房、机关企事业单位分馆、农家书屋等举办的讲座合计为1240场；县（区）馆讲座实施主体是县（区）文化和旅游局与县（区）级图书馆自身，二者合计2159场，占全年总量的57.67%（见表2-4-13）。

表2-4-13　2022年全省公共图书馆讲座实施主体概况

级别	本级文旅机关主办（场次）	本级图书馆主办（场次）	联合社会机构共同举办（场次）	社会机构依托场地举办（场次）	其他（场次）	合计
省	7	19	3	0	0	29
市	48	1941	301	14	7	2311
县（区）	634	1525	300	45	1240	3744
合计	689	3485	604	59	1247	

调查发现，2021—2022年全省公共图书馆讲座实施主体仍是本级公共图书馆自身，与2019—2020年相比，各级文旅机关对本级公共图书馆的讲座活动愈加重视。

4.3.5 展览服务活动

4.3.5.1 展览服务概况

2021—2022年，全省公共图书馆共举办展览活动9109场。其中线上5277场，线下2660场，线上线下结合1172场；有经费支持的2837场，无经费支持的6272场；大型展览3055场，中型展览2586场，小型展览3468场。2022年与2021年相比，展览增加849场，增长20.6%（见表2-4-14）。

表2-4-14　2021—2022年公共图书馆展览情况一览表

年度	总场次	组织形式（场次）			经费支持（场次）		举办规模（场次）		
		线上	线下	线上线下结合	有	无	大型	中型	小型
2021	4130	2296	1295	539	1330	2800	1398	1141	1591

续表

年度	总场次	组织形式（场次）			经费支持（场次）		举办规模（场次）		
		线上	线下	线上线下结合	有	无	大型	中型	小型
2022	4979	2981	1365	633	1507	3472	1657	1445	1877
合计	9109	5277	2660	1172	2837	6272	3055	2586	3468
备注： 50人以下为小型，50—100人为中型，100人以上为大型。									

与2019—2020年数据相比，2021—2022年展览总场次增加6240场，增长2.2倍，展览活动举办场次增长显著（见表2-4-15）。

表2-4-15　2019—2020年公共图书馆展览情况一览表

年度	总场次	组织形式（场次）		经费支持（场次）	
		线上	线下	有	无
2019	1277	133	1144	422	855
2020	1592	853	655	436	1155
合计	2869	976	1743	857	2010

从组织形式来看，2021—2022年公共图书馆展览增长场次主要集中于线上展览。相比2021年，2022年的线上展览活动场次有显著提升，由2296场增至2981场，增长率为29.83%。与2019—2020年展览数据相比，2021—2022年展览的增长也以线上展览为主，线上展览增加4301场，增长4.4倍，这一变化趋势体现了山东省图书馆积极创新数字阅读推广形式，开拓实践线上展览模式。举办线上展览可大幅降低图书馆展览的举办成本，减少对场馆条件的依赖。通过互联网传播，公共图书馆的线上展览可以将展品内容以更为多元的方式呈现给更多观众，并打造个性化观展体验。

从经费支持情况来看，2021—2022年展览活动增长场次主要集中于无经费展览，与2021年相比，2022年无经费支持展览增长24%，有经费支持展览增长13.31%。与2019—2020年展览数据相比，有经费展览增加1980场，增长2.3倍，无经费展览增加4262场，增长2.1倍，增长率基本持平。展览是阅读服务的重要内容，各级公共图书馆仍需加大展览活动的经费支持力度，策划举办更具吸引力的特色展览活动。

从举办规模来看，与2021年相比，2022年大型、中型、小型展览举办规模的增长率分别为18.52%、26.64%、17.98%，中型展览增长速度最快。

4.3.5.2 展览活动主题内容

2021—2022年全省公共图书馆举办的展览活动主题以馆藏资源类展览（32.96%）和艺术类展览（25.51%）为主，文化创意类展览和科技类展览占比分别为15.26%和10.30%，其他类展览占比15.97%（见图2-4-7）。

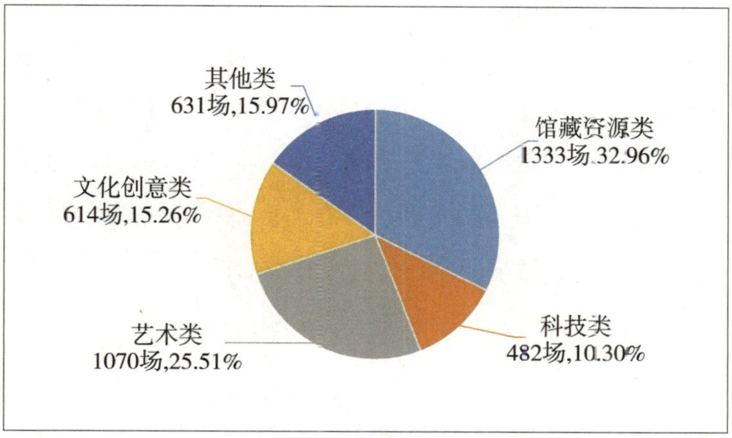

图2-4-7 2021—2022年公共图书馆举办不同主题内容展览的场次及占比

2021—2022年，展览主题增长最快的为“其他类展览”，同比增长30.59%，文化创意类展览增长26.38%，馆藏资源类展览增长25.21%，艺术类展览增长17.20%。科技类展览场次出现下降，减少了5.39%（见表2-4-16）。党的二十大报告将科普作为提高全社会文明程度的重要举措，强调要“加强国家科普能力建设”，图书馆可结合馆藏

表2-4-16 2021—2022年公共图书馆举办展览主题内容汇总

年度	总场次	展览活动主题内容				
		馆藏资源类（场次）	科技类（场次）	艺术类（场次）	文化创意类（场次）	其他类（场次）
2021	4130	1333	482	1070	614	631
2022	4979	1669	456	1254	776	824
合计	9109	3002	938	2324	1390	1455

备注：
馆藏资源类展览包括且不限于馆藏图书文献及古籍展览，其他类展览多为传统文化类展览和节日庆典类展览。

资源，组织策划广大人民群众喜闻乐见的科普展览和科普教育活动。同时，调查问卷显示，其他类展览多为传统文化类展览和节日庆典类展览。建议全省公共图书馆进一步调研读者需求，将展览举办主题与读者文化需求紧密联系起来。

4.3.5.3 展览举办主体

从2021—2022年全省公共图书馆的展览举办主体来看，本级图书馆举办5747场，占比63.09%；承接本级文化和旅游局展览1112场，占比12.21%，联合社会机构办展1057场，占比11.60%，其他主体举办展览1029场，占比11.30%，这四类主体所占比例与2019—2020年相比基本持平；社会机构场地租赁办展所占比例最小，仅为1.80%（见图2-4-8）。由此可见，公共图书馆展览活动的举办主体还是以本级图书馆为主，这与图书馆本身的展览职能及自身具备的便利条件有关。而社会机构场地租赁办展的比例较小，是与公共图书馆非营利公益事业单位的性质相关联的。

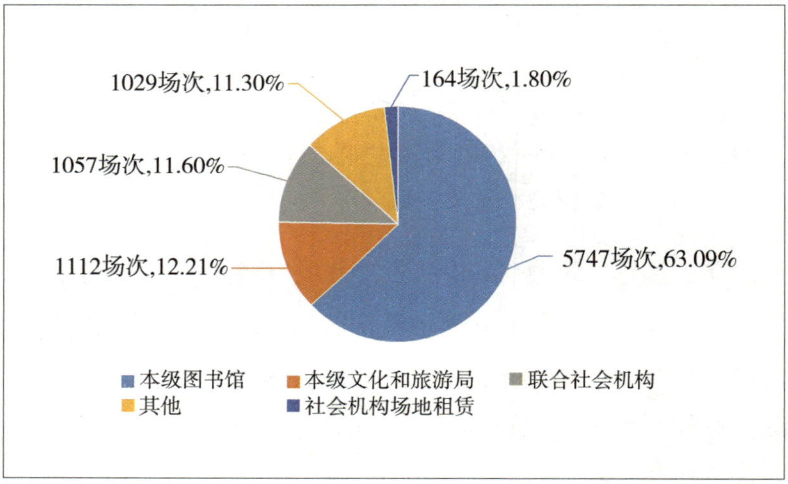

图2-4-8　2021—2022年公共图书馆不同举办主体举办展览的场次及占比

2021—2022年，展览举办主体增长最快的为其他类，2022年其他类展览举办主体办展场次比2021年增长154.83%，联合社会机构办展增长52.27%，本级图书馆办展增长8.75%。本级文化和旅游局办展场次及社会机构场地租赁办展场次出现下降，分别下降8.93%和9.30%（见表2-4-17）。由此可见，2021—2022年公共图书馆联合社会机构办展发展较快，体现了公共图书馆资源整合能力的增强。联合社会机构办展以共建共享的方式，通过多方力量驱动公共图书馆展览水平提升。

表2-4-17　2021—2022年公共图书馆展览举办主体（主办单位）情况汇总

年度	总场次	展览举办主体				
		本级文化和旅游局（场次）	本级图书馆（场次）	联合社会机构（场次）	社会机构场地租赁（场次）	其他（场次）
2021	4130	582	2753	419	86	290
2022	4979	530	2994	638	78	739
合计	9109	1112	5747	1057	164	1029

与2019—2020年度数据相比，联合社会机构办展增加627场，增长将近1.5倍，社会机构场地租赁128场，增长将近3.6倍（见表2-4-18）。

表2-4-18　2019—2020年公共图书馆展览举办主体（主办单位）情况汇总

年度	场次	展览举办主体			
		本馆举办	馆际交流	社会租借场地	与社会力量合办
2019	15	882	121	24	250
2020	1152	1319	81	12	180
合计	2869	2201	202	36	430

4.3.6 公共图书馆举办的其他阅读服务活动

4.3.6.1 其他阅读服务活动

2021—2021年省、市、县（区）公共图书馆共举办讲座培训及展览以外的其他阅读服务活动8584场，其中线上4935场，线下2738场，线上线下相结合911场；有经费支持的2616场，无经费支持的5968场。2021年举办4122场，其中线上2485场，线下1189场，线上线下相结合448场；2022年举办4462场，其中线上2450场，线下1549场，线上线下相结合463场（见表2-4-19）。

表2-4-19　2021—2022年其他阅读服务活动情况表

年度	场次	形式			经费支持		规模		
		线上（场）	线下（场）	线上线下相结合（场）	有（场）	无（场）	大型（100人以上）	中型（50—100人）	小型（50人以下）
2021	4122	2485	1189	448	1272	2850	985	1112	2025
2022	4462	2450	1549	463	1344	3118	1276	1092	2094
合计	8584	4935	2738	911	2616	5968	2261	2204	4119

2021—2022年线上活动均明显多于线下活动，无经费支持的活动明显多于有经费支持的活动。

受新冠疫情影响，各类阅读服务活动的线下举办受到限制，公共图书馆为全面开展阅读推广工作，积极探索，逐步形成了以线上举办为主、线下举办为辅的阅读推广模式。尤其是全省读书朗诵大赛、全省少儿诗词诵读大赛、全省青少年读书故事会、“书香伴我过大年”等大型全省线上阅读服务活动的开展，为省、市、县（区）公共图书馆提供了举办活动的平台，对线上活动的举办起到了引领和带动作用。

4.3.6.2 其他阅读推广活动类型

2021—2022年省、市、县（区）公共图书馆举办的其他类型的阅读推广活动共8584场，其中读者沙龙5513场、比赛2107场、征文964场（见图2-4-9）。其中以读者沙龙活动举办数量最多，征文活动举办数量最少。2022年举办读者沙龙和比赛活动场次略高于2021年，征文活动两个年度持平。

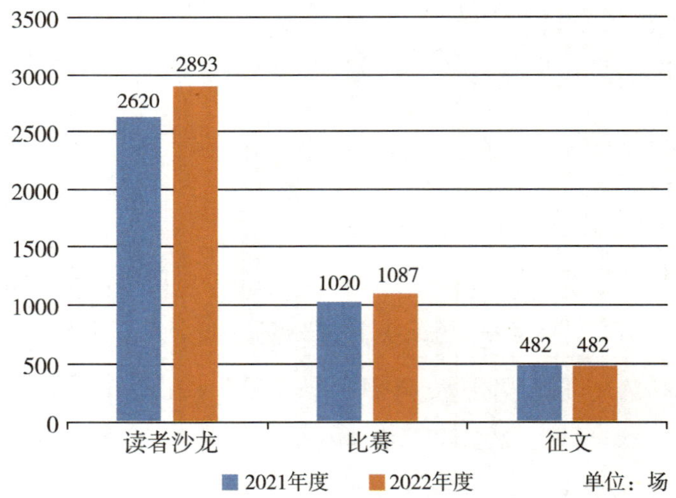

图2-4-9 2021—2022年公共图书馆其他阅读推广活动类型

2021—2022年举办的读者沙龙、比赛、征文等活动场次明显高于2019—2020年。其中读者沙龙增长最多，增加2247场；其次是比赛活动，增加432场；征文活动增加386场（图2-4-10）。这几项活动深受读者喜爱，其他阅读活动举办次数增长不明显，公共图书馆应加大这几种活动的举办力度和频次。公共图书馆馆员在做好现有活动的基础上，应加强调研工作，推陈出新，策划并举办更多更受读者欢迎的阅读推广活动。

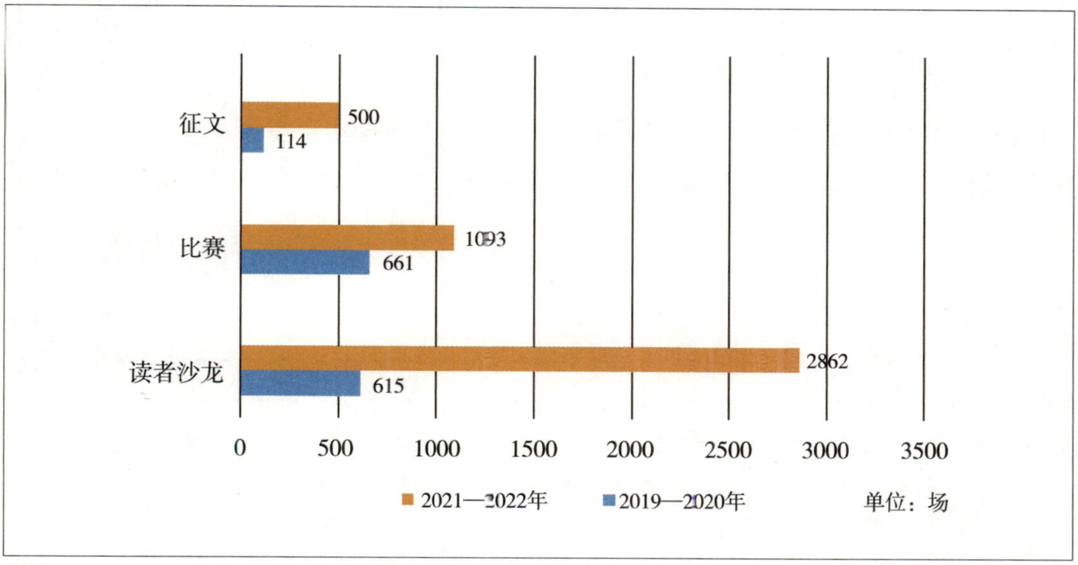

图2-4-10　2019—2020年与2021—2022年公共图书馆举办的其他阅读推广活动类型比较

4.3.6.3 其他阅读服务活动举办主体

2021—2022年本级图书馆自主举办其他阅读服务活动6094场，占70.99%，本级文化和旅游局举办1288场，占15.01%；图书馆联合社会机构举办858场，占10%；社会机构租赁场地举办172场，占2%；其他172场，占2%（见图2-4-11）。

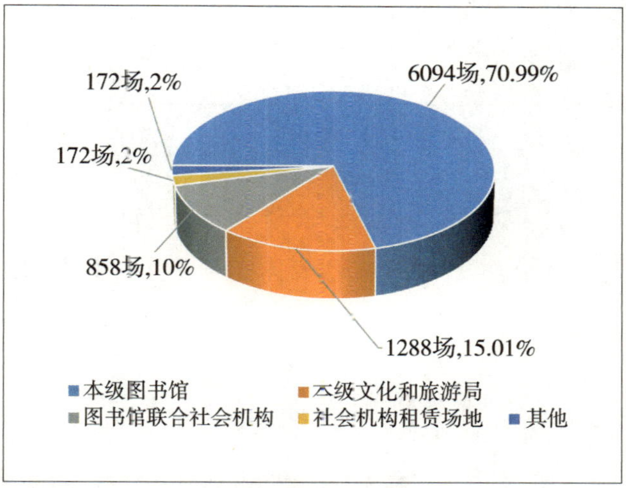

图2-4-11　2021—2022年度其他阅读服务活动组织举办单位

公共图书馆其他阅读服务活动举办主体仍以本级图书馆为主，行政主管部门横向联合举办的活动较少。公共图书馆应充分发挥主阵地的有利优势，开展丰富多彩的阅读服务活动。现代图书馆应加强对外合作联系，争取文化和旅游行政部门对阅读推广工作的支持，与不同行业不同部门联合开展多种形式的阅读服务活动，让更多的读者了解图书馆、走进图书馆、利用图书馆，真正把图书馆变成读者终身学习教育的场所，使之成为“城市的教室、市民的课堂”。

4.3.7 阅读推广活动宣传推文情况

2022年阅读推广活动宣传次数明显多于2021年，说明山东省公共图书馆在举办阅读推广活动时更注重前期发动宣传来吸引广大读者，能够更好地将服务送到每一位读者身边，营造浓厚的书香氛围（见图2-4-12）。

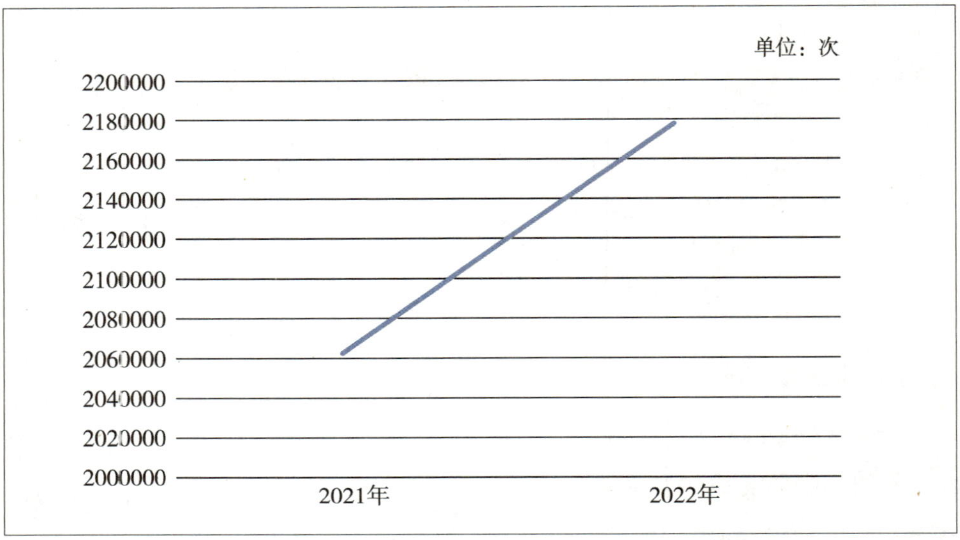

图2-4-12　2021—2022年阅读推广活动宣传次数

为了提高服务效能，全省公共图书馆通过多种渠道宣传阅读推广活动，吸引读者参与。其中省级媒体和市级媒体成为最受各级图书馆欢迎的宣传方式，报道数量最多；还

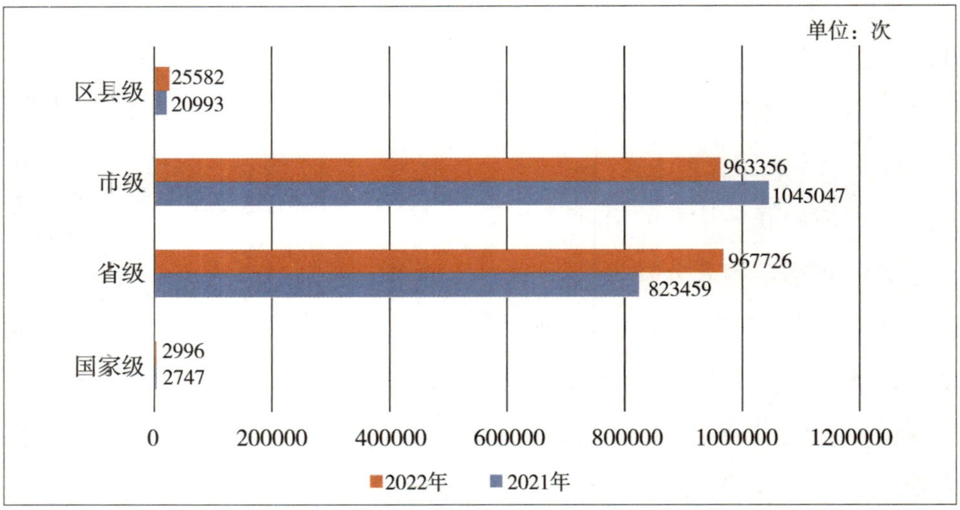

图2-4-13　2021—2022年阅读推广活动报道媒体级别情况

有部分图书馆通过国家级媒体进行宣传报道，多渠道、宽领域地进行活动推广（见图2-4-13）。

4.3.8 技术创新赋能阅读推广

本次调查收到的145份问卷中，52个图书馆针对信息技术赋能全省行阅读推广活动给出了合理化、可行性建议，共收集到可行性建议103条，可归纳为以下16个方面（见表2-4-20）。

表2-4-20　2021—2022年全省各级公共图书馆技术赋能阅读推广可行性建议

编号	可行性建议	数量（条）	比例（%）
1	建立数字化阅读推广活动服务平台，汇集发布活动信息	14	13.59
2	打造包含自媒体在内的融媒体矩阵，增强宣传推广	10	9.71
3	运用大数据、云技术等现代科技技术进行数字化线上阅读活动，提高参与度	9	8.74
4	加强对阅读推广人员的培养，积极学习与运用新理念与新技术，适应新形势的发展	8	7.77
5	加大专门活动的经费支持	8	7.77
6	增强馆际交流，打破资源壁垒，使阅读推广“处处可达、人人可及”	8	7.77
7	通过数据挖掘和分析，实现更为准确的资源和服务的个性化推送	8	7.77
8	与外部力量合作，通过软硬件结合的解决方案改变人们的阅读习惯	7	6.80
9	引入更多智能设备，进行硬件升级，加强物联网建设	6	5.83
10	进行大数据分析整合，根据读者阅读兴趣和行为科学分析阅读推广活动需要改善之处	5	4.85
11	运用元宇宙等信息技术打造线上线下一体化沉浸式阅读体验	5	4.85
12	加快实现图书馆资源的数据化、电子化	5	4.85
13	数字化技术与本土文化相融合	3	2.91
14	打破不同行业、技术和文化之间的壁垒，实现“知识众创”	3	2.91
15	开展相关课题研究，用理论成果反哺实践	2	1.94
16	出台相关政策文件进行引领	2	1.94

针对技术赋能阅读推广这一议题，参与此项调研的公共图书馆提出较多的三项建议是：建立数字化阅读推广活动服务平台，汇集发布活动信息（13.59%），打造包含自媒

体在内的融媒体矩阵来增强宣传推广（9.71%），运用大数据、云技术等现代科技技术进行数字化线上阅读活动以提高广泛参与度（8.74%）。由此可见，阅读活动推广平台、创新性活动宣传和数字化线上活动仍然是各个图书馆对于技术创新赋能阅读推广较为关注的三个要点。

通过技术赋能阅读推广，各级公共图书馆对于人才培养（建议4）、资金扶持（建议5）、资源联动（建议6）、数据分析技术支持（建议7）的需求迫切，建议占比均为7.77%。建议4—建议6的提出主体多为县（区）图书馆。例如，桓台县图书馆提出“以资源共享的方式丰富基层公共图书馆活动”，沂源县图书馆提出“定期组织线上培训，为基层图书馆提供学习机会”，嘉祥县图书馆提出“上下联动、资源共享，解决基层资金困难问题”，莱州市图书馆提出“专门活动经费支持对于县级图书馆阅读推广活动开展尤为重要”。这说明相较于省馆和市馆，县（区）馆的服务能力更为薄弱，因而对信息资源、专业服务人员培训和资金扶持的需求也更为突出。

4.4 小结

中共中央宣传部印发的《关于促进全民阅读工作的意见》指出，阅读是获取知识、增长智慧的重要方式，是传承文明、提高国民素质的重要途径。深入推进全民阅读对加强社会主义精神文明建设、促进社会进步具有重要意义。

社会阅读推广与图书馆服务效能有着密切的联系，社会阅读推广不仅有利于读者正确阅读，还可以满足人们对精神文化生活的需要，同时有利于提升全民科学文化素养。在国家大力倡导社会阅读推广服务的前提下，图书馆应该采取有效措施，注重提高图书馆的服务效能，举办灵活多样的社会阅读活动，引导社会、家庭和个人积极融入阅读服务活动中，营造良好的阅读氛围，满足人们的阅读需求。

第5章　传统文化阅读服务分报告

5.1 引言

习近平总书记指出，“中华优秀传统文化是中华文明的智慧结晶和精华所在，是中华民族的根和魂，是我们在世界文化激荡中站稳脚跟的根基”，并多次强调“推动中华优秀传统文化创造性转化、创新性发展”。山东是文化大省，传统文化资源丰富。全省公共图书馆作为文献与文化保存机构、面向全社会的公共文化服务机构，应当在深入挖掘、深刻阐释传统文化方面主动作为，在激活传统文化活力、树立民族文化自信方面主动担当，为推动实现传统文化“两创”发展发挥更大作用。

就传统文化阅读服务而言，全省各级公共图书馆尼山书院及古籍存藏管理部门（含古籍部、历史文献部等，以下简称“古籍部门”）是推动传统文化“两创”的中坚力量。通过2019—2020年全省公共图书馆阅读服务调查，我们掌握了全省各级公共图书馆传统文化阅读服务的基本情况，尤其关注了阅读服务的设施建设、服务人员、活动场次及参与活动人次等基本信息。自2014年山东省图书馆建立尼山书院以来，作为传承传统文化的平台，尼山书院在全省公共图书馆得到积极推广。经过9年多的发展，尼山书院取得了一些成就，也面临个别的问题。本报告将立足尼山书院设立初衷，对全省尼山书院阅读服务活动进行深入总结，正视存在的问题，以便为读者提供更完善的服务。

近年来，特别是2013年习近平总书记视察曲阜做出“让书写在古籍里的文字活起来”的重要指示之后，全省古籍工作者踔厉奋发，勇毅前行，在古籍保护、利用、推广等方面的工作都取得了显著成就。2022年初，中共中央办公厅、国务院办公厅印发《关于推进新时代古籍工作的意见》，进一步为新时代全国古籍事业发展指明了方向。全省公共图书馆古籍部门在古籍资源建设、读者服务、古籍活化利用、传统文化推广等方面都取得了一些成就，同时存在部分需要改进的地方，本报告根据调查数据对此做出回顾与总结。需要说明的是，古籍是不可再生的文物资源，全省古籍存藏具有相对集中的特点，总体来看，全省古籍事业的发展已经进入稳中前进期，部分数据特别是存藏数量等前后变化不大；又因古籍的文物属性，对古籍的阅览、利用等方面也存在部分客观限制；部分图书馆的古籍类传统文化活动与其他部门，特别是尼山书院的活动有重合。基于以上因素，本报告对古籍相关传统文化阅读服务数据的分析没有面面俱到，而是选择重点内容加以分析。希望通过此次调研分析，进一步推动全省公共图书馆传统文化阅读服务事业的高质量发展。

5.2 空间、资源建设及读者服务概况

2019—2020年的调查表明，全省各级公共图书馆基本上独立或依托馆内其他部门建设了尼山书院，存藏古籍的各馆也基本实现了专业古籍库房建设。近两年，随着政府和社会层面对传统文化的愈发重视，省内基层公共图书馆加大了尼山书院馆舍建设与古籍库房存藏条件改善力度，新入藏古籍、新购买古籍数据库有所增加，读者服务稳步推进，人员配备方面也有了不同程度的充实。

5.2.1 尼山书院阅读服务空间改善

根据数据统计，截至2020年底，全省公共图书馆尼山书院（包括独立空间及与其他功能共用的空间）建筑面积合计为70538.9平方米。2021—2022年，参与调查的省内145个公共图书馆中，有27个图书馆在原有空间基础上扩建或新建传统文化阅读服务空间，新增面积6575.2平方米，增长9.32%，达77114.1平方米。这27个图书馆中，除青岛市图书馆、潍坊市图书馆均增加300平方米，聊城市海源阁图书馆增加97平方米外，其余增加的5878.2平方米均位于县（区）级图书馆中，占新增服务空间面积的89.39%。其中，临沂市蒙阴县图书馆新增设1000平方米，是这27个图书馆中新增尼山书院面积最多者。潍坊市临朐县图书馆、临沂市临沭县图书馆、临沂市兰山区图书馆新增面积均在500平方米以上。济宁市嘉祥县图书馆新增加450平方米，并适当划分空间功能区，包括文化体验空间60平方米，文化培训空间合计130平方米，报告厅260平方米。济宁市任城区图书馆在长青路馆舍专门设立283平方米的传统文化阅读空间。

省内县（区）级公共图书馆积极扩展传统文化阅读服务空间，表明在国家重视优秀传统文化传承与大力推进全民阅读的社会背景之下，基层公共图书馆积极行动，改善阅读空间设施条件，为深化传统文化阅读提供基础保障，并且逐步深化对传统文化的认识，越来越重视为读者提供更加适用传统文化特点的阅读服务空间，提升服务质量。

5.2.2 古籍存藏条件进一步改善

古籍的存藏条件要求比普通图书更为严格，完善的古籍存藏条件是古籍永续留存的重要保障，也是进一步活化利用古籍的基础和先决条件。尽管先前省内存藏古籍的各公共馆已经基本建设了专门的古籍库房，但由于历史及经费等方面的原因，部分馆的古籍库房不同程度地存在设施老化，缺乏必要温控、报警设施等亟待改善的问题。据统计，2021—2022年，全省共计有26个公共图书馆进行了古籍库房改造提升工作。就各馆来看，潍坊市图书馆及济宁市梁山县图书馆进行的古籍库房改造提升类项最多，分别进行了恒温恒湿、空气过滤净化、水火灾自动报警、气体灭火、视频监控以及自动防盗报警系统等5项改造提升措施。其他各馆则大多进行2—4项相关改造。就单项改造统计，进行水火灾自动报警、恒温恒湿、视频监控改造的公共馆最多，分别达到15、14、14个；进行气体灭火改造的有11个，加装空气过滤净化装置的有7个；进行自动防盗报警系统改造的有7个；此外，还有1个市级公共馆（枣庄市图书馆）进一步给古籍库房加装了防盗窗。以上改造提升措施的实施，体现了山东省各级古籍存藏单位对古籍保护事业的进一步重视，也使得古籍存藏条件进一步改善。

5.2.3 新入藏古籍及古籍数据库建设稳步增长

目前，虽然存世大多数古籍由公立图书馆收藏，但散落在民间个人手中的古籍亦有可观数量。然而，绝大多数个人不具备专业的古籍存藏条件，存藏在个人手中的古籍有随着时间的推移不断湮灭消亡的风险。近年来，全省公共图书馆进一步加大了散落古籍的征集入藏力度，通过购买、受捐等多种形式，新入藏了一批古籍。据统计，2021—2022年，全省共有14个公共图书馆新入藏古籍627部（种）2192册。其中入藏数量超过10部（种）的分别是（按入藏部数排列）威海市荣成市图书馆、山东省图书馆、日照市五莲县图书馆、潍坊市临朐县图书馆、烟台市栖霞市图书馆。入藏途径是捐赠、购买并重。

表2-5-1　2021—2022年全省各级公共图书馆新入藏古籍情况列表

序号	图书馆名称	新入藏古籍部（种）数	册数	入藏途径
1	山东省图书馆	72	412	购买、捐赠
2	济南市图书馆	6	31	捐赠
3	青岛市图书馆	1	243	捐赠
4	淄博市图书馆	1	1	购买
5	烟台市福山区图书馆	1	5	捐赠
6	烟台市栖霞市图书馆	25	125	捐赠、购买
7	潍坊市图书馆	1	10	购买
8	潍坊市安丘市图书馆	2	3	购买、捐赠
9	潍坊市临朐县图书馆	26	314	捐赠
10	济宁市嘉祥县图书馆	6	16	购买、捐赠
11	威海市文登区图书馆	1	1	捐赠
12	威海市荣成市图书馆	425	425	购买
13	日照市图书馆	1	6	捐赠
14	日照市五莲县图书馆	59	600	捐赠

在古籍数据库建设方面，随着古籍保护工作的深入推进以及古籍数字化工作的开展，2021—2022年，全省16个公共图书馆自建或采购了古籍数据库19个。其中多数公共图书馆自建或采购1个数据库，另有2个市级、1个县（区）级公共图书馆自建了2个数据库。数据库内容以珍贵古籍、特色古籍、地方文献等为主。建设方式为采购和自建并重。

表2-5-2　2021—2022年全省各级公共图书馆新自建或采购古籍数据库情况列表

序号	图书馆名称	数量	数据库名称	建设方式
1	山东省图书馆	1	中华古籍书目数据库	采购
2	济南市图书馆	1	古籍再造资源库1—5期	自建
3	青岛市图书馆	1	青岛市图书馆古籍数字化服务平台	自建
4	淄博市图书馆	1	民国前淄博方志细颗粒度标引库	自建
5	日照市图书馆	1	古籍数据库	自建

续表

序号	图书馆名称	数量	数据库名称	建设方式
6	潍坊市图书馆	1	潍坊市图书馆特色古籍数据库	采购
7	潍坊市青州市图书馆	1	青州地方文献特色古籍数据库	采购
8	潍坊市诸城市图书馆	2	诸城市馆藏古籍数据库、诸城市特色古籍数据库	自建
9	烟台图书馆	2	烟台图书馆胶东红色文献数据库、烟台图书馆馆藏珍贵古籍数据库	自建
10	威海市荣成市图书馆	1	特色古籍数据库	采购
11	济宁市图书馆	1	济宁市图书馆古籍平台	自建
12	济宁市嘉祥县图书馆	1	数字古籍	采购
13	枣庄市图书馆	2	枣庄市图书馆古籍文献数据库、枣庄市图书馆特色古籍数据库	自建
14	德州市夏津县图书馆	1	夏津古籍馆	采购
15	东营市广饶县图书馆	1	馆藏古籍图片库	自建
16	东营市利津县图书馆	1	古籍数据库	自建

5.2.4 古籍阅读服务概况

古籍阅览具有专业性较强、服务面较窄的特点。2021年，全省各级图书馆古籍部门共接待古籍阅览读者21920人次，2022年则达25084人次，年阅览人数稳中有增。虽然因受疫情因素影响，古籍阅览读者人数较2019年的38342人次仍有较大幅度下降，但较之2020年的11216人次已有较大提升。

在古籍目录检索方式方面，目前全省有38个公共馆提供卡片式目录检索，45个公共馆提供馆内电脑检索，12个公共馆提供网站书目数据库检索。实现三种检索方式同时提供的仅有山东省图书馆，其他各馆多为单一的馆内目录检索或卡片式目录检索。古籍阅览方式的主流仍为古籍原件阅览，本次统计有55个图书馆的古籍部门提供古籍原件阅览，排除统计差异（两次参与调研的公共馆略有不同），与上次统计基本持平。提供古籍数据库阅览的为23个，较上次统计略有增长。读者阅览的古籍仍以地方志、家谱、地方先贤著作及孤本珍稀类善本古籍为主。古籍复制方面，因古籍的文物性质，目前各馆均不同程度地存在对古籍复制的限制，参与有效调查的、存藏古籍且提供古籍阅览的72个公共图书馆中，不提供古籍复制服务的占多数，有57个，占79.17%。即便提供古籍复制的馆中，对复制比例亦有限制，多数为一部古籍的30%。

5.2.5 传统文化阅读服务人员

传统文化阅读服务人员主要指图书馆尼山书院负责传统文化阅读推广活动的工作人员及古籍从业人员，他们具体承担相关阅读服务活动的策划、组织、实施、文档整理反馈等工作，对开展传统文化阅读活动至关重要。

根据调查，截至2020年，山东全省公共图书馆内尼山书院有传统文化阅读服务工作人员480人。2021—2022年，127个图书馆的尼山书院工作人员无变动，有3个图书馆的尼山书院减少工作人员5人，另有14个图书馆新增加工作人员20人，合计全省在尼山书院从事传统文化阅读服务的工作人员共495人，总体呈增长趋势。新加入尼山书院传统文化阅读服务队伍的20人中，绝大多数为大学本科学历，且集中在县（区）级公共图书馆中，如表2-5-3所示。

表2-5-3 2021—2022年全省各级公共图书馆尼山书院新增传统文化阅读服务人员列表

序号	图书馆名称	增加人员数量	增加人员学历
1	潍坊市寿光市图书馆	1	大学本科
2	淄博市博山区图书馆	1	大学本科
3	烟台图书馆	1	大学本科
4	烟台市莱州市图书馆	1	大学本科
5	泰安市图书馆	1	大学本科
6	威海市荣成市图书馆	1	研究生
7	滨州市无棣县图书馆	1	/
8	德州市夏津县图书馆	4	大学本科
9	德州市齐河县图书馆	1	大学本科
10	济宁市嘉祥县图书馆	2	大学本科
11	东营市河口区图书馆	2	大学本科
12	临沂市蒙阴县图书馆	1	大学本科
13	临沂市罗庄区图书馆	2	大学本科
14	临沂市莒南县图书馆	1	大学专科

在全省基层公共图书馆人员匮乏的现实情况下，县（区）级图书馆尼山书院阅读服务工作人员的增加无疑将壮大基层传统文化阅读服务力量。

古籍从业人员方面，2021—2022年，参与调查的各公共馆中有133个图书馆的古籍从业人员无变动，有4个图书馆古籍部门因退休、调离等原因减少工作人员4人，另有8个图书馆新增加工作人员11人，总体上古籍从业人员在这两年保持了稳中有增的趋势。新入职的11位古籍从业人员中，有3位为研究生学历，集中在部分市级图书馆中（青岛市图书馆、菏泽市图书馆、泰安市图书馆各1人）；另8人为大学本科学历，分布在市、县（区）级等不同层级的公共图书馆中。具体情况见表2-5-4。

表2-5-4　2021—2022年全省各级公共图书馆古籍部门新增传统文化阅读服务人员

序号	图书馆名称	增加人员数量	增加人员学历
1	济南市图书馆	1	大学本科
2	青岛市图书馆	2	硕士研究生、大学本科
3	菏泽市图书馆	1	硕士研究生
4	烟台图书馆	2	大学本科
5	泰安市图书馆	1	硕士研究生
6	德州市夏津县图书馆	1	大学本科
7	临沂市蒙阴县图书馆	1	大学本科
8	临沂市罗庄区图书馆	2	大学本科

在增加传统文化阅读服务人员的同时，各级图书馆也积极开展相关业务培训，提升工作人员的服务能力。2021年和2022年，全省各级公共图书馆尼山书院开展工作人员业务技能培训分别达112场次和93场次，参与培训的工作人员分别为944人次和928人次。古籍从业人员业务技能培训分别达183场次和211场次，参与培训的古籍从业人员分别为2300人次和2978人次，维持了较高水平。

无论是扩充传统文化阅读服务人员队伍，还是对服务人员开展业务技能培训，都旨在提高服务水平，更好地传播传统文化。但这种短期培训方式培养的人才质量与数量都不能满足传统文化阅读推广事业的要求，还需要引进社会专业组织机构的阅读推广人才予以充实。

5.2.6 尼山书院传统文化阅读推广人

来自社会专业组织机构的人才是省内公共图书馆尼山书院开展传统文化阅读推广的重要力量，他们通常来自高校或者其他社会文化机构，极少数为古籍或传统文化领域方面的资深专家。

根据此次调查数据统计，2021年，全省各级公共图书馆尼山书院与251个社会组织开展阅读服务合作，至2022年，合作的社会组织达323个，增长28.7%，尤以县（区）级图书馆尼山书院增长最快，达到34%。全省各级公共图书馆尼山书院合作的专业人士数量，2021年为898位，2022年因外界环境影响数量稍减，有876位。从表2-5-5和表2-5-6可以看出，市级以上公共图书馆尼山书院与社会组织合作较为稳定。而县（区）级公共图书馆尼山书院应积极借助社会组织的力量，在一定程度上弥补基层服务人员不足的压力，满足广大读者广泛的传统文化需求，提高服务社会阅读的能力。

表2-5-5　2021年山东全省各级公共图书馆尼山书院社会组织机构合作数量①

图书馆名称	合作组织数量	馆均合作组织数量	合作专业人员数量	馆均合作专业人员数量
山东省图书馆	1	1	30	30
市图书馆	44	3	227	14
县（区）图书馆	206	2	641	5
合计	251		898	

表2-5-6　2022年山东全省各级公共图书馆尼山书院社会组织机构合作数量②

图书馆名称	合作组织数量	馆均合作组织数量	合作专业人员数量	馆均合作专业人员数量
山东省图书馆	1	1	20	20
市图书馆	46	3	228	14
县（区）图书馆	276	2	628	5
合计	323		876	

①② 计算馆均合作组织数量和馆均合作专业人员数量按照四舍五入和取整的方法。

综上所述，经过近十年发展，全省公共图书馆尼山书院已渐成规模，拥有7.7万余平方米的专业阅读服务空间，495位图书馆服务人员与870余位来自社会的专业人员，面向社会开展以传统文化为内容的阅读活动和阅读服务。尼山书院成为省内公共图书馆为社会提供传统文化学习与体验的平台，也是弘扬传承优秀传统文化的重要场所。

5.3 传统文化阅读活动

阅读活动是图书馆阅读推广的重要方式。全省各级公共图书馆尼山书院、古籍部门依托馆藏图书资源，每年开展阅读活动数千场次，参与者达数十万人次。部分活动极具地方特色，成为当地尼山书院的品牌活动。

5.3.1 活动方式

2021—2022年，全省各级公共图书馆广泛开展以传统文化为主题的阅读活动。活动形式以讲座最为普遍，参与调查的145个图书馆的尼山书院中，有134个开展传统文化主题讲座，占比高达92.41%。其次是传统文化体验和经典诵读，分别有123个和122个公共图书馆开展。此外，各级公共图书馆还采用公益培训、展览、经典图书推荐等多种方式，开展特定主题的传统文化阅读推广活动，开展此类活动的图书馆数量分别为115个、102个、99个。全省各级公共图书馆尼山书院开展活动类型及数量以及其所占参与调查图书馆的比例见表2-5-7。

表2-5-7　2021—2022年山东省内各级公共图书馆尼山书院活动种类与开展活动图书馆数量及占比表

序号	活动类型	开展活动的图书馆数量	比例
1	讲座	134	92.41%
2	展览	102	70.34%
3	公益培训	115	79.31%
4	传统文化体验	123	84.83%
5	经典图书推荐	99	68.28%
6	经典诵读	122	84.14%
7	其他方式	6	6.21%

总体而言，全省各级公共图书馆尼山书院传播传统文化的方式多样，多采用“基本活动形式+传统文化内容”的方式。其中传统文化体验活动采用“文化+体验”的方式，寓知识文化于动手实践，活动参与者在学习知识的同时能够深刻体会其中的文化内涵，并且以有形的、可触摸的物质载体承载无形的文化，增强社会大众学习传统文化的兴趣。

5.3.2 传统文化阅读服务及大众参与情况

2021—2022年，全省各级公共图书馆尼山书院及古籍部门开展了形式多样、内容丰富的阅读活动。尼山书院举办阅读活动场次与参与人次统计详见表2-5-8和表2-5-10（部分图书馆未提供统计数据），古籍部门相关统计见表2-5-9和表2-5-11。受到新冠疫情和缩减经费等因素的影响，2021年和2022年线下活动总量呈持续下降的趋势，尼山书院举办阅读活动场次分别为4987场次和3663场次，参与人次约为40万人次和24万人次；古籍部门举办活动场次分别为522场次和608场次，参与人次约为7万人次和5万余人次。

表2-5-8　2021年省内公共图书馆尼山书院活动场次及参与人次统计表

活动类型	线下活动总场次	线下参与活动总人次	场均参与人次	线上活动总场次	线上参与活动总人次	场均参与人次
讲座	1009	57460	57	1089	315630	290
展览	315	153983	489	62	106084	1711
公益培训	1363	75541	55	544	161277	296
传统文化体验	896	28823	32	157	45055	287
经典图书推荐	655	71865	110	268	61206	228
经典诵读	723	11552	16	315	8029	25
其他	26	327	13	3	317	106
合计	4987	399551	80	2438	697598	286

表2-5-9　2021年省内公共图书馆古籍部门活动场次及参与人次统计表

活动类型	线下活动总场次	线下参与活动总人次	场均参与人次	线上活动总场次	线上参与活动总人次	场均参与人次
古籍展览	88	58217	662	243	85298	352
古籍讲座	89	3565	41	68	21415	315

续表

活动类型	线下活动总场次	线下参与活动总人次	场均参与人次	线上活动总场次	线上参与活动总人次	场均参与人次
古籍版本鉴定	5	91	19	2	310	155
古籍体验活动	330	7545	23	57	4660	82
其他	10	296	30	12	2258	189
合计	522	69714	127	382	113941	299

表2-5-10　2022年省内公共图书馆尼山书院活动场次及参与人次统计表

活动类型	线下活动总场次	线下参与活动总人次	场均参与人次	线上活动总场次	线上参与活动总人次	场均参与人次
讲座	931	51478	55	1495	471825	316
展览	179	50565	282	78	87014	1116
公益培训	766	37099	48	423	86089	204
传统文化体验	609	16799	28	91	31915	351
经典图书推荐	682	77697	114	315	50713	161
经典诵读	463	9027	19	132	6799	52
其他	33	413	13	7	462	66
合计	3663	243078	66	2541	734817	289

表2-5-11　2022年省内公共图书馆古籍部门活动场次及参与人次统计表

活动类型	线下活动总场次	线下参与活动总人次	场均参与人次	线上活动总场次	线上参与活动总人次	场均参与人次
古籍展览	103	35054	341	243	111628	460
古籍讲座	56	3019	54	88	14406	164
古籍版本鉴定	4	94	24	4	291	73
古籍体验活动	412	11985	30	60	6887	115
其他	33	861	27	18	3996	222
合计	608	51013	84	413	137208	333

各级图书馆因时制宜，拓展线上活动平台，为社会提供云端阅读服务。2020年，省内125个公共图书馆提供线上阅读服务，但服务内容以电子文献阅读为主，阅读活动线上服务平台基础薄弱。经过三年发展，各图书馆的线上阅读活动服务能力有很大提升。

2021年和2022年，全省尼山书院开展传统文化线上阅读活动分别达到2438场次和2541场次，线上参与人分别有近70万人次和73万余人次（线上参与人次以该项活动点击量计算，部分馆未提供统计数据）；古籍部门开展线上传统文化活动分别达到382场次和413场次，线上参与人分别超过11万人次和13万人次。

从统计数据可以看出，讲座与公益培训是尼山书院开展传统文化阅读服务的主要方式，也是开展线上阅读服务的主要方式；同时，讲座也是古籍部门开展传统文化推广活动的重要方式。讲座对主讲人知识储备和授课内容的深度有更高的要求，需要主讲人对传统文化某一主题有深入研究。公益培训内容更加浅显易懂，可以帮助大众了解传统文化知识，有的知识更倾向于生活中的应用，如传统礼仪文化培训等。

传统文化体验是尼山书院和古籍部门都极为重视的活动形式。省、市、有条件的县（区）级图书馆尼山书院均与社会专业力量合作，开设以古琴、古筝、书法、国画、茶艺等为内容的学习体验活动。在已有活动的基础上，各级图书馆尼山书院继续深入挖掘传统文化资源，拓展社会合作，在活动内容方面不断推陈出新。例如，威海市环翠区图书馆尼山书院开设民俗剪纸、篆刻、雕版印刷体验、中医药文化体验等。青岛市胶州市图书馆尼山书院开设陶艺体验、历代名家字画鉴赏课程等。济南市平阴县图书馆尼山书院开设围棋培训课程。潍坊市临朐县图书馆尼山书院开设亲子茶艺体验课堂。临沂市郯城县图书馆尼山书院开设少儿“开笔礼”体验课堂等。优秀传统文化体验是传承传统文化的有效途径，大众在体验中领会博大精深的中华文化，传统文化在潜移默化中滋养社会。相较而言，古籍类传统文化体验活动仍以雕版印刷体验、碑刻传拓为主，这是与古籍较为特殊的物质载体形态密切相关的。

经典图书推荐和经典诵读活动是近两年全省尼山书院活动中发展较快的活动形式。尤其是在文化资源相对匮乏的县（区）级图书馆尼山书院，依托馆藏传统文化经典图书开展阅读活动成为其促进社会阅读的现实选择。根据深入了解，县（区）级图书馆尼山书院广泛开展了经典朗诵、国学诵读、经典朗读大赛等活动。尤其是“经典图书推荐”活动，读者参与度很高，通过线下、线上活动分享个人阅读的好书及阅读体验，极大地提高了广大读者的阅读积极性，营造了良好的社会阅读氛围。

传统文化主题展览通过视觉形式传播文化，对馆舍空间及服务人员展陈能力、线上展览活动的技术有较高的要求，传统文化展览活动较多地在省、市级公共图书馆尼山书院及古籍部门开展。展览活动形式灵活自由，尤其是线上展览，有较大的社会覆盖面，能够使更多的读者接受传统文化熏陶。

总之，2021—2022年，受疫情影响，全省各级公共图书馆尼山书院及古籍部门传统文化阅读推广活动面临较大的外部压力，开展活动的数量和社会参与的规模都受到一定程度的限制，但全省公共图书馆尼山书院和古籍部门积极作为，发展线上阅读活动服务平台，拓展活动内容，丰富活动形式，为社会提供了高质量的传统文化“大餐”，推进了中华优秀传统文化传承与“书香社会”建设。

5.3.3 开展阅读服务活动的时机

举办传统文化阅读活动的时机是极为重要的，直接影响大众的参与热情与活动效果。而就全省各级公共图书馆尼山书院和古籍部门而言，应当尤为关注与传统文化主题内容相关的活动时机。此次调查统计表明，八成以上被调查的尼山书院和古籍部门将活动安排在周末、学生假期、传统节假日期间，形成固定节点的传统文化主题活动。除此之外，也有不固定时间开展的传统文化阅读活动。详见表2-5-12。

表2-5-12　2021—2022年传统文化阅读活动开展时机及选择此时机开展活动的图书馆数量

活动时间	图书馆数量（个）	比例
周末	119	82.07%
“4·23”“9·28”等特殊阅读节点	122	84.14%
传统节日	131	90.34%
国家法定假期	94	64.83%
暑假或寒假	120	82.76%
临时	74	51.03%

中国传统节日是尼山书院和古籍部门传播传统文化的重要节点，受到图书馆与社会的普遍关注。参与调查的145个公共图书馆中，131个图书馆的尼山书院在中国传统节日期间开展了具有传统文化内涵的活动，如元宵节、端午节、中秋节、重阳节等。省内九成以上图书馆的尼山书院会有针对性地开展传统民俗体验活动，有些活动已经形成社会影响力，如山东省图书馆尼山书院的射柳活动、济南市图书馆的二十四节气主题活动。烟台图书馆联合牟平区图书馆、莱州市城市书房等举行端午节诗会，以诗词讲座、诗词赏析与朗诵等形式弘扬并诠释中华优秀传统文化及其内涵。每年“4·23”世界读书日、文化与自然遗产日、“9·28”孔子诞辰日等，也是公共图书馆开展阅读活动的重要节点，

尼山书院会开展丰富多彩的阅读活动。而每年的农历七月初七，各地公共图书馆古籍部门则形成了举办“中华传统晒书活动”的惯例。

尼山书院和古籍部门开展各类传统文化阅读活动的时间充分考虑到自身定位、活动意义以及读者便于参与等因素，形成常态性活动与随机性活动相结合、集活动内容与文化内涵于一体的活动模式，尤其是中国传统节日期间开展的节日文化主题活动，对弘扬中华优秀传统文化、坚定文化自信具有重要意义。

5.4 传统文化阅读推广活动进展及创新

2021—2022年，山东省各级公共图书馆践行“大阅读”理念，不断探索、改善传统文化阅读服务，以更好地发挥传承优秀传统文化的作用。

5.4.1 尼山书院阅读服务创新

根据统计，此次参与调查的全省145个公共图书馆中，有88个图书馆的尼山书院探索采用新的活动方式，66个图书馆的尼山书院创建有吸引力的活动空间，57个图书馆的尼山书院在活动平台方面有所创新，32个图书馆完善了尼山书院运行制度与机制，规范开展阅读活动，详见表2-5-13。其中，最值得关注的是，近两年尼山书院积极创新活动方式和平台拓展。

表2-5-13 2021—2022年山东省各级公共图书馆尼山书院阅读服务创新

创新内容	图书馆数量	所占比例
创建有吸引力的活动空间	66	45.52%
开发适应当下的多媒体活动平台	57	39.31%
创新活动方式	88	60.69%
出台相关活动规范或制度	32	22.07%
无创新	36	24.83%

5.4.1.1 拓展线上阅读服务平台

值得关注的是，2021—2022年，受新冠疫情及社会人员流动管控等因素的影响，开展线上活动成为各公共图书馆的现实选择。而此次参与调查的145个图书馆中，有90个开展了线上阅读服务，占62.07%，尚有55个没有提供线上阅读服务。这55个图书馆中，除日照市图书馆外，其余54个均为县（区）级图书馆。日照市图书馆尼山书院举办的活动，如书法、古琴、绘画等，更适宜采用现场学习体验方式。

就线上服务途径而言，微信平台成为多数图书馆尼山书院线上平台的首选。根据统计，90个提供线上传统文化阅读服务的图书馆通常依托微信平台，通过本馆的微信公众号或者视频号传播传统文化知识。另有8个图书馆采用多平台联动。如山东省图书馆通过山东智慧图书馆云、官方微博、海报新闻等媒体平台实现了讲座的实时直播，线下与线上同步。济南市钢城区图书馆通过官方微信、微博以及山东智慧图书馆云平台提供传统文化主题讲座线上传播。又如，东营市垦利区图书馆、烟台市经济技术开发区图书馆、临沂市罗庄区图书馆和临沂市图书馆入驻“抖音”“今日头条”等媒体平台，以更接地气的方式开展活动。

值得关注的是，省内越来越多的尼山书院通过与社会阅读组织合作，弥补自身资源、平台的短板。淄博市高青县图书馆尼山书院聘请剪纸、书法等非物质文化遗产方面的传承人为市民授课，通过高青县图书馆抖音视频平台进行宣传。“颜山朗诵社”是淄博市博山区图书馆发起，由民间朗读、写作及摄影爱好者自主建立的公益性的学习交流平台，受到当地政府的鼓励与支持。博山区图书馆利用“颜山朗诵社”微信公众号平台推送图书馆的传统经典图书及阅读活动，借助该社人员与信息传播途径，扩大图书馆传统文化阅读活动的影响力，强化图书馆在社会阅读中的主阵地作用，有利于推进社会阅读和该平台的发展，实现“双赢”，值得各图书馆借鉴参考。

5.4.1.2 创新阅读活动方式

全省尼山书院在创新传统文化阅读活动方式上也有所突破，其中6个图书馆在活动方式上有所创新，详见表2-5-14。淄博市博山区图书馆与菏泽市定陶区图书馆两个图书馆的尼山书院举办的读书会，以图书馆的阅读空间和文献资源为依托，为社会打造自主学习知识与交流思想的平台。淄博市图书馆和辖属的高青县图书馆以“课堂”形式面向社会推送传统文化知识。如淄博市图书馆推出“齐文化线上小课堂”，深入挖掘淄博本土深厚的历史文化，以简单易懂的方式讲述、传播本地文化，以共同的历史文化和强烈的价值观念增强社会的凝聚力。高青县图书馆尼山书院大讲堂开设“弘扬好家风·传承好家训”国学讲座，通过阅读推广人诵读经典、讲故事等方式，参与者汲取传统的家文化精髓，受到潜移默化的影响。滨州市沾化区图书馆尼山书院以参与研学的方式推进旅游与文化融合、读书与行路的结合。临沂市图书馆尼山书院推出国学主题“雅集”活动，活动集诗、书、画于一体，突出传统文化之“雅”，体现“大阅读”的理念。

2-5-14 2021—2022年山东省内公共图书馆创新传统文化阅读活动形式

序号	图书馆	传统文化阅读活动形式
1	淄博市高青县图书馆	国学课堂
2	淄博市博山区图书馆	读书会、朗诵比赛
3	滨州市沾化区图书馆	研学
4	淄博市图书馆	线上小课堂
5	菏泽市定陶区图书馆	读书会
6	临沂市图书馆	雅集

5.4.2 古籍的活化利用：数字化、影印及文创开发

古籍是不可再生的文物资源，如何处理好古籍保护中“藏”与“用”的矛盾，一直是古籍工作的难点。近两年，全省各级公共图书馆古籍部门在古籍数字化、古籍影印以及基于古籍的文创开发方面都取得了较大进步，为古籍的活化利用开辟了新的道路。

古籍数字化及古籍影印方面，2021—2022年，全省有13个馆进行了馆藏古籍的数字化工作，累计数字化古籍926部（种）9277册件。11个公共馆进行了古籍影印工作，总计影印312部（种）2871册件古籍。如山东省图书馆影印了《书法三昧》，济南市图书馆影印了《山东运河备览》《酉阳杂俎》《贷园丛书初集》《元遗山先生全集》《家言随记》《马戏图谱》等，青岛市图书馆影印了《古诗源》《春秋取义测》，日照市图书馆影印《攀古小庐收藏镜铭》，烟台市莱阳市图书馆影印了《何翰林集》《左忠贞公集》《莱阳县志》《明诗别裁集》等，菏泽市曹县图书馆影印了《兖州府志》《曹南文献录》《徐继儒陆游诗册》。一大批珍稀古籍得以影印出版，有力地促进了古籍在大众层面的传播。

基于古籍的文创开发工作从无到有地开展起来。据统计，目前有8个图书馆基于古籍开发了文创产品，文创产品在形式上多种多样。如山东省图书馆开发出“木兰秋狝图”书灯、“山东黄河全图”等系列文创产品，济宁市嘉祥县图书馆基于馆藏开发了书法摆台，临沂市莒南县图书馆开发了古籍特色便签等。

5.4.3 传统文化阅读推广活动品牌建设

此次参与调查的145个公共图书馆中，有82个图书馆的尼山书院已建设传统文化阅读活动品牌151个，部分活动品牌发展较为成熟。例如济南市历下区图书馆品牌活动丰

富，包括“传统文化我传承”活动、“少年梦，国学情”活动、“粽香飘万户·龙舟载佳节”活动、“传承国学·书写经典书法展”、“品书香·赏年俗”年俗文化展、“时和岁丰·二十四节气”系列展览、文人雅集系列活动、“新春送福”等，已经形成自身独特的系列活动。自2018年起，潍坊市图书馆尼山书院组织形成“斯文在兹·潍图雅集”国学活动品牌，每年举办国学展演体验系列活动60余场次。项目内容包括茶艺展演、文化茶会、茶席展示等茶文化推广活动，汉服文化交流座谈会、汉服演礼、传统礼仪体验等传统礼仪推广活动，“花之物语”插花展演传统花艺推广活动，以及香篆展演体验传统香文化推广活动等，吸引2000余名读者参与，展示了传统文化的丰富内涵和永恒魅力。

古籍活化（宣传、推广）品牌建设总体来看处于起步阶段，但也不乏济南市图书馆的《致知力行册府撷珍》、青岛市图书馆的《古籍里的清廉》《楮墨芸香》、烟台图书馆的《文献里的烟台》、烟台市莱阳市图书馆的《古籍里的莱阳》等一些已经较为成熟的古籍宣传推广品牌。特别是青岛市图书馆借助科技力量，积极寻求古籍文献宣传推广新思路，所录制的《古籍里的清廉》系列微电影，获青岛市2021年社会主义核心价值观主题微电影二等奖；推出的《楮墨芸香》古籍专栏，从新颖的角度解读古籍，内容涉及藏书、书院、印刷术、传统节日等古代历史文化知识，受到读者的广泛好评。

已经建设的阅读活动品牌大致呈现如下特点：（1）重视对少年儿童的传统文化教育。从长远角度，引导儿童形成良好的阅读习惯是推进全民阅读的基础性、关键性工作。正因为如此，省内各级公共图书馆都重视对少年儿童的传统文化教育，有针对性地开设传统文化夏令营及冬令营、经典诵读、亲子共读、青少年国学课堂、琴棋书画体验课等。通过相关活动，让儿童接受传统文化熏陶，形成对传统文化的兴趣，是传统文化传承的重要环节。（2）关注地方传统文化。立足本地区的传统文化阅读活动更容易被社会所接受。例如，淄博市博山区图书馆尼山书院的“秋谷讲堂”和“孝乡读书会”，烟台图书馆的“典籍里的烟台”，淄博市图书馆尼山书院的“齐风”系列活动，淄博市周村区图书馆尼山书院的“稷下讲堂”，都是基于挖掘本地历史文化所形成的社会阅读品牌。（3）将经典图书阅读与文化体验相结合。中华传统文化博大精深，如何以更简洁易懂的方式诠释文化，既考验尼山书院的服务能力，也影响其服务效能。化无形为有形，将读书与实践相结合，文化体验成为尼山书院重要的活动形式。如山东省图书馆尼山书院通过射艺体验，向参与者阐释、传达“发乎不中，反求诸己”的道理；德州市乐陵市图书馆尼山书院的“汉式成人礼”活动，向青年传达自信、自立、担当的道理。（4）阅读活动常态化开展。阅读活动需要长期持续开展，方能产生实效。各尼山书院通常在传统节日、寒暑假等时间开展常态的、密集的阅读活动。此外，泰安市图书馆尼山书院的“二十四节气雅会”、泰安市肥城市图书馆尼山书院开展的“春耕、夏耘、秋收、冬藏”阅读服务活动，也是依托中国传统的时间节点来传播传统文化的。

另外，尚有21个图书馆正在推进阅读服务品牌建设，详见表2-5-15。从该表可知，县（区）级公共图书馆成为近两年传统文化阅读活动品牌建设的主力军，且活动内容不乏新意。

比如，东营市河口区图书馆尼山书院的活动内容与非物质文化遗产相结合，面向社会招募了40余名阅读推广人、非遗传承人和国学讲师，开展“订制型”传统文化培训、讲座和体验活动。淄博市桓台县图书馆尼山书院立足传统文化的美育功能开展的活动、临沂市郯城县图书馆尼山书院的汉服表演活动、济宁市嘉祥县图书馆的“祥韵有声读书会”活动等，均在挖掘传统文化内涵、丰富传统文化载体、创建文化传播平台方面有所突破。

表2-5-15　2021—2022年山东省内各级公共图书馆尼山书院在建的阅读活动品牌

序号	图书馆名称	在建传统文化阅读活动品牌名称
1	淄博市桓台县图书馆	国学美育课堂
2	青岛市莱西市图书馆	尼山书院经典诵读
3	枣庄市图书馆	枣图IN阅读
5	潍坊市寿光市图书馆	孝道宣讲活动
6	泰安市肥城市图书馆	文化惠民　书润桃乡
7	威海市乳山市图书馆	国学经典诵读
8	烟台图书馆	“朝闻道：线上国学讲座”“你好！古籍”专题活动
9	滨州市沾化区图书馆	“沾小图漂流记”图书漂流活动、家庭图书馆、漂流书屋
10	东营市垦利区图书馆	爱尚阅读
11	德州市夏津县图书馆	国学研学体验
12	济宁市嘉祥县图书馆	祥韵有声读书会
13	东营市河口区图书馆	遇见非遗——山东手造体验
14	烟台市福山区图书馆	书香福山
15	日照市东港区图书馆	绘本故事会
16	临沂市临沭县图书馆	沭图暖阳，国学大讲堂

续表

序号	图书馆名称	在建传统文化阅读活动品牌名称
17	临沂市蒙阴县图书馆	亲子故事会
18	临沂市郯城县图书馆	汉服表演
19	临沂市沂水县图书馆	“体验传统文化，感受传统魅力”手工课堂
20	临沂市图书馆	善读者、沂州讲坛、沂蒙作家会客厅等
21	临沂市平邑县图书馆	国学进校园，进社区，进军营

5.4.4 特殊群体阅读服务

公共文化机构应当为社会提供均等化的基本文化服务，尤其应当注意保障文化弱势群体的文化权利。2021—2022年，山东省内公共图书馆加大了对特殊群体文化资源的供给力度。如近两年，尼山书院专门针对残障人士、老年人、进城务工人员及子女开展阅读服务。开展活动的图书馆以及活动数量如表2-5-16所示。

表2-5-16　2021—2022年山东省各级公共图书馆尼山书院特殊群体服务开展情况

文化弱势群体类型	开展活动的图书馆数量	开展活动的数量
残障人士群体	56	93
老年人群体	67	188
进城务工人员群体	50	95

145个图书馆针对特殊群体阅读服务的情况不容乐观，针对每个群体开展传统文化阅读服务的图书馆数量均未超过半数，但仍有可圈可点之处。近两年，全省尼山书院线下活动8650场次，而开展活动场次最多的老年人群体阅读活动仅188场次，占比为2.2%。可见，特殊群体的传统文化阅读服务有很大发展空间，尼山书院应当加强该项服务。

就已经开展的特殊群体阅读服务活动来看，活动体现了浓郁的传统文化韵味与人文关怀。泰安市肥城市图书馆、烟台图书馆、东营市图书馆、滨州市无棣县图书馆四家图书馆的尼山书院将传统文化书籍和专用阅读工具送到残障人士身边；枣庄市山亭区图书馆打造本土伏羲文化品牌，建立“伏羲草堂书友社”平台，针对残障人士、老年人群体等提供有声书、电子书、文化体验等服务，让特殊群体足不出户即可享受到传统文化阅读服务。部分图书馆在塑造阅读活动品牌时将针对特定群体的传统文化阅读服务纳入其中，如临沂市临沭县图书馆的“沭图暖阳”系列活动，泰安市肥城市图书馆的“我们的节日”系列活动等。针对进城务工人员群体，尼山书院的阅读服务更加倾向于对这一群体及其子女的心理疏导及文化体验等方面的内容。

总体而言，全省各级公共图书馆尼山书院每年为社会提供数量可观、内容丰富的传统文化阅读服务。这些活动包括常规性阅读活动和随机性推广活动；有普适型的阅读活动，也有针对特定群体的阅读推广；包括授课式、体验式、参观式、对话式、沙龙式等多种形式。尼山书院的传统文化阅读推广活动正向着系列化、品牌化、特色化方向发展。

5.5 传统文化阅读活动推广与宣传

全民阅读需要社会共同参与、协同推进，公共图书馆、大众媒体应当在鼓励社会阅读方面发挥主要作用。

5.5.1 图书馆的阅读激励

为了调动大众阅读的积极性，激发读者更长久地参与图书馆传统文化阅读活动，提高阅读服务的效能，目前有65个图书馆的尼山书院实施阅读激励，以激发读者的阅读热情。它们多采用颁发荣誉证书或者赠送阅读礼物的方式对积极参与阅读活动者给予鼓励。如淄博市图书馆、日照市五莲县图书馆、临沂市蒙阴县图书馆和临沂市罗庄区图书馆四个图书馆尼山书院以阅读积分制鼓励社会各界积极参与阅读。东营市图书馆尼山书院为优秀阅读者提供二十四节气书签、书卡、书套等具有传统文化特色的奖品。

其中，也不乏更大力度的阅读激励措施。如威海市荣成市图书馆尼山书院依托荣成市的“新时代文明实践平台”，给予参与传统文化阅读推广活动者“志愿分”。枣庄市山亭区图书馆尼山书院的激励措施颇具创新性，借文旅融合之机，为优秀的传统文化阅读参与者提供在本地景区免费游玩的机会，实现读书与旅游相互促进、融合发展。两家尼山书院的阅读激励措施体现了所在图书馆将阅读置于社会发展大环境、大格局之下，积极贯彻社会阅读与社会文明程度、与经济发展紧密相关的理念。

5.5.2 媒体宣传

公共图书馆借助社会媒体开展广泛的阅读服务宣传，使社会大众能及时了解并积极参与阅读活动。根据此次调查数据，省内各公共图书馆传统文化阅读推广宣传媒体不一，总体看来，既有通过报纸、电视等传统媒体开展宣传的，也有通过微信、微博、抖音等网络媒体平台进行宣传的，如分别有98个和71个被调查的图书馆通过网络媒体平台宣传报道尼山书院、古籍部门的传统文化阅读服务。实际上，除少数图书馆仅采用微信一种宣传方式外，多数会采用数种媒体宣传相结合的方式。

从媒体参与公共图书馆阅读推广活动的过程看，大致分为活动前信息推送、活动中传播推广与活动后宣传报道三种。为吸引更多读者参与活动，公共图书馆借助媒体平台在活动前期开展活动信息推送。以尼山书院为例，根据此次调查结果，其传统文化阅读服务信息推送渠道呈现多元化态势，既有传统海报、展板等形式，也有新媒体形式。如表2-5-17所示，图书馆官微平台（微信、微博，占比93.10%）、图书馆官方网站（64.83%）是两种重要的渠道。另外，有8个图书馆运用了抖音、视频号等媒体平台。

表2-5-17　2021—2022年山东省各级公共图书馆尼山书院传统文化阅读活动信息发布平台情况

信息推送途径	图书馆数量	占参与调查馆的比例
海报	65	44.83%
展板	78	53.79%
横幅	73	50.34%
图书馆网站新闻	94	64.83%
图书馆官微平台（微信、微博）	135	93.10%
电子公告牌	56	38.62%
其他方式	8	5.52%

活动过程的网络呈现是近年来尼山书院和古籍部门阅读推广宣传的重要方向。得益于新媒体平台的发展和图书馆媒体运用能力的提升，越来越多的尼山书院和古籍部门倾向于以直播方式将阅读活动呈现在互联网平台上。例如，山东省图书馆尼山书院将讲座、传统文化培训等活动过程推送至微博和山东图书馆智慧云平台，进行网络直播，线下与线上同步进行。山东省图书馆历史文献部则在抖音、微信视频官方账号上举办了“赴一场与古籍的浪漫邂逅——山东省图书馆网上古籍沙龙晒书”及“世界读书日——山东省图书馆古籍修复师的日常”直播等活动。潍坊市图书馆在抖音平台上发布《你见过最老的书多少岁？》等视频。对于县（区）级图书馆而言，总体来说，使用成本低、

门槛低、易操作的微信视频号平台成为宣传传统文化阅读活动的首选，它们开辟网络媒体阅读活动平台，提供云端阅读服务，可以扩大阅读服务的覆盖范围，缩小地区间公共文化服务差距。

阅读活动的宣传报道可以扩大公共图书馆传统文化阅读服务的社会影响力。如山东省图书馆尼山书院与《中国文化报》等传统报纸媒体合作，开展阅读服务内容的深度报道。根据此次调查，各类网络媒体平台已成为尼山书院和古籍部门传统文化阅读服务宣传的主要。近两年，不同媒体对全省各级公共图书馆尼山书院活动的宣传报道分别为：报纸宣传325次，广播电台宣传65次，各电视台宣传267次，网络平台宣传2421次。对古籍类活动的宣传报道则分别为：报纸宣传17次，广播电台宣传5次，各电视台宣传18次，网络平台宣传71次，其他61次（以上均不含转发）。

此外，志愿服务也为传统文化阅读提供助力。2021和2022年，分别有4388位和5252位来自社会的文化志愿者参与了各地尼山书院的传统文化阅读服务活动，为传承传统文化提供人力和智力支持。淄博市博山区图书馆于2017年3月成立“颜山朗诵社”，该社有朗诵、读书爱好者240余人，是博山区阅读推广的中坚力量。2020年，又成立博山区文化和旅游局“新时代文明实践阅读推广志愿服务队”。几年来，博山区图书馆充分发挥“颜山朗诵社”的作用，组织朗诵会、读书会等阅读推广活动，打造“颜山诵读”品牌，延请具有社会影响力的文化顾问、公益讲师开展朗诵以及国学等传统文化、地域文化公益讲座，不断推进全民阅读，建设“书香博山”。

公共图书馆是全民阅读的主阵地，媒体的宣传报道有助于社会了解、参与图书馆的阅读活动，而大众对图书馆阅读活动的积极参与则有助于图书馆完善相关服务，与社会力量合作，增强公共图书馆阅读活动的辐射带动作用，为推动社会层面加强传统文化阅读、弘扬优秀民族文化发挥更大的作用。

5.6 全省公共图书馆传统文化阅读面临的问题与建议

5.6.1 尼山书院面临的问题与发展建议

尼山书院面临的主要问题是专业人才匮乏和活动经费不足。如表2-5-18所示，2021—2022年的调查中，145个图书馆中分别有119个和114个尼山书院反映面临这两个方面的问题。而2019—2020年调查中，144个图书馆中有112个和109个图书馆的尼山书院面临这两个问题，两次调查结果呈现高度一致性。可见，人才匮乏与经费不足问题已经成为制约尼山书院发展的瓶颈，将影响其服务质量和社会效能。尼山书院在未来发展中必须解决好这两个问题。

表2-5-18　2021—2022年全省各级公共图书馆尼山书院阅读服务面临的问题

面临的问题	图书馆数量	占参与调查者比例
传统文化阅读服务人才欠缺	119	82.07%
活动经费不足	114	78.62%
活动缺乏创意	60	41.38%
读者参与积极性不高	31	21.38%
没有设置专门岗位	43	29.66%
领导不重视	14	9.66%
其他	6	4.14%

此次调查也深入了解了各地图书馆尼山书院对未来发展的期待，42个图书馆的尼山书院阅读服务人员提出了具有建设性的建议，总结如下：

（1）就尼山书院阅读服务定位而言，建议以开展“国学教育”为抓手，力促阅读活动生活化、通俗化、实践化，让传统文化“活起来”，以此达到以文润心、修身养性的目的，此为传承传统文化的有效路径。

（2）就传统文化阅读活动而言，建议更加深入地挖掘传统文化资源，丰富活动内容；依托本地区的历史文化资源，开展特色阅读活动；在活动方式上，推广“读书+体验”模式，推进活动线上与线下联动，注重活动内容和方式的创意性和创新性。

（3）就尼山书院阅读服务对象而言，建议基于不同文化程度和不同年龄人群提供有针对性的阅读服务，应当“走出去”，推进阅读活动进社区、进乡村、进校园、进军营、进机关、进企业，重视阅读服务进基层，让基层民众体验传统文化的魅力。

（4）在全省尼山书院“一体化”发展方面，建议加强全省尼山书院联盟的作用，制定阅读服务规范，共同建设山东传统文化阅读资源包，加强馆际合作和服务资源共享，尤其是线上服务资源共建共享，加强专业阅读推广人才培训，增加经费投入，以弥补基层尼山书院服务资源不足，缩小服务差距，提升尼山书院传统文化阅读服务均等化水平。

此外，有的服务人员建议加强尼山书院与文化馆、博物馆等公共文化机构的合作，加大尼山书院利用新媒体平台开展阅读服务宣传的力度。

5.6.2 古籍部门面临的问题与发展建议

古籍部门普遍存在的问题是：专业人才缺乏，古籍数字化推动不足，古籍宣传推广缺乏新意等。对此，我们提出以下建议：

（1）加强古籍类专业人才建设和引进力度。古籍工作是需要长期积累与不断学习的、较为特殊的工作。做好古籍工作，首先，要加强人才队伍建设。近两年，山东省古籍从业人员队伍虽稳中略升，但学历层次方面仍以大学本科为主，少数新进研究生主要分布在省级及市级图书馆，诸多县（区）级图书馆古籍人才缺乏，不利于古籍工作的开展，也不利于整个古籍保护工作的可持续发展。

（2）进一步提升古籍工作数字化水平，建设相对独立的古籍检索系统。目前各馆之所以仍旧保留卡片检索、馆内电脑表格检索等古籍检索方式，且占据古籍目录检索方式的主流，主要是因为古籍目录存在特殊性。一是目录主要采用繁体字、存在大量生僻字，需要使用超大字符集才能完全显示，现有图书馆网站检索系统在设计上主要考虑现代书籍，在支持超大字符集上存在欠缺，导致检索、显示受限；二是现代书籍MARC数据与古籍编目数据不能完全兼容，存在字段及编目方式上的巨大差异。在古籍目录检索方面，远期目标自然是将古籍检索纳入OPAC统一检索系统，以方便读者实现统一检索。但在技术上存在客观困难、难以一步实现的情况下，作为近期解决方案，应当首先建设相对独立的古籍检索系统，并公开在各馆主页上改变目前多数图书馆古籍目录检索只能靠人工检索EXCEL表格的现状。从长远来看，建议建设统一的全省古籍目录联合检索系统，向读者提供全省古籍目录的一站式检索服务。

（3）进一步推动古籍数字化、影印等再生性保护工作。目前，山东省各基层公共图书馆受限于经费及数字化经验、标准等，在数字化方面较为保守。如公共图书馆2021—2022年开展古籍数字化工作的仅有13个，占参与本次调查的存藏古籍馆数72个的18.06%。其中市级及以上图书馆仅有5个（即山东省图书馆以及济南、青岛、烟台、日照四个市级图书馆），广大县（区）级图书馆进行古籍数字化工作的数量更是较为稀少，仅有8个。两年间，全省基层公共馆已数字化古籍总量为926部9277册，尚有进一步提升的空间。在影印古籍方面，基层各馆除济南市图书馆影印馆藏古籍数量较多外，其他各馆至多影印1—3部，同样与山东省作为古籍大省的地位是不匹配的。

古籍数字化工作是下一步建设古籍数据库的基础。目前，省内市级及以下各公共馆建设的古籍数据库仍然呈现出“小、散、乱”的特点，缺乏统一规划，数据库功能单一、技术陈旧，且缺乏有效维护，不少数据库发布一段时间后即处于不能打开的状态。2022年，浙江省建成发布“浙江省历史文献数字资源总库”，初步实现了对浙江全省古籍数字化发布平台的整合。建议借鉴其他省份的先进经验，远期建设全省统一的古籍文献数字化发布平台，对古籍数字化实现“五统一”，即统一规划、统一建设、统一平台、统一检索、统一发布。

5.7 结语

作为山东省公共图书馆传统文化阅读服务的主力，尼山书院经历了从无到有逐步发展壮大的过程，构建起良好的服务平台，形成有特色的服务内容体系和丰富的服务方式；各公共图书馆古籍部门也充分发挥馆藏优势，在古籍保护、古籍阅览服务及古籍活化利用等方面取得了一定成效。全省尼山书院和古籍部门每年开展数千场次的阅读活动，为社会民众提供丰富的传统文化“盛宴”，营造良好的传统文化阅读氛围，有力地促进了传统文化的传播、传承。到尼山书院和古籍部门感受、学习传统文化已经成为省内民众学习交流传统文化知识的重要途径。全省各级公共图书馆的尼山书院和古籍部门将持续努力，力争为全省人民提供更加优质的传统文化服务，成为山东省传承和弘扬中华优秀传统文化的重要平台。

第6章　数字阅读服务分报告

6.1 引言

数字化新媒体时代，读者对数字阅读的需求更加旺盛，公共图书馆顺应时代变化，为读者提供内容丰富、形式多样的数字资源。数字阅读在提升公共文化素养、推动图书馆转型发展等方面发挥着重要作用。

为掌握全省公共图书馆数字阅读服务开展情况，促进全省公共图书馆数字阅读服务高质量发展，由山东省图书馆牵头，编制并向山东省155个公共图书馆发放《山东省公共图书馆全民阅读服务调查问卷（图书馆）》。调查对象包含1个省级图书馆、16个市图书馆及138个县（区）图书馆。本次调研，图书馆问卷部分共有山东省145个县（区）级以上公共图书馆反馈有效数据，其中包括1个省级图书馆、16个市级图书馆和128个县（区）级图书馆。问卷收回后进行数据整理和分析，形成本报告。

6.2 数字阅读服务保障条件

6.2.1 数字资源建设总量

数字资源建设总量主要包含自建资源和购买镜像资源。截至2022年底，全省数字资源总量为14916.65TB，较去年有小幅增长。其中，山东省图书馆2021年、2022年数字资源总量分别为1847.96TB和1894TB；全省16市公共图书馆［市级馆和含县（区）级馆］中，济南市（含省馆）公共图书馆数字资源总量居全省首位，在2022年底达到2779.9TB；青岛市、滨州市次之。数字资源总量较少的市图书馆为日照市图书馆，2021年与2022年分别为148.8TB和218TB，但与2020年相比增长幅度较大。具体数据如图2-6-1所示。

在市级图书馆中，青岛市馆、淄博市馆、济南市馆近两年数字资源总量居全省前列，2021年分别是587.6TB、569.4TB、461.1TB，2022年分别是611TB、600.9TB、475.6TB。具体数据如图2-6-2所示。

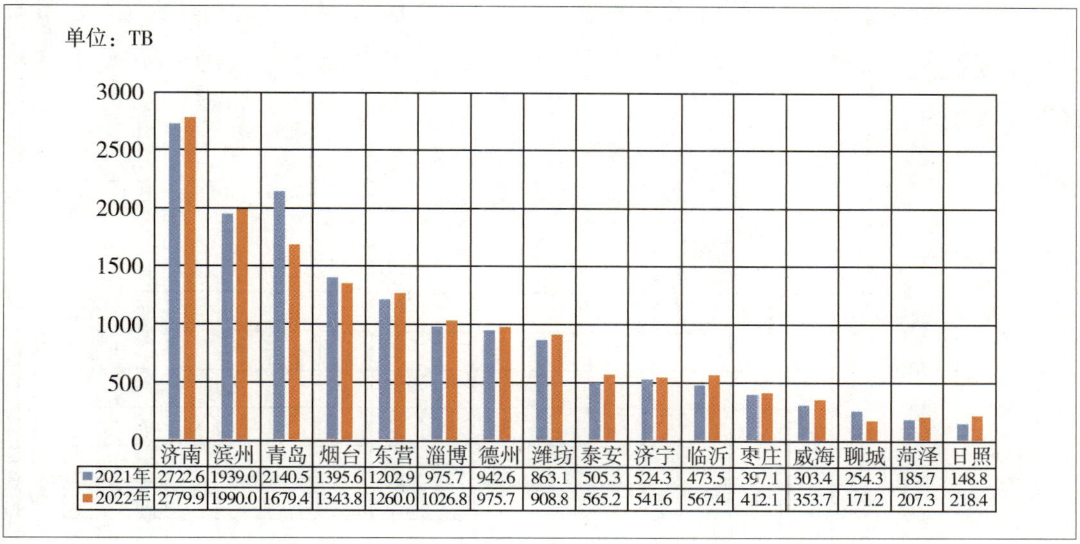

	济南	滨州	青岛	烟台	东营	淄博	德州	潍坊	泰安	济宁	临沂	枣庄	威海	聊城	菏泽	日照
2021年	2722.6	1939.0	2140.5	1395.6	1202.9	975.7	942.6	863.1	505.3	524.3	473.5	397.1	303.4	254.3	185.7	148.8
2022年	2779.9	1990.0	1679.4	1343.8	1260.0	1026.8	975.7	908.8	565.2	541.6	567.4	412.1	353.7	171.2	207.3	218.4

图2-6-1　全省各市公共图书馆数字资源总量

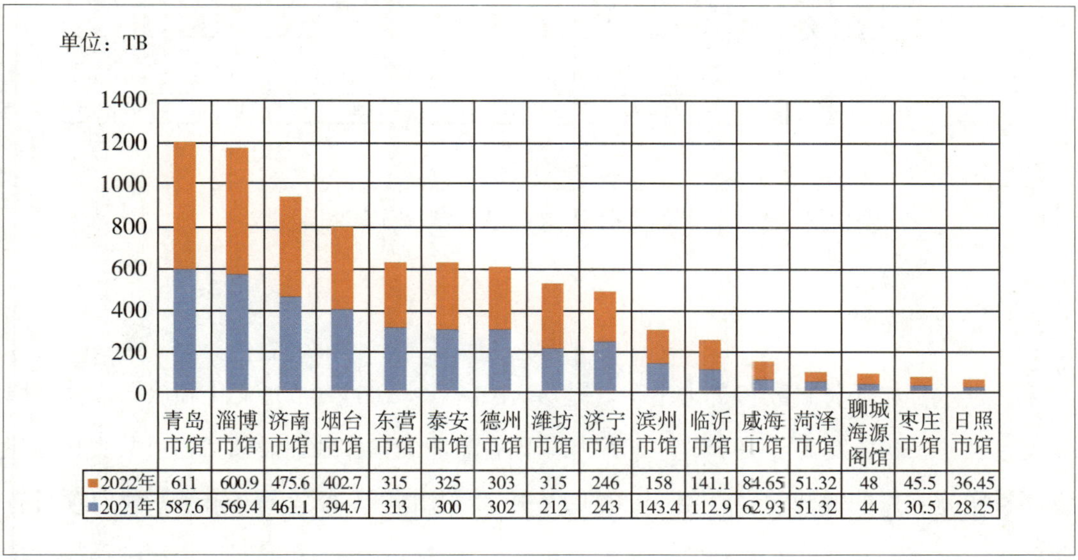

	青岛市馆	淄博市馆	济南市馆	烟台市馆	东营市馆	泰安市馆	德州市馆	潍坊市馆	济宁市馆	滨州市馆	临沂市馆	威海市馆	菏泽市馆	聊城海源阁馆	枣庄市馆	日照市馆
2022年	611	600.9	475.6	402.7	315	325	303	315	246	158	141.1	84.65	51.32	48	45.5	36.45
2021年	587.6	569.4	461.1	394.7	313	300	302	212	243	143.4	112.9	62.93	51.32	44	30.5	28.25

图2-6-2　全省市级公共图书馆数字资源总量

6.2.2 数字资源建设经费

数字资源的丰富和发展离不开经费的支持。省馆2021年共投入382万元用于数字资源建设，2022年共投入725万元用于数字资源建设，其中中央转移支付335万元，馆内数字资源采购经费390万元。

2021年与2022年全省16市公共图书馆［含县（区）馆］在数字资源建设上的支出，如图2-6-3所示，青岛市图书馆居全省首位，分别为292万元、433万元；其次是东营市图书馆，分别为247.8万元、195.7万元。最少的是威海市公共图书馆，2021年经费支出20万元，2022年没有经费支出数据。

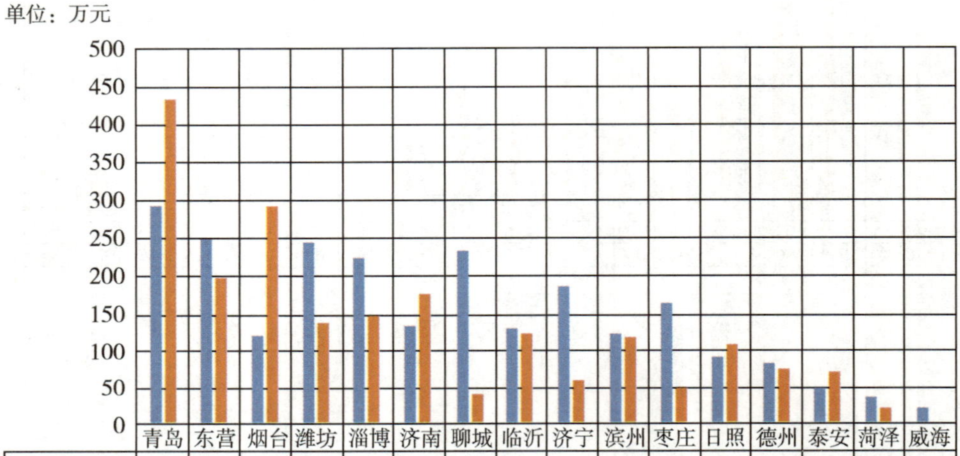

	青岛	东营	烟台	潍坊	淄博	济南	聊城	临沂	济宁	滨州	枣庄	日照	德州	泰安	菏泽	威海
2021年总费用	292.0	247.8	120.0	244.0	222.7	133.0	231.8	129.3	184.7	122.5	162.4	91.0	81.5	46.8	35.0	20.0
2022年总费用	433.0	195.7	290.0	138.0	147.0	174.3	38.0	123.4	55.6	117.5	47.8	107.8	73.0	68.9	20.4	0.0

图2-6-3　全省各市公共图书馆数字资源建设经费

6.2.3 基础数字资源建设

为进一步加强公共数字文化建设，提升全民阅读，2021年5月文化和旅游部公共服务司、财务司联合发文《关于做好2021年全国智慧图书馆体系建设项目、公共文化云建设项目实施工作的通知》（公共函〔2021〕6号），指出全国智慧图书馆体系建设项目有两项建设内容：一是开展基础数字资源和支撑平台建设；二是开展知识资源细颗粒度建设和标签标引。

基础数字资源建设包括围绕馆藏特色资源、公开课等开展数字资源建设，并对存量及新增数字资源进行OCR全文识别等基础化加工。基础数字资源建设以社会主义核心价值观为统领，以传承传播优秀传统文化、继承发扬革命文化、展示社会主义先进文化成果为目标，重点围绕中华优秀传统文化、红色革命文化、地方特色文化等主题开展建设。

2021年山东省各级公共图书馆主要针对地方文献、地方报纸及部分古籍共完成基础数字资源建设项目9个，详见表2-6-1。

表2-6-1 山东省公共图书馆2021年完成基础数字资源建设项目分布表

项目名称	承建单位
李清照专题文献数字化加工	济南市图书馆
古籍数字化项目	淄博市图书馆
古籍文献数字化	烟台图书馆
“烟台书”数字化	烟台图书馆
馆藏地方志基础数字资源建设项目	济宁市图书馆
馆藏古籍文献基础数字资源建设项目	济宁市图书馆
《济宁日报》基础数字资源建设项目	济宁市图书馆
地方图书数字化	威海市图书馆
特色音频建设	威海市图书馆

2022年山东省各级公共图书馆针对地方文献、地方报纸及部分古籍共完成基础数字资源建设项目8个，详见表2-6-2。

表2-6-2 山东省公共图书馆2022年完成基础数字资源建设项目分布表

项目名称	承建单位
山东文史资料数字化	山东省图书馆
《大众报（胶东）》数字化	山东省图书馆
微视频《面对面——馆藏珍贵文献揭示》	山东省图书馆
微视频《齐鲁乡村记忆》	山东省图书馆
古籍数字化	淄博市图书馆
烟台胶东红色文献数字化	烟台图书馆
近现代济宁地区地方志数字化	济宁市图书馆
明清和近代德州地区地方志数字化	德州市图书馆

6.2.4 知识资源细颗粒度建设和标签标引项目

按照《全国智慧图书馆体系建设方案》，细颗粒度建设是知识资源精细化加工任务，利用语义网、知识图谱、大数据、智能计算等技术，开展对基础数字资源的细颗粒度内容标识、关键知识点的标签和标引建设，实现资源的精细化揭示和知识化、专题化服务。重点建设内容有：一是数字资源及新型资源的精细化标引。重点围绕自有版权的地方特色文献、古籍、公开课、专题片等资源进行内容细粒度标引，对文本类资源实现篇章级、段落级的标引，实现主题词、关键词级的标引建设，对音视频类资源做关键词、主题词控制的内容标引。二是知识组织与专题揭示。在资源精细化标引的基础上，对各类资源进行重新聚类，形成主题化、专题化的分类揭示。三是新型数字资源建设。选择能够体现中华优秀传统文化、革命文化和社会主义先进文化的馆藏资源，开展VR、AR等新型数字资源建设，对各类图书馆特色资源进行创造性转化和创新性发展。

2021年山东省各级公共图书馆完成知识资源细颗粒度建设和标签标引数量54.2887万条，数据总存储量2.3TB，详见表2-6-3。

表2-6-3　山东省公共图书馆2021年完成知识资源细颗粒度建设和标签标引数量分布表

知识资源细颗粒度建设项目名称	承建单位	标签标引数量
滨州市地方文献细颗粒度标引	滨州市图书馆	14008条
滨州市无棣县细颗粒度标签标引	滨州市无棣县文化和旅游局	2247条
滨州市惠民县《渤海日报》旧报纸细颗粒度标引	滨州市惠民县文化和旅游局	2200条
滨州市阳信县细颗粒度标引	滨州市阳信县文化和旅游局	2200条
德州市地方图书细颗粒度标引	德州市图书馆	40009条
东营市知识资源细颗粒度建设和标签标引	东营市图书馆	12004条
东营市利津县知识资源细颗粒度建设和标签标引	东营市利津县图书馆	8003条
菏泽市地方文献细颗粒度标引	菏泽市图书馆	37552条
济南市李清照专题文献细颗粒度标引	济南市图书馆	50391条
济南地方志细颗粒度标引	济南市图书馆	
济宁市馆藏地方志细颗粒度标引	济宁市图书馆	37000条

续表

知识资源细颗粒度建设项目名称	承建单位	标签标引数量
济宁市地方图书细颗粒度标引	济宁市图书馆	28613条
济宁市《济宁日报》文本文件、广告等内容精细化标引	济宁市图书馆	24000条
聊城市《中国大运河历史文献集成》细颗粒度建设和标签标引	聊城市海源阁图书馆	18385条
聊城市高唐县细颗粒度建设和标签标引	聊城市高唐县图书馆	3991条
聊城市市莘县细颗粒度建设和标签标引	聊城市莘县图书馆	3257条
聊城市市阳谷县细颗粒度建设和标签标引	聊城市阳谷县图书馆	2351条
临沂市细颗粒度建设和标签标引	临沂市图书馆	21152条
临沂市沂水县细颗粒度建设和标签标引	临沂市沂水县文旅局	2866条
临沂市兰陵县细颗粒度建设和标签标引	临沂市兰陵县文旅局	2325条
临沂市蒙阴县细颗粒度建设和标签标引	临沂市蒙阴县文旅局	1551条
临沂市临沭县细颗粒度建设和标签标引	临沂市临沭县文旅局	1551条
临沂市郯城县细颗粒度建设和标签标引	临沂市郯城县文旅局	1550条
日照市地方文献细颗粒度标引	日照市图书馆	8459条
日照市莒县地方文献细颗粒度标引	日照市莒县图书馆	4541条
日照市五莲县地方文献细颗粒度标引	日照市五莲县图书馆	3075条
泰安市知识资源细颗粒度建设和标签标引	泰安市图书馆	13176条
泰安市东平县知识资源细颗粒度建设和标签标引	泰安市东平县图书馆	4321条
淄博市图书馆全国智慧图书馆体系建设	淄博市图书馆	31445条
威海市知识资源细颗粒度建设和标签标引5万条	威海市图书馆	50000条
烟台市细颗粒度建设和标签标引	烟台图书馆	50000条
滨州市地方文献细颗粒度标引	滨州市图书馆	14008条
滨州市无棣县细颗粒度标签标引	滨州市无棣县文化和旅游局	2247条
滨州市惠民县《渤海日报》旧报纸细颗粒度标引	滨州市惠民县文化和旅游局	2200条
滨州市阳信县细颗粒度标引	滨州市阳信县文化和旅游局	2200条
德州市地方图书细颗粒度标引	德州市图书馆	40009条

2022年山东省各级公共图书馆完成知识资源细颗粒度建设和标签标引数量34.8761万条，数据总存储量3.7TB，详见表2-6-4。

表2-6-4　山东省公共图书馆2022年完成知识资源细颗粒度建设和标签标引数量分布表

知识资源细颗粒度建设项目名称	承建单位	标签标引数量
馆藏地方报纸、文史资料、视频精细化标引	山东省图书馆	173049条
济南地方特色资源精细化标引	济南市图书馆	20000条
淄博地方文献精细化标引	淄博市图书馆	10000条
枣庄地方文献精细化标引	枣庄市图书馆	15102条
东营地方文献精细化标引	东营市图书馆	15032条
潍坊地方报纸精细化标引	潍坊市图书馆	15748条
泰安地方文献精细化标引	泰安市图书馆	12012条
威海地方文献精细化标引	威海市图书馆	15432条
临沂地方文献精细化标引	临沂市图书馆	15204条
日照地方文献精细化标引	日照市图书馆	15873条
聊城地方文献精细化标引	聊城市图书馆	16260条
滨州地方文献精细化标引	滨州市图书馆	10036条
菏泽地方文献精细化标引	菏泽市图书馆	15013条

6.3 数字阅读资源建设

6.3.1 自建数字资源

自建数字资源是图书馆根据馆藏特色和服务需求自主建设的资源库。省馆一直重视数字资源建设，近年来建立了佛经数据库、古籍珍本数据库、春节习俗数据库、山东近代建筑数据库等。此外，省馆对本馆特色讲座（如大众讲坛、尼山书院国学公开课、红色经典公开课等）进行录制，制成本馆讲座专题片，供读者学习。各地市公共图书馆均有不同主题的自建资源库，地方特色突出，主要分为三大类。

一是馆藏地方文献数据库，包括书目、文摘、全文等地方文献数据库。比如，济南市图书馆建有民国文献全文资源库，青岛市图书馆建有青岛地方文献图文数据库、青岛市图书馆民国文献索引数据库，东营市图书馆建有东营市地方志、年鉴数据库，潍坊市图书馆、济宁市图书馆、滨州市图书馆、聊城市海源阁图书馆等均建有地方文献资源库。

二是以地方历史文化、名胜古迹等内容为主题的资源库。济南市图书馆建设了李清照专题文献以及老街老巷、济南老照片、济南名泉等方面的资源库；青岛市图书馆建有青岛地方特色古籍数据库、琴岛文苑——青岛籍作家名人访谈录数据库，泰安市图书馆建有周郢读泰山、泰山民俗、泰山文化、泰山古籍等数据库，潍坊市图书馆建有潍坊市地方志全文数据库，威海市图书馆建有甲午战争特色资源库。

三是红色文化专题资源库。青岛市图书馆建有中共青岛党史数据库，临沂市图书馆建有临沂抗战革命遗址数据库，枣庄市图书馆建有台儿庄战役史料数据库，潍坊市图书馆建有“双百”人物中的共产党员数据库。

全省公共图书馆自建资源建设存在资源建设不平衡不充分问题，经济发达地区建设的数据库多，经济欠发达地区建设的少，市馆建设力量明显强于县（区）级公共图书馆。

6.3.2 数字资源采购

购买的数字资源库是图书馆数字资源建设的重要组成部分。省馆和市馆的电子图书数据库主要购买了超星汇雅书世界、方正阿帕比电子书，学术期刊数据库主要购买了中国学术期刊网络出版总库、万方数据学术期刊库等，电子期刊主要购买了龙源电子期刊阅览室、博看网络畅销期刊库，少儿类数据库主要购买了贝贝国学、妙趣手工坊等。

对比来看，省馆购买的资源库类型几乎涵盖了市馆购买的资源库种类。省馆与市馆购买的资源有交叉，省馆和12个市馆购买了知网、万方、超星数字资源库，省馆和7个市馆购买了维普数字资源库，省馆和5个市馆购买了龙源电子期刊阅览室，省馆和6个市馆购买了方正、看展览数字资源库。

省馆具有学术研究职能，购买的学术期刊数据库多，市馆侧重于大众服务，购买的资源库侧重于电子图书、人文期刊和少儿类资源库；县（区）馆经费偏少，购买的数据库数量较少。另外，经济发达地区的图书馆购买数据库较多。今后，要建立建议协调机制，推进联合采购、共建共享，避免资源重复建设，发挥经费的最大效益。

6.3.3 开放获取资源

开放获取（Open Access）是国际学术界、出版界、图书情报界为了推动科研成果利用互联网自由传播而采取的运动。其目的是促进科学及人文信息的广泛交流，推动利用互联网进行学科交流与出版，提升科学研究的公共利用程度，保障科学信息的长期保存。开放获取资源是网络上重要的共享学术信息资源，提供期刊论文全文的免费阅读是获取学术信息的一种新模式。

开放获取资源具有内容丰富、形式多样、获取便捷、更新迅速等特点，可以有效补充馆藏电子资源，提升馆藏质量，优化馆藏结构，提高服务水平，降低读者获取信息的成本。调查发现，各级公共图书馆对开放获取资源的重视程度不够，为读者提供此类服务的图书馆较少。

建议各级公共图书馆通过多种途径获取数字版权许可，充分开发公共领域资源，重视对开放获取资源的利用，加大宣传力度，积极为读者提供更丰富的数字阅读资源。

6.4 数字资源阅读基本服务

6.4.1 数字资源服务读者数量

数字资源具有便捷性、多样性、更新快、可交互、可检索等特点，增强了读者阅读体验。省馆在2021年和2022年用户总量分别为33.9万人和36.3万人，增长7.08%。

在全省各市图书馆中，数字资源服务人次居于前列的有烟台、潍坊等市级图书馆，其中烟台图书馆服务人次在2021年与2022年均处于首位，总人数达到756万。在全省16市图书馆中，有15个图书馆读者总量处于增长趋势，济宁市增长最高，同比增长138.6%。如图2-6-4所示。

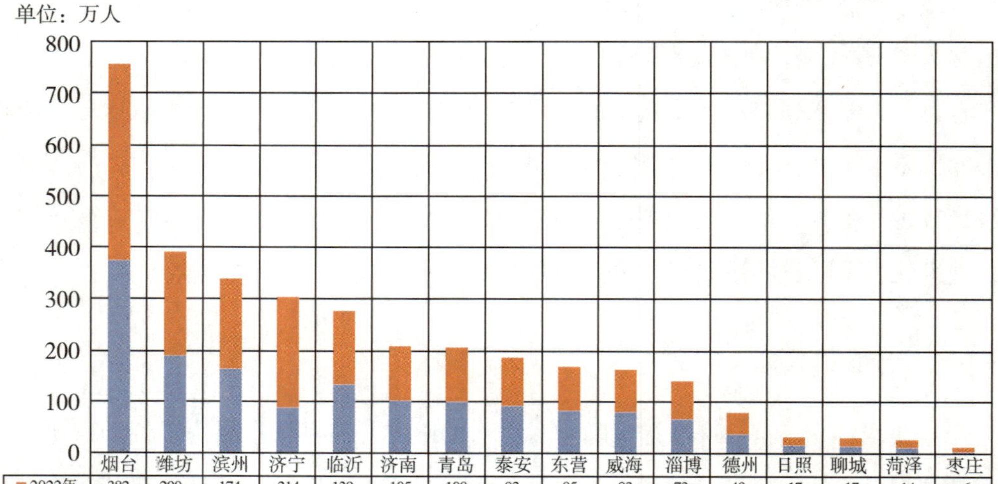

	烟台	潍坊	滨州	济宁	临沂	济南	青岛	泰安	东营	威海	淄博	德州	日照	聊城	菏泽	枣庄
2022年	382	200	174	214	139	105	108	93	85	83	73	40	17	17	14	6
2021年	374	190	165	90	136	103	99	94	84	81	68	39	16	14	13	5

图2-6-4　全省各市公共图书馆数字资源阅读服务读者数量

6.4.2 数字资源馆外访问数据

数字资源的访问形式更加多元化，用户可以通过互联网随时随地访问这些资源。全省公共图书馆（含省馆）中开通馆外访问服务的有123个，占比85%；其中全部数字资源均开通馆外访问服务有67个，占比46%，比2020年增长2%。目前尚未开通的图书馆中计划近期开通的有17个，不打算开通的有5个。在16个市级图书馆中，除聊城市海源阁图书馆外，已全部开通馆外访问。通过馆外访问，提高了便捷性，扩大了覆盖面，极大地提高了图书馆数字资源的服务效能。

在已经开通馆外访问的图书馆中，烟台、济宁、临沂三市辖区内图书馆开放馆外访问的数量居前三甲，分别为14个、11个和11个。如图2-6-5所示。

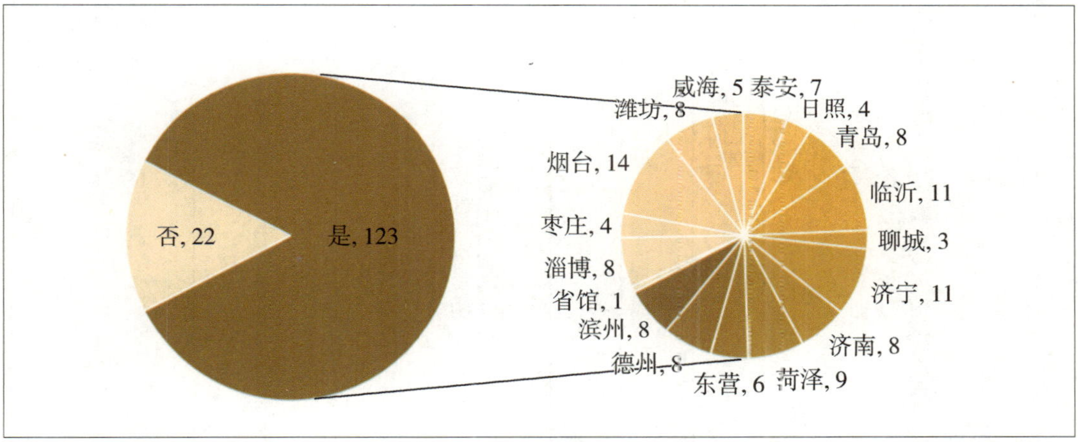

图2-6-5 2021—2022年全省各市公共图书馆数字资源馆外访问开通数量分布图

6.4.3 数字资源统一检索服务

数字资源统一检索可以通过一个平台或系统同时检索到多个数字资源库中的内容，进而提高检索效率和准确性。在145份问卷中，全省公共图书馆（含省馆）中开通统一检索服务的有112个，占比77.2%，比2020年增加12个馆，计划近期开通的有16个馆。

6.4.4 数字化服务平台

全省公共图书馆（含省馆）中建有数字化服务平台的共有113个，占比77.9%。主要通过微信公众号、图书馆网站、云图书馆、超星移动图书馆、微服务大厅为读者提供服务。服务内容基本类似，主要包含有声书资源、视频资源、在线阅读、图书查询、活动宣传等。

6.5 数字阅读活动

6.5.1 数字阅读推广活动

建设数字资源的目的在于利用，因此数字资源同样需要阅读推广。开展数字阅读推广活动的类型主要有举办阅读推广讲座、开展用户培训活动和建立共享机制等。

为提高公共数字文化服务效能，由省馆牵头于2017年6月成立全省公共图书馆数字资源共建共享联盟。近两年，全省16地市级图书馆与省馆共举办数字阅读推广活动2259次，共有2818573人参加。其中讲座与培训类举办590次，共有604618人参加。数字阅读推广活动1338次，共有745107人参加，其他类型数字阅读推广活动331次，共有1468848人参加，如图2-6-6所示。

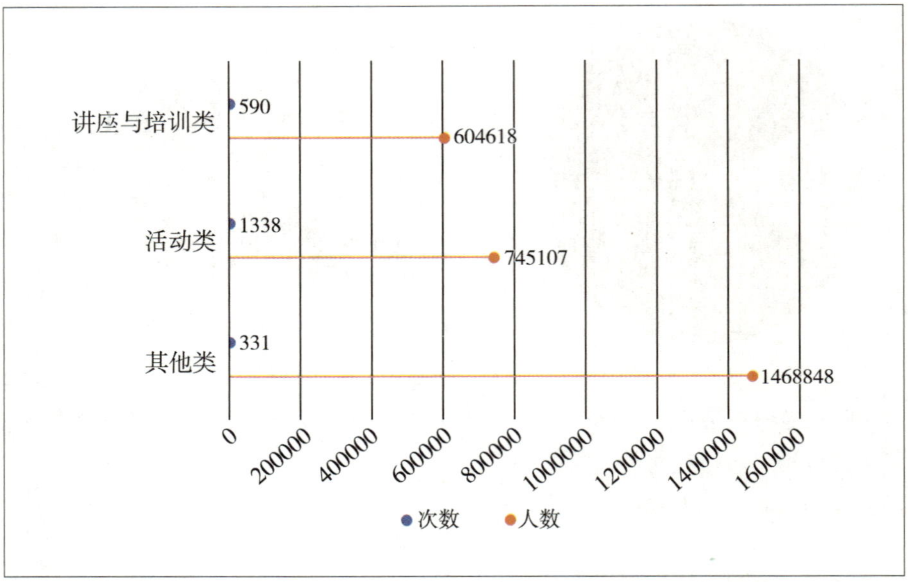

图2-6-6　2021—2022年市级公共图书馆数字阅读推广活动情况

讲座与培训类主要有线上直播课、灯塔故事会、云课堂系列、宅家课堂、科普加油站、妙趣手工坊、文津沙龙线上巡讲、线上讲座等。活动类主要有“线上手工课”，“线上知识答题”，“数字济图”系列阅读推广活动，“云阅读”，“我最喜爱的童书”图书推荐征集活动，“为爱朗读”亲子阅读活动，AR智慧阅读系列，古诗词大赛，“讲好黄河故事，弘扬黄河文化”线上有奖共读活动，“有声读物进渔船”，“喜迎新春，喝彩冬奥”听书打榜活动。数字阅读推广活动，提高了数字阅读的普及率和使用率，让更多读者了解和使用数字阅读，提升数字阅读服务效能。

6.5.2 微信公众号数字阅读服务

微信公众号是图书馆发布信息、阅读推广、开展活动的重要平台。图书馆通过微信公众号将文献信息咨询与服务推送到每一位读者手中，实现点对点精准化主动服务，还可以与读者互动，及时获取读者反馈。读者可以利用微信公众号查阅馆藏书刊、阅读电子书刊，还可以阅读微信公众号发布的文章，及时获取图书馆服务动态和信息。

全省公共图书馆（含省馆）中利用微信公众号提供服务的图书馆共有133个，占比91.7%。图书馆利用微信公众号为读者提供的数字阅读服务主要有：一是提供数字阅读资源，如电子书、有声读物、期刊、图片等；二是推荐数字阅读资源，如介绍数据库的使用方法、用二维码等形式推荐阅读资源，以促进数字阅读的普及和推广；三是开展数字阅读活动，如阅读打卡、阅读马拉松等活动。山东省16市公共图书馆利用微信公众号开展的部分服务情况，如表2-6-5所示。

表2-6-5　山东省部分公共图书馆微信公众号提供的数字资源和服务情况表

图书馆名称	服务
滨州市图书馆	数字资源：畅想之星电子书、数字展览资源、红色故事绘、云图有声、新语听书、新东方多媒体学习库等 服务：在线办证、馆藏查询、活动报名、积分查询、阅读报告单、数据公示、在线续借
德州市图书馆	数字资源：提供电子书、刊等资源
东营市图书馆	数字资源：贝贝国学、微信读书、超星读书、云图数字有声图书馆等20种数字资源 服务：发布馆内各种活动信息
菏泽市图书馆	数字资源：国图公开课、口袋故事、博看期刊、懒人听书、中华连环画阅读等
济南市图书馆	数字资源：济图综合数字阅读平台、“泉民悦读”公益数字阅读平台、“读联体”阅读平台等 服务：馆藏书目查询、借阅信息查询、图书续借预约、借还提醒、参考咨询等
济宁市图书馆	服务：图书推荐、检索、资讯
聊城市海源阁图书馆	数字资源：口袋故事、QQ阅读、懒人畅听、新语听书、中华诗词、海图连环画、看展览、电视新闻阅览、知识视界、传统文化百科、历史故事、聊城文化云、话说传统、红色故事会、中国数字图书馆等

续表

图书馆名称	服务
临沂市图书馆	数字资源：京合创新、QQ阅读、仁仁阅等20个平台，提供音频、视频、期刊、电子书、动漫等各类数字资源
青岛市图书馆	数字资源：青图悦读栏目 服务：微服务大厅内有图书检索、借阅查询、转借、青图U书、新书推荐等服务
日照市图书馆	数字资源：电子图书、视频、音频等各种资源 服务：每天都有相关信息更新，能够满足多样化需求
泰安市图书馆	数字资源：畅想之星、书香中国
威海市图书馆	数字资源：博看在线、走读荣成VR、超星读书、网络书香、爱读宝、晨星、中邮阅读、懒人听书、博看党建微刊、红色故事绘、中华诗词库、绘声绘色、书香中国、读联体等
潍坊市图书馆	数字资源：赛阅外文数字图书馆、贝贝国学教育数据库、看展览数字平台、博看微刊、QQ阅读、新语数字图书馆、仁仁阅数字阅读平台等 服务：馆情动态、活动信息、活动报名、借阅信息查询与续借、微信扫码借还、网上借书等服务
烟台图书馆	服务：微信公众平台有3个一级菜单，即“微服务大厅”“在线服务”和“读者服务”，下设9个二级菜单，包含馆内所有数字资源和公告类信息等。日常则通过每日推送，发布馆内活动及荐书信息
枣庄市图书馆	服务：图书推荐，美文欣赏，线上展览，线上讲座、论坛，亲子阅读，其他线上阅读活动，新闻热点，馆藏资源推介
淄博市图书馆	数字资源：超星读书、库克音乐、新语听书、爱不释书分级阅读、博学易知考试库、博学易知考研库、知识视界教育科普视频等

6.6 新型阅读空间建设

在第七次全国公共图书馆评估标准中，新型阅读空间指通过社会化合作方式建立的具有公共性、创意性、融合性等特点的阅读空间（如城市书房等）。全省公共图书馆（含省馆）中建有新型阅读空间的图书馆共有92家，占比63.4%。在16市图书馆和省馆中，有14家图书馆建有新型阅读空间，占比82.4%。各市图书馆新型阅读空间以城市书房为主，如奎虚书房、琅琊书房、创空间、望山书社、御龙山城市书屋、紫园城市书房等。枣庄市峄城区图书馆建有城市书咖，为读者提供图书阅览与咖啡服务；聊城市海源阁图书馆建有红色文化体验区，主要开展聊城本地红色文化教育推广服务；济南市图书馆在济南各县（区）建有泉城书房。各市建有新型阅读空间的图书馆数量如图2-6-7所示。

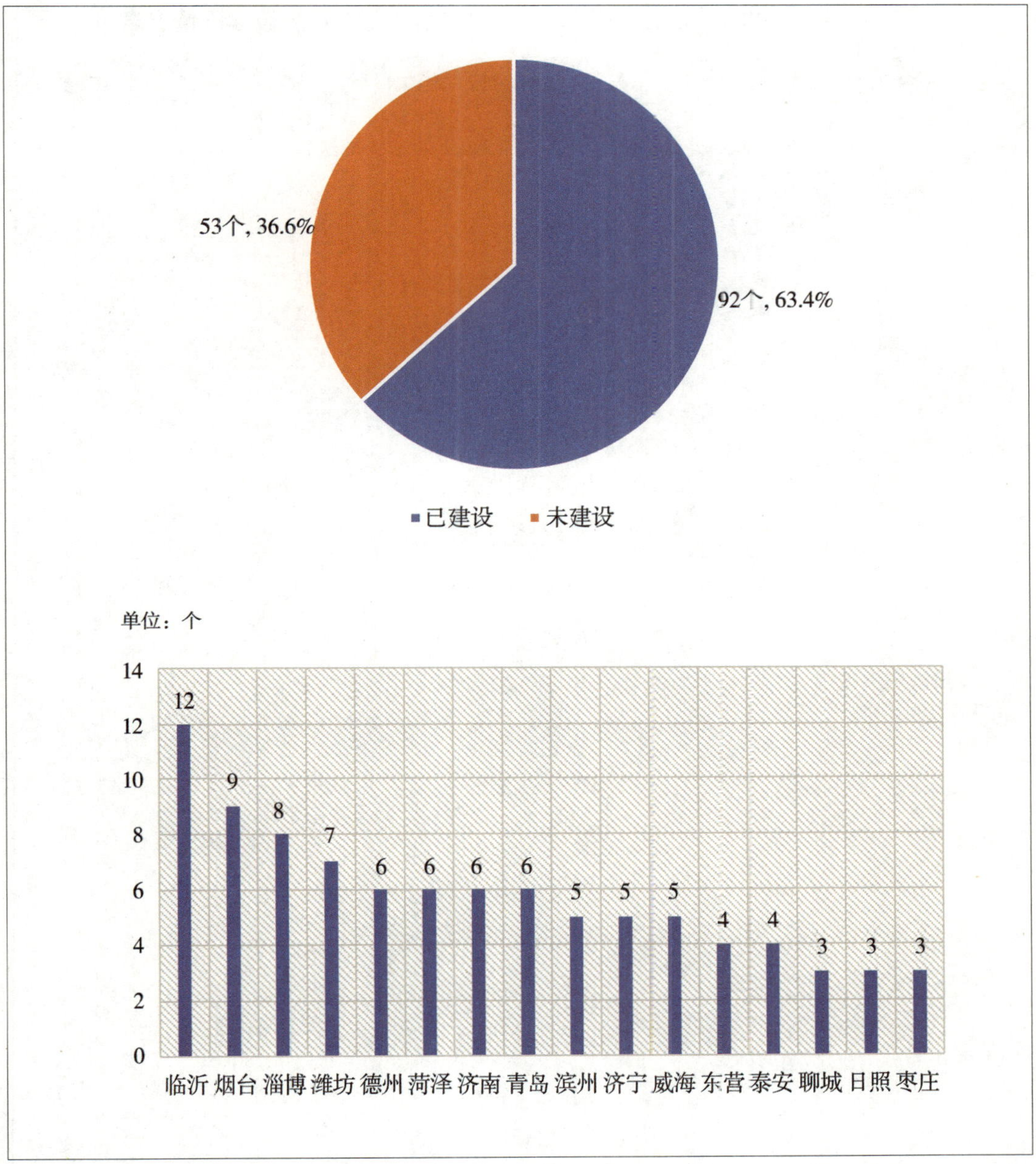

图2-6-7　2021—2022年全省各市公共图书馆新型阅读空间建设情况

6.7 智慧应用场景建设

全省公共图书馆（含省馆）中设立智慧阅读场景的图书馆共有99个，占比68.3%。在省馆和16市图书馆中，有16个馆建有新型阅读空间，占比94.1%。部分智慧应用场景建设情况如表2-6-6所示。

表2-6-6　2021—2022年部分公共图书馆智慧应用场景建设情况表

图书馆	智慧应用场景	数量
山东省图书馆	智慧书架	3
	智能盘点机器人	1
	总馆智能机器人	1
	沉浸式AR智慧阅读互动台	1
	极速掌静脉自助借还机	1
	少儿智能机器人	1
	5G阅读树	2
滨州市图书馆	人脸识别借阅图书	2
	微信在线办证	1
	智能咨询引导机器人	1
	智慧孪生图书馆	1
	VR文旅资源库	1
	AR智慧阅读	1
	AR互动百科	1
	智能书架	6节
	虚拟数字人	1
德州市图书馆	智能咨询机器人	1
东营市图书馆	电子书借阅机	3
	电子读报机	2
	贝贝国学机	2
	导航触摸屏	1
	AR互动百科触摸屏	1
济南市图书馆	大数据智慧墙	1
济宁市图书馆	智能检索	1
	智能盘点机器人	1
	智能书架	1
聊城市海源阁图书馆	红色文化体验	1
	心理科普阅读	1

续表

图书馆	智慧应用场景	数量
聊城市海源阁图书馆	艺术视听体验	1
	智能分拣机器人	1
	数字国学体验	1
青岛市图书馆	知识视界少儿视频图书馆	1
	全景看青岛VR体验设备	1
	智能引导咨询顾问机器人	1
	VR阅读一体机	1
	智慧墙大数据分析系统	1
日照市图书馆	智能服务型机器人	6
	云屏数字阅读机	10
	智能瀑布屏	2
泰安市图书馆	VR智慧空间	1
威海市图书馆	新华书店24小时智能书柜 市民文化活动公园城市书房智能书柜	2
	AR互动百科立体书	1
	无人值守门禁系统	7
	智能自助借还机	10
	走读荣成VR	1
潍坊市图书馆	数字阅读体验馆	—
	体感互动室	—
	电子文献播放厅	—
烟台图书馆	廉政图书阅读角	1
	智慧悦读空间	1
	VR百科体验	1
	3D百科空间	1
枣庄市图书馆	AR智慧阅读机	1
	触控数字阅读	1
淄博市图书馆	智慧书架	5
	AR全景智慧应用	1

续表

图书馆	智慧应用场景	数量
淄博市图书馆	爱不释书3D互动立体书	5
	AR互动百科立式一体机	1
	微服务大厅公众号机器人咨询	1

6.8 结语

随着互联网的普及，人们获取信息和知识的渠道越来越多样化和便捷化。数字阅读服务通过提供多样化的内容和便捷的阅读方式，满足了读者在时间和空间上的需求，让读者能够随时随地获取所需信息和知识。

第一，以需求为导向，数字资源配置与用户需求的契合度不断提高，在数字资源总量、资源类型与服务读者数量上均有所提高，从而为用户提供更好的使用体验和服务。

第二，以读者为中心，提高数字资源使用的便捷性。各级图书馆应不断优化在线注册服务体验，关注公众号即可阅读平台资源。加大了资源的开放力度，开通数字资源馆外访问，与传统的纸质阅读相比，数字阅读服务可以提供更好的视觉和听觉享受。

第三，为适应不同读者的阅读习惯，图书馆紧跟智能终端的更新，将数字资源服务推送至微博、微信、移动APP，方便读者随时获取信息资源。

第四，充分发挥数字资源优势，创新数字阅读推广形式，举办线上答题、共读一本书、线上看展览等活动，吸引读者参与数字阅读。

第五，提高共享机制实效。为缓解全省公共图书馆数字阅读服务不平衡不充分的矛盾，山东省图书馆牵头成立了数字资源共建共享联盟，借助数字山东一山东省公共图书馆数字资源联盟共享服务平台项目，整合山东省公共图书馆数字资源，为全省读者提供数字阅读服务，真正做到公共文化服务均等化，切实解决公共图书馆服务“最后一公里”问题。

第7章　新媒体服务分报告

7.1 引言

作为公共文化服务机构，公共图书馆一直致力于为社会大众提供优质的阅读和学习资源。随着新媒体技术的不断发展，新媒体平台成为公共图书馆为读者提供服务、与读者进行互动、向读者推荐馆内资源的重要渠道。随着国内新媒体行业的发展，公共图书馆的新媒体服务也呈现多样化、多平台并行化的趋势。除了微信公众平台和微博这两个影响力较大的综合性服务平台，越来越多的图书馆在抖音、微信视频号、哔哩哔哩（简称“B站”）、小红书、头条号、百家号、喜马拉雅等音视频平台、社区开通账号，并向读者推送内容。如何在信息服务方式更加多元化的当下更好地发挥公共图书馆的资源优势和人才优势，在新媒体内容提供领域持续提高影响力，是公共图书馆学界和业界需要共同关注的话题。本报告旨在对山东省区域内省、市、县（区）三级公共图书馆的新媒体服务进行全面的梳理和持续的跟踪研究，为省域内公共图书馆新媒体服务的发展提供指导。

7.2 山东省公共图书馆新媒体平台现状

7.2.1 数据来源

本次调研数据主要来源于：

一是问卷调查，向154个公共图书馆发放调查问卷，共收回145份问卷。

二是山东省图书馆参考咨询部编辑的《全国公共图书馆微信微博监测月报》。该月报自2012年开始对全国公共图书馆微博数据进行实时监测，2015年将微信公众平台数据纳入监测范围。目前监测对象已涵盖2460个县（区）级以上公共图书馆的微信和615个官方微博，数据翔实完整，是分析公共图书馆微博、微信的重要资料。

三是从2021年开始，山东省图书馆对全国公共图书馆的抖音、微信视频号和哔哩哔哩账号进行动态监测，并推出了《全国公共图书馆视频服务监测季报》，为本报告提供了抖音和微信视频号方面的数据资料。

7.2.2 总体概况

7.2.2.1 新媒体平台开通情况

根据调查数据，山东省公共图书馆开通的新媒体服务有两个特点。一是聚集性，山东省公共图书馆的新媒体服务多集中在微信公众平台、微博、微信视频号和抖音四个影响力较大的平台，其中微信公众号开通比例最高，高达95.9%；其次是微博，达到59.3%；微信视频号排在第三位，有21.4%的图书馆开通账号并提供服务（见表2-7-1）。二是平台多元化，在头条号、小红书、喜马拉雅、QQ公众号等平台，也有少量图书馆开通账号并提供服务。在坚持深耕高影响力平台的同时，打造多样化的新媒体服务平台是拓展读者服务覆盖范围的重要策略。

表2-7-1　开通新媒体平台的图书馆数量

新媒体平台	图书馆数量（个）	占比
微信公众号	139	95.9%
微博	86	59.3%
微信视频号	31	21.4%
抖音	21	14.5%
快手	4	2.8%
头条号	6	4.1%
小红书	6	4.1%
QQ公众号	4	2.8%
音频平台	4	2.8%

表2-7-2是对各图书馆拥有新媒体平台数量的统计，从中可以看出，省、市、县（区）三级图书馆中，有26.2%的图书馆只开通了1个平台，44.8%的图书馆开通了2个平台，开通3个以上平台的占27.6%。其中，临沂市费县图书馆开通了8个平台，济宁市

图书馆开通了6个平台，菏泽市定陶区图书馆有5个平台。这说明山东省的公共图书馆在新媒体矩阵建设中还存在平台数量较少的问题。各级图书馆应充分认识新媒体的重要性，不断加大新媒体平台建设力度，不断扩充新的服务平台，提高新媒体矩阵的服务能力。

表2-7-2 图书馆开通的新媒体平台数量

开通新媒体平台数量（个）	图书馆数量（个）	占比
0	2	1.3%
1	38	26.2%
2	65	44.8%
3	25	17.2%
4	12	8.3%
5	1	0.7%
6	1	0.7%
8	1	0.7%

7.2.2.2 新媒体平台运营规范情况

据统计，全省有95个图书馆出台了新媒体平台运营规范，占全部调查图书馆的65.5%，比2020年提高了8.6个百分点。其中市级及以上馆占比达到82.4%；县（区）级馆稍低，也达到了63.3%。从数据可知，虽然近两年来山东省公共图书馆新媒体运营的规范化程度有较大幅度的提高，但是县（区）级图书馆新媒体运营的规范化程度仍然较低，各馆应该提高新媒体运营的科学化、规范化水平，促进新媒体服务的健康发展。

表2-7-3 2021—2022年出台新媒体运营规范的图书馆占比

	图书馆数量（个）	出台新媒体运营规范的图书馆数量（个）	占比
省、市级馆	17	14	82.4%
县（区）级馆	128	81	63.3%

注：表中图书馆数量是收回问卷的图书馆数

在运营规范性方面，专人负责制的管理模式是提升公众平台影响力的有效方式。在微信公众平台方面，全省17个省、市级图书馆中有13个设置了专人负责运营维护，2个图书馆采用了业务外包的方式；128个县（区）级馆中，有91个设置了专人负责，占比71.1%；另有7个县（区）级馆是业务外包，占比5.5%。

经过与两年前的大数据进行对比，山东省公共图书馆在新媒体运营的制度建设方面取得了较大的进步，平台运营、管理机制更成熟、更稳定，为促进新媒体服务水平奠定了基础。

7.2.3 微信公众平台

7.2.3.1 省、市级图书馆微信公众平台

7.2.3.1.1 开通数量

山东省16个市级图书馆和省图书馆全部开通微信公众平台，开通数量如表2-7-4所示。

表2-7-4　2021—2022年市级以上图书馆开通微信公众平台数量

公众号数量	图书馆名称
2个	济南市图书馆
	日照市图书馆
	泰安市图书馆
	威海市图书馆
	淄博市图书馆
	聊城市图书馆
	临沂市图书馆
1个	山东省图书馆
	滨州市图书馆
	德州市图书馆
	东营市图书馆
	菏泽市图书馆
	济宁市图书馆
	青岛市图书馆
	潍坊市图书馆
	烟台图书馆
	枣庄市图书馆

山东省市级以上图书馆全部开通了微信公众平台，共有24个公众号，其中，订阅号17个，服务号7个。有7个馆开通了2个公众号，即同时运营一个订阅号和一个服务号。此种

策略能够最大限度地利用微信公众平台的推文数量政策和服务工具，达到效能最大化。

7.2.3.1.2 粉丝数量

粉丝数量在一定程度上反映了公众平台的服务能力和覆盖范围大小。经过统计，截至2022年底，全省16个市级图书馆和省图书馆微信公众平台共有粉丝1542365人，比2020年增长了70.9%，这表明山东省市级和省图书馆的微信公众平台运营情况良好，影响力和传播范围持续增长。粉丝总数居前十位如图2-7-1所示，对于有2个公众号的馆，粉丝数量是将两个公众号粉丝数量相加。

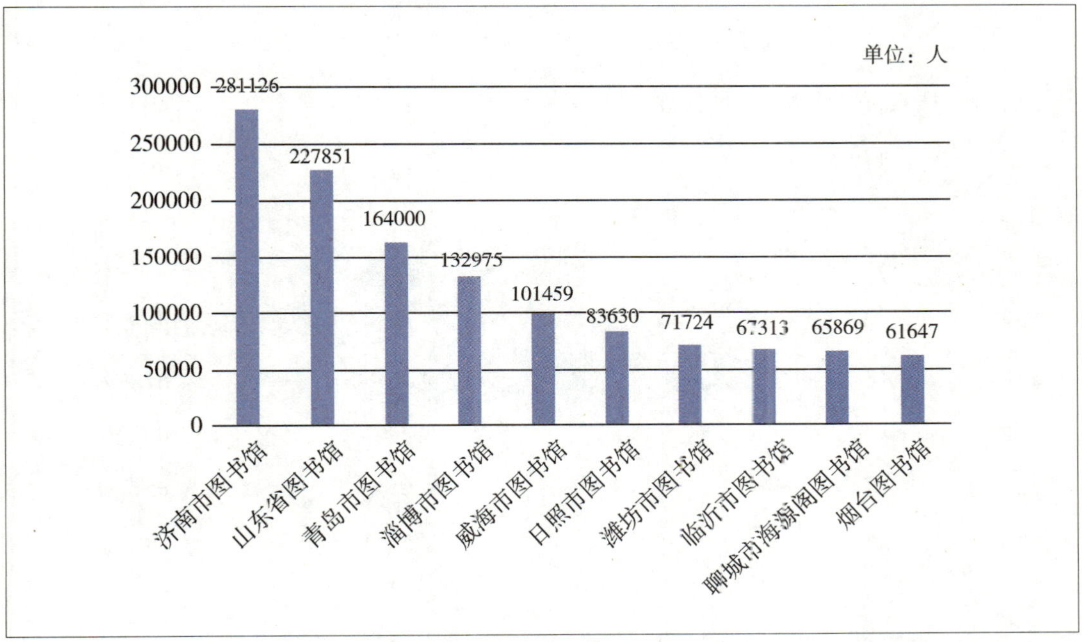

图2-7-1　2021—2022年市级及以上公共图书馆微信公众平台粉丝数前十位

粉丝数量超过20万的图书馆有2个，分别是济南市图书馆（281126人）和山东省图书馆（227851人）。粉丝数10万—20万的有3个馆，分别是青岛市图书馆（164000人）、淄博市图书馆（132975人）和威海市图书馆（101459人）。以上6个图书馆微信公众平台粉丝数量多，影响力较大。然而有11个图书馆的微信公众号粉丝低于均值，占比64.7%，虽然较两年前比值有所减少，但是仍然说明市级图书馆在读者中的影响力偏低。

7.2.3.2 县（区）级图书馆微信公众平台

7.2.3.2.1 开通数量

根据调查问卷和《全国公共图书馆微信微博监测月报》的统计结果，山东省137个县（区）级图书馆中，133个开通了微信公众平台，开通率为97.1%。128个图书馆有经过官方认证的公众平台，约占全部图书馆的93.4%。如表2-7-5中所示，有6个市的县（区）级馆开通并认证率为100%，分别是烟台市、青岛市、菏泽市、滨州市、东营市和威海市。

表2-7-5　2021—2022年各市、县（区）级图书馆微信公众平台开通情况

地级市	图书馆数量（个）	开通微信公众平台的图书馆数量（个）	有认证微信公众平台的图书馆数量（个）	有认证微信公众平台的图书馆占比
烟台市	13	13	13	100.0%
济宁市	12	12	10	83.3%
临沂市	12	12	11	91.6%
德州市	11	11	10	90.9%
济南市	11	11	10	90.9%
青岛市	10	10	10	100.0%
潍坊市	12	11	10	83.3%
菏泽市	9	9	9	100.0%
淄博市	8	8	7	87.5%
滨州市	7	7	7	100.0%
聊城市	7	6	6	85.7%
泰安市	6	5	5	83.3%
枣庄市	6	5	5	83.3%
东营市	5	5	5	100.0%
日照市	4	3	3	75.0%
威海市	4	4	4	100.0%

山东省县（区）级图书馆共有认证微信公众平台133个，其中荣成、邹平、微山、巨野、利津、青州等县（区）馆有2个公众平台。其中订阅号111个，服务号22个。可见县（区）级图书馆公众平台也是以订阅号为主，其开设公众平台的主要功能是信息传播。

7.2.3.2.2 粉丝数量

根据调查数据，截至2022年底，121个有认证公众平台的县（区）级馆的粉丝总量为1474489人，平均每个公众平台12185人，低于均值的有87个图书馆，占比为71.9%。

从分布范围来看（见图2-7-2），粉丝超过1万人的图书馆有44个，占36.4%，比2020年增长了21.8%；粉丝量在5000到1万人的有29个，占比24.0%；粉丝量在1000到5000人的有40个，占比33.1%；粉丝不足1000人的有8个。

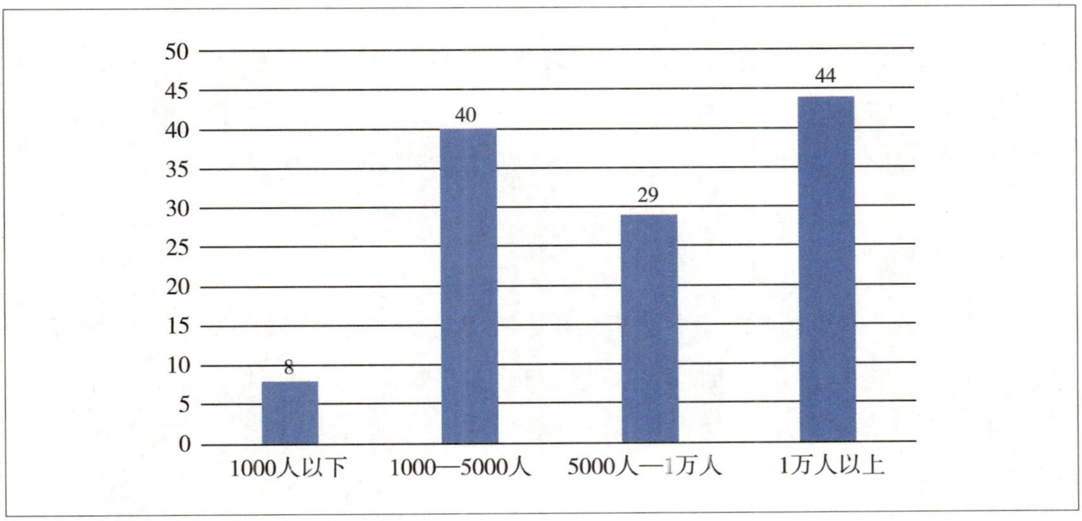

图2-7-2　2021—2022年县（区）级图书馆微信公众平台粉丝数量分布

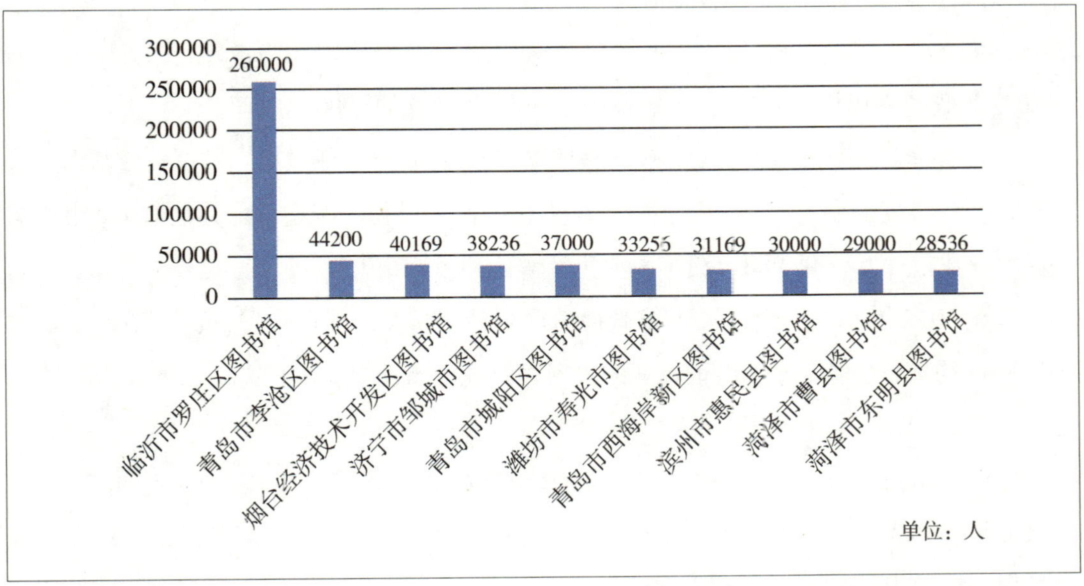

图2-7-3　2021—2022年全省县（区）级图书馆微信公众平台粉丝数前十位

由图2-7-3可知，临沂市罗庄区图书馆粉丝数高达26万，高居第一位。青岛市李沧区图书馆和烟台经济技术开发区图书馆粉丝数分别是44200人和40169人，排在第二名和第三名。济宁市邹城市图书馆居第四名，共有38326名粉丝。青岛市城阳区图书馆粉丝数为37000人，排在第五名。潍坊市寿光市图书馆排在第六名，粉丝数为33256人。青岛市西海岸新区图书馆和滨州市惠民县图书馆粉丝数达到或超过了3万，排在第七名和第八名。菏泽市曹县图书馆共有29000名粉丝，排在第九名。菏泽市东明县图书馆排在第十名，粉丝数为28536人。

虽然与2020年相比山东省县（区）级馆微信公众平台的粉丝数量有了大幅增长，但是相比庞大的人口基数，该数据仍然偏低。县（区）级馆应该加大微信公众平台的营销力度，可以通过举办赠书、抽奖、读书活动等吸引读者的关注，扩大影响力。

7.2.4 微博

自2009年，山东省各级图书馆相继开通微博服务。截至2022年12月，全省有80个公共图书馆开通官方认证微博账号，包含1个省级馆，16个市级馆（含原莱芜市图书馆[①]）和63个县（区）级馆，共有1个市级图书馆、73个县（区）级馆未开通或已注销微博账号。与2019—2020年的微博账号数据相比，山东省公共图书馆的微博账号数量没有明显变化。

7.2.4.1 省、市级图书馆微博情况

山东省图书馆微博账号自2011年3月开通以来，持续为广大读者开展阅读服务，截至2022年底，累积粉丝4.7万人，较2019—2020年增长约8000名粉丝。

全省16个市级图书馆中，泰安市图书馆尚未开通官方认证微博。各馆微博基本正常更新，部分馆疫情期间仍持续提供线上服务，因而账号粉丝普遍增加，已有7个市级馆微博粉丝数量过万，两年间市级馆微博粉丝增长12.6万余人。

截至2022年底，济南市图书馆微博粉丝量达8万人，排在全省首位，粉丝数量较2020年底约增长2倍，展现出了较强的吸引力。菏泽市图书馆粉丝总量跃升至全省第二名，约是2020年底粉丝数的19倍，涨幅惊人。

省市级馆粉丝数量的普遍增加，与2021—2022年实体图书馆因疫情防控闭馆限流、将服务转移到线上有较大关系。粉丝增量越大的账号，其微博线上服务活跃度越高，两者呈现一定的相关性。

---

① 2019年莱芜市图书馆更名为济南市第二图书馆，2020年并入济南市图书馆，原莱芜市图书馆微博仍存在。

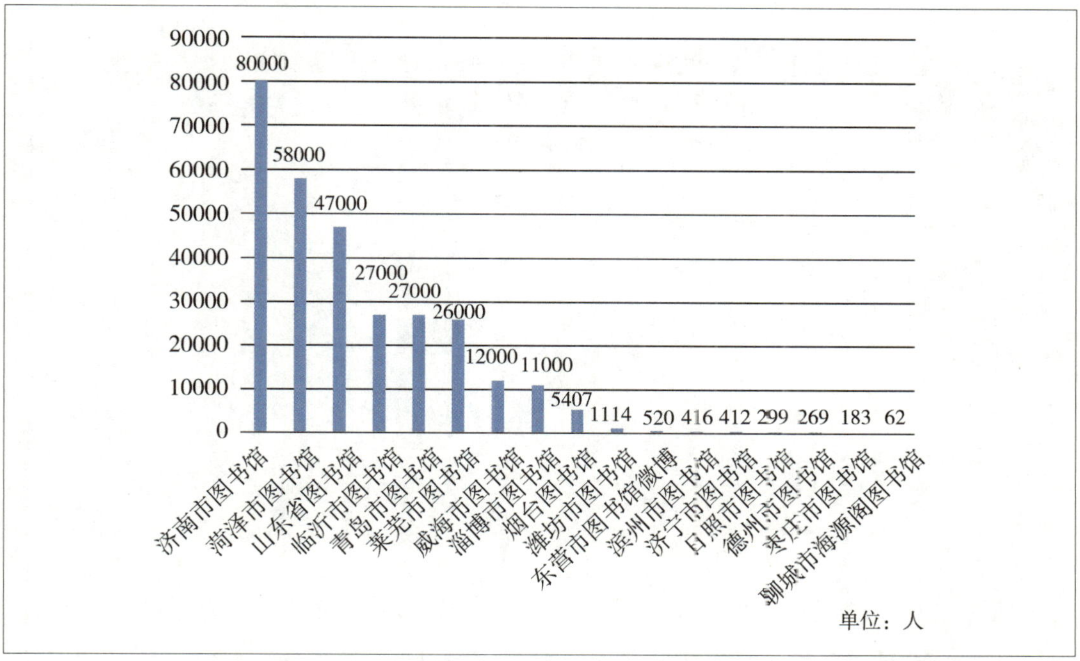

图2-7-4　2021—2022年省、市级图书馆微博粉丝量

7.2.4.2 县（区）级图书馆微博

7.2.4.2.1 账号情况

截至2022年底，全省共有137个县（区）级图书馆，其中开通认证微博64个，开通而未认证微博10个，未开通微博或已注销共63个。即山东省县（区）级图书馆微博开通率达54.0%，此比重在全国31个省（自治区、直辖市）中名列前茅。

表2-7-6　2021—2022年县（区）级图书馆微博开通认证情况表

城市	县（区）级馆数量（个）	开通且认证图书馆数量（个）	开通未认证图书馆数量（个）	未开通图书馆数量（个）	开通认证率
菏泽	9	8	1	0	88.9%
淄博	8	6	1	1	75.0%
威海	4	3	0	1	75.0%
青岛	11	7	0	4	63.6%
东营	5	3	0	2	60.0%
济南	11	6	0	5	54.5%
烟台	13	7	1	5	53.8%
德州	11	5	1	5	45.5%

续表

城市	县（区）级馆数量（个）	开通且认证图书馆数量（个）	开通未认证图书馆数量（个）	未开通图书馆数量（个）	开通认证率
滨州	7	3	2	2	42.9%
潍坊	11	4	0	7	36.4%
临沂	12	4	2	6	33.3%
聊城	7	2	1	4	28.6%
济宁	12	3	0	9	25.0%
日照	4	1	1	2	25.0%
枣庄	6	1	0	5	16.7%
泰安	6	1	0	5	16.7%

菏泽市下辖的8个县（区）级馆均开通了认证微博，其开通认证率为全省第一；其次是淄博市、威海市，微博开通认证率均为75%。滨州市、临沂市下辖的无棣县图书馆、临沭县图书馆微博由未认证状态转为官方认证微博，两市开通认证率略有提高。济宁、日照、枣庄、泰安四市开通认证率依然较低。县（区）级馆微博账号分布情况与两年前基本一致，没有新的县（区）级馆微博账号开通。2021—2022年，疫情防控对实体馆服务的限制未对山东省县（区）级图书馆微博服务有明显促进，这与受众更倾向于短视频和微信平台有较大关系。

7.2.4.2.2 粉丝数量

截至2022年底，已知数据的62个县（区）级馆微博中，微博粉丝总数20363人，平均每个微博328人，低于均值的账号48个，占比77.4%。与县（区）级馆实际应服务人口相比，县（区）级馆微博粉丝总数可忽略不计；与2022年底全国县（区）级馆每微博730人粉丝均值[①]相比，不足其二分之一。

从粉丝数量分布看，超过1000人的图书馆有3个，分别是青岛市市北第一图书馆（4021人）、青岛西海岸新区图书馆（3604人）和青岛市市南区图书馆（2383人）。粉丝数量为100—999人的图书馆有28个，占比45%；不足100人的县（区）级馆31个，占比50%。截至2022年底，青岛市市北第一图书馆取代青岛西海岸新区图书馆成为山东省微

① 山东省图书馆决策参考.2022年12月全国公共图书馆微信微博监测月报·县级馆分册［EB/OL］.［2023-4-16］.https：//mp.weixin.qq.com/s/4r4jQQliHT5oyP8J17mVCQ.

博粉丝数量最多的县（区）级馆。

县（区）级馆微博平台粉丝数量整体偏少，两年间不增反减，这与大部分县（区）级馆微博缺乏线上服务、活跃度较低，甚至放弃运营维护有关，也与受众转向崛起的短视频平台相关。

7.2.5 抖音

7.2.5.1 开通数量

抖音是目前最受欢迎的短视频类APP，截至2022年底，抖音注册用户数达到了8.7亿，日活跃用户数超过6亿。庞大的抖音用户群体为公共图书馆提供了一个绝佳平台。截至2022年底，山东省各级公共图书馆共开通抖音账号41个，其中已认证的账号有22个，已开通但没认证的有19个。

从级别来看，省级和市级馆认证的官方账号共10个，包括山东省图书馆（青春鲁图）、济南市图书馆、烟台图书馆、淄博市图书馆、潍坊市图书馆、临沂市图书馆、滨州市图书馆、菏泽市图书馆、枣庄市图书馆（“书香润枣庄”）和威海市图书馆；县（区）级馆共12个，包括临沂市临沭县图书馆、济南市商河县图书馆（“商图君”）、临沂市沂南县图书馆、聊城市临清市图书馆、烟台市海阳市图书馆、东营市广饶县图书馆、淄博市高青县图书馆、菏泽市东明县图书馆、济宁市嘉祥县图书馆、青岛市李沧区图书馆、潍坊市诸城市图书馆和淄博市博山区图书馆，占县（区）级馆总数的8.8%。

从开通数量来看，受到运营资金、视频制作成本、运营管理人才等因素影响，县（区）级馆开通抖音平台的比例较低，不利于公共图书馆新媒体矩阵的建设。

7.2.5.2 开通时间和粉丝数

从调查数据来看，提供开通时间且有官方认证抖音账号的共19个馆，这些抖音账号的开通时间如表2-7-7所示。最早开通抖音账号的时间是2018年，表明山东省图书馆界对新媒体宣传具有较高的敏感度。2021年和2022年共开通了12个账号，占比63.2%。

表2-7-7　山东省公共图书馆抖音账号开通时间

年份	账号数量
2018	4
2020	3
2021	2
2022	10

截至2022年，山东省各级公共图书馆抖音共有粉丝102588人，其中省级和市级共有98264人，县（区）级4324人。省级和市级馆粉丝数如表2-7-8所示。

表2-7-8　省级和市级图书馆抖音号粉丝数

抖音名	粉丝数（人）
临沂市图书馆	86000
潍坊市图书馆	4866
青春鲁图	3434
威海市图书馆	1120
济南图书馆	1005
烟台图书馆	847
菏泽市图书馆	644
滨州市图书馆	226
淄博市图书馆	88
书香润枣庄	34

从表2-7-8可知，临沂市图书馆粉丝数最多，共有86000人，领先优势较大，是唯一一个粉丝数突破1万人的图书馆。潍坊市图书馆排在第二名，粉丝数为4866人。“青春鲁图”（山东省图书馆）共有3434人，排名第三。威海市图书馆和济南市图书馆粉丝数都突破了1000人，排在第四和第五名。其余5个抖音账号粉丝数都少。

县（区）级馆抖音账号粉丝数如表2-7-9所示。

表2-7-9　县（区）级图书馆抖音号粉丝数

抖音名	粉丝数
临沭县图书馆	1947
嘉祥县图书馆	838
博山区图书馆	456
商河县图书馆（“商图君”）	225
广饶县图书馆	222
高青县图书馆	137
沂南县图书馆	118

续表

抖音名	粉丝数
诸城市图书馆	106
青岛市李沧区图书馆	99
临清市图书馆	83
东明县图书馆	50
海阳图书馆	43

如表2-7-9所示，临沭县图书馆粉丝数最多，有1947人；嘉祥县排名第二，有838人；第三名是博山区图书馆，有456名粉丝。其余9个县（区）级馆账号粉丝数都不足500人，其中有3个账号粉丝不足100人。

从以上数据可以看出，市级以上图书馆抖音平台的粉丝数较多，影响力较大，县（区）级馆的抖音平台粉丝数平均值仅为360人，传播力和影响力仍有待提高。

7.2.6 微信视频号

7.2.6.1 开通数量

微信视频号在2020年正式上线，由于和微信客户端及微信公众号深度绑定，因此该短视频应用在短时间内积累了大量客户，也是基于此，越来越多的公共图书馆开通了微信视频号，以与微信公众平台相呼应，吸引不同年龄的读者群体。

表2-7-10　山东省公共图书馆微信视频号开通数量统计表

账号状态	市级馆	县（区）级馆
开通并认证（个）	9	22
已开通但没认证（个）	1	14
合计	10	36

如表2-7-10所示，省和市级馆共有10个馆开通了微信视频号，占比52.9%，其中有9个是认证账号。县（区）级馆共有36个账号，占比26.3%，其中认证账号有22个，占图书馆总数的16.1%。

从开通数量来看，微信视频号比抖音号更受公共图书馆界的欢迎，这与微信视频号和微信公众号集成度较高有关。

7.2.6.2 开通时间和粉丝数

微信视频号是2020年正式开启内测，2021年正式上线的，因此本报告将开通时间在2020年之后的问卷视为有效问卷，共有21个馆填写了有效问卷且有官方认证账号（如表2-7-11所示）。2021年和2022年分别有7个和14个馆开通了认证账号，数量呈现增长趋势，表明微信视频号越来越受到图书馆界的重视。

表2-7-11　山东省公共图书馆官方认证微信视频号开通时间分布

年份	账号数量（个）
2020	2
2021	7
2022	14

山东省各级图书馆微信视频号共有粉丝55913人，其中省和市级馆粉丝数为5567人，占比10.0%，平均每个账号618人，粉丝数中值为256人。县（区）级馆粉丝数为50346人，占比90.0%，平均每个账号2797人，而中值较低，为188.5人，说明县（区）级馆微信视频号粉丝数差距较大。

表2-7-12　山东省公共图书馆微信视频号粉丝数按级别分布

图书馆级别	粉丝数（个）	均值	中值
省和市级馆	5567	618	256
县（区）级馆	50346	2797	188.5

具体来看，山东省图书馆粉丝数最多，共有2572人。淄博市图书馆位居第二，粉丝数为978人。济南市图书馆排在第三名，共有661名粉丝。聊城市海源阁图书馆排在第四名，粉丝数为575人。威海市图书馆、临沂市图书馆和滨州市图书馆粉丝数都在100到200人之间。

县（区）级馆微信视频号粉丝数前十位如图2-7-6所示。淄博市周村区图书馆粉丝数最多，达到18852人，影响力较大。聊城市高唐县图书馆和日照市五莲县图书馆粉丝数都超过了1万人，分别是13800人和10797人，排在第二名和第三名。临沂市蒙阴县图书馆粉丝数为2000人，排在第四名。泰安市东平县图书馆和淄博市桓台县图书馆粉丝数分别是1800人和1000人，排在第五名和第六名。

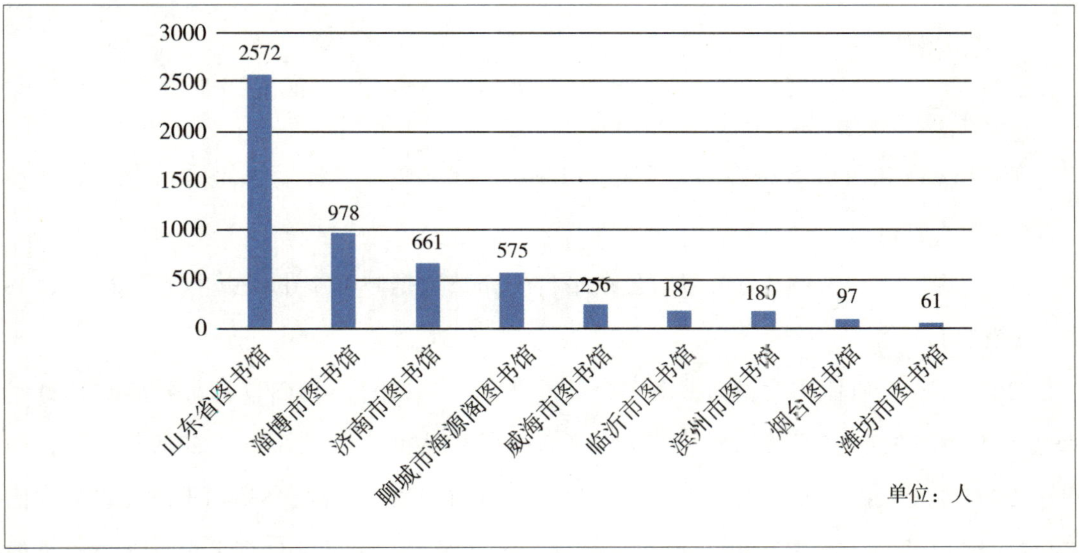

图2-7-5　省和地市级图书馆微信视频号粉丝数排序

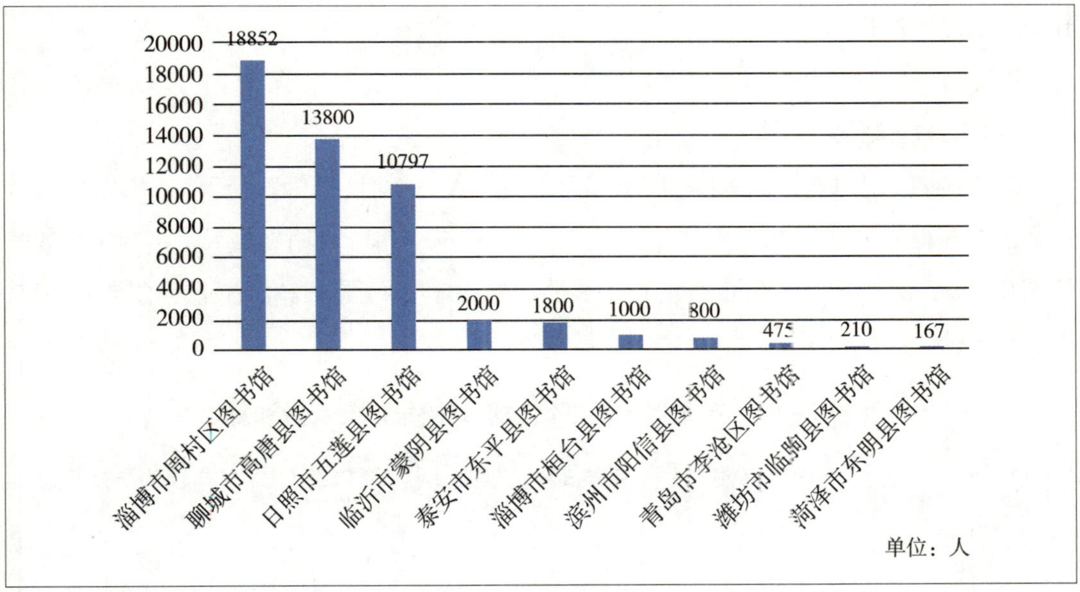

图2-7-6　县（区）级图书馆微信视频号粉丝数排序

7.3 山东省公共图书馆新媒体平台内容分析

本次调研新媒体平台内容分析以2021—2022年《全国公共图书馆微信微博监测月报》和《全国公共图书馆微信微博监测月报—县级馆分册》为基础进行统计分析。对于在月报中没有收录的，只对在2021年1月1日前注册并认证的账号进行数据回溯统计。

7.3.1 微信公众平台

7.3.1.1 总体推文情况

推文次数和篇数多少在一定程度上反映了公众平台运营主体的信息生产能力和运营水平。

本次共收录152个图书馆微信公众平台的完整数据，其中市级以上馆有24个，县（区）级馆128个。

2022年，全省图书馆微信公众平台共推送文章28130次、85897篇，分别比2021年增长5.4%和23.7%。具体来看，市级以上馆公众平台推送了5626次、22349篇图文，分别比2021年增长11.0%和31.8%。县（区）级馆共推送22504次、63548篇图文，分别比2021年增长了4.1%和22.8%。近年来，山东省各级图书馆微信公众平台推文数量呈现高速增长态势，表明山东省公共图书馆重视通过微信公众平台向读者提供服务，保持着较高的信息生产积极性。

7.3.1.2 省、市级图书馆微信公众平台

7.3.1.2.1 微信订阅号

本次调查共有17个市级以上图书馆订阅号被纳入统计。2022年市级图书馆订阅号推文次数和篇数分别比2021年增长了11.7%和28.0%。每个订阅号每天平均推送次数增长到0.9次，次均推文篇数也有增长，表明市级以上公共图书馆有着稳定的推文机制，推文积极性较高。

表2-7-13 市级以上图书馆微信订阅号推文次数和篇数

年份	推文次数	平均日推文次数	推文篇数	次均推文篇数
2021	4845	0.8	16884	3.5
2022	5412	0.9	21610	4.0

具体来看，2021年发文数最多的是菏泽市图书馆，共有2337篇，其2022年发文数共有2490篇，虽增长了6.5%，但排位降至第二名。与菏泽市图书馆相反，淄博市图书馆在2021年发文数为2300篇，以微弱劣势排在第二名，而其2022年发文数达到2651篇，增长了15.3%，跃升为第一名。滨州市图书馆和潍坊市图书馆连续两年都排在第三名和第四名，运营较为稳定。发文数在1000篇以上的还有东营市图书馆、山东省图书馆、青岛市图书馆、枣庄市图书馆和济宁市图书馆。东营市图书馆、枣庄市图书馆、

泰安市图书馆信息平台发文数增幅较大，表明这些图书馆对微信公众平台的重视程度在提高。

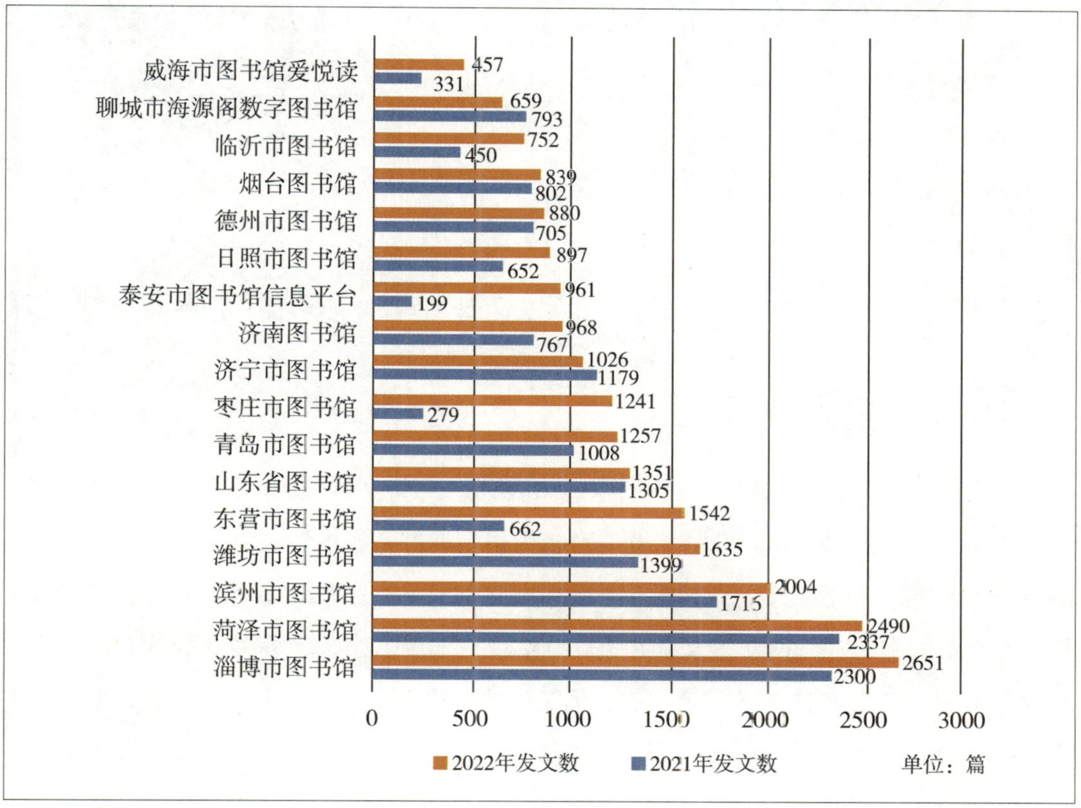

图2-7-7　市级以上图书馆微信订阅号推文数

7.3.1.2.2 微信服务号

市级以上馆只有7个微信服务号被纳入统计。2022年共发文214次、739篇，分别比之前减少了4.7%和12.5%，次均推文3.5篇。市级馆微信服务号发文次数和总数有所减少，次均推文数也处于低位。微信服务号的主要功能定位是为读者提供借阅、数字图书阅读等服务，设定的推文次数较少，但是微信服务号的通知方式是直接在客户端主页显示，能够直接送达读者手中，具有一定的优势。公共图书馆可以根据具体工作要求推送读者感兴趣的内容，提高微信服务号的吸引力。

表2-7-14　市级以上图书馆微信服务号推文次数和篇数

年份	推文次数	平均月推文次数	推文篇数	次均推文数
2021	224	2.7	832	3.7
2022	214	2.5	739	3.5

表2-7-15 地市级以上图书馆微信服务号推文次数和篇数

微信名	2021年		2022年	
	推文次数	推文篇数	推文次数	推文篇数
聊城市海源阁图书馆	33	202	38	208
淄博市图书馆服务大厅	47	245	39	201
威海市图书馆	41	202	39	195
济南市图书馆微服务	36	69	45	71
泰安市图书馆	34	39	36	41
日照图书馆	15	15	16	22
临沂市图书馆服务平台	18	60	1	1

从表2-7-15可知，2021年淄博市图书馆服务大厅推文次数和推文篇数都是第一位，2022年下跌至第二名，该公众号运营一直较为稳定，推文积极性较高。聊城市海源阁图书馆2022年推文篇数最多，为208篇，次均推文5.5篇，比其2021年推文篇数有小幅增长。威海市图书馆连续两年推文都在200篇左右，排在第三名。济南市图书馆微服务在2022年推文次数为45次，排在第一位，推文篇数变化不大。

7.3.1.3 县（区）级图书馆微信公众平台

7.3.1.3.1 微信订阅号

县（区）级馆微信订阅号共有107个被纳入统计。如表2-7-16所示，2022年共推文60622篇，比2021年增长24.0%，平均推文566.6篇，增幅较大。次均推文由2.3篇增至2.8篇，县（区）级图书馆订阅号的信息生产积极性持续增长，说明基层图书馆对于微信公众平台的重视程度在提高。

表2-7-16 县（区）级图书馆微信订阅号发文次数和篇数分布

年份	推文次数	平均日推文次数	推文总数	次均推文篇数	平均推文篇数
2021	20936	0.5	48895	2.3	457.0
2022	21841	0.6	60622	2.8	566.6

如图2-7-8所示，年推文数少于200篇的订阅号数量逐渐减少，2022年只有16个公众号在200篇以下，占比14.9%；而推文量在200到400篇的订阅号从40个下降到35个，占比32.7%；推文量在400到600篇的订阅号维持在20个左右，占比18.7%；年推送在

600到800篇的订阅号数量增长到了12个，占比11.2%；年推送800篇以上的订阅号从2021年的10个下降了2个；1000篇以上的订阅号数量翻了2倍多，达到16个。

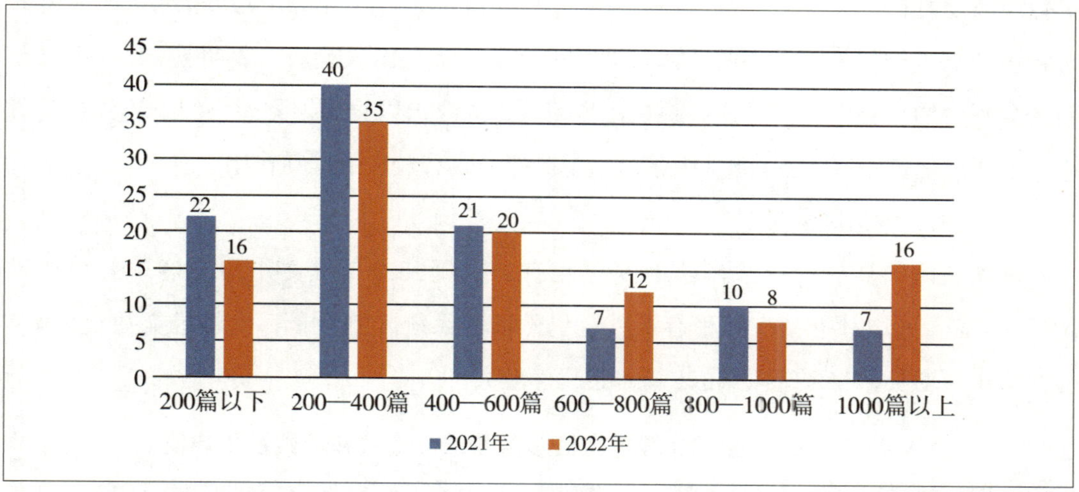

图2-7-8　县级图书馆微信订阅号发文篇数区间分布图

由此可知，县（区）级馆公众平台推文数较少的状况正在好转，更多的图书馆在公众平台发推文的积极性有所提高，然而推文数量依然较低，仍有较大提升空间。

如图2-7-9所示，2022年推文数最多的是菏泽市牡丹区图书馆，共有2840篇，比2021年增长了59.6%。济宁市嘉祥县数字图书馆排在第二名，共有2671篇，比2021年增

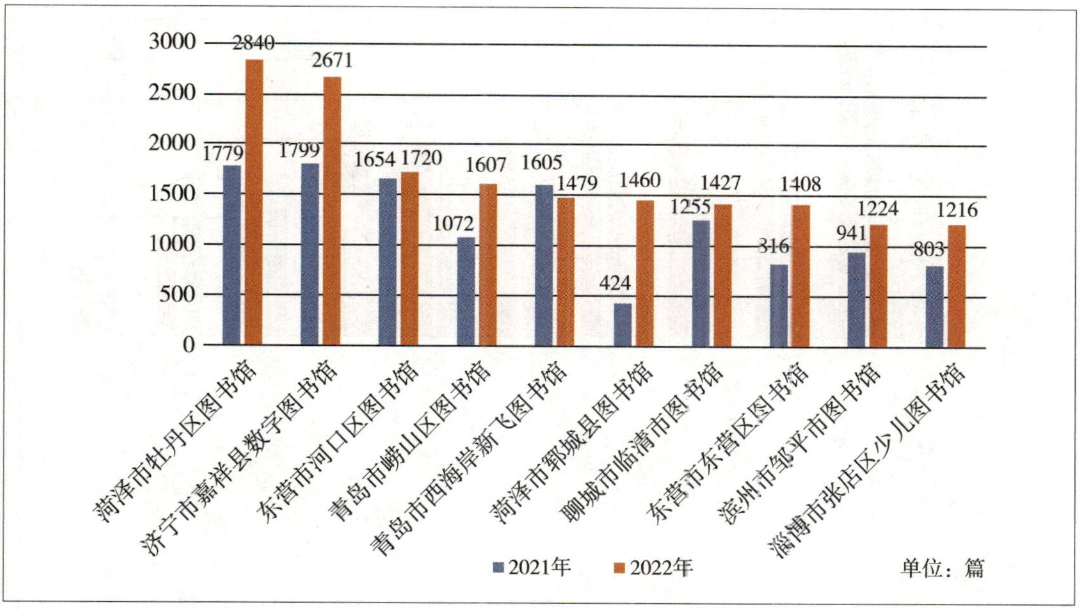

图2-7-9　县（区）级图书馆微信订阅号推文篇数前十位

长了48.5%。东营市河口区图书馆排在第三位，共有1720篇，比2021年有小幅增长。这三个公众号推文篇数在2021年也排名前三位，表明其保持了较稳定的推文产出能力。推文数增幅较大的还有青岛市崂山区图书馆、菏泽市郓城县图书馆和东营市东营区图书馆。

由数据可知，推文较多的头部订阅号推文数大多呈增长趋势，表明县（区）级馆微信公众平台的信息生产和管理机制在逐步完善，同时可以合理推测即将到来的公共图书馆第七次评估定级对于县（区）级馆微信生产能力具有较大的推动作用。

7.3.1.3.2 微信服务号

本次调研的县（区）级馆微信服务号仅有21个。2022年推文共2926篇，比2021年增长3.1%。平均月推文次数稍有下跌，仍然低于系统限制数量，次均推文数量为4.4篇，有小幅增长，与系统限制的8篇差距仍然较大。

表2-7-17 县（区）级馆微信服务号推文次数和篇数及平均值

年份	推文次数	平均月推文次数	推文篇数	次均推文篇数
2021	676	2.7	2839	4.2
2022	663	2.6	2926	4.4

图2-7-10列出了微信服务号推文数前十位。济宁市嘉祥县图书馆连续两年排在第一名，2022年共推送了383篇文章，与2021年基本持平。青州市图书馆排在第二名，2022

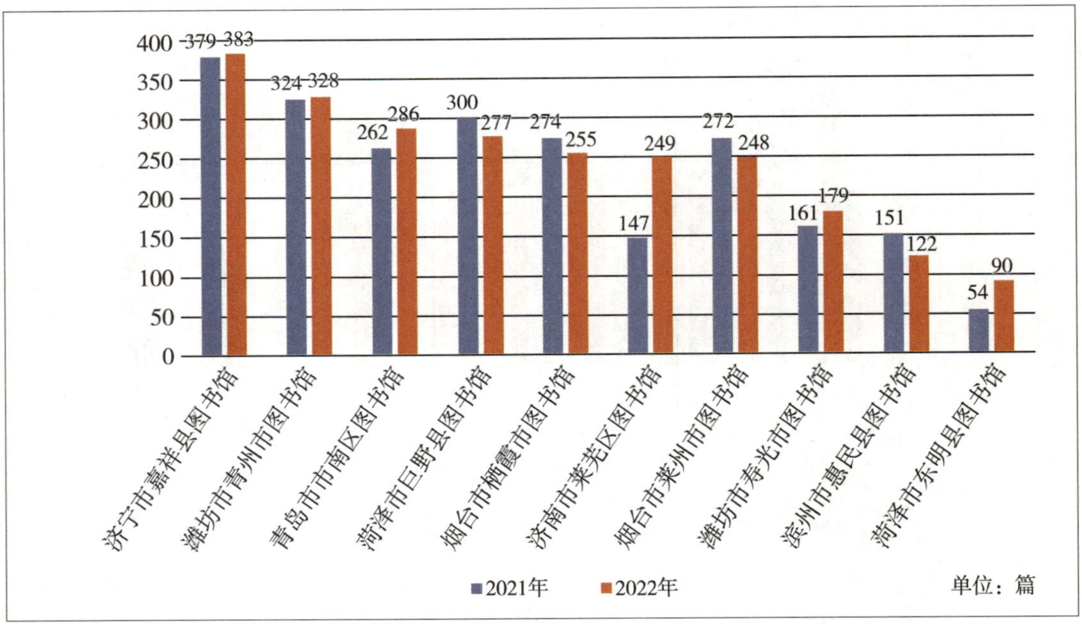

图2-7-10 县（区）级图书馆微信服务号推文篇数前十位

年共有328篇文章，较上年有小幅增长。青岛市市南区图书馆排在第三名，共推送了286篇文章，较上年增长了9.2%。巨野县图书馆排名第四，推文数为277篇，较上年有所减少。烟台市栖霞市图书馆推文数为255篇，较上年略有减少。济南市莱芜区图书馆共发文249篇，排在第六位，增幅达69.4%。后四位中潍坊市寿光市图书馆和菏泽市东明县图书馆微信服务号都有不同程度增长。

从数据可知，县（区）级图书馆微信服务号较订阅号推文数增幅不大。一方面受系统最多发文次数的限制，另一方面也表明图书馆对于服务号的推文功能重视程度不够。

7.3.2 微博

7.3.2.1 省、市级图书馆

7.3.2.1.1 博文数量分析

山东省图书馆微博在全国32个省级图书馆微博号中表现突出，2021年共发布博文4168条，位居全国省级馆微博第一名；2022年全年推出2746条新博文，全国排名第四位。从月份看，2021年发文高峰期是7、8月份，月均更新584条博文；低谷出现在5、6月份，月均215条。2022年发文高峰出现在2、3月份，平均每月发布285条博文；7月、8月发文较少，月均173条。从博文来源看，两年间山东省图书馆微博均以原创博文为主，转载博文为辅，两者比例由2021年的5.1∶1提高至2022年6.8∶1。

2021年，16个市级馆微博更新博文23014条，较上一年度上涨27.6%。菏泽市图书馆、淄博市图书馆、青岛市图书馆和临沂市图书馆微博活跃度较高，领先于其他市级馆。2022年市级馆微博发博总量涨至32148条，比2021年增长39.7%。其中菏泽市图书馆和淄博市图书馆更新数量均高达一万余条，涨幅惊人，两馆博文总量占市级馆微博总量的75.6%，是全省乃至全国公共图书馆微博界的翘楚。同时，尚有部分市级馆微博全年更新量不过百，甚至停更，其微博服务功能较低，乃至基本丧失。

两年间，市级馆微博推出的原创博文、转载博文之比由2021年的1.4∶1至2022年的1.8∶1，原创博文比重略有提高，但远低于山东省图书馆微博的原创博文比重。

表2-7-18　2021—2022年省、市级图书馆微博博文总量　　单位：条

微博名称	2021年	2022年
山东省图书馆	4168	2746
菏泽市图书馆	7727	14265

续表

微博名称	2021年	2022年
淄博市图书馆	6745	10050
青岛市图书馆	4337	2238
临沂市图书馆	2172	3536
潍坊市图书馆	782	556
东营市图书馆	184	615
济南市图书馆	520	124
滨州市图书馆	153	158
德州市图书馆	136	158
威海市图书馆	111	149
济宁市图书馆	8	163
烟台图书馆	84	81
聊城市海源阁图书馆	55	32
枣庄市图书馆	0	23
莱芜市图书馆	0	0
日照市图书馆	0	0

7.3.2.1.2 博文内容分析

2021—2022年，山东省图书馆微博共推出1133个话题，每月约有47个话题，其中涵盖固定话题和临时话题。固定话题有鲜明的更新周期，如“读万卷书行万里路”“鲁图心语”“英语小馆English Library”“阅读与美食不可辜负”每月都有更新，“鲁图君赠书”“鲁图小百科”“大众讲坛”“每日一书”更新频率也较高。持续不间断的更新、精准的定位使上述话题日益受到粉丝欢迎，两年间互动总量达8万余次，已成长为知名度较高的品牌话题。

16市图书馆的微博根据受众兴趣及本馆特色设置的多个话题成为热门话题，在粉丝圈中获得较高口碑。如淄博市图书馆的“淄图君赠书”、菏泽市图书馆的“转发赠书”、青岛市图书馆的“转发赠书”，每月均有较高的热议。特色话题，如菏泽市图书馆为加强与粉丝沟通交流而设置的“菏泽市图书馆［超话］”，济南市图书馆设置的涵盖图书推荐、馆藏推荐、线上直播、讲座展览等活动汇总话题“济图交享阅”，经长期积累，成为志趣相同的粉丝之间、粉丝与图书馆微博之间交流不可或缺的通道。

2021—2022年，省、市级馆有369个互动总量超过100次的热门话题，按照其内容可划分为线上赠书活动、图书推荐、线下活动和美文知识分享四大类。其中123个线上赠书活动类话题最为火爆，互动总量19.9万次；其次是图书推荐类话题，互动总量约4万次。

7.3.2.2 县（区）级图书馆

7.3.2.2.1 博文数量分析

调查数据显示，山东省县（区）级馆微博活跃度呈现两极分化态势。2021年，21个县级图书馆微博未发布新博文，活跃度为零；更新博文数1—10条的账号为8个，10—100条的有15个县（区）级馆微博，19个账号全年更新总量过百，未出现总量过千的账号。

2022年，未更新微博账号为21个，1—10条的有5个账号，10—100条的有17个，超过100条的账号20个。经比较可知，2022年县（区）级馆微博账号有向10条以上高更新值区间集中的趋势。

尽管如此，2022年县（区）级馆微博全年发文5259条，比2021年减少了824条。这表明现有县（区）级馆微博更新活跃度日趋降低。

2021年、2022年县（区）级馆微博博文总量前十强如图2-7-11、图2-7-12所示，共有7个县（区）级馆同时出现在两个榜单中，分别是潍坊市青州市图书馆、青岛市市南区图书馆、青岛市西海岸新区图书馆、威海市荣成市图书馆、德州市夏津

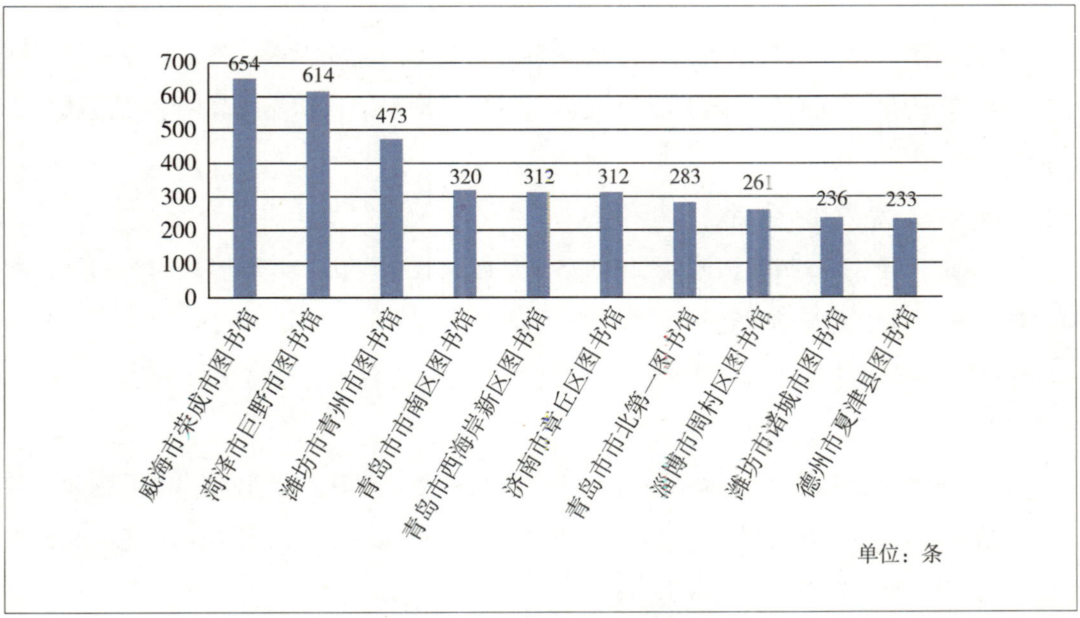

图2-7-11　2021年县（区）级馆微博博文总量前十名

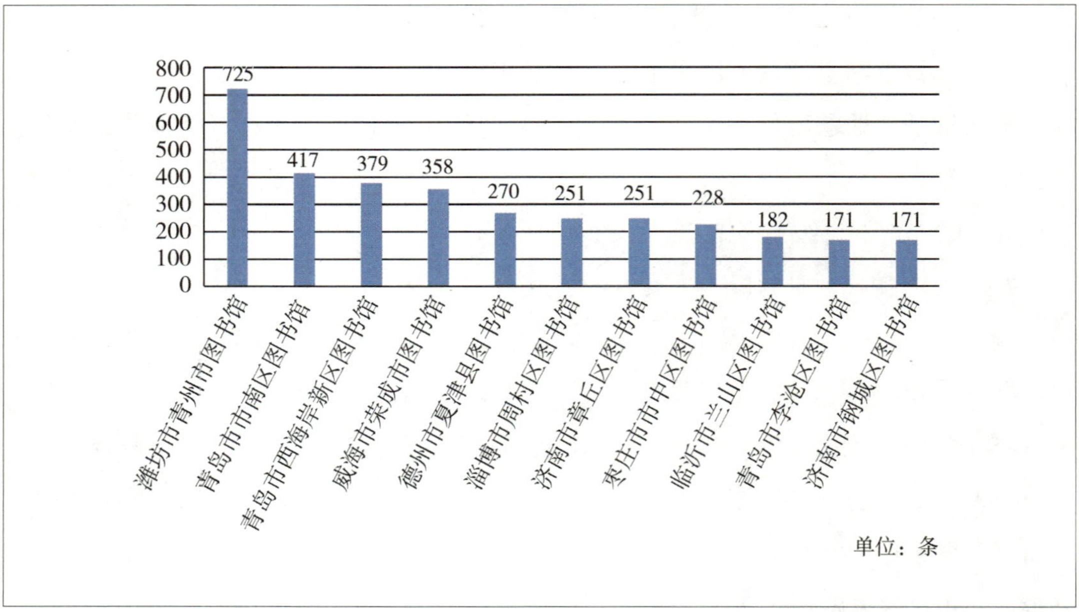

图2-7-12　2022年县（区）级馆微博博文总量前十名

县图书馆、济南市章丘区图书馆和淄博市周村区图书馆。连续两年保持高位更新，表明这些县（区）级馆头部微博具有规范的运营、规律的维护。特别值得一提的是，威海市荣成市图书馆继2019年、2020年连续两年位列第一后，2021年再次荣膺冠军，仅在2022年度让位于逆势上涨的青州市图书馆，显现出实行馆员专职负责微博运营的优势。

微博活跃度是吸引受众关注进而提高微博影响力的重要因素，各馆应重视加强博文内容生产力度，同时注重与其他新媒体平台的联动互推，切实提高图书馆微博的影响力。

7.3.2.2.2 博文内容分析

两年来，县（区）级馆微博共推出925个话题，收获受众174次转发、480次评论和444次点赞。其中无互动话题590个，228个话题互动总量为1次。整体来看，县（区）级馆微博话题热度较低。分析互动大于2次的107个话题内容，可将其归结为社会时事、时令节日、图书推荐、读者活动四类。

社会时事类话题数量最少，但其互动量最高；数量最多的图书推荐类话题，互动总量位居第二，虽与社会时事类话题具有明显差距，但彰显了图书馆职业特色。相比之下，读者活动类话题对受众的吸引力较小。

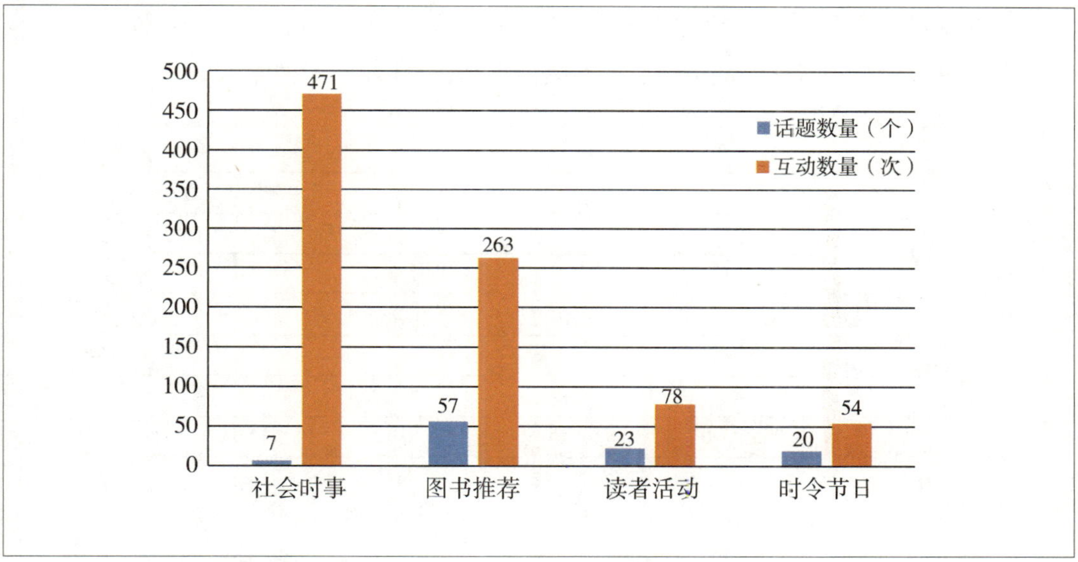

图2-7-13　县（区）级馆微博话题分类与互动数量

7.3.3 短视频平台

两年来，越来越多的图书馆通过短视频平台进行图书馆形象推介、文献信息资源推荐，短视频成为公共图书馆推进全民阅读、提升图书馆形象的重要方式。由于抖音和微信视频号两个平台上公共图书馆的账号最多，因此本次调研只对这两个平台进行统计。

7.3.3.1 抖音

如表2-7-19所示，2022年山东省公共图书馆抖音平台共发布作品1960个，比2021年增长了138.7%。其中省和市级馆共发布1636个，占比83.5%，比2021年增长了174%；县（区）级馆共发布324个，比2021年增长了44.6%。

表2-7-19　山东省公共图书馆抖音作品数统计表　　单位：个

年份	省、市级	县（区）级馆	合计
2021	597	224	821
2022	1636	324	1960

如图2-7-14所示，菏泽市图书馆保持着较高的创作积极性，连续两年作品数都排在第一位，2022年更是达到了1314个作品，平均每天3.6个，贡献了当年地市级及以上图书馆抖音作品总数的80.3%，说明该馆对新媒体平台的重视程度较高。淄博市图书馆排在第二位，共有102个作品。烟台图书馆位居第三，作品数为78个。2022年，滨州市

图书馆和临沂市图书馆都是46个作品。其余的图书馆作品数都比较少。从数据可知，省和市级图书馆对于抖音作品的创作、发布热情不高，总体产出较少。

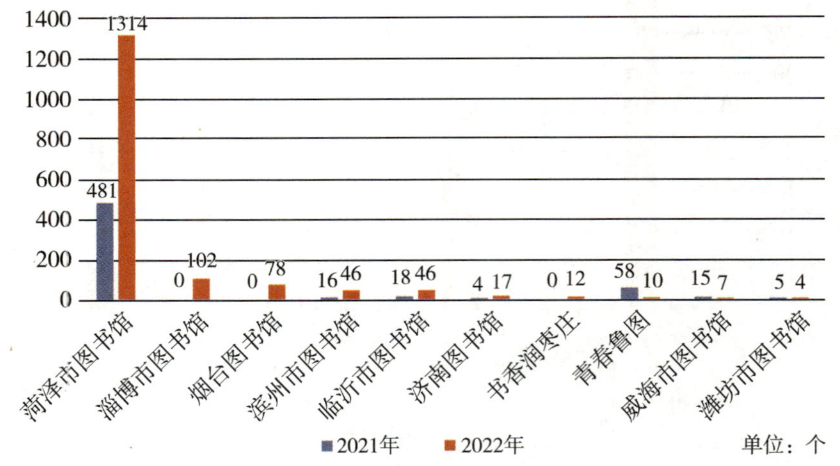

图2-7-14　省级和市级图书馆抖音作品数排行

在县（区）级馆中，淄博市博山区图书馆连续两年占据发文量最多的位置，2022年共发布109个作品，比2021年有所减少。临沂市临沭县图书馆共发布72个作品，排在第二位。青岛市李沧区图书馆共有42个作品，排在第三位。淄博市高青县图书馆和聊城市临清市图书馆分别有30个和20个作品。菏泽市东明县图书馆和商河县图书馆作品数也在10个以上。

整体来看，县（区）级馆抖音作品分布较为均衡，但是数量仍然较少。

表2-7-20　县（区）级馆抖音作品数统计表　　单位：个

抖音名	2021年	2022年
淄博市博山区图书馆	143	109
临沂市临沭县图书馆	0	72
青岛市李沧区图书馆	47	42
淄博市高青县图书馆	0	30
聊城市临清市图书馆	0	20
菏泽市东明县图书馆	0	17
济南市商河县图书馆（商图君）	0	16

续表

抖音名	2021年	2022年
东营市广饶县图书馆	0	8
临沂市沂南县图书馆	0	5
潍坊市诸城市图书馆	11	4
济宁市嘉祥县图书馆	23	1
烟台市海阳市图书馆	0	0

7.3.3.2 微信视频号

2022年山东省各级公共图书馆在微信视频号共发表视频作品3253个，比2021年增长了115.3%。其中省和市级馆共有2820个作品，占比86.7%，是图书馆微信视频号的主要内容生产力量。县（区）级馆2022年共发布433个作品，是2021年的7倍，主要是由于多数县（区）级馆在2022年新注册微信视频号。

表2-7-21　山东省公共图书馆微信视频号作品数统计表　　单位：个

年份	省、市级馆	县（区）级馆	合计
2021	1450	61	1511
2022	2820	433	3253

如表2-7-22所示，菏泽市图书馆在2022年共发布作品1290个，占当年省和市级馆微信视频号作品数的45.7%，比2021年增长了3倍，可见该馆对于短视频平台的经营较为重视，作品生产能力较强。山东省图书馆2021年作品数排在第一位，共有884个，2022年排在第二名，共有553个，稍有下降。淄博市图书馆排在第三名，2022年作品数为483个，比上年增长了271.5%。烟台图书馆、临沂市图书馆2022年作品数也都超过了100个。市级和省级馆对于微信视频号的重视程度要高于抖音，这主要是因为微信视频号与微信公众号的关联度较高，面向的读者人群类似，因此较受图书馆的欢迎。

表2-7-22　2021—2022年省和市级图书馆微信视频号作品数统计表　　单位：个

账号昵称	2021年	2022年
菏泽市图书馆	408	1290
山东省图书馆	884	553

续表

账号昵称	2021年	2022年
淄博市图书馆	130	483
烟台图书馆	0	178
临沂市图书馆	8	114
济南图书馆	13	74
滨州市图书馆	7	68
聊城市图书馆	0	52
威海市图书馆	0	8

如表2-7-23所示，2022年县（区）级馆中微信视频号作品数大于10个的有14个馆，最多的是淄博市淄川区图书馆，共有78个作品，其次是青州市图书馆，共发布63个作品。而在2021年微信视频号作品数大于10个的只有3个馆。由此可见，县（区）级馆微信视频号的内容生产能力和积极性虽然有所增长，但总体作品数仍然较少。

表2-7-23　2021—2022年县（区）级馆微信视频号作品数多于10个的图书馆列表

单位：个

账号昵称	2021年	2022年
淄博市淄川区图书馆	0	78
青州图书馆	0	63
李沧区图书馆	11	51
高青县图书馆	0	43
日照市东港区图书馆	0	29
周村区图书馆	0	23
商河县图书馆资讯平台	9	21
阳信县图书馆	0	19
桓台县图书馆	0	17
临朐县图书馆	1	17
蒙阴县图书馆	0	15
济南市历下区图书馆	0	14

续表

账号昵称	2021年	2022年
汶上县图书馆	0	14
五莲县图书馆	18	11

抖音和微信视频号虽然都是短视频平台，但也有不同之处：一是用户群体不同，抖音主要面向年轻人，而微信视频号的用户群体更加广泛；二是使用场景方面，抖音更强调娱乐和消遣，微信视频号则更注重信息传递和商业营销；三是推广方式方面，抖音主要靠投放广告来扩大影响力，微信视频号则通过微信客户端来进行推广。公共图书馆应根据自身资源特色，选择一个短视频平台进行重点发展，其他视频平台作为辅助选项，以期最大限度地提高图书馆的影响力。

7.4 山东省公共图书馆新媒体发展建议

随着移动互联网技术的发展，新媒体平台已经成为人们获取信息和交流的主要方式。公共图书馆作为文化传承和知识普及的重要场所，也需要积极利用新媒体平台来扩大服务范围和提升服务质量。关于公共图书馆如何促进新媒体平台的建设和服务，建议如下。

第一，积极推广新媒体平台。公共图书馆可以在馆内设置宣传牌、LED屏幕、展示柜等宣传物料，向读者宣传图书馆的微信公众平台、微博、抖音、微信视频号等新媒体平台，便于读者了解图书馆的最新资讯、活动信息、新书推荐等。此外，公共图书馆还可以通过图书馆网站、电子邮件、短信等多种渠道向读者推广新媒体平台，提高读者的知晓度和使用率。

第二，提供丰富的服务内容。公共图书馆可以在新媒体平台上提供丰富的服务内容，例如推荐好书、提供阅读指南、介绍馆内活动、分享文化知识等。此外，公共图书馆可以通过新媒体平台向读者提供在线咨询、预约借阅、远程借阅、数字资源下载等服务，增强读者的参与感和体验感。

第三，提供个性化服务。公共图书馆可以通过新媒体平台收集读者的需求和反馈，针对不同的读者群体提供个性化的服务。例如，对于青少年读者，公共图书馆可以推荐青少年文学、青春励志等方面的内容；对于职场人士，公共图书馆可以推荐职业规划、领导力、人际关系等方面的内容。通过提供个性化服务，公共图书馆可以更好地满足读者的需求，提升服务质量和用户满意度。

第四，加强互动交流。公共图书馆可以通过新媒体平台与读者进行互动交流，例如开展读书分享、征集读者意见、举办线上活动等。通过加强互动交流，公共图书馆可以更好地了解读者的需求和反馈，提升服务质量和用户满意度。此外，公共图书馆还可以通过新媒体平台与其他图书馆、文化机构等进行交流合作，推广图书馆的服务和文化资源。

第8章　未成年读者阅读服务分报告

8.1 引言

2022年4月，习近平总书记在致首届全民阅读大会的贺信中指出："希望孩子们养成阅读习惯，快乐阅读，健康成长。"阅读是未成年人获取知识、开拓视野、涵养品格的重要途径。在全民阅读被提升为国家战略的大背景下，推动和促进未成年人阅读已成为社会各界的共识。公共图书馆作为公共文化服务体系的重要组成部分，在构建书香社会、培养儿童阅读意识、养成良好阅读习惯、促进儿童阅读能力提升等方面发挥着积极的引领推动作用。

为全面梳理山东省各级公共图书馆在推动未成年人阅读方面所做的工作，了解未成年人服务现状，由山东省图书馆牵头，面向各市、县（区）公共图书馆，通过发放问卷调查的方式，对全省公共图书馆2021—2022年的未成年人阅读服务情况开展了调查研究。

8.1.1 调查目的

本次调研的目的：一是了解和揭示全省公共图书馆未成年人阅读服务基本情况；二是为加强与提升全省图书馆未成年人服务能力与水平提供参考依据。

8.1.2 调查对象

调查对象为山东省各级图书馆，含1个省图书馆，16个市图书馆及138个县（区）图书馆。共回收问卷145份，其中省馆1份，市馆16份，县（区）馆128份，基本涵盖省内各级各类图书馆基本概况。因个别馆提供的数据不完整、不准确，有些基础数据会有差异。

8.1.3 调查方法及内容

本次调查采用电子问卷形式，问卷题目设置以封闭式提问为主，结合开放式问题。问卷内容分为四部分：一是未成年人服务保障情况；二是未成年人借阅服务情况；三是未成年人阅读活动情况；四是未成年人数字阅读情况。

8.2 未成年人服务保障

8.2.1 机构设置

如表2-8-1所示，省馆、市馆均已开设独立的未成年人借阅空间，覆盖率达到100%，其中，省馆有单独的少儿部；16个市馆中7个馆有单独部门，9个馆有单独的少儿借阅室；128个县(区)馆中，26个馆有单独部门，87个馆有单独的少儿借阅室，县(区)馆少儿借阅空间覆盖率为88.28%，与上个调查周期(2019—2020年)81.89%的覆盖率相比，上升6.39%。两年时间内，县(区)馆对未成年人服务的重视程度不断提高，新增7个单独的少儿借阅空间，各馆未成年人服务体系设置日臻完善。

表2-8-1　全省各级图书馆未成年人服务独立部门(或借阅室)设立现状汇总表

	有独立部门	有独立借阅室	没有独立部门(或借阅室)	合计	覆盖率
省馆	1	0	0	1	100%
市馆	7	9	0	16	100%
县(区)馆	26	87	15	128	88.28%

此外，调查中发现，全省仅有1990年11月成立的淄博市张店区少儿图书馆为独立建制的少年儿童图书馆，采取独立运营模式，面向0—18岁少年儿童、中小学教师、家长及少儿工作者等开展服务。2016年起，淄博市张店区少儿图书馆加挂淄博市张店区图书馆牌子，面向全区民众提供服务。

全省少儿借阅室成立最早的是淄博市图书馆，成立于1953年。如图2-8-1所示，全省图书馆少儿部或少儿借阅室等少儿独立借阅空间的设置数量呈逐年上升趋势，自2000年以后开始快速增长，2010—2019年达到顶峰，这10年间共设置63个，数量占比达到全省少儿独立借阅空间的49.6%。以2013年第十届中国艺术节在山东举办为契机，各级政府进一步重视与加强基层文化设施建设，对全省公共文化服务体系的建设与发展起到了积极的推动作用。

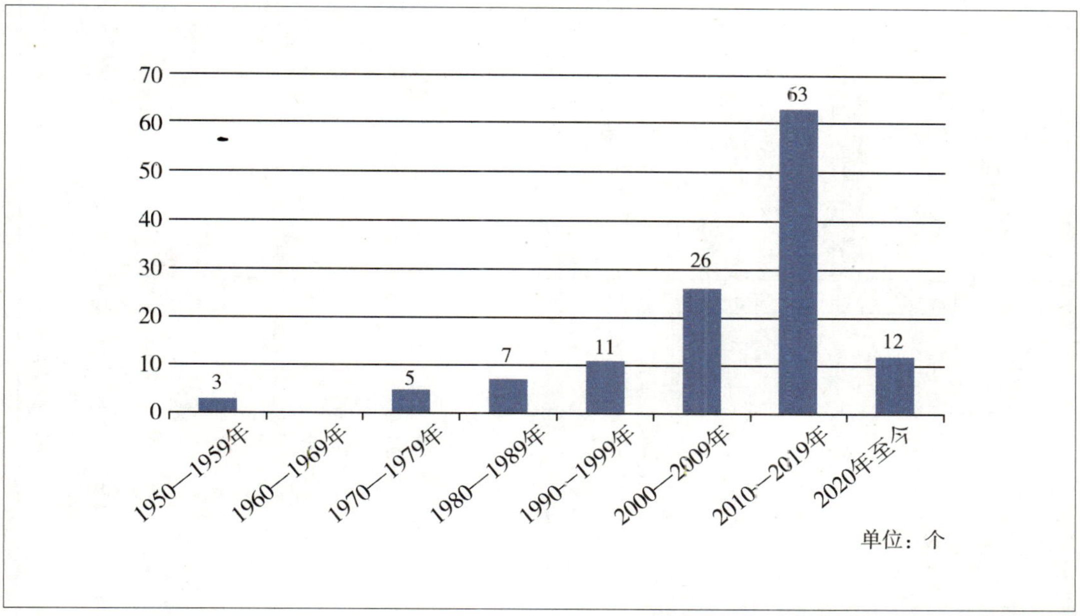

图2-8-1　山东省各级图书馆少儿独立借阅空间成立时间分布图

8.2.2 未成年人服务馆舍面积

全省县（区）级以上公共图书馆少年儿童阅览室总面积6.85万平方米，较2020年新增59%，阅览座席总计19584个，较2020年新增74.3%。山东省每万名少年儿童拥有公共图书馆阅览面积36.6平方米，阅览座席10.47个（据《山东统计年鉴2022》数据，截至2021年末，山东常住人口10170万。其中，0—14岁人口占18.4%，为1871.28万），高于全省县（区）级以上公共图书馆每万人均拥有阅览座席数（全省每万人拥有座席数8.4个）。

有独立少儿借阅空间的各级图书馆中，省馆的未成年人服务馆舍面积为6000平方米，市馆的未成年人服务馆舍面积平均为1841.76平方米，县（区）馆的未成年人服务馆舍面积平均为445.16平方米，省馆、市馆、县（区）馆未成年人服务馆舍平均面积依次递减。如图2-8-2所示，有10个市馆未成年人服务馆舍面积达到1500平方米以上，占到所有市馆的62.5%；共有64个县（区）馆未成年人服务馆舍面积集中在0—300平方米这一区间，占所有有独立少儿借阅空间的县（区）馆的56.64%，其中10个馆的馆舍面积不足100平方米。烟台市芝罘区图书馆和威海市乳山市图书馆未成年人服务馆舍面积达3000平方米，位居县（区）级图书馆首位。

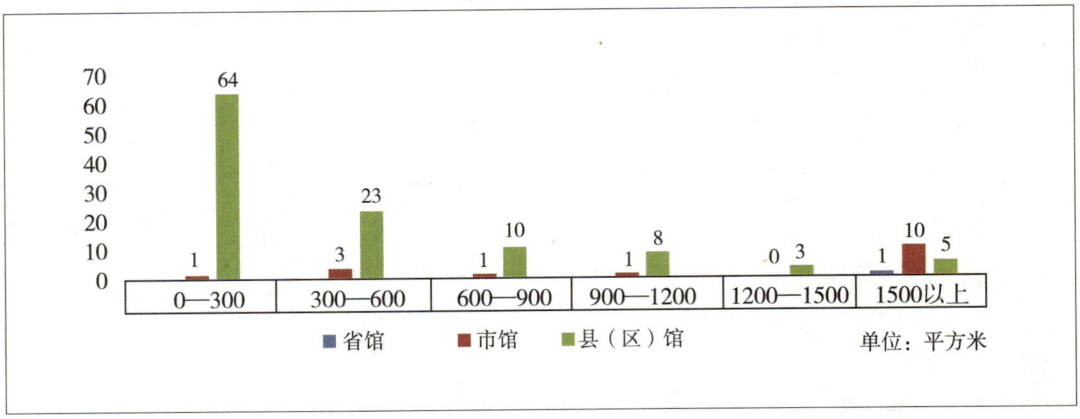

图2-8-2　全省各级图书馆未成年人服务窗口馆舍面积对比图

8.2.3 从业人员

8.2.3.1 从业人员配置情况

如表2-8-2所示，全省各级图书馆中从事未成年人服务的工作人员共计775人。其中，省馆从业人员有22人；16个市馆中专门从事未成年人服务的工作人员共148人，平均9.3人/个；128个县（区）馆中专门从事未成年人服务的工作人员共605人，平均4.7人/个。另外，从业人员达到20人以上的有5个馆，分别是山东省图书馆、济南市图书馆、济南市槐荫区图书馆、潍坊市寿光市图书馆、德州市乐陵市图书馆。但是从全省专门从事未成年人服务人员的平均数量来看，仅有5.3人/个，各馆差距较大。从总人数来看，本次调查统计与2019—2020年调查统计的582人相比增加了193人，其中市馆增加29人，县（区）馆增加164人。经了解与分析，从第六次全国公共图书馆评估定级开始，市图书馆和县（区）图书馆等级必备条件和评估标准中将未成年人服务作为基本服务中的重要一项评估指标，做了更为明确的要求，分值比重有了很大提升。尤其是在第七次全国公共图书馆评估定级工作中，市、县（区）公共图书馆等级必备条件和评估标准中

表2-8-2　全省各级图书馆未成年人服务工作人员汇总表

	从业人员合计（人）	平均人数（人）	有专门从事未成年人服务场所的图书馆数量（个）
省馆	22	22	1
市馆	148	9.3	16
县（区）馆	605	4.7	128
合计	775	5.3	145

在人员保障一项又要求单独统计少年儿童服务区工作人员数量。全省各级公共图书馆以评估定级为契机，以评促建，不断加强未成年人服务队伍建设，快速补充馆员数量，持续提升未成年人服务保障水平和能力。

如图2-8-3所示，全省各馆人员编制情况为：省馆在编15人，政府购买服务7人；市馆在编共计90人，政府购买服务共计58人；县（区）馆在编共计410人，政府购买服务共计195人。省馆政府购买服务人员在未成年人服务人员中的占比达31.82%，市馆政府购买服务人员在未成年人服务人员中平均占比达39.19%，县（区）馆政府购买服务人员在未成年人服务人员中平均占比达32.23%。从全省范围看，政府购买服务人员在未成年人服务人员中平均占比达33.55%，极大地缓解了各级图书馆未成年人服务人员紧张问题。

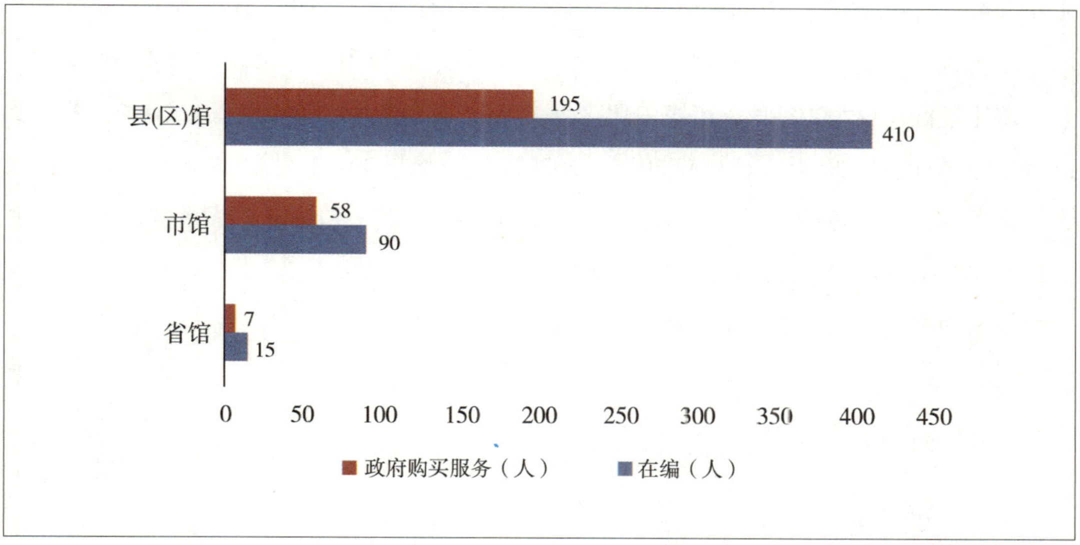

图2-8-3 2022年全省各级图书馆未成年人服务人员编制情况对比图

8.2.3.2 从业人员学历情况

根据全省各级图书馆上报的从事未成年人服务工作人员学历数据统计发现，拥有大专及以下学历的有236人，拥有本科学历的有500人，拥有硕士学历的有36人，拥有博士学历的有2人。有1个图书馆未填报本项信息。

表2-8-3 2022年全省各级图书馆从事未成年人服务工作人员学历情况汇总表

	从业人员学历				
	大专及以下（人）	本科（人）	硕士（人）	博士（人）	总计（人）
省馆	2	18	2	0	22

续表

	从业人员学历				
	大专及以下（人）	本科（人）	硕士（人）	博士（人）	总计（人）
市馆	39	94	16	0	149
县（区）馆	195	388	18	2	603
合计	236	500	36	2	774

如图2-8-4所示，全省各级图书馆从业人员学历均以本科学历为主，比重最大，平均占比为64.52%。其中省馆本科学历工作人员占比最高，达到81.82%；市馆本科学历工作人员占比62.67%；县（区）馆本科学历工作人员占比64.34%。其次为大专及以下学历工作人员。在这一学历层次中，省、市、县（区）三级图书馆呈现逐级增加的趋势：省馆占比最低，仅为9.09%；市馆占比为26.00%；县（区）馆则占到了32.34%，大专及以下学历平均占比30.45%，相较2019—2020年调查结果39.52%降低9个百分点。从业人员学历排在第三位的是硕士学历，平均占比4.65%，其中市馆从业人员的硕士学历占比达10.67%；仅有的2位博士学历从业人员属于县（区）图书馆。由此可见，近两年各级图书馆均提高了从业人员学历的就业门槛。

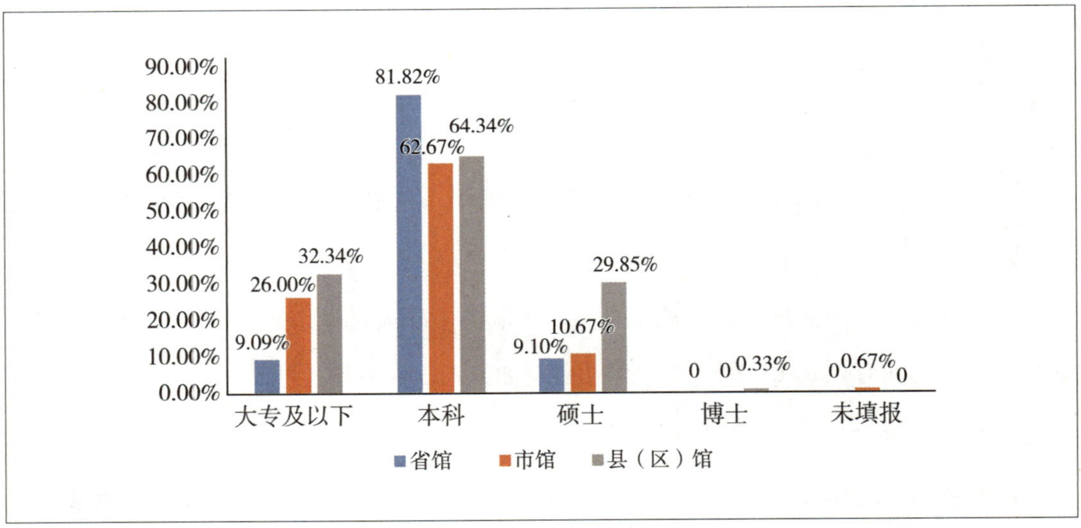

图2-8-4　2022年全省各级图书馆未成年人服务从业人员学历对比图

8.2.3.3 从业人员专业技术职称情况

如表2-8-4所示，全省各级图书馆从事未成年人服务的工作人员中，去除1个馆未填报数据，拥有专业技术职称人员共计509人。其中，助理馆员139人，占比27.31%；馆员297人，占比58.35%；副研究馆员69人，占比13.56%；研究馆员3人，占比0.59%。

表2-8-4　2022年全省各级图书馆从事未成年人服务工作人员专业技术职称情况汇总表

	专业技术职称情况				
	助理馆员（人）	馆员（人）	副研究馆员（人）	研究馆员（人）	合计（人）
省馆	0	9	5	0	14
市馆	20	51	20	2	93
县（区）馆	119	237	44	1	402
合计	139	297	69	3	509

如图2-8-5所示，全省各级图书馆中从事未成年人服务的工作人员中，馆员所占比重最高，省馆、市馆、县（区）馆所占比重分别为64.29%、54.84%和58.96%，均占到全体职工一半以上；其次为副研究馆员，省馆、市馆、县（区）馆所占比重分别为35.71%、21.52%、10.95%，所占比重依次下降，省馆、市馆副研究馆员比重明显高于县（区）馆；从事未成年人服务的工作人员中，职称为助理馆员的在省馆、市馆、县（区）馆所占比重依次此上升，分别为0%、21.51%、29.60%，助理馆员职称在县（区）馆的比重明显高于省馆、市馆。全省各级图书馆中从事未成年人服务的工作人员中，研究馆员比重最低，仅占0.59%，其中仅济南市图书馆、济宁市图书馆和临沂市罗庄区图书馆各有1位研究馆员。

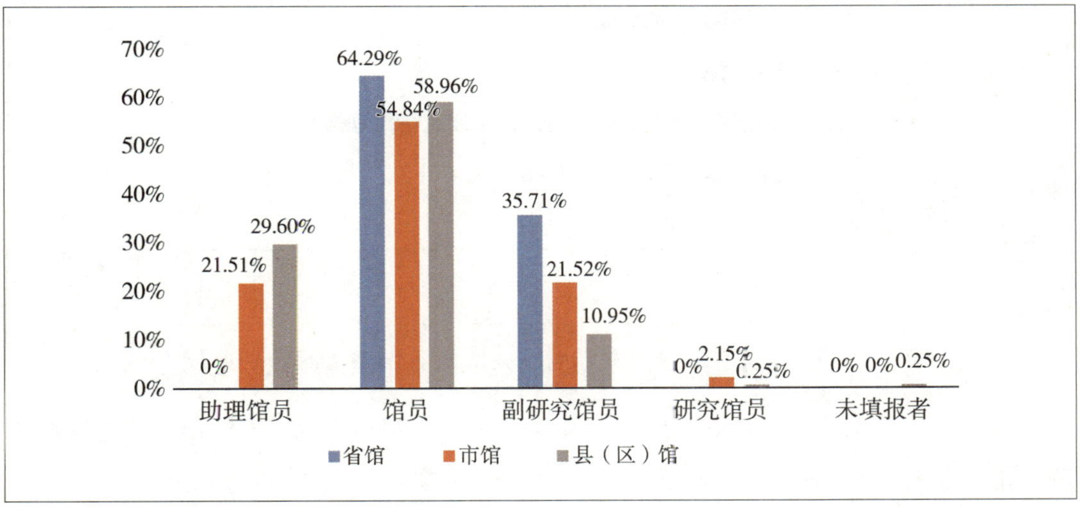

图2-8-5　2022年全省各级图书馆从事未成年人服务工作人员专业职称情况对比图

8.2.4 资源保障

如表2-8-5所示，省馆未成年人馆藏文献共计56万册；市馆未成年人馆藏文献共计273.26万册，平均17.08万册/个，其中10个图书馆未成年馆藏文献达到20万册以上；县（区）馆未成年人馆藏文献共计1137.58万册，平均8.89万册/个。省馆、市馆、县（区）馆的平均未成年人馆藏文献数量逐级下降。全省各级公图书馆未成年馆藏文献共计1466.84万册，平均0.78册/人。

表2-8-5　2022年全省各级图书馆未成年人馆藏文献数量汇总表

	馆藏文献总量（册）	平均馆藏文献数量（册）
省馆	560000	560000
市馆	2732573	170786
县（区）馆	11375780	88873

如图2-8-6所示，在17个省、市馆中，4个图书馆未成年人馆藏文献达到20万册以上，占比23.53%；7个图书馆未成年人馆藏文献10万—20万册，占比41.18%；4个图书馆未成年人馆藏文献5万—10万册，占比23.53%；2个图书馆未成年人馆藏文献2万—5万册，占比11.76%。有11个省、市图书馆未成年馆藏文献在10万册以上，其中威海市图书馆未成年人馆藏图书以64.61万册居各级图书馆第一位。

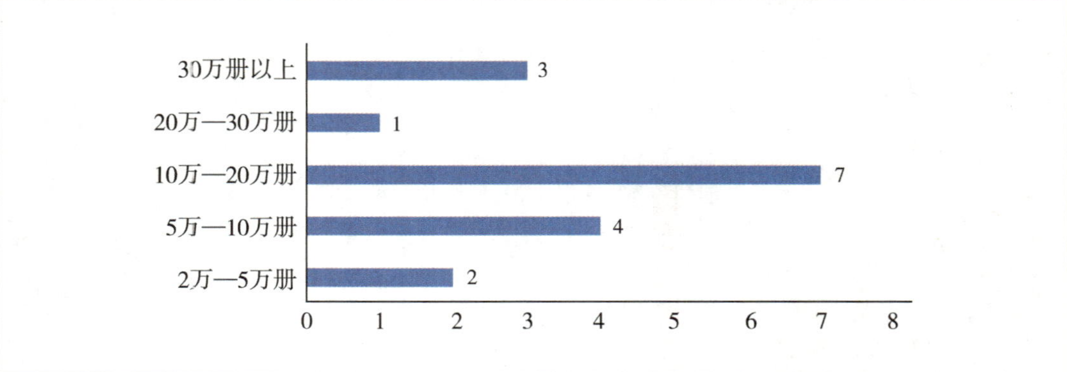

图2-8-6　2022年省、市图书馆未成年人馆藏文献情况对比图

如图2-8-7所示，在128个县（区）馆中，13个图书馆未成年人馆藏文献达到20万册以上，占比10.16%；22个图书馆的未成年人馆藏文献为10万—20万册，占比17.19%，27个馆未成年人馆藏文献为5万—10万册，占比21.09%；52个馆未成年人馆

藏文献为1万—5万册，占比高达40.61%；11个馆未成年人馆藏文献不足1万册，占比8.59%；3个馆对未成年人馆藏文献未做区分。总的来说，有62个图书馆未成年人馆藏文献在5万册以上，占县（区）级图书馆一半左右。

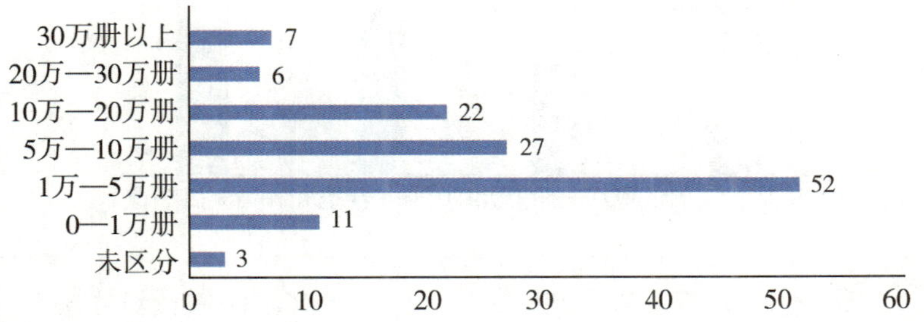

图2-8-7　2022年县（区）图书馆未成年人馆藏文献情况对比图

8.2.5 文献购置费

如表2-8-6所示，省馆未成年人文献购置费为每年50万元；市馆中，有9个馆为未成年人图书单独设置文献购置费，购置费总额为每年361.6万元，平均每个每年40.18万元；县（区）馆中，有62个图书馆为未成年人图书单独设置文献购置费，其中，青岛市城阳区图书馆、泰安市新泰市图书馆和临沂市费县图书馆3个图书馆虽然有单独的文献购置费，但与成人的合并计算，未做区分，剩余的59个县（区）馆，文献购置费总额为每年653.59万元，平均每个每年11.08万元。

表2-8-6　2022年全省各级图书馆未成年人文献购置费汇总表

	有未成年人文献购置费的图书馆数量（个）	文献购置费金额（元）	平均文献购置费金额（元）
省馆	1	500000	500000
市馆	9	3616000	401777
县（区）馆	59	6535866	110777

如图2-8-8所示，市级馆中，潍坊市图书馆未成年人文献购置费为60万元，位居各级图书馆首位，淄博市图书馆、烟台图书馆等4个图书馆未成年人文献购置费超过30万元，其他3个图书馆未成年人文献购置费均在10万元以上。

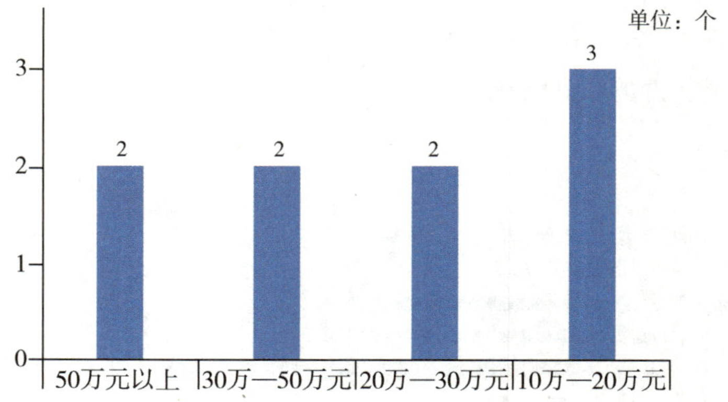

图2-8-8　2022年市图书馆未成年人文献购置费对比图

如图2-8-9所示，县（区）馆中，未成年人文献购置费达50万元以上的有2个，分别是威海市荣成市图书馆、济南市历城区图书馆，位居县（区）图书馆前列；4个馆未成年人文献购置费为20万—50万元，占比6.45%；12个馆未成年人文献购置费为10万—20万元，占比19.35%；22个馆未成年人文献购置费为5万—10万元，占比35.48%；19个馆未成年人文献购置费为0—5万元，占比30.65%，其中1个馆未成年人文献购置费为8000元。从未成年人文献购置费数额来看，县（区）馆购置费仍明显低于省、市馆，还需继续加大文献购置经费投入。

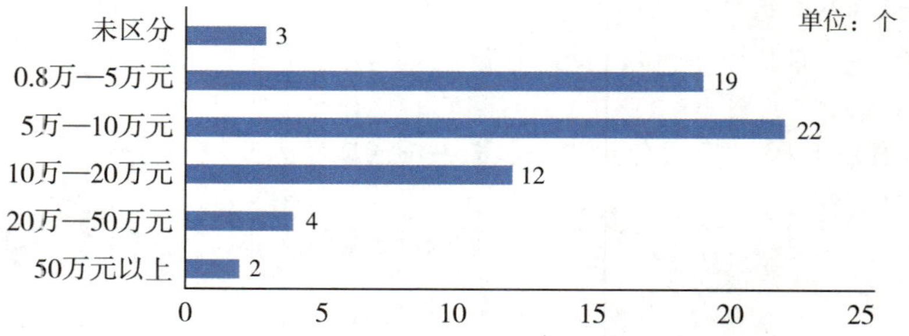

图2-8-9　2022年县（区）图书馆未成年人文献购置费对比图

8.2.6 文献编目工作

如表2-8-7所示，省馆图书分编加工实行部分外包；16个市馆中，有1个为完全外包，10个为部分外包，5个不外包；128个县（区）馆中，有15个为完全外包，87个为部分外包，26个为不外包，部分外包占比近68%，由此可见，全省各馆分编工作主要形式为部分外包。分编工作外包减轻了图书采访编目人员的劳动强度，使图书编目人员有更多的时间深入研究读者的文献需求，有针对性地采购书刊，确保图书馆文献采访质量。

表2-8-7　2022年全省各级图书馆未成年人部（或借阅室）图书采访编目情况汇总表

图书采访编目外包情况	完全外包（个）	部分外包（个）	不外包（个）
省馆	0	1	0
市馆	1	10	5
县（区）馆	15	87	26

8.3 未成年人借阅服务

8.3.1 服务对象年龄

如表2-8-8所示，省馆面向学龄前、小学和初高中阶段未成年人开展服务；16个市馆均面向小学阶段未成年人开展服务，面向学龄前、初高中未成年人开展服务的有15个；128个县（区）馆中，面向学龄前儿童开展服务的有98个，面向小学阶段开展服务的有124个，面向初高中阶段开展服务的有111个。如图2-8-10所示，县（区）馆的服务对象侧重于小学阶段，面向学龄前儿童的服务还有待加强。

表2-8-8　2022年全省各级图书馆未成年人服务对象年龄段分布汇总表

	学龄前（个）0—6岁（不含6岁）	小学（个）6—12岁	初高中（个）13—18岁
省馆	1	1	1
市馆	15	16	15
县（区）馆	98	124	111

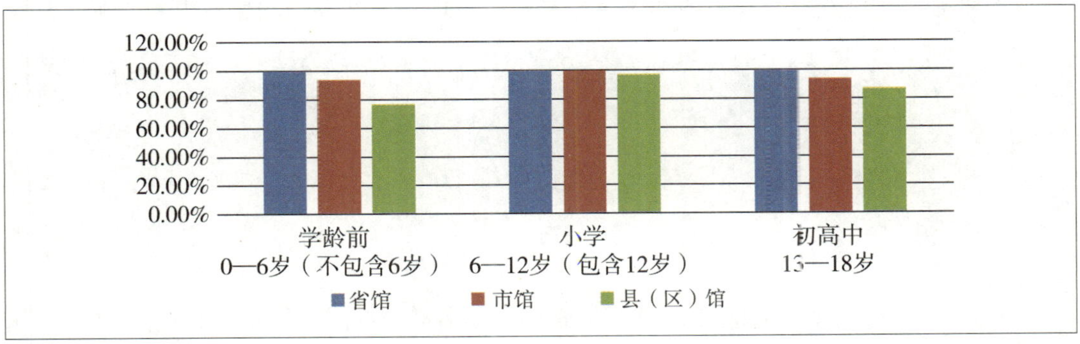

图2-8-10　2022年全省各级公共图书馆未成年人服务对象的年龄段分布图

8.3.2 借阅证及图书借阅相关情况

如表2-8-9所示，目前，省馆面向未成年人单独办理借阅证并需缴纳押金；16个市馆中，面向未成年人单独办理借阅证的有5个，其中2个需要缴纳押金；128个县（区）馆中，面向未成年人单独办理借阅证的有39个，其中23个需要缴纳押金。据全省图书馆办理未成年人借阅证缴纳押金情况统计，60.00%的市馆和41.03%的县（区）馆不需要缴纳押金，山东省半数以上的图书馆实现了未成年人借阅证免除押金。

通过进一步了解发现，68.75%的市馆和69.53%的县（区）馆，使用未成年人与成年人通用的借阅形式，不再为未成年人单独办理借书证。

表2-8-9　2022年全省各级图书馆单独办理少儿借阅证情况汇总表

	单独办证（个）	缴纳押金（个）	不缴纳押金（个）	不缴纳押金占比
省馆	1	1	0	0.00%
市馆	5	2	3	60.00%
县（区）馆	39	23	16	41.03%
合计	45	26	19	42.22%

如表2-8-10所示，省馆、市馆均对未成年人读者借阅册数有限制；县（区）馆中，济南市章丘区图书馆、德州市临邑县图书馆、德州市陵城区图书馆、烟台市烟台经济技术开发区图书馆4个县（区）馆对未成年人读者借阅册数没有限制，其余124个馆对未成年人读者借阅册数有所限制。通过进一步核实发现，德州市陵城区图书馆没有面向未成年人开放的服务窗口，济南市章丘区图书馆、德州市临邑县图书馆均只面向未成年人设立少儿阅览室，不提供书刊外借服务。

表2-8-10　2022年全省各级图书馆是否有未成年人图书借阅册数限制汇总表

	是（个）	否（个）	总计（个）
省馆	1	0	1
市馆	16	0	16
县（区）馆	124	4	128

如表2-8-11所示，省馆和市馆对未成年人图书借阅期限有要求，128个县（区）馆中，有122个对未成年人图书借阅期限有要求，占县（区）馆总数的95.31%。由此可见，

图书馆根据自身藏书数量和读者借阅需求，制定合理的借阅周期，仍是促进馆藏图书流通和提高图书利用率的有效方式。

表2-8-11　2022年全省各级图书馆未成年人图书借阅期限汇总表

	是（个）	否（个）	总计（个）	有借阅期限的占比
省馆	1	0	1	100%
市馆	16	0	16	100%
县（区）馆	122	6	128	95.31%

如表2-8-12所示，省馆面向未成年人提供续借服务；16个市馆中，15个馆提供续借服务，只有1个馆不提供续借服务；128个县（区）馆中，有121个馆提供续借服务，7个馆不提供续借服务。

表2-8-12　2022年全省各级图书馆未成年人图书续借情况汇总表

	是（个）	否（个）	总计（个）
省馆	1	0	1
市馆	15	1	16
县（区）馆	121	7	128

8.3.3 服务窗口设置情况

如表2-8-13所示，目前全省各级图书馆面向未成年人主要提供的服务有外借、阅览和自修等内容。各级图书馆面向未成年人的外借窗口开放率分别为100%、81.25%、58.59%，阅览窗口开放率分别为100%、93.75%、85.94%。县（区）馆面向未成年人开放的服务窗口类型低于省、市馆，但是其中也有服务窗口开放较多的，如潍坊市奎文区图书馆、潍坊市坊子区图书馆和菏泽市牡丹区图书馆都开设了少儿图书、期刊报纸等借阅室，多于3个服务窗口。

表2-8-13　2022年全省各级图书馆未成年人服务窗口开放情况汇总表

	服务窗口开放率	
	外借	阅览
省馆	100.00%	100.00%

续表

	服务窗口开放率	
	外借	阅览
市馆	81.25%	93.75%
县(区)馆	58.59%	85.94%

目前，省馆面向未成年人按照年龄段设置的服务窗口有低幼借阅室、青少年借阅室和青少年自修室。

如图2-8-11所示，16个市馆中，面向未成年人的外借服务窗口开放率为81.25%；阅览服务窗口开放率为93.75%。其中，德州市图书馆没有设置专门的未成年人服务窗口，而济南市图书馆、青岛市图书馆、东营市图书馆、淄博市图书馆、日照市图书馆、聊城市海源阁图书馆6个图书馆均按照读者年龄段设置低幼服务窗口和青少年服务窗口，枣庄市图书馆、潍坊市图书馆等11个市馆则是按照外借、阅览、亲子阅览等功能设置服务窗口。需要特别指出的是，市馆中未成年人特色服务空间有青岛市图书馆开设的自然多维阅读空间，菏泽市图书馆开设的花蕾童书房等。

128个县(区)馆中，面向未成年人的外借窗口开放率为58.59%，阅览窗口开放率为85.94%。(见图2-8-11)济宁市曲阜市图书馆、泰安市岱岳区图书馆等11个县(区)馆没有开设面向未成年人的服务窗口，淄博市高青县图书馆、潍坊市诸城市图书馆、德州市平原县图书馆等25个县(区)馆按照年龄段设置低幼服务窗口和青少年服务窗口。青岛市即墨区图书馆、潍坊市坊子区图书馆等57个县(区)馆则是按照阅览功能设置服务窗口。滨州市阳信县图书馆、威海市环翠区图书馆等39个县(区)馆只设置少儿借阅服务窗口，并未再细分。县(区)馆中未成年人特色服务空间有：烟台市莱山区图书馆开设的影音中心，德州市禹城市图书馆开设的国学讲堂，青岛市即墨区图书馆开设的AR体验室，青岛市莱西市图书馆、德州市平原县图书馆等开设的少儿多功能厅，潍坊市坊子区图书馆、奎文区图书馆、菏泽市曹县图书馆等设立的多媒体教室，淄川区图书馆开设的“亲子共读”小书房，济南市历城区图书馆开设的视频放映室和国学讲堂，济宁市嘉祥县图书馆开设的数字体验区，济南市莱芜区图书馆开设的玩具室，临沂市平邑县图书馆开设的少儿体验室等。

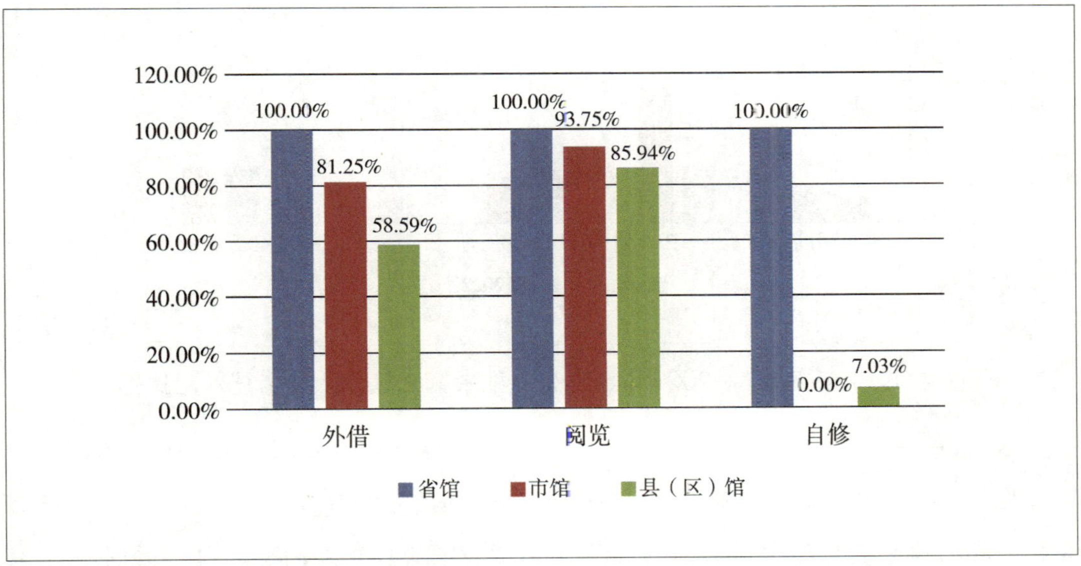

图2-8-11　2022年全省各级图书馆未成年人主要服务窗口开放对比图

8.3.4 服务人次及图书流通情况

如图2-8-12所示，2021年省馆未成年人服务外借册次为27.52万册，2022年为27.02万册；市馆未成年人外借册次为336.25万册，2022年为306.58万册；县（区）馆未成年人外借册次为1158.58万册，2022年为969.15万册。由于2022年受疫情影响，全省各级图书馆2022年外借册次均低于2021年外借册次。

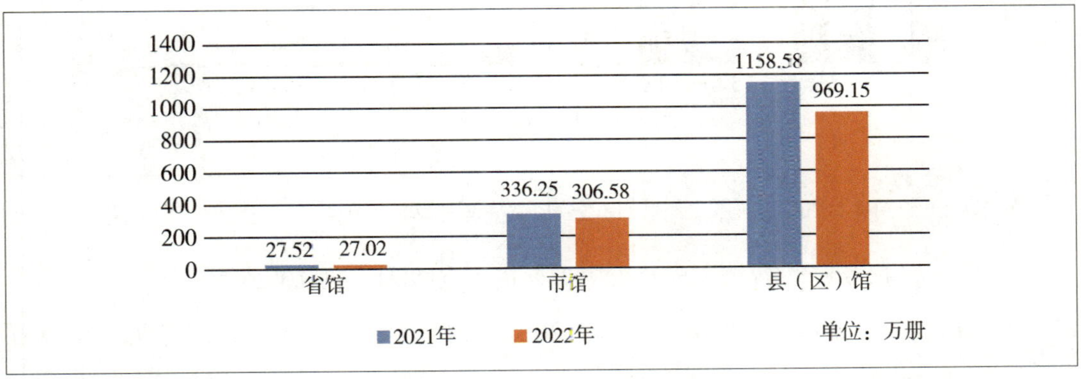

图2-8-12　2021—2022年全省各级图书馆未成年人外借册次对比图

如图2-8-13所示，在2021年和2022年市馆未成年人外借册次有较大差距，主要集中在5—20万册，超过40万册的是威海市图书馆、济南市图书馆和日照市图书馆。

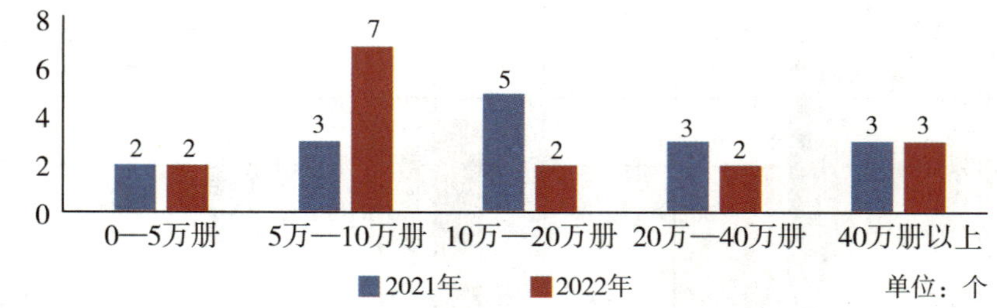

图2-8-13　2021—2022年市级公共图书馆未成年人外借册次对比图

如图2-8-14所示，2021年县（区）公共图书馆未成年人外借册次在0—5万册的有71个馆，5万—10万册的有30个馆，10万—20万册的有18个馆，20万—40万册的有5个馆，40万册以上的有4个馆，分别是临沂市罗庄区图书馆、威海市乳山市图书馆、威海市文登区图书馆和青岛市李沧区图书馆。2022年县（区）未成年人外借册次在0—5万册的有69个馆，5万—10万册的有25个馆，10万—20万册的有14个馆，20万—40万册的有4个馆，40万册以上的有3个馆，分别是临沂市罗庄区图书馆、临沂市临沭县图书馆、威海市文登区图书馆。可以看出，县（区）图书馆2021年外借册次稍微高于2022年外借册次，外借册次主要集中分布在0—5万册次。

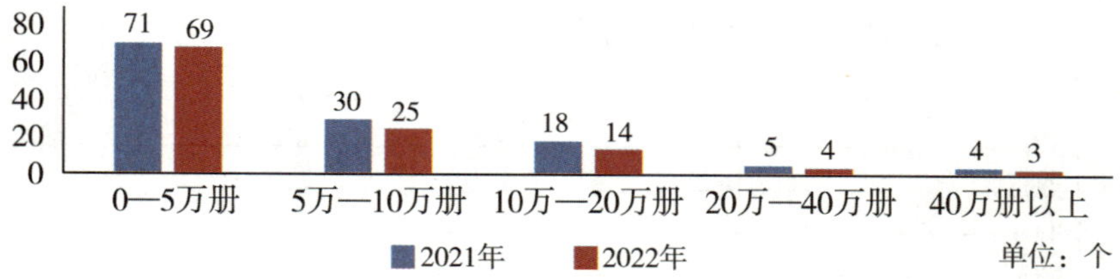

图2-8-14　2021—2022年县（区）公共图书馆未成年人外借册次对比图

如表2-8-14所示，省馆未成年人服务外借人次2021年为10.26万人次，2022年为8.54万人次；市馆未成年人服务外借人次2021年为162.08万人次，2022年为136.97万

表2-8-14　2021—2022年全省各级图书馆未成年人外借人次对比表　单位：万人次

年份	省	市	县（区）
2021	10.26	162.08	658.57
2022	8.54	136.97	593.94

人次；县（区）馆未成年人服务外借人次2021年为658.57万人次，2022年为593.94万人次。受疫情影响，2022年全省各级图书馆外借人次均低于2021年外借人次。

如图2-8-15所示，2021年市图书馆未成年人外借人次0—5万的有5个馆，5万—10万的有3个馆，10万—20万的有2个馆，20万—40万的有3个馆。2022年市馆未成年人外借人次0—5万的有8个馆，5万—10万的有4个馆，10万—20万的有2个馆，20万—40万的有1个馆，40万以上的有1个馆，为淄博市图书馆。可以看出，外借人次差距比较大，主要集中在0—5万，且2022年要高于2021年。

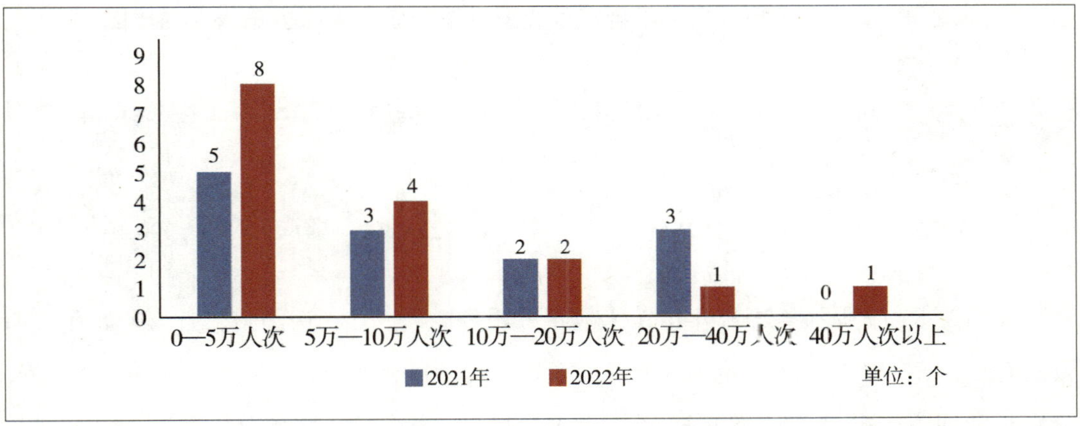

图2-8-15　2021—2022年市图书馆未成年人外借人次对比图

如图2-8-16所示，2021年县（区）馆未成年人外借人次0—5万的有80个馆，5万—10万的有22个馆，10万—20万的有11个馆，20万—40万的有1个馆，40万以上的有2个馆，为临沂市的临沭县图书馆和罗庄区图书馆。2022年县（区）馆未成年人外借册次

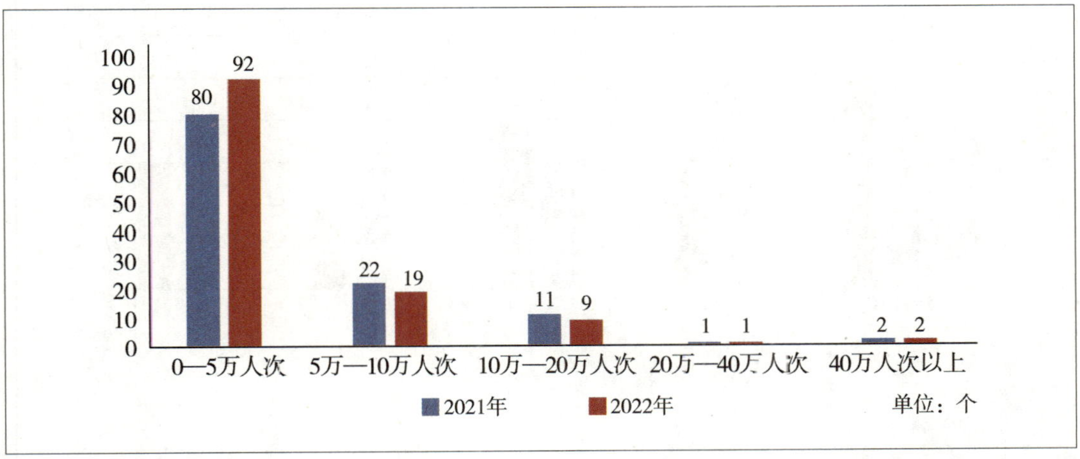

图2-8-16　2021—2022年县（区）图书馆未成年人外借人次对比图

0—5万的有92个馆，5万—10万的有19个馆，10万—20万的有9个馆，20万—40万的有1个馆，40万以上的有2个馆，分别为临沂市的临沭县图书馆和罗庄区图书馆。由此可见，县（区）馆外借人次主要集中在0—5万，且2022年要高于2021年。

如表2-8-15所示，省馆未成年人服务总人次2021年为32.79万人次，2022年为29.68万人次；市馆未成年人服务总人次2021年为281.74万人次，2022年为255.80万人次；县（区）馆未成年人服务外借人次2021年为913.73万人次，2022年为790.10万人次。受疫情影响，2022年未成年人服务总人次均低于2021年。

表2-8-15　2021—2022年全省各级图书馆未成年人服务总人次对比图

单位：万人次

年份	省馆	市馆	县（区）馆
2021	32.79	281.74	913.73
2022	29.68	255.80	790.10

如图2-8-17所示，2021年市馆未成年人服务总人次0—5万的有2个馆，5万—10万的有5个馆，10万—20万的有3个馆，20万—40万的有4个馆，40万以上的有2个馆，分别是淄博市图书馆、日照市图书馆。2022年市馆未成年人服务总人次0—5万的有5个馆，5万—10万的有2个馆，10万—20万的有4个馆，20万—40万的有2个馆，40万以上的有3个馆，分别是日照市图书馆、淄博市图书馆、枣庄市图书馆。2021年和2022年市馆未成年人服务总人次分布基本均衡。

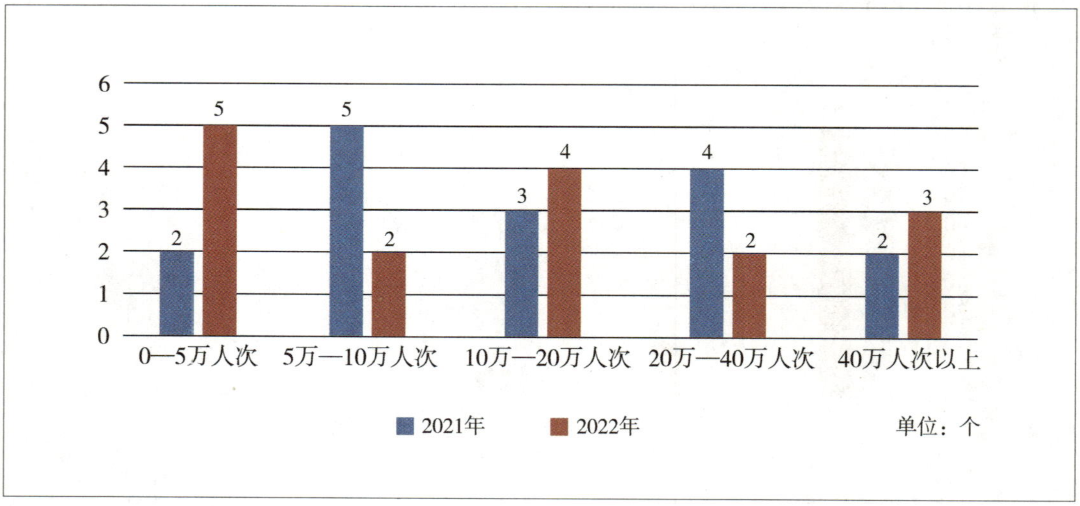

图2-8-17　2021—2022年市图书馆未成年人服务总人次对比图

如图2-8-18所示，2021年县（区）馆未成年人服务总人次0—5万的有51个馆，5万—10万的有32个馆，10万—20万的有21个馆，20万—40万的有6个馆，40万以上的有1个馆，最多的是临沂市临沭县图书馆。2022年县（区）馆未成年人服务总人次0—5万的有62个馆，5万—10万的有23个馆，10万—20万的有23个馆，20万—40万的有2个馆，40万以上的有1个馆，为临沂市临沭县图书馆。由此可见，县（区）馆服务总人次主要集中在0—5万，且2021年和2022年差距不大。

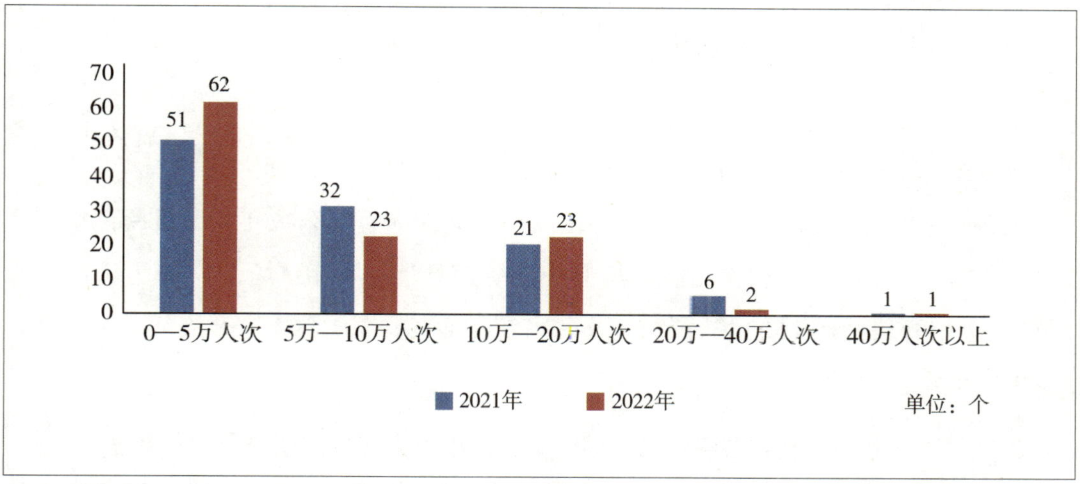

图2-8-18　2021—2022年县（区）公共图书馆未成年人服务总人次对比图

据统计，图书外借册次、外借人次、服务总人次排在前列的市、县（区）馆有：济南市图书馆、青岛市图书馆、威海市图书馆、烟台图书馆、日照市图书馆。由此推测，中部地区和东部沿海地市县（区）图书馆的硬件基础设施较好，各项服务指标数值较高。

8.4 未成年人阅读推广活动

8.4.1 未成年人阅读推广活动现状

如表2-8-16所示，目前，全省各级图书馆中已有123个馆面向未成年人开展阅读推广活动。其中，省、市馆已全面开展未成年人阅读推广活动，82.81%的县（区）馆面向未成年人开展阅读推广。在县（区）馆中，鲁西南地区的高唐县图书馆、曲阜市图书馆、邹城市图书馆等及东部沿海地区的龙口市图书馆、蓬莱市图书馆、胶州市图书馆等，并未常规性开展未成年人阅读推广活动。

表2-8-16　2022年全省各级图书馆未成年人阅读推广活动开展情况汇总表

	是（个）	否（个）	合计（个）	达成率
省馆	1	0	1	100.00%
市馆	16	0	16	100.00%
县（区）馆	106	22	128	82.81%

8.4.2 未成年人阅读推广活动

8.4.2.1 面向普通未成年人

8.4.2.1.1 2021年全省面向普通未成年人阅读推广活动开展情况

如表2-8-17所示，2021年全省各级图书馆共面向普通未成年人开展阅读推广活动9066场，约140万人次参与活动。其中，省馆开展活动303场，约16万人次参与活动；市馆开展活动1623场，约34万人次参与活动；县（区）馆开展活动7140场，约89万人次参与活动。

表2-8-17　2021年全省各级图书馆面向普通未成年人开展阅读推广活动数据汇总表

	省馆	市馆	县（区）馆	合计
线下场次	215	1079	3837	5131
线上场次	88	544	3303	3935
合计场次	303	1623	7140	9066
线下参与人次	18094	169653	351650	539397
线上参与人次	143056	172272	535573	850901
合计参与人次	161150	341925	887223	1390298

如图2-8-19所示，2021年全省各级图书馆面向普通未成年人开展阅读推广活动的线下场次均高于线上场次，其中省馆和市馆表现更为明显，县（区）馆线上活动和线下活动形式较为均衡。如图2-8-20所示，2021年全省各级公共图书馆面向普通未成年人的阅读推广活动，省馆和县（区）馆线上参与人次明显高于线下参与人次，市馆线上线下参与人次较为均衡。

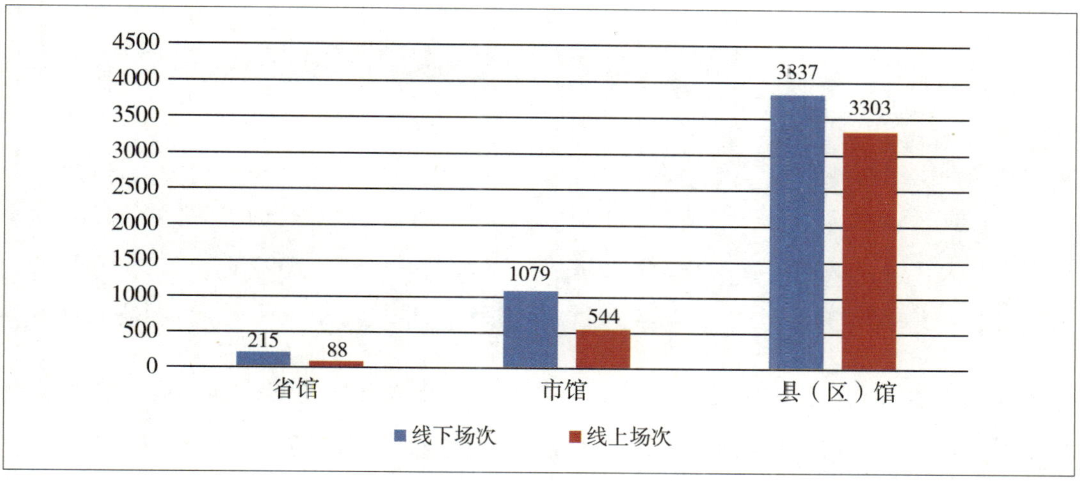

图2-8-19　2021年普通未成年人阅读推广活动线上与线下开展场次对比图

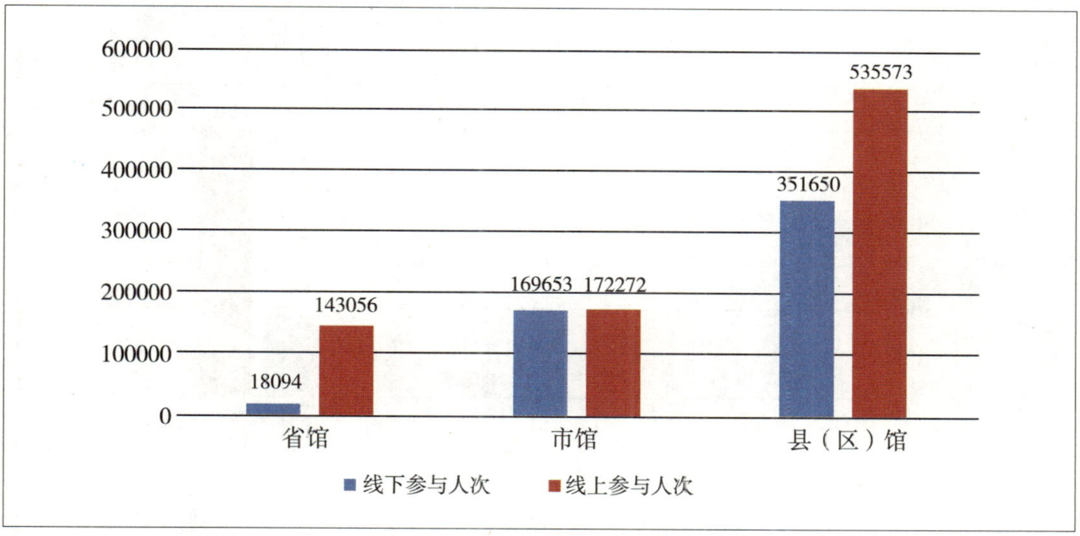

图2-8-20　2021年普通未成年人阅读推广活动线上与线下参与人次对比图

8.4.2.1.2 2022年全省开展普通未成年人阅读推广活动情况

如表2-8-18所示，2022年全省各级图书馆共开展普通未成年人阅读推广活动18003场，约212万人次参与活动。其中，省馆开展活动304场，约22万人次参与活动；市馆开展活动1956场，81万多人次参与活动；县（区）馆开展活动15743场，108万多人次参与活动。

表2-8-18　2022年全省各级图书馆开展普通未成年人阅读推广活动数据汇总表

	省馆	市馆	县（区）馆	合计
线下场次（场）	225	778	3726	4729

续表

	省馆	市馆	县（区）馆	合计
线上场次（场）	79	1178	12017	13274
合计场次（场）	304	1956	15743	18003
线下人数（人）	21998	135903	444802	602703
线上人数（人）	197938	677934	639338	1515210
合计人数（人）	219936	813837	1084140	2117913

如图2-8-21所示，2022年省馆面向普通未成年人开展的阅读推广活动线下场次高于线上场次，市馆和县（区）馆线上活动场次高于线下活动场次。如图2-8-22所示，2022年度全省各级图书馆面向普通未成年人开展的阅读推广活动，线上参与人次均高于线下参与人次。

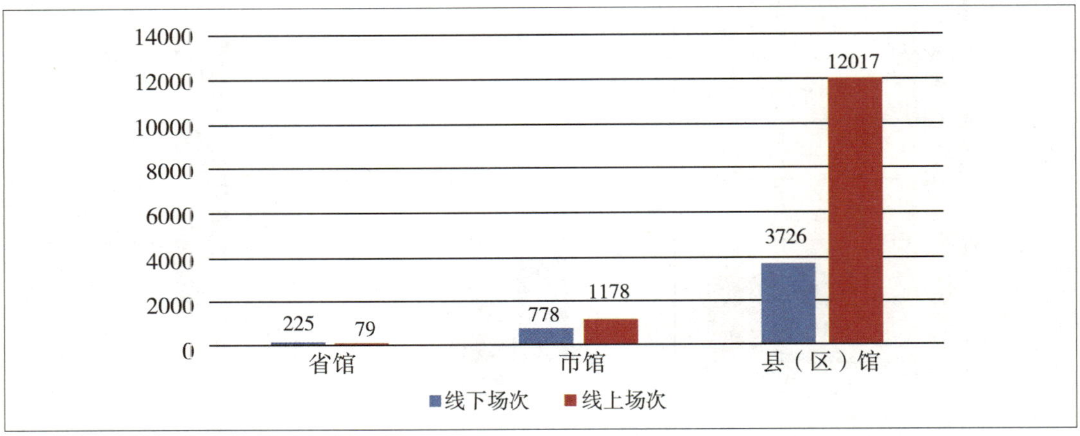

图2-8-21　2022年普通未成年人阅读推广活动线上与线下开展场次对比图

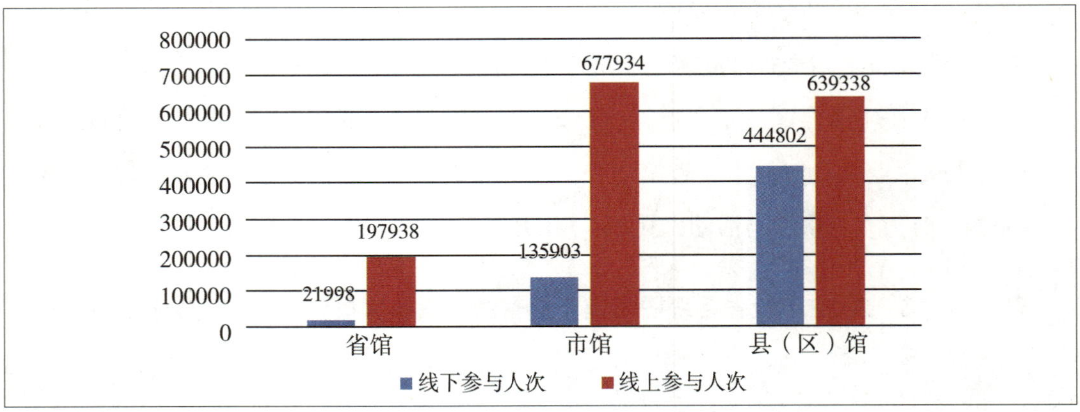

图2-8-22　2022年普通未成年人阅读推广活动线上与线下参与人次对比图

8.4.2.2 未成年人特殊群体

未成年人特殊群体主要包括未成年人中的视障、听障、智障（自闭症和唐氏综合征）、肢体残障及未成年犯等群体。如表2-8-19所示，2021年全省各级图书馆面向未成年人特殊群体共开展阅读推广活动1165场，10万余人次参与活动。其中，省馆全年未开展面向未成年人特殊群体的阅读推广活动；市馆开展活动21场，1000多人参与活动；县（区）馆开展活动1144场，10万余人次参与活动。

表2-8-19　2021年全省各级图书馆面向未成年人特殊群体阅读推广活动数据汇总表

	省馆	市馆	县（区）馆	合计
线下场次	0	5	495	500
线上场次	0	16	649	665
合计场次	0	21	1144	1165
线下参与人次	0	456	54317	54773
线上参与人次	0	560	54552	55112
合计参与人次	0	1016	108869	109885

如图2-8-23所示，2021年省馆未面向未成年人特殊群体开展阅读推广活动外，市馆和县（区）馆均开展面向未成年人特殊群体的阅读推广活动，且线上场次明显高于线下场次。由此可见，疫情下各级图书馆已经开始着力提供线上服务项目。如图2-8-24所示，2021年除省馆外，市馆和县（区）馆线上活动和线下活动参与人次较为均衡。

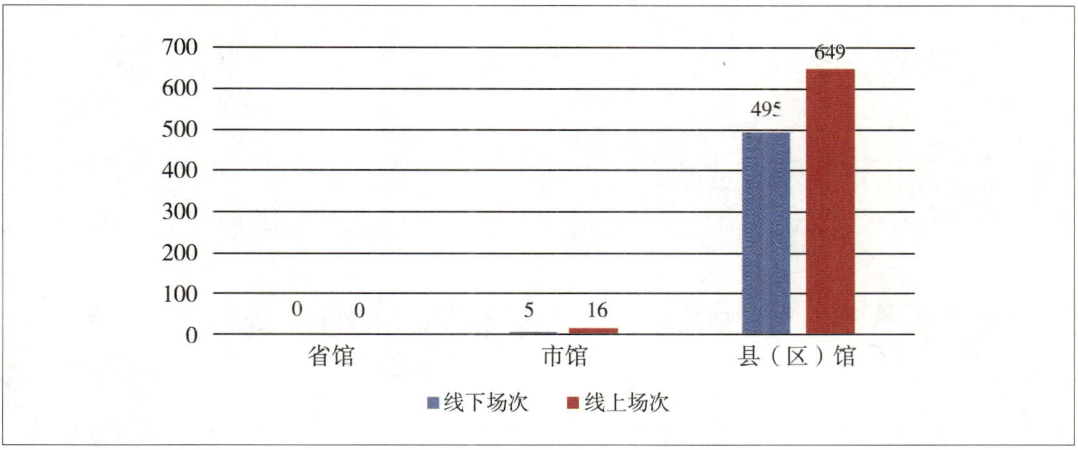

图2-8-23　2021年未成年人特殊群体阅读推广活动线上与线下开展场次对比图

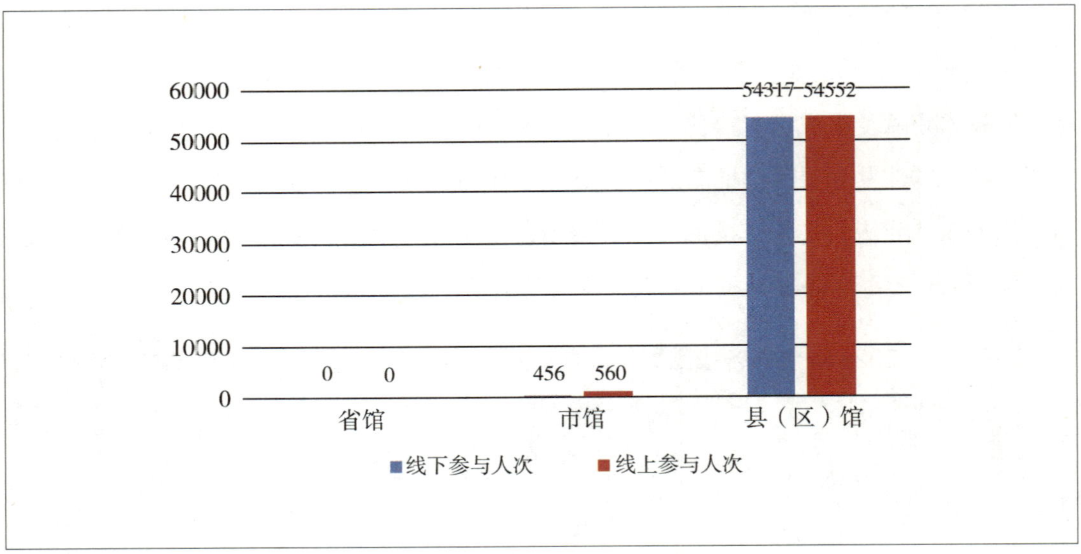

图2-8-24　2021年未成年人特殊群体阅读推广活动线上与线下参与人次对比图

如表2-8-20所示，2022年全省各级图书馆面向未成年人特殊群体共开展活动1169场，19万余人次参与活动。其中，省馆开展活动48场，近1万人次参与（线上通过哔哩哔哩等平台推广，点击观看量较高）；市馆开展活动109场，约7000人次参与；县（区）馆开展活动1012场，18万余人次参与活动。

表2-8-20　2022年全省各级图书馆开展未成年人特殊群体阅读推广活动数据汇总表

	省馆	市馆	县（区）馆	合计
线下场次	24	5	484	513
线上场次	24	104	528	656
合计场次	48	109	1012	1169
线下参与人次	102	309	80511	80922
线上参与人次	9651	6640	106426	113168
合计参与人次	9753	6949	186937	194090

如图2-8-25所示，2022年除省馆和县（区）馆未成年特殊群体阅读推广活动线上和线下基本持平。市馆线上场次明显高于线下场次。如图2-8-26所示，2022年度省馆和市馆线上活动参与人次明显高于线下活动参与人次。县（区）馆线上活动和线下活动参与人次较为均衡。

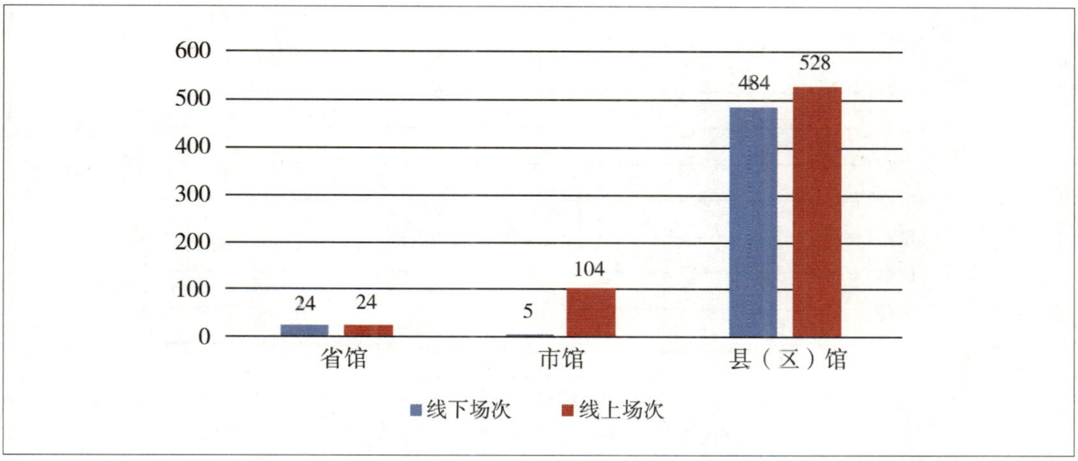

图2-8-25　2022年全省各级图书馆未成年人特殊群体阅读推广活动线上与线下开展场次对比图

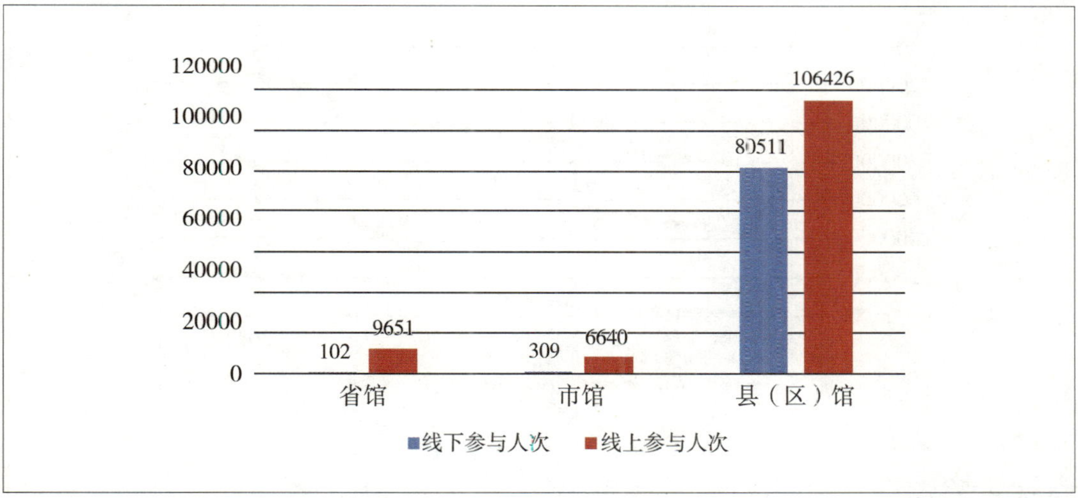

图2-8-26　2022年全省各级图书馆未成年人特殊群体阅读推广活动线上与线下参与人次对比图

如图2-8-27所示，2019—2022年全省各级图书馆阅读推广活动的场次呈逐步上升趋势。原因之一是因为疫情转为线上，各级图书馆大力开发与完善线上服务阵地，丰富线上服务活动形式，保证了疫情期间阅读活动不但未受到太大影响，而且促进了线上与线下阅读活动的融合发展。

2019—2022年全省各级公共图书未成年人阅读推广活动参与人次年度变化如图2-8-28所示，省级和县（区）图书馆的年度参与人次呈持续增长趋势。可见，省馆和县（区）馆线上活动相对成熟，参与人次相对稳定，活动参与人次未受疫情影响。

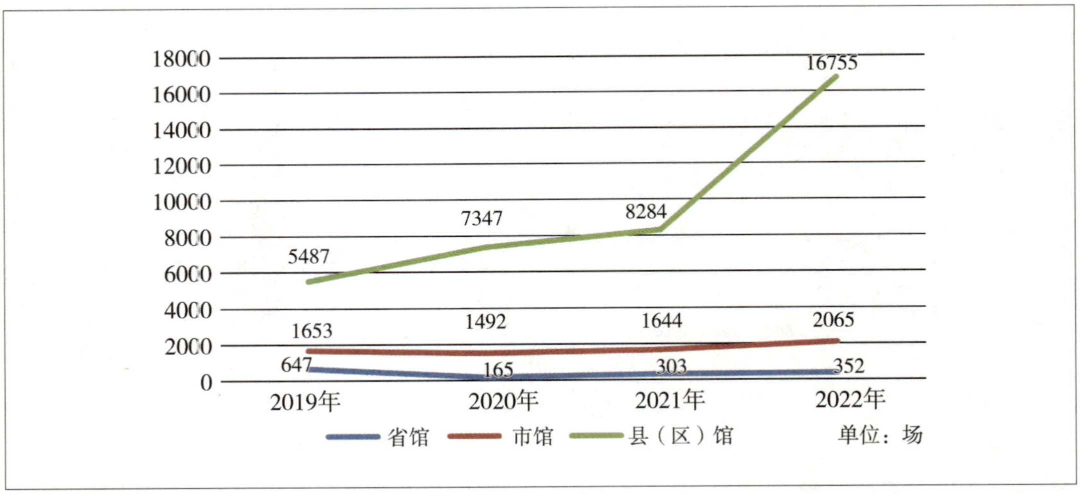

图2-8-27　2019—2022年全省各级图书馆未成年人阅读推广活动场次年度变化图

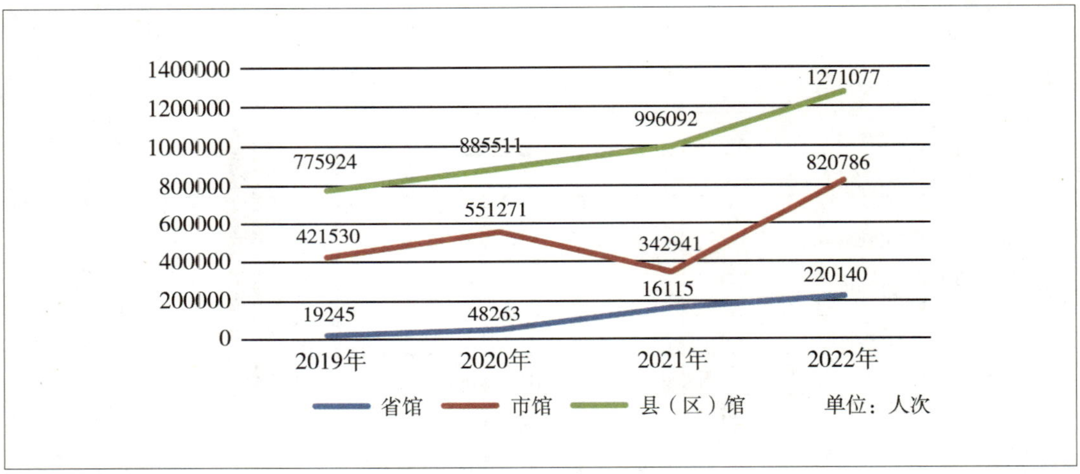

图2-8-28　2019—2022年全省各级图书馆未成年人阅读推广活动参与人次年度变化图

8.4.3 未成年人阅读推广特色/品牌活动

8.4.3.1 未成年人特色或品牌阅读推广活动现状

如表2-8-21所示，截至2022年底，省馆和市馆均已形成具有特色的未成年人阅读推广品牌活动，约70%的县（区）馆形成具有特色的未成年人阅读推广品牌活动。从特色活动设置数量来看，省馆和43.75%的市馆设有5种及5种以上特色活动，仅有3.15%县（区）馆设有5种及5种以上特色活动。由此可见，县（区）馆阅读推广活动的特色化是目前要解决的重点问题。

表2-8-21 2022年全省各级图书馆开设未成年人阅读推广特色/品牌活动数量比例表

	1种	2种	3种	4种	5种及5种以上
省馆	100.00%	100.00%	100.00%	100.00%	100.00%
市馆	100.00%	87.50%	75.00%	62.50%	43.75%
县（区）馆	66.93%	44.88%	18.90%	8.66%	3.15%

如图2-8-29所示，从全省各级图书馆开设特色或品牌活动平均数量来看，省馆有5个，市馆平均有3.69个，县（区）馆平均有1.43个。可以看出，省、市馆平均开设特色活动种类高于县（区）图书馆。

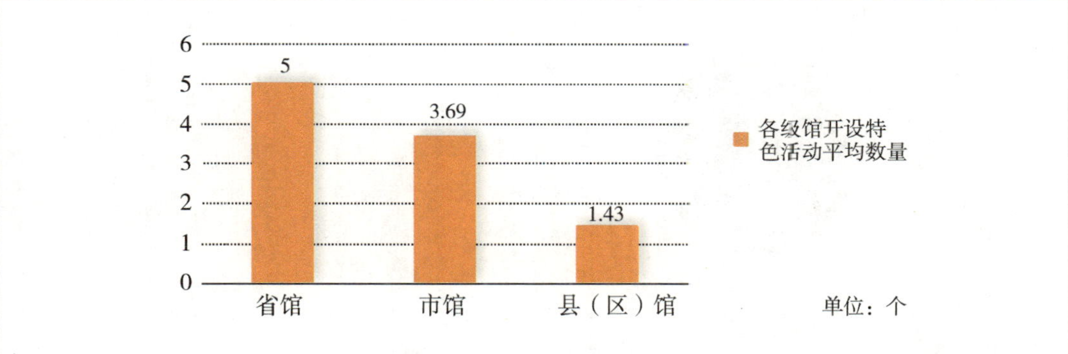

图2-8-29 2022年全省各级图书馆平均开设未成年人阅读推广特色活动数量对比图

8.4.3.2 未成年人特色/品牌活动形式

目前各馆开展的未成年人特色或品牌活动形式有讲座、故事会、互动体验、比赛、读书会等。从图2-8-30特色或品牌活动主要形式比例图可以看出，全省各级图书馆开

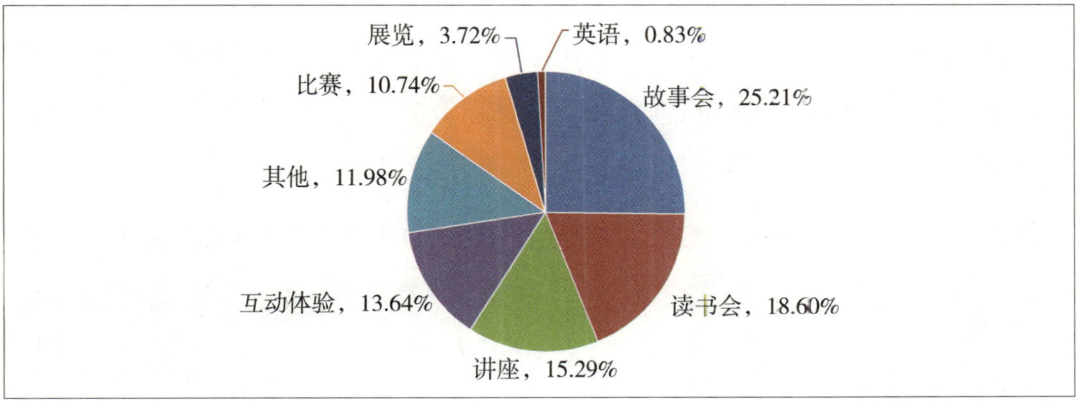

图2-8-30 2022年全省各级图书馆未成年人阅读推广特色或品牌活动主要形式比例图

展未成年人阅读推广活动的形式多种多样，为未成年人参与阅读活动提供了更多选择。从活动形式来看，传统形式的阅读推广活动依然受读者欢迎，如读书会、故事会等。读者参与最多的是故事会，占比为25.21%；其次是读书会，占比为18.60%。

经汇总分析，全省各级图书馆未成年人阅读活动内容主要分为阅读推广特色活动、尼山书院（国学、传统文化）、参与体验型活动等类型。如图2-8-31所示，目前全省各级图书馆特色活动以各种阅读推广特色活动为主，达半数以上。参与体验型活动也越来越受欢迎，占比接近30%。另外，有17%的特色活动为与国学、传统文化相关的主题活动，可见，全省各级图书馆馆依托"图书馆+书院"服务模式，为未成年人开展传统文化主题活动提供了重要平台，尼山书院在未成年人特色活动中已占据重要地位。

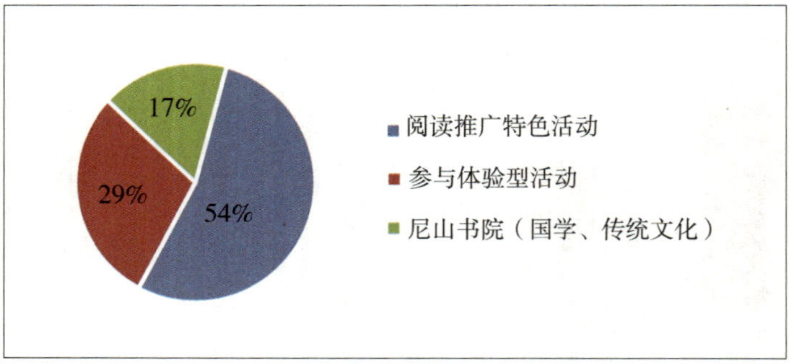

图2-8-31　2022年全省各级图书馆未成年人阅读推广特色或品牌活动内容比例图

8.5 未成年人数字阅读服务

8.5.1 未成年人数字资源配置

如表2-8-22所示，全省各级图书馆中已提供面向未成年人使用数字资源的图书馆数量为77个，没有提供的为68个，超过一半的图书馆提供了专门面向未成年人使用的数字资源。

表2-8-22　2022年全省各级图书馆提供面向未成年人使用的数字资源情况统计表

	是(个)	否(个)	合计(个)
省馆	1	0	1
市馆	11	5	16

续表

	是（个）	否（个）	合计（个）
县（区）馆	65	63	128
合计	77	68	145

从全省各级图书馆已提供面向未成年人使用的数字资源的比例来看，省馆为100%，市馆为68.75%，县（区）馆为50.78%。

如表2-8-23所示，全省各级图书馆中已提供面向未成年人使用的数字资源种数排名前十的是：烟台图书馆5种、威海市图书馆5种、潍坊市诸城市图书馆5种、泰安市肥城市图书馆5种、菏泽市牡丹区图书馆5种、山东省图书馆4种、烟台经济技术开发区图书馆4种、潍坊市青州市图书馆4种、济宁市嘉祥县图书馆4种、临沂市罗庄区图书馆4种。县（区）馆数量明显多于省、市图书馆。

表2-8-23　2022年全省各级图书馆未成年人数字资源种数前十位统计表

序号	图书馆名称	已提供专门面向未成年人使用的数字资源种类（种）	图书馆级别
1	烟台图书馆	5	市馆
2	威海市图书馆	5	市馆
3	潍坊市诸城市图书馆	5	县（区）馆
4	泰安市肥城市图书馆	5	县（区）馆
5	菏泽市牡丹区图书馆	5	县（区）馆
6	山东省图书馆	4	省馆
7	烟台经济技术开发区图书馆	4	县（区）馆
8	潍坊市青州市图书馆	4	县（区）馆
9	济宁市嘉祥县图书馆	4	县（区）馆
10	临沂市罗庄区图书馆	4	县（区）馆

如图2-8-32所示，全省各级图书馆未成年人数字资源（体验设备）单种购置数量最多的是“贝贝国学”，有20个图书馆购置；之后依次是“超星”少儿数字资源库，有15个图书馆购置；“妙趣手工坊”，有10个图书馆购置；第四位是“博看”数字资源库，有9个图书馆购置；第五位是“歌德数字借阅机”，有7个图书馆购置。

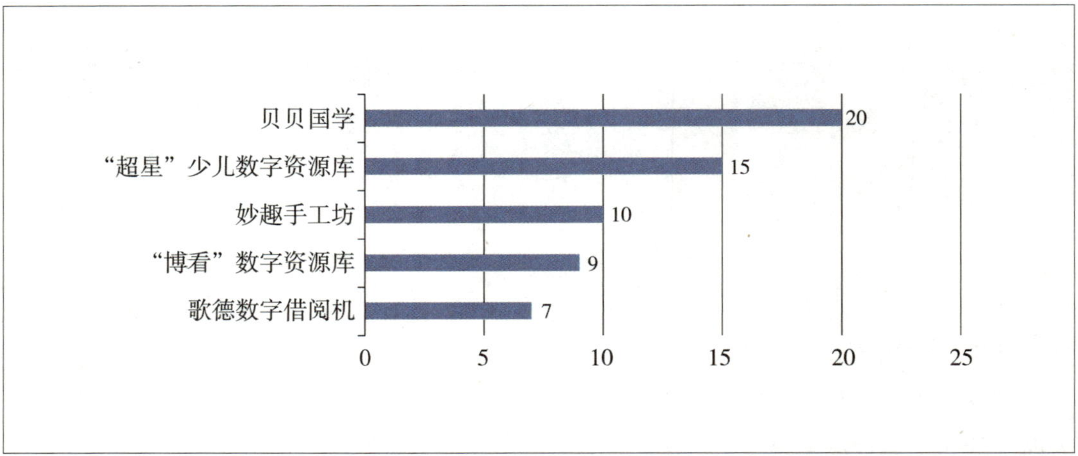

图2-8-32　2022年全省各级图书馆未成年人数字资源单种购置数量前五位

8.5.2 未成年人数字资源利用

如表2-8-24所示，全省各级图书馆未成年人数字资源按照使用方式可以分为两类：一是在线访问数字资源（网页/微信/APP访问），数量为120种，占73.62%；二是线下数字体验设备（实体设备），数量为43种，占26.38%。

表2-8-24　2022年全省各级图书馆未成年人数字资源使用方式汇总表

未成年人数字资源使用方式	合计（个）	占比
在线访问数字资源（网页、微信、APP）	120	73.62%
线下数字体验设备（实体设备）	43	26.38%
总计	163	100.00%

有53个图书馆在2021—2022年购置或续购了96个专门面向未成年人使用的数字资源，其中新购的数字资源有64个。

如表2-8-25所示，对比已提供面向未成年人使用数字资源的图书馆，2021年的访问人次在2020年的基础上增加了392.83万余人次，同比增长122.05%，2022年的访问人次又在2021年的基础上增加了93.65万余人次，同比增长13.10%。可见全省各级图书馆以未成年人数字资源建设为重点，强化线上阅读推广服务与宣传，读者使用率倍增。

表2-8-25　2019—2022年全省各级图书馆未成年人数字资源访问量统计表

年份	未成年人数字资源访问量		
	访问人次	同比增长人次	同比增长率
2019年	2773461		
2020年	3218576	445115	16.05%
2021年	7146889	3928313	122.05%
2022年	8083347	936458	13.10%

8.5.3 未成年人数字资源购置意向

如表2-8-26所示，全省各级图书馆中近期有未成年人数字资源采购意向的只占14.48%，各级图书馆的购置意向仍然较低。

表2-8-26　省、市、县（区）图书馆近期采购未成年人数字资源意向情况汇总表

近期是否有采购未成年人数字资源的计划	有（个）	无（个）	合计（个）	有意向占比
省馆	0	1	1	0.00%
市馆	4	12	16	25.00%
县（区）馆	17	111	128	13.28%
合计	21	124	145	14.48%

如表2-8-27所示，通过对已经报送的问卷进行汇总分析，影响各馆采购未成年人数字资源的首要因素为“经费有限”（问卷中此项为不定项选择），145个报送该条数据的图书馆中有131个将其列为影响因素，占90.34%；其次为“家长限制孩子使用”，有16个，占11.03%；还有7个选择其他因素，占4.83%。其他因素主要有：已购综合性数字资源中包含了部分未成年人可使用的数字资源，家长更倾向于孩子阅读纸质图书等。

表2-8-27　影响各馆采购未成年人数字资源的因素汇总表

影响各馆采购未成年人数字资源的因素	汇总（个）	占比
经费有限	131	90.34%
家长限制孩子使用	16	11.03%
其他	7	4.83%

8.6 结语

各级政府应高度重视未成年人阅读服务工作，协调各职能部门，对未成年人阅读服务进行统筹规划与实施，加大对公共图书馆未成年人服务的基础性投入，保证必要的财政经费投入，应加大支持力度。

图书馆应适当增加服务窗口，延长服务时间，满足未成年人基本借阅需求，提高图书馆基础服务能力。同时，还要持续改善未成年人阅读软硬件设施，打造适宜的新型阅读空间，不断丰富各类型文献资源，加强与提升为未成年人服务馆员的能力和水平，配备专业化、知识化的高素养馆员队伍。

全省各级图书馆应以建设具有鲜明特色的未成年人阅读活动品牌为目标，创新服务模式和方法，不断提升未成年读者的参与度和满意度，提升图书馆的社会形象和影响力。在开展未成年人阅读活动时，应按照分级阅读理念，针对特定群体进行策划和组织，创新活动形式，丰富活动内容，体现活动特色，强化宣传力度，注重互动体验，增强未成年读者的体验感和获得感，不断提升未成年人阅读活动的影响力与品牌价值。

各级公共图书馆应善于整合多方资源、多措并举，保障未成年阅读服务的持续化、普遍化和社会化发展。全面、科学地评估馆藏数字资源和体验设备的使用绩效，制定科学、合理的建设发展规划，在充分满足未成年读者需求的基础上，既注重提升利用率，又要构建图书馆数字资源馆藏体系，是下一步山东省公共图书馆数字资源建设领域研究和探讨的新课题。

第9章 文创开发服务分报告

9.1 引言

为全面了解山东省公共图书馆馆藏文创开发工作，由山东省图书馆牵头，启动山东省公共图书馆馆藏文创开发与工作情况调查，共回收145个公共图书馆的有效问卷，其中省级图书馆1个，副省级图书馆1个，计划单列市图书馆1个，市级图书馆14个和县（区）级图书馆128个。问卷基本覆盖了全省各个地区，有较强的代表性。因馆藏文创开发工作开始时间较短，对出现空白或零数据内容的问卷，视为本馆没有进行馆藏开发工作，以保证数据的客观性、准确性。

9.2 基本情况

9.2.1 文创开发工作开展情况

参与调查的省、市级公共图书馆均已开展文创开发工作，开展率达到100%；128个县（区）级公共图书馆中开展文创开发工作的有74个，开展率为57.81%；其余54个没有开展，占42.19%。由此可知，文创开发工作在省、市馆中均已开展，但是县（区）级图书馆有四成的公共图书馆没有开展文创工作，仍有较大的发展空间。

9.2.2 文创开发部门

截至2022年底，全省各级公共图书馆中，省馆成立了专门的文创研发部门，即文创研发中心，市级图书馆均未成立专门的文创研发部门，县（区）级图书馆中有12个图书馆成立了专门的文创研发部门，占县（区）级图书馆总数的9.38%。这说明文创开发工作在市级及绝大部分的县（区）级图书馆中没有作为一项独立的工作来开展，大多数是由相关业务部门兼职负责。

表2-9-1　2022年全省各级图书馆文创开发部门设置一览表

级别	已设置（个）	未设置（个）	已设置占比（%）
省馆	1	0	100
市馆	0	16	0
县（区）馆	12	116	9.38

9.2.3 文创开发人员

全省各级图书馆中，有专职人员负责文创开发工作的有28个，其中1个省级馆、6个市级馆、21个县（区）级馆，共有专职文创开发人员69名。各级公共图书馆有专职从事文创开发工作人员的比例为19.31%，平均两个图书馆才有一名专职文创开发人员。在专职开发人员中专业设计人员有21人，占专职人员的30.43%。文创开发人员学历和职称情况见表2-9-2。

表2-9-2　2022年全省各级图书馆从事文创开发人员学历和职称情况

学历	大专及以下	本科	硕士研究生	博士研究生
人数	4	57	8	0
职称	初级	中级	副研究馆员	研究馆员
人数	23	37	7	2

从调查结果可以看出，不管是从事文创开发的专职人员，还是专业设计人员，数量都是极为不足的，因此需要配置更多的专业人员到公共图书馆文创开发工作中来。

9.2.4 文创经费

在全省各级图书馆中，有文创开发专项资金的公共图书馆有16个，占完成调查问卷的145个公共图书馆的11.03%。在经费来源方面，文创开发专项资金基本来自财政拨款。表2-9-3统计了自2018年以来市、县（区）级馆文创开发专项经费情况。

表2-9-3　2018—2022年市、县（区）图书馆文创专项经费情况

级别	年度	有专项经费（个）	无专项经费（个）	经费金额（万元）
市馆	2018	2	14	1.9
	2019	3	13	7.3
	2020	2	14	2.5
	2021	3	13	7.8
	2022	3	13	8
县（区）馆	2018	7	121	14.02
	2019	10	118	17.52
	2020	12	116	21.75
	2021	17	111	35.24
	2022	13	115	38.23

可以看出，全省公共图书馆中有文创开发专项资金的比例较低，截至2022年，88.97%的公共图书馆没有文创开发专项资金。有文创开发专项资金的馆中，资金量也比较少。但可以看出，随着文创工作的开展，有文创开发资金的图书馆和资金数量都在逐步上升。

9.2.5 规章制度

文创开发工作的顺利开展，需要有相关的规章制度来约束。通过调查问卷得知，制定文创开发相关制度的全省公共图书馆中，省级图书馆1个、市级图书馆1个、县（区）级图书馆37个，分别占比100%、6.25%、28.9%。

表2-9-4　各级图书馆文创开发制度情况

级别	年份	数量（个）
省馆	2021	1
市馆	2010	1
县（区）馆	2014	2
	2016	2
	2017	4

续表

级别	年份	数量(个)
县(区)馆	2018	7
	2019	2
	2020	7
	2021	5
	2022	8

9.3 文创产品情况

9.3.1 文创产品种类

从调查问卷反馈情况来看，开展文创开发工作的公共图书馆均有文创产品。其中，省馆有10个系列，共43种，市馆1—5个系列共8个，6—10个系列3个，10个以上系列1个，县(区)馆中1—5个系列共24个，6—10个系列3个，10个以上系列2个。可以看出，大部分图书馆都生产了10种以下的系列。其中，有部分馆围绕馆藏资源开发出具有本馆特色的文创系列产品，例如省图书馆的“黄河全图系列”“木兰秋狝图系列”“与朋友共系列”“十美图系列”，济南市图书馆的“读书堂系列”“曹炳书拓片系列”，滨州市图书馆的“孙子文化系列”，威海市图书馆的“吉祥物‘聪聪’系列”，菏泽市图书馆的“牡丹系列”。全省各级图书馆文创产品涉及图书类产品、服饰类产品、日常用品类产品、装饰类产品、文具类产品、复制及仿制品、纪念品等，共有文创产品891个。

9.3.2 文创产品生产周期

文创开发周期由构思、设计、生产等多个环节多种因素决定，包括除销售外的全流程周期，是一个文创产品诞生的全过程。文创产品生产周期情况如表2-9-5所示。

表2-9-5　2022年全省各级图书馆文创产品生产周期情况

级别	周期	数量(个)	百分比
省馆	三个月至半年内	1	100%
市馆	一个月内	2	12.5%
	一个月至二个月内	1	6.25%

续表

级别	周期	数量(个)	百分比
市馆	两个月至三个月内	1	6.25%
	三个月至半年内	5	31.25%
	半年以上	7	43.75%
县(区)馆	一个月内	10	10.99%
	两个月至三个月内	3	3.30%
	两个月至三个月内	8	8.79%
	三个月至半年内	15	16.48%
	半年以上	55	60.44%

从表中可以看出，一件文创产品的生产周期大部分在三个月至半年以内，这个生产周期也反映了目前省内公共图书馆业内的文创开发力量。

9.3.3 文创利用资源情况

文创是将文化创新生产出符合现代社会生产生活的产品的一种活动，重要的一点就是文创产品所利用的文化元素。通过调查问卷发现，省内公共图书馆所利用的元素包括三个方向：第一个方向是利用馆标、图书馆logo、馆建筑模型，第二个方向是利用本馆的一些著名的馆藏资源，第三个方向是利用本馆所举行的活动进行创作。

9.3.4 数字文创

数字文创是最近几年兴起的一种文创模式。随着越来越多的先进技术被应用到文创工作中来，产生了更多的文创产品模式，数字文创就是其中的一种。它不同于传统的实物文创产品，一般有数字藏品、卡通动漫、影视作品、数字出版等分类。省内各级公共图书馆中已经有部分馆开始探索数字文创，但是开展的数量还比较少，大多还在摸索中。各级图书馆的数字文创数量见表2-9-6。

表2-9-6　2022年全省各级馆数字文创开展情况

级别	数量(个)	百分比(%)
省馆	1	100
市馆	2	12.5
县(区)馆	6	4.69

发布的数字文创中，类型主要集中在数字藏品类、虚拟现实类、IP吉祥物形象类三个方面，其中数字藏品类4种，虚拟现实类2种，其他IP吉祥物形象类3种。

9.3.5 IP形象

国内很多公共图书馆已公布馆IP形象，IP形象可以作为宣传本馆的一个很好的途径。调查问卷显示，省内有部分公共图书馆开发并公布了本馆的IP形象（见表2-9-7）。

表2-9-7　2022年各级馆IP形象开发情况

级别	数量（个）	百分比（%）
省馆	0	0
市馆	2	12.5
县（区）馆	6	4.69

9.3.6 文创产品设计

调查问卷显示，省内公共图书馆已经开展的文创产品开发主要分为自主设计、联合社会力量合作开发、委托社会力量开发、外购四种形式，具体情况见表2-9-8。

表2-9-8　2022年山东省各级图书馆文创产品开发形式情况　　单位：个

级别	自主设计	联合社会力量合作开发	委托社会力量开发	外购
省馆	1	1	0	0
市馆	14	9	3	3
县（区）馆	33	34	20	14

从表2-9-8可以看出，省馆主要为自主设计和联合社会力量合作开发；市级馆中四种开发形式都有涉及，其中以自主设计为主，联合社会力量合作开发为辅，小部分委托社会力量开发和外购；县（区）馆中以联合社会力量开发和自主设计为主，部分委托社会力量开发和外购，县（区）级馆中5个县（区）馆以外购为主要文创开发模式。省内各级公共图书馆的文创产品设计方式中，自主设计占主导，其优势在于对馆藏资源和历史比较了解，缺点在于设计方面比较欠缺。联合社会力量合作开发排在第二位，但是在开展自主设计的馆中，绝大部分已经联合社会力量合作开发，采用这样的形式既可以利用双方的优势，又可以克服设计人员不足、对馆藏资源不了解等方面的不足。在市馆中，

有7个馆有外购文创产品，县（区）馆中有15个馆有外购文创产品。在资金和人才不足、设计能力不够的情况下，外购产品也是一种选择。

9.3.7 文创产品销售

文创产品销售是文创产品的终端一环，是文创开发工作健康发展的基础。调查问卷显示，文创产品大都以活动赠品的形式向读者赠送，见表2-9-9。

表2-9-9 2022年全省各级图书馆文创产品销售渠道情况 单位：个

级别	馆内销售	线下门店	网络销售	企业代售	其他销售方式
省馆	1		1		1
市馆					16
县（区）馆	21	6	3	2	41

从表2-9-9可以看出，省内各级公共图书馆文创产品销售模式中以其他销售模式为主，此类销售模式大部分以无销售、活动赠送、奖品赠送的形式赠送给读者，没有进行文创产品市场化。在其余的销售模式中，以馆内销售为主，线下门店、网络销售、企业代售占极小的比例。可见，省内各级公共图书馆的文创产品部分用于文化交流或奖品赠予。

在销售额方面，以赠送为主，所以没有实际的销售额，产生的销售额都是以产品实物进行估价。在数量方面，省内各级开展文创开发工作的公共图书馆有32个，数量最多的是书签、帆布袋、纸杯、贺卡、笔记本等，价格都在10元以内，许多文创产品因为赠予的缘故没有标明价格。文创开发工作要健康发展，需要规模化的市场化销售模式，产生更多的利润，用于扩大再生产，这样才能使公共图书馆文创产品开发工作具有可持续性。

9.3.8 知识产权

从调查问卷来看，在文创知识产权方面，省内各级公共图书馆中遇到的纠纷较少，纠纷主要集中在商标权纠纷和信息网络传播权方面。未来，公共图书馆的文创工作要健康持续发展，首先要做好知识产权方面的工作。

9.4 文创产品宣传情况

9.4.1 文创活动情况

9.4.1.1 活动场次

山东省各级公共图书馆文创开展工作还在起步阶段，通过调查问卷得知，省内各级公共图书馆从2018年开始陆续举行文创活动，其中包括文化创意设计大赛、文创展览、文创进社区、文创产品进机关、亲子阅读等活动，具体数量见表2-9-10。

表2-9-10　2018—2020年各级馆文创活动场次情况　　单位：个

年份	省馆	市馆	县(区)馆
2018	1	1	1
2019	0	3	2
2020	1	1	3
2021	3	3	5
2022	0	4	6

从表中的数据我们可以得出，2018—2022年，文创相关活动的举办数量整体上呈逐渐上升态势。从越来越多文创活动的举办可以看出，文创工作正受到各级公共图书馆的重视。

9.4.1.2 活动时长

从调查结果可以看出，文创活动举行的时长根据活动内容、形式各有不同。在举行时间上，分为两种不同的情况。第一种为一次性活动。例如举行文化创意产品设计大赛、读书节类似的活动，一般持续时间为2—3个月，单次持续时间长，间隔2—3年举行一次。第二种是日常活动。例如文创产品进机关、进社区、进学校等活动，一般一次持续1天，每1个月或1个季度举行一次，单次举行时间短，每年举行次数较多。

9.4.2 展陈场地

部分省内公共图书馆设立了专门宣传本馆文创产品的场地，固定的场地有利于持续向来馆的读者宣传本馆的文创产品，从而扩大影响力。省内各级公共图书馆文创产品展陈场地数量见表2-9-11。

表2-9-11　省内各级公共图书馆文创产品展陈场地数量

级别	数量（个）	占比
省馆	1	100%
市馆	4	25%
县（区）馆	22	17.19%

从表2-9-11可以看出，除省级馆外，市级和县（区）级馆设置固定文创展陈场地的数量还比较少，占比较低，分别为25%和17.19%。希望随着文创工作的不断开展，会有越来越多的公共图书馆设立专门的文创宣传场地。

9.4.3 宣传途径

文创产品除了要对文化元素进行提炼，形成自己的设计风格和宣传也至关重要。调查问卷显示，省内各级公共图书馆中省级馆1个、市级馆有11个、县（区）级图书馆有61个通过海报、图书馆网站、图书馆官微（微信、微博）、媒体网站、电视、广播等宣传手段对外宣传文创产品。详细情况见表2-9-12、表2-9-13。

表2-9-12　2022年省内各级公共图书馆文创对外宣传数量

级别	数量（个）	占比
省馆	1	100%
市馆	11	68.75%
县（区）馆	61	47.66%

表2-9-13　2022年省内各级图书馆文创宣传途径细分　　单位：个

级别	图书馆网站	海报	图书馆官微（微信、微博）	媒体网站	电视	广播
省馆	1		1	1	1	
市馆	5	3	9	3	1	1
县（区）馆	26	18	50	11	3	2

从表2-9-12可以看出，开展文创产品宣传的图书馆中，省级馆是100%，市级馆是68.75%，县（区）级馆是47.66%。除省级馆外，市级、县（区）级馆的宣传比例都不太高。

表2-9-13是省内各级公共图书馆采用宣传途径的数量，可以看出采用最多的宣传途径是利用图书馆微信、微博和图书馆网站进行宣传，这样的宣传方法成本低、宣传方便，缺点是受众群体比较小，面向的是一部分读者，宣传力度不够。从其他方面来看，海报是在馆内或活动场地进行宣传，这样时效性较弱。媒体网站上主要是对文创设计大赛、读者阅读推广活动、文创展览等活动的报道，对专题活动进行报道等，宣传面广，受众群体众多。传统的电视、广播的宣传力度不够，需要多增加此方面的宣传途径。

9.4.4 获奖情况

根据调查问卷，省内各级公共图书馆的获奖不多，除省级馆有获奖外，市级馆、县（区）级馆均未有获奖。参加文创设计大赛、评选、展览等活动，有助于更好地宣传本馆文创产品，吸引更多读者关心图书馆文创工作。

9.5 结语

本次全省公共图书馆馆藏开发与工作问卷调查是对各级公共图书馆开展文创开发工作开始以来的调查与回顾总结。通过调查全省文创开发的基本情况，对全省公共图书馆文创开发人才、资金、场地，产品的开发、设计、销售、宣传等情况进行了一次较为全面的摸底，希望今后全省公共图书馆更加重视文创开发工作。

第10章　文化和旅游融合服务分报告

10.1 引言

为全面了解山东省公共图书馆文旅融合服务现状，为全省文旅融合发展提供参考，进一步促进文旅深度融合，助推文旅消费全面升级，构建具有核心竞争力的现代旅游业体系，2023年山东省图书馆对全省各级公共图书馆进行问卷调查，共回收145份调查问卷，其中省级图书馆1个，副省级图书馆1个，计划单列市图书馆1个，市级图书馆14个和县（区）级图书馆128个，对所有数据采取Excel电子表格统计。

10.2 基本情况

10.2.1 文旅融合服务部门

调查问卷结果显示，省内各级公共图书馆设置文旅融合服务专职部门的比较少，省级、市级馆中均没有设置进行文旅融合工作的专职部门，在128个县（区）级公共图书馆中，只有15个馆设置了文旅融合服务专职部门。

表2-10-1　2022年山东省各级图书馆文旅融合服务专职部门数量

级别	设置（个）	未设置（个）	占比（%）
省馆	0	1	0
市馆	0	16	0
县（区）馆	15	13	11.72

从表2-10-1来看，因文旅融合服务是一项系统的、需要多部门配合的工作，

省内各级公共图书馆只有15个县（区）馆设置了文旅融合服务专职部门，占比为11.72%。其中，有2个县（区）馆设置了文旅融合专职部门，即文旅融合服务项目室，其余113个馆文旅融合部门是设置在图书馆其他业务部门，例如办公室、阅读推广、采编等部门。

10.2.2 文旅融合服务专职人员

在有文旅融合服务专职部门的省内公共图书馆中，均设置了文旅融合服务专职人员。全省各级公共图书馆文旅融合专职部门人员总共49人，其中专门负责文旅融合服务的专职人员一共25人，占比为51.02%，可以看出在有文旅融合的专职部门中有一半以上的人从事专职文旅服务融合工作。在其他没有设置文旅融合服务专职部门的省内各级公共图书馆中，部分馆设置了专职文旅融合工作人员，专职人员所属部门分布在办公室、阅读推广、活动部、综合部等。具体数量见表2-10-2。

表2-10-2　2022年山东省各级图书馆文旅融合服务专职人员数

级别	设置（个）	人数
省馆	0	0
市馆	4	6
县（区）馆	11	22

经过统计，全省各级别公共图书馆中，从事文旅融合的专职人员一共77人。从人员配置比例来看，截至2022年年底，山东省公共图书馆每10万人口平均配置有0.076名文旅融合服务专职人员。可见，文旅融合服务专职人员配置率低，人员严重缺乏。今后，各级公共图书馆应加强人员配置，推动各项文旅融合工作保质保量开展。

10.2.3 文旅融合服务经费

10.2.3.1 市级馆文旅融合服务活动经费

2018年市馆文旅融合服务活动经费总额为127万元，2019年为364万元，2020年为520.28万元，2021年为665.19万元，2022年为662.39万元。三年疫情期间，各项活动均受到了不同程度的影响，文旅融合服务活动经费有所缩减，2020年市馆文旅融合服务活动经费共缩减112万元，2021年缩减75.61万元，2022年缩减234.31万元。

表2-10-3　市馆文旅融合服务活动经费

年度	有经费(个)	无经费(个)	经费总数(万元)
2018	2	14	127
2019	2	14	364
2020	3	13	520.28
2021	4	12	665.19
2022	4	12	662.39

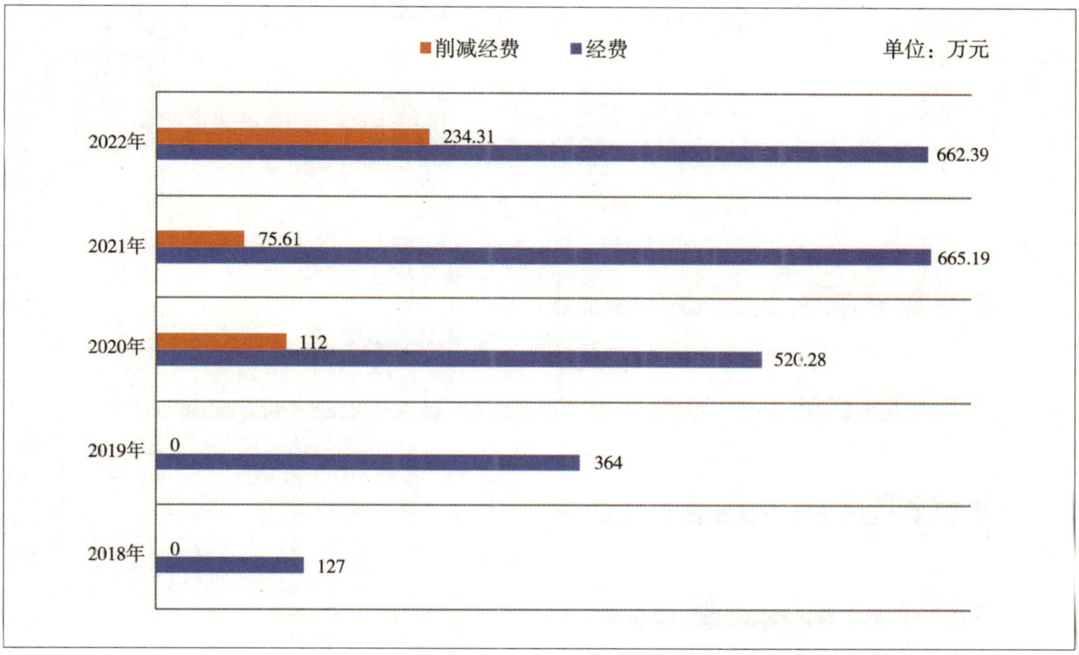

图2-10-1　各年份市馆文旅融合服务活动经费缩减情况

从图2-10-1和表2-10-3可以看出，市馆中有文旅融合服务活动经费的数量和经费额2018—2022年每年都有所增长。其中2020—2022年市馆文旅融合服务活动经费因疫情影响有所缩减，导致疫情三年市文旅融合服务活动经费增长幅度较低，特别是在2022年，因财政经费紧张，文旅融合服务活动经费支出减少。对于无文旅融合服务专项经费的公共图书馆来说，开展活动比较困难，需将经费预算提上日程，落实经费预算，以保障各项文旅融合活动的开展。

10.2.3.2 县（区）馆文旅融合服务活动经费

2018年县（区）馆文旅融合服务活动经费总额为128.80万元，2019年为196.52万元，2020年为158.62万元，2021年为453.09万元，2022年为224.95万元。三年疫情期间，各项活动均受到了不同程度的影响，文旅融合服务活动经费同样有所缩减，2020年县（区）馆文旅融合服务活动经费共缩减75.2万元，2021年缩减39.3万元，2022年缩减74.5万元。

表2-10-4　2021—2022年县（区）文旅融合服务活动经费

年度	有经费（个）	无经费（个）	经费总数（万元）
2018	25	103	128.80
2019	31	97	196.52
2020	32	96	158.62
2021	37	91	453.09
2022	34	94	224.95

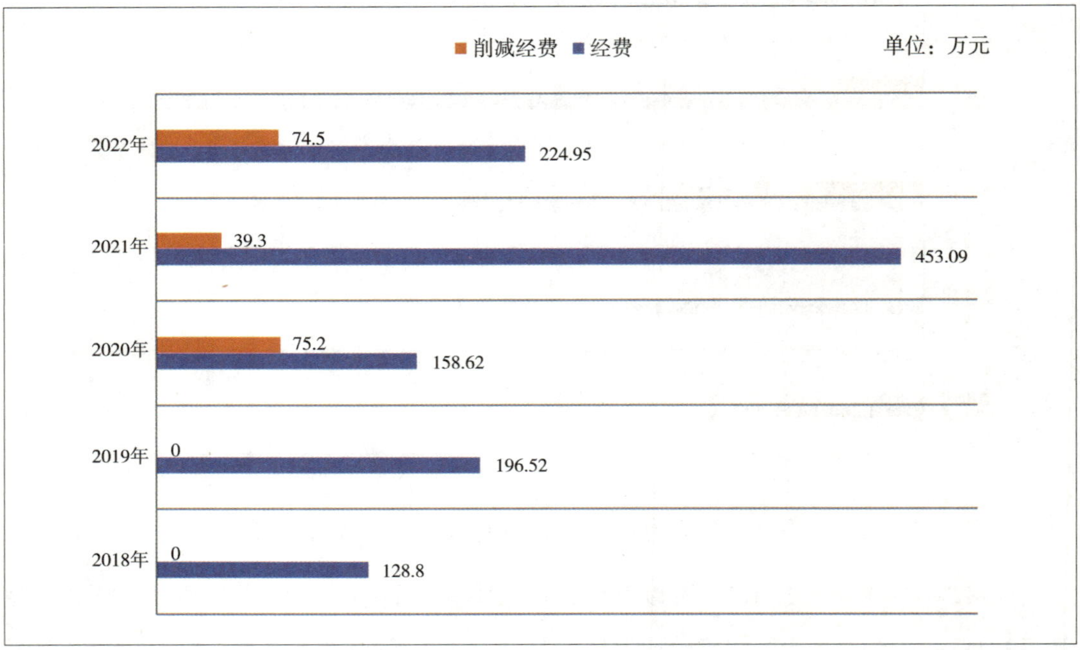

图2-10-2　县（区）文旅融合服务活动经费缩减情况

从图2-10-2和表2-10-4可以看出，县（区）馆中有文旅融合服务经费的公共图书馆数量逐渐增多，但因疫情影响，2022年减少3个，其余年度均保持增长的态势。在经费数额上，2018年、2019年文旅融合经费有所增长，随着新冠疫情的暴发，2020年文旅融合经费减少，虽然到了2021年重返增长，但是2022年较2021年又减少了近50%。

综上我们可以得出，三年疫情对各级公共图书馆都有影响，但是从长远来看省内各级公共图书馆的文旅融合服务开展情况正逐年向好。无文旅融合专项经费的公共图书馆，正将经费预算提上日程，进一步落实经费预算，以保障各项文旅融合服务活动的开展。

10.2.4 文旅融合服务活动场地

根据调查问卷统计，全省16个市级馆中有7个馆有文旅融合服务场地，占比43.75%；128个县（区）馆中，有25个馆有文旅融合场地，占比19.53%。文旅融合场地分为馆自有场地和合作租赁场地两种情况，占比情况见表2-10-5。

表2-10-5　山东省各级馆文旅融合服务活动场地情况

级别	场地（平方米）	自有（平方米）	占比（%）	合作（平方米）	占比（%）
省馆	0	0	0	0	0
市馆	15250	4250	27.87	11000	72.13
县（区）馆	24940	16290	65.32	8650	34.68

从表2-10-6我们可以看出，市级馆文旅融合服务活动场地中70%左右是合作场地，30%左右是自有场地。25个有文旅融合服务活动场地的县（区）级馆中，65%左右是自有场地，35%左右是合作场地。市级馆和县（区）级馆两级公共图书馆的情况恰恰相反，这与财政支持力度和场馆建设有密切关系。

10.3 文旅融合服务活动情况

10.3.1 文旅融合服务活动场次

2018—2022年，省内各级公共图书馆开展文旅融合服务活动场次情况如表2-10-6所示。

表2-10-6　2018—2020年省内各级图书馆文旅融合服务活动场次

级别	2018年	2019年	2020年	2021年	2022年
省馆	35	71	17	58	32
市馆	124	171	207	255	170
县（区）馆	527	576	356	397	417

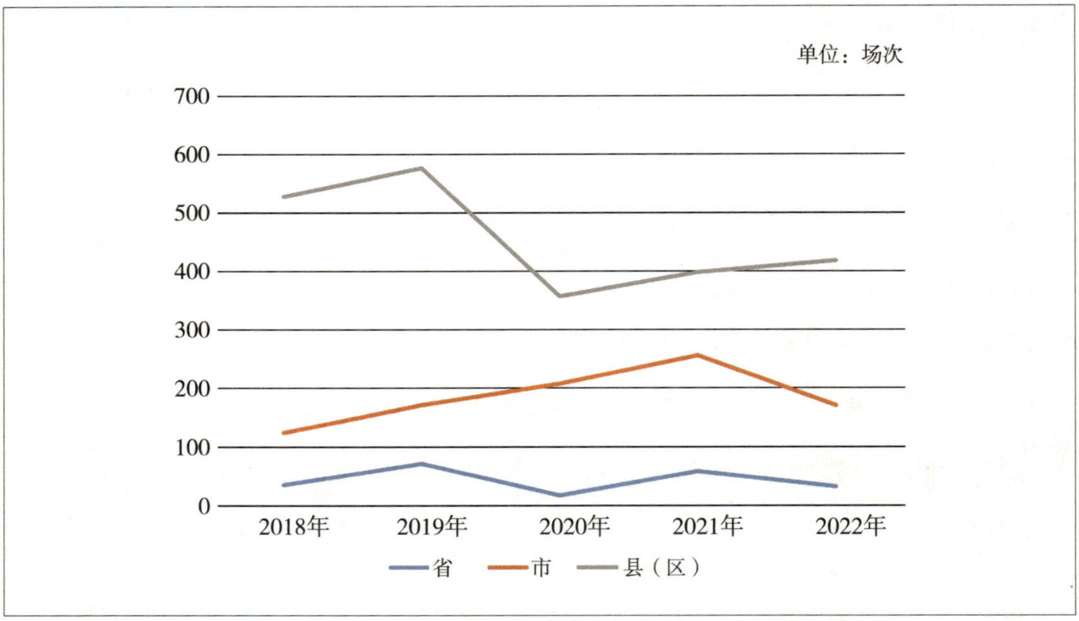

图2-10-3　2018—2020年省内各级图书馆文旅融合服务活动场次趋势图

表2-10-7　2018—2020年内各级公共图书馆开展文旅融合服务活动馆数

级别	2018年（个）	2019年（个）	2020年（个）	2021年（个）	2022年（个）
省馆	1	1	1	1	1
市馆	12	12	12	11	12
县（区）馆	51	55	57	64	64

2018—2022年，省内各级公共图书馆开展文旅融合活动馆数如图2-10-3所示。

从表2-10-6和表2-10-7可以看出，省内各级公共图书馆开展文旅融合服务活动的公共图书馆在近5年内呈上升趋势。截至2022年，省内各级公共图书馆中开展文旅融合活动的图书馆个数分别为1、12、64个，占比分别为100%、75%、50%。从图2-10-3看出，省内各级公共图书馆文旅融合活动场次受疫情影响较大，省级和县（区）级馆在2020年，市级和县（区）级馆在2022年活动场次都有不同程度的减少，部分文旅融合服务活动被迫取消，这种情况在疫情之后会得到改善，逐步恢复到疫情前的水平。

调查问卷显示，在三年疫情期间，部分公共图书馆都在不同程度上取消了原定的文旅融合活动，如表2-10-8所示。

表2-10-8　2020—2022年省内各级公共图书馆文旅融合服务取消活动表

级别	2020年(场次)	2021年(场次)	2022年(场次)
省	30	30	60
市	24	32	57
县(区)	176	203	218

从表2-10-8可以看出，因为疫情的原因，2020—2022年取消的文旅融合活动场次一直在上升，疫情确实对文旅融合活动造成了一定影响。

10.3.2 文旅融合服务组织形式

文旅融合是一项系统的、需要多部门配合的工作，单单靠公共图书馆一个单位或者单独一个部门很难顺利开展，所以在开展文旅融合工作的方式上，公共图书馆大多采用图书馆自行组织，联合其他公共文化机构，联合社会力量合作组织，委托社会力量组织等多种形式开展活动。对调查问卷进行汇总，如表2-10-9、表2-10-10、表2-10-11所示。

表2-10-9　2021—2022年各级图书馆开展文旅融合工作的公共图书馆数量

级别	数量(个)	占比(%)
省馆	1	100
市馆	14	87.5
县(区)馆	108	84.38

表2-10-10　2021—2022年各级图书馆文旅融合服务组织形式数量　单位：个

级别	图书馆自行组织	联合其他公共文化机构	联合社会力量合作组织	委托社会力量组织
省馆	1	1	1	0
市馆	10	11	13	3
县(区)馆	71	71	61	16

表2-10-11　文旅融合服务组织形式采取的种类分布表

级别	一种	两种	三种	四种
省馆	0	0	1	0
市馆	1	3	8	2
县(区)馆	42	32	23	10

从调查问卷数据可以看出，省内各级公共图书馆绝大多数已经开展文旅融合服务活动，省、市、县（区）开展文旅融合服务活动的图书馆数量占比分别为100%、87.5%和84.38%。在开展文旅融合服务时，采取的组织形式不是固定一种，从表2-10-10、表2-10-11我们可以得知，大多数公共图书馆都采用两种以上的组织形式，采用两种以上的图书馆占比57%。在合作组织中，排在前三位的分别是旅游景区、博物馆和文旅企业，这三类合作单位占比68.91%。可以看出在选择合作单位上，省内各级公共图书馆的合作单位主要集中在这三类上，而其余的，如名人故居、红色景区、纪念馆和其他组织，占比31.09%，占比较少。合作采用多种形式与不同的组织进行合作开展文旅融合服务工作，有利于让更多的人参与进来，吸收更加专业的人，吸引更大量的资金，让文旅融合工作开展得更加顺利。

10.3.3 文旅融合服务活动举行时间

从图2-10-4可以看出省内各级公共图书馆举行与文旅融合服务相关的活动的时间分布。排在前三位的分别为传统节日、国家法定日假日和寒暑假。在传统节日和国家法定节假日会有相应的活动主题，便于开展文旅融合活动。寒暑假期间适合举行适宜儿童参加的文旅融合活动。最少举行的为常年定期活动。

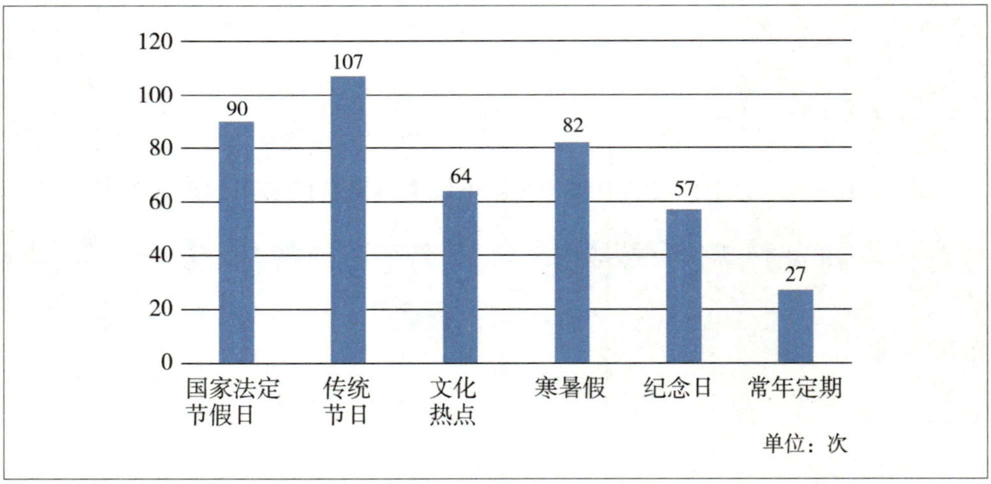

图2-10-4 山东省各级图书馆文旅融合活动举行时间

10.3.4 文旅融合服务活动主题

根据调查问卷统计，2018—2022年，全省各级图书馆立足本地历史文化特色，围绕馆藏资源组织了各类文旅融合服务特色项目（见图2-10-5）。除名人教育、传统技艺开展较少外，开展传统节日风俗、青少年教育、红色文化、地方传统风俗文化开展的图书馆基本持平，其中产生了一批体验性、互动性强，持续时间长、参与人数多，影响范围广，知名度较高的文旅融合服务项目。例如省图书馆尼山书院的“国学主题研学游”、“诗词里的山东”——文旅融合主题系列讲座，菏泽市图书馆的“传统文化体验走进里口山风景名胜区”，济宁市图书馆的“‘一路书香，一路阅读’走进图书馆活动”，日照市图书馆的“赏景游学”，德州市图书馆的“尼山书院景区亲子游”，淄博市图书馆的“图书流动服务车进孝妇河湿地公园活动”，等等。

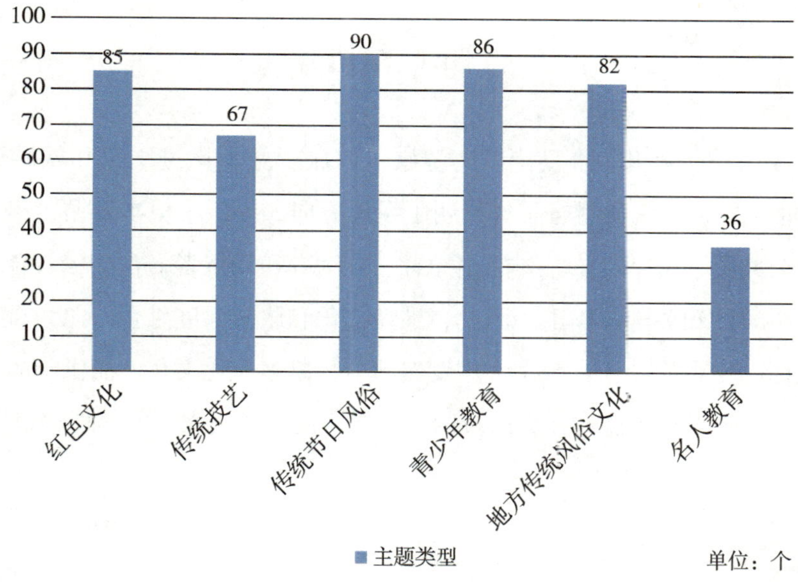

图2-10-5　2022年山东省各级图书馆文旅融合服务活动主题

10.3.5 文旅融合活动参与人次

从表2-10-12可以看出，文旅融合活动参与人数逐年增长，2020、2021两个年度因为疫情，部分文旅融合活动改为线上或线上+线下同时举行，此举大幅度增加了线上观看人数，所以这两年参与人数成倍增长。随着疫情平稳，线下活动逐步正常进行，2022年恢复到疫情前的人数和增长率。

表2-10-12 2018—2022年文旅融合活动参与人数

年度	2018	2019	2020	2021	2022
人数（万）	28.47	29.91	67.36	172.62	35.34

10.3.6 文旅融合服务存在的问题

从调查问卷数据可以看出，现阶段省内各级公共图书馆开展文旅融合服务工作存在的问题中，文旅融合服务人才欠缺和活动经费不足占一半以上。因此，建议各级公共图书馆要增配文旅融合服务人才，增加文旅融合活动经费。

10.4 结语

党的二十大报告指出，“坚持以文塑旅、以旅彰文，推进文化和旅游深度融合发展”，为新时代新征程文旅融合工作指明了发展方向，提供了根本遵循。作为公共文化单位之一，公共图书馆是文旅融合的倡导者、推动者和践行者，在文旅融合发展中发挥着基础性、主导性和关键性作用。因此，推动文化和旅游深度融合，尤为重要的是充分发挥市场主体的主观能动性，激发文旅发展活力，以多元化文化产品供给满足多样化文化消费需求，推动文化和旅游在更广范围、更深层次、更高水平上实现融合发展。

附　录

Electronic commerce
6,73%
Securities
9,77%
Nuclear energy
industry
2,30%

附录1

山东省公共图书馆
全民阅读服务调查问卷（图书馆）

一、基本信息

1. 填表单位：________________

2. 填表人姓名：________________

3. 填表人联系方式：________________

4. 人力资源情况

人力资源情况			人数
正式在编人数			
非在编人数			
正式在编人员	职称	高级职称	
		中级职称	
		初级职称	
		管理人员	
	学历	硕士及以上	
		大学本科	
		大专学历	
		大专以下	
	年龄	35岁以下	
		36—49岁	
		50—59岁	

填表说明：1. 选择题部分在选项前面直接打勾，横线及表格部分需要填写。2. 本调查问卷前九部分的填写以2021年、2022年数据为主，新增的第十、第十一部分可根据实际情况填写。

5. 到馆人次

2021年	人次	2022年	人次
1月		1月	
2月		2月	
3月		3月	
4月		4月	
5月		5月	
6月		6月	
7月		7月	
8月		8月	
9月		9月	
10月		10月	
11月		11月	
12月		12月	
合计		合计	

6. 书刊外借数量

2021年	册次	2022年	册次
1月		1月	
2月		2月	
3月		3月	
4月		4月	
5月		5月	
6月		6月	
7月		7月	
8月		8月	
9月		9月	
10月		10月	
11月		11月	
12月		12月	
合计		合计	

7. 办证数量

2021年	个	2022年	个
1月		1月	
2月		2月	
3月		3月	
4月		4月	
5月		5月	
6月		6月	
7月		7月	
8月		8月	
9月		9月	
10月		10月	
11月		11月	
12月		12月	
合计		合计	

二、服务设施

1. 馆舍分布

<table>
<tr><th>项目</th><th colspan="2">数量</th><th colspan="2">建筑面积</th><th>内容</th><th>备注</th></tr>
<tr><td rowspan="2">馆舍</td><td>2021年</td><td></td><td>2021年</td><td></td><td rowspan="2">如两年间数据有变化，请在备注栏注明原因</td><td rowspan="2"></td></tr>
<tr><td>2022年</td><td></td><td>2022年</td><td></td></tr>
<tr><td rowspan="2">分馆</td><td>2021年</td><td></td><td>2021年</td><td></td><td rowspan="2"></td><td rowspan="2"></td></tr>
<tr><td>2022年</td><td></td><td>2022年</td><td></td></tr>
<tr><td rowspan="2">服务点</td><td>2021年</td><td></td><td>2021年</td><td></td><td rowspan="2">指本馆固定服务点，流动服务点不统计在内</td><td rowspan="2"></td></tr>
<tr><td>2022年</td><td></td><td>2022年</td><td></td></tr>
<tr><td rowspan="2">城市书房</td><td>2021年</td><td></td><td>2021年</td><td></td><td rowspan="2"></td><td rowspan="2"></td></tr>
<tr><td>2022年</td><td></td><td>2022年</td><td></td></tr>
</table>

2. 馆舍功能分区

分区	年份	面积（平方米）	阅览座席（个）	内容	备注
书库	2021年			保存本库、辅助书库等	
	2022年				
一般阅览室	2021年			报刊阅览室、图书借阅室等	
	2022年				
老龄阅览室	2021年				
	2022年				
少年儿童阅览室	2021年			少儿的期刊阅览室、图书借阅室、玩具阅览室等	
	2022年				
特藏阅览室	2021年			古籍阅览室、外文阅览室、工具书阅览室、地方文献阅览室、微缩文献阅览室、参考书阅览室等	
	2022年				
视障阅览室	2021年				
	2022年				
多媒体阅览室	2021年			电子阅览室、视听文献阅览室等	
	2022年				
展览陈列室	2021年				
	2022年				
报告厅	2021年				
	2022年				
培训室	2021年			用于读者培训的教室或场地	
	2022年				
综合活动室	2021年			不具备单设展览室、报告厅、培训室的，可统计用于举办上述活动的综合活动区域	
	2022年				
尼山书院	2021年				
	2022年				

3. 贵馆现有主馆舍建成于何时？是否有馆舍改扩建或新馆建设规划？请简要描述：

____

4. 贵馆有无单独的广场或露天大型活动区域？

有□　　无□　　如有，请注明面积______平方米

5. 贵馆是否与其他文化单位合用广场或露天大型活动区域？

是□　　否□　　如是，请注明面积______平方米

6. 贵馆配备有哪些无障碍设施？请列举：______________________

____

7. 贵馆是否设有智慧应用场景？如有，请简要描述（包含场景主要功能、空间面积、配有哪些智慧化或智能化设施设备等）：______________________

____

____

三、文献资源建设

*填表说明：

1. 本问卷旨在了解贵馆文献资源建设的基本情况，请如实填写。

2. 问卷表格中，如贵馆没有该项数据，请填“无”。

3. 如贵馆文献类型没有具体区分，请在备注中填写“未区分”。

4. 如有其他需要说明的特殊情况，可标注在“备注”栏内。

（一）文献购置经费

文献资源购置经费　　单位：万元

文献资源类型		2021 年	2022 年	备注
图书	普通图书			
	少儿图书			
	外文图书			
报刊	普通报刊			
	少儿报刊			
	外文报刊			
视听资料				

续表

文献资源购置经费			单位：万元
文献资源类型	2021年	2022年	备注
缩微文献			
电子文献			
商业数据库			
自建数据库			
其他			
文献购置总经费			

（二）各类资源入藏数量

文献资源年度入藏数量						
文献资源类型		2021年新增		2022年新增		备注
		品种	册/件	品种	册/件	
图书	普通图书					
	少儿图书					
	外文图书					
	新印古籍					
报刊	普通报刊					
	少儿报刊					
	外文报刊					
视听资料						
缩微文献						
电子文献	电子图书					
	电子报刊					
数据库	购买					
	自建					
其他						
目前馆藏书刊总量（册/件）						

（三）政策依据（请在选项前小括号内打勾）

1. 2021—2022年文献购置经费有无变化？

（　　）经费增加　　（　　）经费没有变化　　（　　）经费减少

2. 文献资源购置是否实施政府采购招标制度？

（　　）全部实施　　（　　）部分实施　　（　　）没有实施

3. 同级政府是否有与图书馆经费投入相关的政策法规等文件？

（　　）有　　（　　）没有

（四）制度依据（请在选项前小括号内打勾）

1. 是否有制定馆藏资源发展政策、规划等？

（　　）有　　（　　）没有

2. 是否有制定文献资源采选制度、条例等？

（　　）有　　（　　）部分类型有　　（　　）没有

3. 是否有制定文献资源剔旧制度、规则或标准？

（　　）有，剔旧数量（种/册）是________、________（2021年、2022年）。

（　　）没有

4. 是否制定有文献资源保护制度、规则或标准？

（　　）有　　（　　）没有

（五）资源管理（请在选项前小括号内打勾）

1. 是否有开展过读者主导式采购（PDA）活动，如“你选书我买单”活动等？

（　　）有，有年度专门经费或临时性经费。

2021年________（万元），借阅数量________（册次）；

2022年________（万元），借阅数量________（册次）。

（　　）没有

2. 是否有围绕馆藏开展书目资源推荐活动？

（　　）有，以何种方式在何种平台展示：

（1）________________________________

（2）________________________________

（3）________________________________

（　　）没有

3. 是否有开展文献资源特色馆藏建设？

（　　）有，特色馆藏资源是：

（1）________________

（2）________________

（3）________________

（　　）没有

4. 是否有开展自建特色数据库建设？

（　　）有，特色数据库主题是：

（1）________________

（2）________________

（3）________________

（　　）没有

5. 是否有配合文旅融合发展的专项文献资源建设？

（　　）有，主题方向和匹配项目是：

（1）________________

（2）________________

（3）________________

（　　）没有

6. 是否为新型阅读空间提供文献资源？

（　　）有，新型阅读空间的名称为________（多个，可重复）。

资源数量为________（多个，可重复）。

（　　）没有

（六）区域资源建设协作协调（请在选项前小括号内打勾）

1. 是否有开展区域（跨系统或系统内，不包括与省馆协作）资源建设协作协调方面的项目？

（　　）有，项目是________。

（　　）没有

2. 是否有区域（跨系统或系统内，不包括与省馆协作）资源建设协作协调机制，定期开展活动？

（　　）有，活动名称是________。

(　　)没有

(七)您对本次问卷还有什么意见或建议?(可选)

____

____

____

____

四、借阅排行

*填表说明:

本部分仅统计成人读者证(不含少儿读者证)的图书借阅情况。设有独立少儿借阅部门的,不统计少儿借阅服务数据。未设有独立少儿借阅部门的,请剔除未成年读者借阅数据。在word格式下,本问卷中的"□"单击后自动变成"☑"。

(一)借阅服务点建设情况

1. 本馆:

共有________个总馆,________个直属分馆(人财物、业务管理均归属本馆)。

2. 馆外服务点:

共设有城市书房(或图书驿站等类似机构)________个。

与社会力量合作建设的分馆或图书流动站________个。

其他类型馆外服务点________________,共有________个。

3. 是否实现通借通还?

□是,与本馆实现通借通还的图书馆有哪些?[可以概括填写范围,比如济南市馆、县(区)馆及济南大学图书馆]是否加入图书馆联盟?如果加入,请填写联盟名称(如济南市馆参加"泉城图书馆联盟")。

____

____

____

____

□否

(二)借阅服务概况

4. 请按要求填写借阅服务相关统计数据。

项目	2021年				2022年			
	本馆	城市书房	其他服务点	总数	本馆	城市书房	其他服务点	总数
本年底持证读者数量（人）								
本年底可供外借图书册数								
本年度外借人次								
本年度外借册次								
本年度续借册次								
本年度通借通还册次								
本年度读者到馆人次								
本年度从事图书外借工作的员工人数								
自助借还机数量（台）								
借阅查询机数量（台）								
自动盘点机器人数量（台）								

（三）读者证

5. 每个读者证可借________册图书，借期________（天/月）。可续借________次，每续借一次延期________（天/月）。续借方式有：

□自助借还机续借 □微信公众号续借 □官网续借 □电话续借

□其他________________

6. 逾期还书是否有逾期费：□有，________元/天或者________元/次 □无

7. 2021年、2022年持证成人读者群体构成及年度外借册次

群体构成		2021年底持证数量（人）	2021年度外借册次	2022年底持证数量（人）	2022年度外借册次
性别	男				
	女				
年龄段	18—35岁				
	36—60岁				
	60岁以上				

（四）本馆（以总馆为准）借阅服务情况

8. 借阅服务周开放时长（小时）：

□48　□54　□60　□64　□68　□72　□其他________

9. 是否因疫情防控闭馆？

□是，2021年闭馆______次，共计______个自然日。

2022年闭馆______次，共计______个自然日。

□否

10. 导读服务项目有：□编制书目　□借阅排行榜　□推荐书架　□图书展览

□微信公众号/微博/官网荐书　□其他______

11. 有无邮寄借还服务？

□有　□无　□仅邮寄借书　□仅邮寄还书

12. 2021年设立图书推荐专架（或图书展等类似活动）______次；

2022年设立图书推荐专架（或图书展等类似活动）______次。

（五）城市书房借阅服务情况

13. 图书借阅服务周开放时长（小时）：

□48　□54　□60　□64　□68　□72　□其他________

14. 是否因疫情防控闭馆？

□是，2021年闭馆______次，共计______个自然日。

2022年闭馆______次，共计______个自然日。

□否

（六）借阅排行榜

15. 2021年度、2022年度借阅图书册次最多的前10名成人读者

排名序号	2021年度					2022年度				
	借阅册次	性别	年龄	学历	职业	借阅册次	性别	年龄	学历	职业
1										
2										
3										
4										
5										
6										

续表

排名序号	2021 年度					2022 年度				
	借阅册次	性别	年龄	学历	职业	借阅册次	性别	年龄	学历	职业
7										
8										
9										
10										

16. 图书分类借阅统计

请地市馆按照中图法，提供本馆各类图书的可供外借册数及年度外借册次［不含城市书房，县（区）馆可不填］。

大类	2021 年底可供外借图书册数	2021 年度外借册次	2022 年底可供外借图书册数	2022 年度外借册次
A				
B				
C				
D				
E				
F				
G				
H				
I				
J				
K				
N				
O				
P				
Q				
R				
S				
T				

续表

大类	2021年底可供外借图书册数	2021年度外借册次	2022年底可供外借图书册数	2022年度外借册次
U				
V				
X				
Z				

17. 图书借阅排行榜

请提供2021年度、2022年度图书借阅排行榜数据。

17.1 综合借阅排行榜前200种（含中图法所有大类）。

17.2 社会科学类借阅排行榜前200种（中图法A—H，J，K，Z大类，不包含I大类）。

17.3 自然科学类借阅排行榜前100种（中图法N—X大类）。

（填表说明：1. 附件为“图书借阅排行榜.xlsx”，内含三个附表，每个表分2021年和2022年进行填写；2. 同一题名和责任者的图书为同一种，出版社不同的请写全）

示例：

排名序号	借阅册次	题名	责任者	分类号	出版社
示例	2000	平凡的世界	路遥	I247.5	人民文学出版社、北京十月文艺出版社、华夏出版社、广州出版社、贵州人民出版社
1					
2					
……					
200					

五、阅读推广

（一）基本情况

1. 是否设有专门负责阅读推广的部门：①有　②无（选②请跳至第11题）

2. 如有专门阅读推广部门，具体名称：________；配置：________人。

3. 是否有阅读推广专项经费：①有（请填写下表）　②无（选②请跳至第13题）

年度	经费（万元）	占全馆免费开放经费比例（%）	备注
2021			
2022			

4. 阅读推广专项经费来源：①年度财政预算 ②社会支持

（二）阅读推广服务活动情况

5. 阅读推广服务活动形式（可多选、可加项）：①培训讲座 ②展览 ③比赛 ④征文 ⑤读者沙龙 ⑥图书推介 ⑦其他________（请注明具体活动形式）

6. 辖区培训机构参与阅读推广活动情况

年度	参与活动的培训机构数量（家）	诵读类		表演类		器乐类		书画类		科普类		教育教学类（次）		其他		合计	
		场次	人次	场次	人次	场次	人次	场次	人次	场次	人次	场次	人次	场次	人次	场次	人次
2021																	
2022																	

备注：其他类请注明具体类别和参与次数：______类，______次；______类，______次……

7. 举办阅读推广活动情况

组织形式	经费支持	规模	年度	
			2021（场次）	2022（场次）
线上（场次）	有经费支持	大型		
		中型		
		小型		
		合计		
	无经费支持	大型		
		中型		
		小型		
		合计		

续表

组织形式	经费支持	规模	年度	
			2021（场次）	2022（场次）
线下（场次）	有经费支持	大型		
		中型		
		小型		
		合计		
	无经费支持	大型		
		中型		
		小型		
		合计		
线上线下结合（场次）	有经费支持	大型		
		中型		
		小型		
		合计		
	无经费支持	大型		
		中型		
		小型		
		合计		

备注：50人以下为小型，50—100人为中型，100人以上为大型

说明：线上线下相结合作为一种与线上、线下并行的活动形式，不再拆分为线上和线下，避免重复统计

8. 举办培训讲座情况

组织形式	经费支持	规模	年度	
			2021（场次）	2022（场次）
线上（场次）	有经费支持	大型		
		中型		
		小型		
		小计		

续表

组织形式	经费支持	规模	年度	
			2021（场次）	2022（场次）
线上（场次）	无经费支持	大型		
		中型		
		小型		
		小计		
线下（场次）	有经费支持	大型		
		中型		
		小型		
		小计		
	无经费支持	大型		
		中型		
		小型		
		小计		
线上线下结合（场次）	有经费支持	大型		
		中型		
		小型		
		小计		
	无经费支持	大型		
		中型		
		小型		
		小计		

备注：50人以下为小型，50—100人为中型，100人以上为大型

说明：线上线下相结合作为一种与线上、线下并行的活动形式，不再拆分为线上和线下，避免重复统计

9. 举办培训讲座主题

年度	人文历史（场）	养生保健及科普（场）	社会科学（政治、经济、文化、法律等）（场）	休闲娱乐（场）	其他（场）	合计
2021						
2022						

备注：其他类请注明具体类别和参与次数：______类，______次；______类，______次……

10. 举办培训讲座专家职称

年度	正高及以上（人）	副高（人）	中级（人）	初级及其他（人）	合计（人）
2021					
2022					

11. 培训讲座活动举办主体单位（主办单位）

年度	本级文化和旅游局（场）	本级图书馆（场）	联合社会机构（场）	社会机构场地租赁（场）	其他（场）
2021					
2022					

备注：其他举办主体，请注明具体机构名称及场次。________单位，________场……
合计后为上表中其他场次

12. 培训讲座活动目标人群

年度	未成年人（次）	成年人（次）	老年人（次）	残障、视障人群（次）	合计（次）
2021					
2022					

13. 举办展览活动情况

组织形式	经费支持	规模	年度	
			2021（场次）	2022（场次）
线上（场次）	有经费支持	大型		
		中型		
		小型		
		合计		
	无经费支持	大型		
		中型		
		小型		
		合计		

续表

组织形式	经费支持	规模	年度	
			2021（场次）	2022（场次）
线下（场次）	有经费支持	大型		
		中型		
		小型		
		合计		
	无经费支持	大型		
		中型		
		小型		
		合计		
线上线下结合（场次）	有经费支持	大型		
		中型		
		小型		
		合计		
	无经费支持	大型		
		中型		
		小型		
		合计		

备注：50人以下为小型，50—100人为中型，100人以上为大型

说明：线上线下相结合作为一种与线上、线下并行的活动形式，不再拆分为线上和线下，避免重复统计

14. 举办展览主题内容

年度	资源类（场次）	科技类（场次）	艺术类（场次）	文化创意类（场次）	其他（场次）
2021					
2022					

备注：其他类请注明具体内容和展览场次：______类，______次；______类，______次……合计后为上表中“其他”场次

15. 展览活动举办主体（主办单位）

年度	本级文化和旅游局（场）	本级图书馆（场）	联合社会机构（场）	社会机构场地租赁（场）	其他（场）
2021					
2022					

备注：其他举办主体，请注明具体机构名称及场次。________单位，________场……
合计后为上表中其他场次

16. 举办的其他阅读推广活动（其他活动指比赛、征文、读者沙龙等）

组织形式	经费支持	规模	年度	
			2021（场次）	2022（场次）
线上（场次）	有经费支持	大型		
		中型		
		小型		
		合计		
	无经费支持	大型		
		中型		
		小型		
		合计		
线下（场次）	有经费支持	大型		
		中型		
		小型		
		合计		
	无经费支持	大型		
		中型		
		小型		
		合计		
线上线下结合（场次）	有经费支持	大型		
		中型		
		小型		
		合计		

续表

组织形式	经费支持	规模	年度	
			2021（场次）	2022（场次）
线上线下结合（场次）	无经费支持	大型		
		中型		
		小型		
		合计		

备注：合计＝线上＋线下＋线上线下相结合

＝有经费支持＋无经费支持

＝50人以下场次+50—100人场次+100人以上场次

说明：线上线下相结合作为一种与线上、线下并行的活动形式，不再拆分为线上和线下，避免重复统计

17. 举办的其他阅读推广活动目标人群

年度	未成年人（次）	成年人（次）	老年人（次）	残障、视障人群（次）	合计（次）
2021					
2022					

18. 举办的其他阅读推广活动类型

年度	比赛（次）	征文（次）	读者沙龙（次）	其他（次）
2021				
2022				

备注：选择其他，请注明活动类型和场次，合计后列入“其他”类

19. 其他阅读活动举办主体单位（主办单位）

年度	本级文化和旅游局（场）	本级图书馆（场）	联合社会机构（场）	社会机构租赁场地（场）	馆际交流（次）	其他（次）
2021						
2022						

备注：选择“其他”的，请注明举办单位和场次，合并后计入表中“其他”栏

20. 阅读推广活动宣传推文情况

年度	宣传次数	报道级别				报道形式		
						新媒体		纸质
		国家级	省级	市级	县（区）级	数量	点击次数	
2021								
2022								

备注：电子推文点击次数为该阅读推广活动结束时点击数量

21. 贵馆具有品牌效应、社会影响力较大的阅读推广活动有哪些？请做简要描述（对策划思路、针对目标人群和实施的效果等方面进行描述）。

____

____

22. 在大数据、人工智能、元宇宙等信息技术日新月异的今天，如何赋能全省阅读推广活动？请提出合理化可行性建议。

____

____

六、传统文化阅读服务

（一）阅读服务

1. 贵馆尼山书院开展传统文化阅读活动的形式有（可以单选或多选，如有其他方式，请在横线处简要填写）：

□讲座

□展览

□公益培训

□传统文化体验

□经典图书推荐

□经典诵读

□其他方式，请填写：______________。

2. 贵馆尼山书院开展各类活动的时机（可以单选或多选）：

□周末开展活动

□世界读书日、孔子诞辰日等重要读书节点

□传统节日

□国家法定假期

□暑假或寒假

□临时性活动

3. 贵馆尼山书院传统文化阅读服务活动是否开展线上活动？

□是，线上活动的平台是________________________（请填写平台名称）。

□否，没有开展线上传统文化阅读服务活动

4. 贵馆是否存藏古籍（特指刻印于1912年前的书籍，下同）？

□是（选择此项，请回答5—15题）

□否（选择此项则不回答5—15题）

5. 如存藏古籍，是否有单独设置的古籍管理部门（含古籍部、历史文献部等。单独设置的古籍管理部门不同时承担管理大量现代非影印古籍类书籍的任务）？

□是。

□否，古籍由________________________部门管理。

6. 贵馆2021—2022年是否有新入藏古籍？

□是，新入藏______部（种）______册。入藏途径：□购买　□捐赠　□其他

□否。

7. 2021—2022年，接待古籍阅览人次：2021年________人次，2022年________人次。

8. 贵馆古籍目录检索方式有：

□卡片式目录检索　□馆内电脑检索　□网站书目数据库检索

9. 贵馆提供哪些古籍阅览方式（多选）？

□古籍原件阅览　□古籍缩微胶片阅览　□古籍图像阅览

□古籍数据库（外购或自建）阅览

10. 读者到馆主要阅览哪些类型的馆藏古籍（多选）？

□传统经史子集四部古籍　□地方志　□地方先贤著作

□家谱　□其他类型古籍

11. 贵馆是否提供馆藏古籍复制服务？

□是。（复制限制：□无限制　□有限制，最大复制比________%）

□否。

12. 2021—2022年，是否新购入或自建古籍数据库？

□是，新购入________个古籍数据库，分别是：________；自建________个古籍数据库，分别是：________。

□否。

13. 2021—2022年，是否进行了馆藏古籍数字化工作？

□是，数字化________部（种）________册。

□否。

14. 2021—2022年，是否进行了馆藏古籍影印工作？

□是，影印________部（种）________册，书名分别是________________。

□否。

15. 2021—2022年，是否基于馆藏古籍开展了文创研发工作？

□是，古籍文创研发________种，分别是________________。

□否。

说明：16、17题为尼山书院及古籍相关阅读服务活动统计

①请确定活动类型后再统计填写，“其他”是指无法包含在已列举的活动类型之中的活动。②在已经开展某类型的行填写统计数字；如果没有某种类型活动，请填写“无”；如果所有类型活动都没有，请都填写“无”。

16. 2021和2022年度贵馆尼山书院举办各类活动情况

活动形式	2021年度				2022年度			
	线下场次	参与人次	线上场次	参与人数	线下场次	参与人次	线上场次	参与人数
讲座								
展览								
公益培训								
传统文化体验								
经典图书推荐								
经典诵读								
其他								

17. 2021和2022年度古籍部门举办的或与古籍相关的传统文化活动，包括古籍展览、古籍讲座、古籍版本鉴定、古籍体验活动（含古籍修复、雕版印刷、传拓体验等）情况

活动形式	2021年度				2022年度			
	线下场次	参与人次	线上场次	参与人数	线下场次	参与人次	线上场次	参与人数
古籍展览								
古籍讲座								
古籍版本鉴定								
古籍体验活动								
其他								

18. 贵馆尼山书院是否为特殊群体开展阅读服务活动?

（说明：“特殊群体”主要指老年群体、农民工群体和残疾人群体，不包含儿童群体。如果您选了“是”选项，请填写针对哪个或哪些群体开展什么活动，可以单选或多选，在横线上简述活动名称或内容）

□是，本馆为□老年群体，开展了________________活动。

□农民工群体，开展了________________活动。

□残疾人群体，开展了________________活动。

□否，本馆没有为特殊群体开展传统文化阅读服务活动。

19. 贵馆尼山书院传统文化阅读服务是否进行了服务品牌建设?

（说明：“服务品牌”指在传统文化阅读服务中形成的、能够体现本馆特色、优势和强项的服务项目和形式。如山东省图书馆尼山书院的“儒学公开课”）

□已建成________个服务品牌，分别是________________。

□正在建设服务品牌，分别是________________。

□否，尚未进行任何传统文化阅读服务品牌建设。

20. 贵馆是否进行了古籍活化（宣传、推广）品牌建设?

（说明：品牌建设指能够推广古籍阅读、体现古籍时代价值的品牌建设活动，如“古籍里的清廉”“楮墨芸香”等）

□已建成________个品牌，分别是________________。

□否。

21. 是否利用多种媒体进行古籍宣传推介活动?

□是。其中

□电视宣传片________种，名称分别为________________

□抖音视频或直播________种，名称分别为________________

□学习强国平台________种，名称分别为________________

□其他________种，名称分别为________________

□否。

22. 2021和2022年度，贵馆尼山书院传统文化阅读服务有何创新(可以单选或多选，如果您有任何创新性的建议，请在横线处填写):

□创建有吸引力的活动空间

□开发适应当下的多媒体活动平台

□创新活动方式

□出台相关活动规范或制度

□无创新

□建议______________________________

23. 请问贵馆传统文化阅读服务的特色或者可供图书馆同行借鉴推广的经验(您提供的内容非常有意义，请简述您所在图书馆尼山书院传统文化阅读服务的特色或提供宝贵经验。如果您认为没有，请填写“无”):

____

____

(二)服务保障

24. 贵馆尼山书院近两年是否新增专门用于开展传统文化阅读服务活动的空间?

□是，新增(包括新建和扩建等)尼山书院阅读服务空间，建筑面积为:______平方米。

□否，没有新增空间。

25. 贵馆古籍部门2021和2022年是否进行了古籍库房改造建设?

□是，新进行的古籍库房改造包括:□恒温恒湿　□空气过滤净化　□水灾自动报警　□火灾自动报警　□气体灭火　□视频监控　□自动防盗报警系统　□其他________________________

□否

26. 贵馆尼山书院近两年传统文化阅读服务工作人员数量变化：

（说明：此处分别统计新增与减少工作人员数量）

□工作人员有新增，新增服务人员________人，学历为________________。

□工作人员减少，减少________人。

□工作人员无变化。

27. 贵馆古籍部门近两年古籍从业人员数量变化：

（说明：此处分别统计新增与减少工作人员数量）

□工作人员有新增，新增古籍从业人员________人，学历为________________。

□工作人员减少，减少________人。

□工作人员无变化。

28. 2021和2022年，贵馆尼山书院传统文化阅读服务人员参加图书馆专业服务技能培训情况：2021年服务人员参加培训________场次________人次，2022年________场次________人次。

29. 2021和2022年度，贵馆古籍从业人员参加古籍专业技能培训情况：2021年参加培训________场次________人次，2022年________场次________人次。

30. 社会力量参与贵馆尼山书院传统文化阅读服务活动情况：

（说明：此处“社会力量参与”指尼山书院借助社会力量开展阅读服务，如聘请专家讲座、培训，志愿者协助服务等。如果有，请填写数量；如果没有，请填写“0”）

2021年度，合作机构________个；聘请专家________人次；志愿者________人次。

2022年度，合作机构________个；聘请专家________人次；志愿者________人次。

31. 贵馆开展传统文化阅读服务是否有激励机制？

（说明：采取有效的激励机制吸引读者的参与对阅读推广活动的成效非常重要。例如阅读积分、授予奖品或者荣誉称号等方式，也可根据本馆情况填写。）

□是。具体为：________________。

□否。没有任何激励机制。

32. 贵馆对传统文化阅读服务的信息发布推广方式为（此处指尼山书院服务信息的发布和传播途径，可单选或多选。如有其他方式，请留下宝贵建议，或者根据本馆情况填写具体方式，如抖音等）：

□海报

□展板

□横幅

□图书馆网站新闻

□图书馆官微（微信、微博）

□电子公告牌

□其他方式：________________

33. 2021和2022年度，贵馆尼山书院传统文化阅读服务的媒体宣传报道数量（可单选或多选。此处“宣传报道”仅限于社会媒体对本馆尼山书院的新闻宣传报道，不包括本馆对活动信息的发布推送数量）：

□报纸________篇次，其中2021年________篇次，2022年________篇次

□电台________篇次，其中2021年________篇次，2022年________篇次

□电视台________篇次，其中2021年________篇次，2022年________篇次

□网络媒体________篇次，其中2021年________篇次，2022年________篇次

□其他媒体________篇次，其中2021年________篇次，2022年________篇次

34. 2021和2022年度，贵馆尼山书院传统文化阅读服务媒体宣传报道中各级媒体宣传报道情况（此处“宣传报道”仅限于社会媒体对本馆尼山书院的原创宣传报道，不包括转发报道和本馆对活动信息的发布推送）：

媒体层级	2021年		2022年	
	媒体数量（家）	报道数量（篇次）	媒体数量（家）	报道数量（篇次）
国家级媒体				
省级媒体				
地市级媒体				

35. 2021和2022年度，媒体对贵馆古籍阅读服务及活动的宣传报道情况（可单选或多选。此处“宣传报道”仅限于媒体的新闻宣传报道，不包括转发报道和本馆对活动信息的发布推送数量）：

□报纸________篇次，其中2021年________篇次，2022年________篇次

□电台________篇次，其中2021年________篇次，2022年________篇次

□电视台________篇次，其中2021年________篇次，2022年________篇次

□网络媒体________篇次，其中2021年________篇次，2022年________篇次

□其他媒体________篇次，其中2021年________篇次，2022年________篇次

（三）服务评价

36. 2021和2022年度，贵馆开展传统文化阅读服务成效如何（可单选或多选，也可根据本馆情况在横线处填写）：

□获得上级管理部门赞誉

□读者参与及反响佳

□获得媒体好评和报道

□获得中国图书馆学会奖项

□其他，请填写________________________

37. 贵馆在开展传统文化阅读服务存在问题的方面是（可单选或多选，也可以根据本馆情况在横线处填写）：

□传统文化阅读服务人才欠缺

□活动经费不足

□活动缺乏创意

□读者参与积极性不高

□没有设置专门岗位

□领导不重视

□其他，请填写________________________

38. 贵馆获取读者传统文化阅读服务的评价方式及数量：

□读者意见箱，收到________条，其中2021年________条，2022年________条

□读者意见簿，收到________条，其中2021年________条，2022年________条

□电子邮箱________条，其中2021年________条，2022年________条

□电话________条，其中2021年________条，2022年________条

□其他方式（如现场反馈等）________条，其中2021年________条，2022年________条

39. 贵馆认为“全省尼山书院联盟”有何可在省内推广的经验，或者该联盟应当如何发挥作用，或者尼山书院如何更好地传承传统文化（请提供您宝贵的建议）：

____

____

____

（四）社区（乡村）儒学讲堂建设情况

40. 请问贵馆所在行政区域内城市社区（或者乡村社区）建设儒学讲堂情况：

（1）建设数量

□是的，已经建立，数量为________处。

□否，没有建立。

□不了解相关建设情况。

（2）硬件设施建设（请简要描述场地和设备设施建设情况）

____

（3）师资力量（请简要描述儒学讲堂讲师情况）

____

41. 贵馆所掌握儒学讲堂服务情况：

（1）是否开展活动：

□举办活动，2021年________场次，参与者________人次；2022年________场次，参与者________人次。

□没举办任何活动

（2）活动主题内容（请简要描述开展活动的主题）：

____

（3）开展活动的形式：

□公益课程

□艺术表演（如歌舞、说唱等）

□影视展播

□其他形式（请填写）________________

七、数字阅读服务

填表说明：

按照第七次公共图书馆评估标准相关要求填写。

1—6题对应第七次评估2.2.1项数字资源建设。

19—22题对应第七次评估1.3.3项年数字资源服务量。

23题对应第七次评估2.2.2项数字化服务平台。

25题对应第七次评估1.5.3阅读推广品牌中的数字阅读推广品牌。

29、30题对应第七次评估2.3.2新型阅读空间。

（一）基本情况

1. 2021年底对外服务的数字资源总量________（TB）

2. 2022年底对外服务的数字资源总量________（TB）

3. 2021年新增对外服务的数字资源量________（TB）

4. 2022年新增对外服务的数字资源量________（TB）

5. 2021年内完成自建数据库数量________（种）、自建数字资源量________（条）

6. 2022年内完成自建数据库数量________（种）、自建数字资源量________（条）

7. 贵馆用于数字资源建设的经费是多少？

2021年：________元，其中中央转移支付用于数字资源建设________元，馆内数字资源采购经费________元。

2022年：________元，其中中央转移支付用于数字资源建设________元，馆内数字资源采购经费________元。

8. 2021年和2022年有使用贵馆数字资源权限的读者总量分别是多少？

2021年：________人

2022年：________人

（二）资源建设情况

9. 截至2022年底，贵馆购买了哪些数据库？（有几个就填写到序号几）

序号	名称
1	
2	
3	

10. 截至2022年底，贵馆自建了哪些特色数字资源？

序号	名称	内容介绍	资源类型	格式	数量
1					
2					
3					

11. 截至2022年底，贵馆提供了哪些开放获取的数字资源服务？

序号	名称
1	
2	
3	

12. 2021年基础数字资源建设项目（专指中央转移支付资金支持的全省智慧图书馆体系建设项目）财政下拨资金：________万元。

序号	完成内容	资源类型	格式	数量
1				
2				
3				

13. 2021年知识资源细颗粒度建设和标签标引项目，财政下拨资金：________万元，完成内容：________，完成数量（万条）：________。

14. 2022年基础数字资源建设项目（专指中央转移支付资金支持的全省智慧图书馆体系建设项目）财政下拨资金：________万元。

序号	完成内容	资源类型	格式	数量
1				
2				
3				

15. 2022年知识资源细颗粒度建设和标签标引项目，财政下拨资金：________万元，完成内容：________，完成数量：________（万条）。

（三）开展服务情况

16. 贵馆是否开通数字资源馆外访问服务？

A. 是，全部数字资源均开通馆外访问

B. 是，部分数字资源开通馆外访问

C. 否，计划近期开通

D. 否，不打算开通

17. 贵馆是否开通统一检索服务？

A. 基于联邦检索的统一检索

B. 基于元数据的统一检索

C. 基于其他形式的统一检索

D. 未开通，计划近期开通

E. 未开通，不打算开通

18. 贵馆是否将自建资源纳入统一检索？

A. 是　　　B. 否

19. 2021年馆藏数字资源浏览量________（万次，填写时请注明单位）

20. 2022年馆藏数字资源浏览量________（万次，填写时请注明单位）

21. 2021年馆藏数字资源下载量________（篇次/册次）

22. 2022年馆藏数字资源下载量________（篇次/册次）

23. 贵馆是否建立数字化服务平台？

A. 是（请填写下表）　　B. 否

序号	平台名称	平台访问地址	平台功能	平台服务内容
1				
2				
3				

24. 贵馆提供的数字阅读服务方式（多选）：

□网站　□微信　□微博　□移动图书馆APP

□智慧图书馆云　□馆内数字阅读设备　□其他

25. 贵馆形成了哪些数字阅读推广服务品牌？

序号	数字阅读推广服务品牌名称	内容简介
1		

续表

序号	数字阅读推广服务品牌名称	内容简介
2		
3		

26. 贵馆开展了哪些数字阅读推广活动？

数字阅读推广形式	活动名称	活动次数	参加人数
讲座与培训类			
活动类			
其他类			

27. 贵馆的移动图书馆提供哪些数字资源和服务？

---

28. 贵馆利用微信公众号提供哪些数字资源和服务？

---

29. 贵馆是否设立新型阅读空间（是的话，请填写下表，有几个空间填写到相应序号）？

A. 是　　　B. 否

序号	新型阅读空间名称	开展的服务	备注
1			
2			
3			

30. 贵馆是否设立智慧应用场景（是的话，请填写下表，有几个空间填写到相应序号）？

A. 是　　　B. 否

序号	智慧应用场景名称	内容	数量
1			
2			
3			

31. 贵馆在开展数字阅读服务中存在的主要问题有哪些，请提出意见建议。

____

八、新媒体阅读服务

1. 贵馆是否出台新媒体平台运营规范？

□有　□无

2. 贵馆是否有经官方认证的微信公众平台？

□有　□已开通但没有认证　□尚未开通

3. 贵馆有几个官方认证的微信公众平台？

□1个　□2个

如果有官方认证的微信公众平台，请回答3—7题：

4. 贵馆官方微信公众号开通时间是______年______月______日。

5. 贵馆官方微信公众号的粉丝数是______人。

6. 贵馆官方微信公众号是否有专职的运营、管理的馆员？

□有　□无　□业务外包

7. 贵馆官方微信公众号推送的阅读推广类文章主要包括哪几个主题（多选）？

□图书推荐　□美文欣赏　□线上展览　□线上讲座、论坛

□亲子阅读　□其他线上阅读活动　□新闻热点　□馆藏资源推介

8. 贵馆是否开通了官方认证微博？

□已开通且正常更新　□已开通但已不再更新

□已开通但未认证　□尚未开通

如果有官方认证的微博平台，请回答以下9—11题：

9. 贵馆微博开通时间是______年______月______日。

10. 贵馆微博是否由馆员专人运营？

□馆员专职　□馆员兼职　□外包

11. 贵馆在开展微博阅读服务中存在的问题是什么？

□受制于微博功能　□资金短缺　□缺乏社会合作

□缺乏专业策划人员　□其他

12. 贵馆是否有经官方认证的抖音平台？

□有　□已开通但没有认证　□尚未开通

如果有官方认证的抖音平台，请回答以下13—15题：

13. 贵馆官方认证的抖音号开通时间是______年______月______日。

14. 贵馆官方认证的抖音号ID和昵称分别是：

ID________________昵称________________

15. 贵馆官方认证抖音号是否有专职的运营、管理的馆员？

□有　　□无　　□业务外包

16. 贵馆抖音短视频来源是：

□原创　　□转载　　□业务外包

17. 贵馆是否有经过官方认证的快手平台？

□有　　□已开通但没有认证　　□尚未开通

如果有官方认证的快手平台，请回答以下18—20题：

18. 贵馆官方认证的快手号开通时间是______年______月______日。

19. 贵馆官方认证快手号ID和昵称分别是：

ID________________昵称________________

20. 贵馆官方认证快手号是否有专职的运营、管理的馆员？

□有　　□无　　□业务外包

21. 贵馆是否有经过官方认证的微信视频号？

□有　　□已开通但没有认证　　□尚未开通

22. 贵馆官方认证的微信视频号开通时间是______年______月______日。

23. 贵馆官方认证的微信视频号的粉丝数是______人。

24. 贵馆还开通了哪些新媒体平台账号？

□小红书　　□B站　　□头条号　　□百家号　　□QQ公众号

□腾讯视频　　□优酷视频　　□梨视频　　□美拍视频　　□西瓜视频

□喜马拉雅平台　　□懒人听书　　□蜻蜓FM

□以上都没有

九、未成年人服务

（一）基本情况

1. 贵馆是否有专门针对未成年人开展图书借阅、阅读推广等服务的部门或借阅室（如少儿部，以下简称部门或少儿借阅室）？

（　　）有独立部门（成立时间：＿＿＿＿＿＿）

（　　）有独立少儿借阅室（成立时间：＿＿＿＿＿＿）

（　　）无

2. 未成年人服务（部门或借阅室）馆舍面积约＿＿＿＿平方米。

3. 部门（或借阅室）人员编制情况如何（请将相应人数填在空格内）？

<table>
<tr><td rowspan="2">从业人员人数</td><td colspan="2">在职在编</td><td colspan="2">劳务派遣</td></tr>
<tr><td colspan="2"></td><td colspan="2"></td></tr>
<tr><td rowspan="2">从业人员学历情况</td><td>大专及以下</td><td>大学本科</td><td>研究生</td><td>博士生及以上</td></tr>
<tr><td></td><td></td><td></td><td></td></tr>
<tr><td rowspan="2">从业人员专业技术职称情况</td><td>助理馆员</td><td>馆员</td><td>副研究馆员</td><td>研究馆员</td></tr>
<tr><td></td><td></td><td></td><td></td></tr>
</table>

4. 部门（借阅室）的馆藏文献总数约＿＿＿册。

5. 部门（借阅室）是否有专门的图书购置经费？

（　　）有，每年度图书购置经费为＿＿＿万

（　　）无

6. 图书采访编目是否外包？

（　　）无外包

（　　）完全外包

（　　）部分外包（请填写外包内容＿＿＿＿＿＿＿＿＿＿＿＿）

（二）服务情况

7. 部门（借阅室）主要服务对象的年龄为＿＿＿岁至＿＿＿岁。

8. 部门（借阅室）借书证相关问题，请选择“是”或者“否”，并在（　　）内填写该问题答案。

问题	选项		
是否缴纳押金	是	押金（　　）元	否
是否有册数限制	是	每证（　　）册	否
是否有借阅期限	是	（　　）天	否
是否可以续借	是	可续借（　　）天	否
是否单独办理少儿借书证	是	现持证读者（　　）人	否

9. 部门面向未成年读者开放的服务窗口及面向的读者年龄段（如表格行不够，可添加）：

序号	服务窗口名称	年龄段
1		
2		
3		

10. 部门（借阅室）2021年和2022年读者借阅和图书流通情况：

年度	外借册次	外借人次	服务总人次（单独接待未成年人和家长的人数，可估算）
2021			
2022			

11. 请分别提供2021年、2022年少儿类图书借阅排行榜前50名图书清单。

（三）阅读推广活动情况

12. 部门（借阅室）是否常年开展阅读推广、公益培训等活动？

（　　）是　　（　　）否

13. 部门（借阅室）2021年和2022年读者阅读推广活动开展情况：

面向人群	2021年				2022年			
	线下场次	参与人数	线上场次	参与人数	线下场次	参与人数	线上场次	参与人数
一般未成年读者								
特殊未成年读者								

14. 部门（借阅室）开展的特色或品牌阅读推广活动有（如果表格行不够，可添加。如果没有，不用填写）：

序号	活动名称	活动形式	面向人群（年龄段）	年举办场次	年参加人次	活动特色（请简单说明）
1						
2						
3						
……						

（四）数字阅读情况

15. 部门（借阅室）或馆内，2021—2022年是否新购专门面向未成年人使用的数字资源？

（　　）是

请填写新购和续购数字资源的名称________________

（　　）否

16. 部门（借阅室）或馆内现有面向未成年人使用的数字资源信息及使用情况：

序号	数字资源名称	面向读者的年龄段	购置时间	使用方式（网页、微信、APP）	2021年使用访问人次	2022年使用访问人次
1						
2						
3						
4						

17. 近期是否有采购未成年人数字资源的计划？

（　　）有（计划购买________________）

（　　）无

18. 影响贵馆采购未成年人数字资源的因素有：

（　　）家长限制孩子使用

（　　）经费有限

（　　）其他________________________________

十、文创开发与工作

1. 贵馆是否有文创开发工作？□有（从何时开始文创开发工作：________年）　□无

2. 贵馆是否设有专门负责文创开发工作的部门？　□有　□无

3. 贵馆如有专门文创开发部门，具体名称________________。

4. 贵馆如有文创开发工作，专职人员配置数量________人（其中________人为设计专业）。

请将专职人员的学历和职称情况填入下表：

学历情况（人）	大专及以下	大学本科	硕士研究生	博士研究生及以上
专业技术职称情况（人）	助理馆员	馆员	副研究馆员	研究馆员

5. 贵馆文创开发工作是否有专门经费来源？　□有　□无

6. 开展文创工作的经费来源，请完善下表（时间为自贵馆推出文创产品至2022年，表格可添加）：

年度文创开发经费调研表			
年	经费（万元）	经费来源	
		财政预算	其他

7. 贵馆是否出台关于文创产品开发方面的规章制度？　□有　□无

8. 贵馆如有文创产品开发方面的规章制度，________年开始实施。

文创产品开发方面的规章制度包括哪些方面（多选）？

□产品设计　□开发制度　□生产制度　□经营管理　□知识产权

□其他________

9. 贵馆自推出的文创产品共有________系列________种。请完成下表（时间为自贵馆推出文创产品至2022年，表格可添加）

年份	序号	产品名称	系列	类型	馆藏元素	数量
	1					
	2					
	3					
	……					

续表

年份	序号	产品名称	系列	类型	馆藏元素	数量
	……					
	1					
	2					
	3					
	……					
	……					
	1					
	2					
	3					
	……					
	……					
	1					
	2					
	3					
	……					
	……					
	1					
	2					
	3					
	……					
	……					

10. 贵馆推出一款文创产品的周期有多久(周期指从创意设计到最后投入应用)?

□一个月内　□一个月至二个月内　□两个月至三个月内

□三个月至半年内　□半年以上

11. 贵馆开展文创开发工作以来推出过的文创产品有哪些类型(多选)?

□图书类产品　□服饰类产品　□日常用品类产品　□装饰类产品

□文具类产品　□玩具类产品　□复制及仿制品　□纪念品

□数字文创　□其他________

12. 请将贵馆将自推出文创产品以来的文创产品数量填入下表（包含数字文创，时间为自贵馆推出文创产品至2022年，表格可添加）：

年份	数量
2022	

13. 贵馆自推出文创产品以来所利用的馆藏元素有哪些（时间为自贵馆推出文创产品至2022年，表格可添加）？

年份	序号	馆藏元素	种类数	产品举例
	1			
	2			
	3			
	4			
	5			
	1			
	2			
	3			
	4			
	5			
2022	1			
	2			
	3			
	4			
	5			

14. 贵馆是否已推出数字文创产品？ □是 □否

15. 如已推出数字产品，共有________种。分别属于下列哪些类型（多选）？

□程序类 □数字藏品 □视频影视类 □虚拟现实类

□游戏类 □表情皮肤类 □其他________________

16. 如已推出数字文创产品，请填写下表（时间为自贵馆推出文创产品至2022年，表格可添加）

发售时间	产品名称	馆藏元素	数量	销售额	利润	发售平台

17. 贵馆是否已经推出本馆的IP形象？　□是　□否

如是，请提供详情（包括IP名称，设计来源等，并提供详细的图片资料）________

____

____

18. 贵馆以何种形式进行文创产品设计（多选）？

□自主设计　□联合社会力量合作开发　□委托社会力量开发　□外购

□其他________________

19. 贵馆是否对外采购过文创产品？　□是　□否

20. 贵馆文创产品的主要销售或流通途径是什么（多选）？

□馆内销售　□线下门店销售　□网络销售　□企业代售

□其他销售方式________________

21. 贵馆文创产品的历年销售额有多少，请完成下表（时间为自贵馆推出文创产品至2022年，表格可添加）：

年度	销售额	利润
2022		

22. 贵馆自推出文创产品以来年出售（包括赠予等其他形式）数量最多的文创产品前10名

序号	名称	数量	价格
1			

续表

序号	名称	数量	价格
2			
3			
4			
5			
6			
7			
8			
9			
10			

23. 自开展文创开发工作以来，贵馆举办各类文创活动情况（时间为自贵馆推出文创产品至2022年，表格可添加）：

年度	活动名称（自行填写）	举办单位	参加活动人次	持续时间	活动地点	备注
2022						

24. 贵馆是否有专门区域对文创产品进行宣传？　　□有　　□无

如有，请填写专门区域名称________________

25. 贵馆文创工作通过哪种方式进行过宣传（多选）？

□海报　□图书馆网站　□图书馆官微（微信、微博）

□媒体网站　□电视　□广播

26. 贵馆自开展文创研发工作以来获得的奖项有哪些，请填入下表（时间为自贵馆推出文创产品至2022年，表格可添加）

年度	奖项名称	获奖等级	奖项等级	颁奖单位
2022				

填表说明：
获奖等级：一等奖、二等奖、三等奖、优秀奖等
奖项等级：国家级、省部级、市厅级、县（区）级等

27. 贵馆是否有涉及文创产品知识产权方面的纠纷？　□有　□无

28. 如涉及，贵馆涉及文创产品知识产权方面哪种纠纷（多选）？

□商标权纠纷　□外观设计　□信息网络传播权　□合同纠纷

□其他著作权纠纷________

29. 贵馆在开展文创工作中存在的问题有哪些（多选）？

□文创设计人才欠缺　□活动经费不足　□没有设置专门岗位

□馆藏资源不足　□缺乏相关培训指导　□其他________

十一、文旅融合

1. 贵馆开展文旅融合项目是否有专门部门负责？ □有 □无

如有，请填写部门名称________________。部门共____人，专职负责文旅融合工作________人。

2. 如没有专门负责部门，是否有专职人员？ □有 □无

如有，专职人员________人，隶属于________部门。

3. 贵馆用于文旅融合项目的经费是多少？

2018年________万元，2019年________万元，2020年________万元，2021年________万元，2022年________万元

是否因疫情影响缩减 □是 □否

若有缩减，缩减额度为2020年________万元，2021年________万元，2022年________万元

4. 贵馆有无文旅融合场地组织文旅融合活动？ □有 □无

场地共________平方米。其中自有________平方米，租赁合作________平方米。

5. 贵馆在2018年至2022年组织的文旅融合活动场数：2018年________场，2019年________场，2020年________场，2021年________场，2022年________场

6. 文旅融合活动数是否受到疫情影响？ □是 □否 因疫情影响取消的文旅融合活动数：2020年________场，2021年________场，2022年________场

7. 贵馆进行文旅融合项目的形式有哪些（多选）？

□图书馆自行组织 □联合其他公共文化机构 □联合社会力量合作组织

□委托社会力量组织 □其他________________________

8. 贵馆和哪些机构或组织合作举办过文旅融合项目（多选）？

□旅游景区 □纪念馆 □博物馆 □文旅企业 □名人故居

□红色景区 □其他________________________

9. 贵馆开展文旅融合活动的时机（多选）：

□国家法定节假日 □传统节日 □文化热点 □寒暑假

□纪念日 □常年定期

10. 贵馆开展文旅融合活动的宣传目的有哪些（多选）？

□红色文化 □传统技艺 □传统节日风俗 □青少年教育

□地方传统风俗文化 □名人教育 □其他________________________

11. 贵馆推广文旅融合活动的方式为（多选）：

□图书馆网站　□图书馆官微（微博、微信）　□电子公告牌　□电视
□电台　□报纸　□网络媒体　□其他________________

12. 请将贵馆2018—2022年组织的文旅融合活动填入下表（表格可添加）：

年份	活动名称	主办单位	目标人群	工作人员数	参加人数	活动持续时间	活动地点	备注
2018								
2019								
2020								
2021								
2022								

填表说明：

主办单位包括：1上级文化和旅游局　2上级其他行政部门　3本级文化和旅游局　4本级其他行政部门　5图书馆　6图书馆所属部门　7社会机构（在备注栏填写社会机构名称）　8其他（在备注栏填写具体单位）

目标人群：1未成年人　2中老年人　3普通大众

13. 2018—2022年，贵馆文旅融合活动的报道形式和次数（多选）：

□报纸________次　□电台________次　□电视台________次

□网络________次　□其他________次

14. 请将贵馆文旅融合活动获得的奖项填入下表（表格可添加）

年份	奖项名称（自行填写）	获奖等级	奖项等级	主办单位

填表说明：

获奖等级：一等奖、二等奖、三等奖、优秀奖等

奖项等级：国家级、省部级、市厅级、县（区）级等

15. 贵馆举办的文旅融合活动有哪些创新之处？

____

____

16. 贵馆在开展文旅融合活动时存在的问题是（多选）：

□文旅融合服务人才欠缺　□活动经费不足　□活动创意缺乏

□读者参与积极性不高　□没有设置专门岗位　□其他________

附录2

山东省公共图书馆全民阅读服务读者调查问卷（成年读者）

亲爱的读者：

为了更好地为您服务，请您匿名回答此份调查问卷，您的如实回答对我们提高服务质量会有很大帮助，衷心感谢您的支持和配合！

问卷填写说明：

1. 问卷分为单选题和多选题，请您选择相应选项。（少数题目需要文字表述）。
2. 本调查仅作图书馆工作和研究使用。
3. 填写完毕后，请将问卷交给发放调查问卷的工作人员。

一、个人情况

1. 您的性别：A. 男　　B. 女

2. 您的年龄：

   A. 14岁及以下　　B. 15—24岁　　C. 25—45岁　　D. 46—64岁

   E. 65岁及以上

3. 您的文化程度：

   A. 初中及以下　　B. 中专或者高中　　C. 大专　　D. 本科

   E. 研究生及以上

4. 通常情况下，您从家到常去的公共图书馆距离：

   A. 3公里以内　　B. 3—5公里　　C. 5—10公里　　D. 10公里以上

二、阅读行为

5. 您每周大约用多长时间来阅读?

A. 多于14小时　B. 7—14小时　C. 2—6小时　D. 少于2小时

E. 没读过

6. 您一般在______时间进行阅读?(可多选)

A. 随时可能　B. 专门抽时间　C.需要查询资料时

D. 业余休息、乘坐交通工具等闲散时间

7. 您最常阅读的内容是:______(可多选,最多选3个选项)

A. 新闻资讯　B. 名著传记　C. 经济管理　D. 历史军事　E. 职场励志

F. 学术科研　G. 时尚娱乐　H. 专业资料　I. 英语学习　J. 生活健康

K. 休闲小说　L. 工具书　M. 诗歌、散文、杂记等

N. 社科教育(哲学、心理学等)　O. 漫画　P. 其他______

8. 您阅读主要是为了:______(可多选,最多选3项)

A.完成研究项目或论文,或因工作需要而阅读　B. 学习英语、计算机等基本技能

C. 完成作业等专业学习需要　D. 掌握实用技能　E. 增加知识,开阔眼界

F. 及时解决生活中的具体问题　G. 提升个人能力、修养

H. 陪小孩或辅导小孩　I. 职业发展　J. 放松、娱乐、休闲

K. 无聊、打发时间　L. 其他______

三、对图书馆的认识与利用

9. 2022年,您大概多久去一次图书馆(包括学校图书馆、公共图书馆等):

A. 每周4次以上　B. 每周1—3次　C. 每月1—3次　D. 每季度1—2次

E. 每年1—2次

10. 您经常使用的图书馆有(可多选):

A. 市图书馆　B. 各区图书馆　C. 学校图书馆　D. 城市书房

E.其他:______

请您依据自己的实际情况，从“很不符合”到“非常符合”之间选择一个合适的答案，在相应位置打勾。

11. 您到图书馆的目的是：	完全符合	比较符合	不确定	较不符合	很不符合
（1）借阅/归还图书、文献资料	5	4	3	2	1
（2）借/还音像资料	5	4	3	2	1
（3）使用图书馆的数据库	5	4	3	2	1
（4）使用免费上网	5	4	3	2	1
（5）使用电脑	5	4	3	2	1
（6）欣赏音像视听作品	5	4	3	2	1
（7）参加会议、培训、社交活动	5	4	3	2	1
（8）听讲座、参观展览、参加阅读推广活动	5	4	3	2	1
（9）休闲性阅读	5	4	3	2	1
（10）参加图书馆面向少年儿童举办的活动	5	4	3	2	1
（11）有疑问向馆员寻求帮助	5	4	3	2	1
（12）利用安静的自习空间	5	4	3	2	1
（13）完成作业或任务	5	4	3	2	1
（14）因无聊来打发时间	5	4	3	2	1

12. 在接下来的两年中，您认为图书馆应该增加的资源是（可多选）：______

A. 各种考试用书、教辅资料　B. 畅销书刊　C. 动漫资源

D. 外文资源（英、法、德、日等）　E. 电子资源　F. 音像资料

G. 实物资源（如玩具、沙盘等）　H. 专业书籍　I. 其他______

13. 您了解图书馆提供了哪些移动数字阅读资源？______

A. 移动图书馆　B. 微信公众号　C. 公共文化云　D. 其他

E. 从不知道有这些数字阅读资源　F. 知道有这些资源，但一个也不了解

14. 对图书馆微博、微信的使用主要是对______感兴趣。（可多选）

A. 使用图书查询续借等功能　B. 参加线上活动

C. 了解与阅读相关的推文，增长知识　D. 获取免费的电子书刊等数字资源

E. 线下活动预告

15. 您参加过图书馆举办的以下哪些活动（可多选）：______

A. 全省读书朗诵大赛　　B. 全省少儿诗词诵读大赛

C. 全省青少年读书故事会　　D. 讲座

E. 尼山书院国学活动(含讲座、新六艺体验等)阅读推广　　F. 少儿活动

G. 换书大集　　H. 微信微博等线上活动　　I. 社会实践活动

J. 古籍修复体验等相关活动　　K. 都没参加过　　L. 展览

M. 其他______________

四、对图书馆评价和期望

16. 请您对当地图书馆进行评价。

项目	服务水平等级评价
(1)提供安静空间，桌椅布置、温度等舒适，是适合学习的地方	⑤ ④ ③ ② ①
(2)馆内各个书库和阅览室的分布合理	⑤ ④ ③ ② ①
(3)馆内方位指引和各种标识的设置清晰	⑤ ④ ③ ② ①
(4)馆内有为交流学习而设的社交空间	⑤ ④ ③ ② ①
(5)馆内免费使用计算机、WIFI等	⑤ ④ ③ ② ①
(6)文献资料复制服务(包括复印、打印)	⑤ ④ ③ ② ①
(7)用户自助服务(如借还书、查询书目等)	⑤ ④ ③ ② ①
(8)便民服务(如提供雨伞、餐饮、停车等)	⑤ ④ ③ ② ①
(9)用户个性化服务(主动推荐、自主定制等)	⑤ ④ ③ ② ①
(10)对用户意见与建议的回复或改进	⑤ ④ ③ ② ①
(11)对用户个人隐私信息的保护	⑤ ④ ③ ② ①
(12)馆员对读者礼貌、亲切	⑤ ④ ③ ② ①
(13)馆员了解读者的需求，可快速回答问题	⑤ ④ ③ ② ①
(14)能获得所需的纸质资源(如图书、期刊、工具书等)	⑤ ④ ③ ② ①
(15)能获得所需的数字资源(如数据库、电子图书等)	⑤ ④ ③ ② ①
(16)图书馆网站能让读者获取所需信息	⑤ ④ ③ ② ①
(17)图书馆微信、微博能让读者获取所需信息	⑤ ④ ③ ② ①
(18)现代化的设备(如自助借/还书机)让读者容易操作(借书、还书等)	⑤ ④ ③ ② ①

17. 您对图书馆提供阅读推广活动的满意程度是：

A. 非常满意　B. 比较满意　C. 一般　D. 比较不满意　E. 非常不满意

18.您对图书馆新媒体服务的满意程度是：

A. 非常满意　B. 比较满意　C. 一般　D. 比较不满意　E. 非常不满意

19. 总体来说，您对图书馆的满意程度是：

A. 非常满意　B. 比较满意　C. 一般　D. 比较不满意　E. 非常不满意

20. 你觉得图书馆的借阅规章制度（如借阅期限、可借阅图书的数量、书刊超期、遗失处理等）有哪些方面需要改进的？（请填写）

____

____

____

21. 为了给您提供更好的服务，您对图书馆有什么样的期待或建议（鼓励填写）？

____

____

____

问卷到此结束，非常感谢您的支持和配合！

附录3

山东省公共图书馆全民阅读服务读者调查问卷（未成年读者）

尊敬的读者：

您好！为进一步了解未成年人阅读及图书馆服务情况，我们特做此调查。请您在每一题中选择最符合自己实际情况的选项。此次调查采用无记名方式，仅作为研究及改进工作方法的参考，请放心作答！衷心感谢您的配合与支持！

请在对应选项内打勾。

一、基本情况

1. 孩子的性别：A. 男　B. 女

2. 孩子的年龄：A. 0—3岁　B. 4—6岁　C. 7—12岁　D. 13—15岁　E. 16—18岁

3. 您（家长）的受教育程度是：

A. 高中（中专）及以下　B. 大学专科（高职）　C. 大学本科　D. 研究生及以上

4. 您最初是从哪种渠道了解到本馆及相关活动的（可多选）？

A. 自己主动找到　B. 微信公众号等　C. 朋友介绍　D. 广播、电视　E. 其他

5. 从您家到本馆的距离是：

A. 3公里以内　B. 3—5公里　C. 5—10公里　D. 10公里以上

6. 孩子持有本馆借书证的时间有多长？

A. 1年及以下　B. 1—3年　C. 3—5年　D. 5年以上　E. 无借书证

二、未成年人阅读情况

7. 孩子现阶段使用的主要阅读媒介是（可多选）：

A. 纸质书　B. 手机　C. 电脑　D. PAD（平板电脑）

E. Kindle（电纸书）　F. 其他电子设备

8. 孩子读物的主要来源是（可多选）：

A. 图书馆借阅　B. 书店或网站购买　C. 网络阅读　D. 其他

9. 孩子平均每日能保证的阅读时长是：

A. 30分钟以内　B. 30分钟至1小时　C. 1小时以上　D. 不固定

10. 孩子一年的图书阅读量是：

A. 10本以下　B. 10—30本　C. 30—50本　D. 50本以上

11. 您认为影响孩子阅读量的原因有（可多选）：

A. 学习紧张，课业重　B. 缺乏兴趣　C. 电子产品影响　D. 其他

12. 您认为阅读对孩子的成长有多少帮助？

A. 帮助很大　B. 帮助不明显　C. 没有帮助　D. 不知道

13. 您与孩子每日进行亲子阅读的时间是：

A. 0—30分钟　B. 30分钟—1小时　C. 1小时以上　D. 偶尔　E. 从不

14. 孩子每日利用音频、视频等数字形式阅读的时间是：

A. 0—1小时　B. 1—3小时　C. 3小时以上　D. 偶尔　E. 从不

15. 您对于孩子利用音频、视频等数字形式阅读的态度是：

A. 支持　B. 反对　C. 可适当使用　D. 无所谓

三、图书馆服务情况

16. 孩子到图书馆的主要目的（可多选）：

A. 借阅图书　B. 参加活动　C. 自习　D. 查找资料

17. 您带孩子来图书馆的频次：

A. 每天　B. 一周1—2次　C. 一月2—3次　D. 偶尔

18. 吸引孩子来图书馆的因素有（可多选）：

A. 环境舒适　B. 服务周到　C. 图书种类多　D. 活动丰富

19. 孩子最喜欢图书馆哪种类型的文献（可多选）？

A. 绘本/图画书　B. 小说　C. 童话　D. 侦探　E. 诗歌　F. 漫画/动漫

G. 人文　H. 历史　I. 艺术　J. 传记　K. 自然科普　L. 散文
M. 科幻　N. 国学　O. 军事　P. 体育　Q. 作文　R. 教辅

20. 图书馆各类书刊文献能否满足孩子的阅读需求？
A. 完全可以满足　B. 基本能满足　C. 不能满足

21. 影响孩子到图书馆借阅图书的因素有（可多选）：
A. 距离远借书不便　B. 图书馆新书少　C. 图书复本量少
D. 不知借什么书　E. 查找图书困难　F. 工作人员服务态度差
G. 家中藏书多　H. 可读图书少　I. 太忙，没时间　J. 图书更新慢
K. 图书陈旧　L. 其他

四、图书馆阅读推广活动

22. 您和孩子了解图书馆的阅读推广活动吗？
A. 非常了解　B. 基本了解　C. 不了解

23. 您获取本馆阅读推广活动信息的主要渠道是：
A. 朋友介绍　B. 微信公众号　C. 报纸　D. 广播电视　E. 其他

24. 孩子参加图书馆阅读推广活动的频次：
A. 经常参加　B. 偶尔参加　C. 没参加过

25. 孩子最喜欢参加阅读推广活动的形式有（可多选）：
A. 故事会　B. 读书会　C. 公益课堂　D. 讲座　E. 展览
F. 比赛　E. 其他

26. 孩子最喜欢参加哪种类型的活动（可多选）：
A. 文学阅读类　B. 自然科普类　C. 手工制作类　D. 语言类
E. 国学、传统文化类　F. 艺术、才艺类　G. 其他

27. 您认为本馆阅读推广活动有哪些不足（可多选）：
A. 缺乏趣味性　B. 缺乏知识性　C. 缺乏实践性
D. 缺乏系统连续性　E. 老师授课水平有限　F. 其他

28. 您认为图书馆服务和阅读推广活动需要改进方向有（可多选）：
A. 延长图书借阅期限　B. 增加借阅数量　C. 查找图书更便捷
D. 增加精准推荐导读服务　E. 增加新书种类　F. 举办更多优质读者活动
G. 延长开放时间

其他意见及建议：________________________________

附录4

山东省参与问卷反馈公共图书馆目录

级别	地区	反馈问卷图书馆
省级	济南市	山东省图书馆
市级	济南市	济南市图书馆
	青岛市	青岛市图书馆
	淄博市	淄博市图书馆
	枣庄市	枣庄市图书馆
	东营市	东营市图书馆
	烟台市	烟台图书馆
	潍坊市	潍坊市图书馆
	济宁市	济宁市图书馆
	泰安市	泰安市图书馆
	威海市	威海市图书馆
	日照市	日照市图书馆
	临沂市	临沂市图书馆
	德州市	德州市图书馆
	聊城市	聊城市海源阁图书馆
	滨州市	滨州市图书馆
	菏泽市	菏泽市图书馆
县（区）级	济南市	钢城区图书馆
		历城区图书馆
		章丘区图书馆
		历下区图书馆
		槐荫区图书馆
		天桥区图书馆

续表

级别	地区	反馈问卷图书馆
县（区）级	济南市	莱芜区图书馆
		济阳区图书馆
	青岛市	崂山区图书馆
		即墨区图书馆
		莱西市图书馆
		市南区图书馆
		平度市图书馆
		胶州市图书馆
		西海岸新区图书馆
		李沧区图书馆
		城阳区图书馆
	淄博市	桓台县图书馆
		高青县图书馆
		张店区少儿图书馆
		博山区图书馆
		临淄区图书馆
		沂源县图书馆
		淄川区图书馆
		周村区图书馆
	枣庄市	峄城区图书馆
		台儿庄区图书馆
		市中区图书馆
		山亭区图书馆
	东营市	利津县图书馆
		广饶县图书馆
		垦利区图书馆
		东营区图书馆
		河口区图书馆
	烟台市	莱山区图书馆
		长岛文化文物服务中心

续表

级别	地区	反馈问卷图书馆
县（区）级	烟台市	莱州市图书馆
		龙口市图书馆
		招远市图书馆
		蓬莱市图书馆
		莱阳市图书馆
		烟台经济技术开发区图书馆
		牟平区图书馆
		栖霞市图书馆
		福山区图书馆
		芝罘区图书馆
		海阳市图书馆
	潍坊市	昌邑市图书馆
		青州市图书馆
		坊子区图书馆
		临朐县图书馆
		寿光市图书馆
		诸城市图书馆
		昌乐县图书馆
		奎文区图书馆
		寒亭区图书馆
		高密市图书馆
		安丘市图书馆
	济宁市	曲阜市图书馆
		梁山县图书馆
		汶上县图书馆
		鱼台县图书馆
		嘉祥县图书馆
		兖州区图书馆
		任城区图书馆
		泗水县图书馆

续表

级别	地区	反馈问卷图书馆
县(区)级	济宁市	邹城市图书馆
		金乡县图书馆
		微山县图书馆
	泰安市	岱岳区图书馆
		肥城市图书馆
		新泰市图书馆
		东平县图书馆
		宁阳县图书馆
		泰山区图书馆
	威海市	环翠区图书馆
		文登区图书馆
		乳山市图书馆
		荣成市图书馆
	日照市	东港区图书馆
		莒县图书馆
		五莲县图书馆
	临沂市	河东区图书馆
		临沭县图书馆
		蒙阴县图书馆
		郯城县图书馆
		兰山区图书馆
		罗庄区图书馆
		费县图书馆
		沂水县图书馆
		平邑县图书馆
		兰陵县图书馆
		沂南县图书馆
		莒南县图书馆
	德州市	禹城市图书馆
		庆云县图书馆
		平原县图书馆

续表

级别	地区	反馈问卷图书馆
县（区）级	德州市	夏津县图书馆
		陵城区图书馆
		齐河县图书馆
		武城县图书馆
		乐陵市图书馆
		临邑县图书馆
		宁津县图书馆
		德城区图书馆
	聊城市	阳谷县图书馆
		莘县图书馆
		临清市图书馆
		高唐县图书馆
		东阿县图书馆
		茌平区图书馆
		冠县图书馆
	滨州市	阳信县图书馆
		惠民县图书馆
		滨城区图书馆
		邹平市图书馆
	滨州市	沾化区图书馆
		无棣县图书馆
		博兴县图书馆
	菏泽市	郓城县图书馆
		定陶区图书馆
		巨野县图书馆
		曹县图书馆
		东明县图书馆
		单县图书馆
		鄄城县图书馆
		成武县图书馆
		牡丹区图书馆